V&R

Gewalt und Gewaltfreiheit in Judentum, Christentum und Islam

Annäherungen an ein ambivalentes Phänomen

Im Auftrag des
Zentrums für Militärgeschichte und
Sozialwissenschaften der Bundeswehr
herausgegeben von

Markus Thurau

Vandenhoeck & Ruprecht

Bibliografische Information der Deutschen Nationalbibliothek:
Die Deutsche Nationalbibliothek verzeichnet diese Publikation in der Deutschen Nationalbibliografie; detaillierte bibliografische Daten sind im Internet über http://dnb.de abrufbar.

Umschlagabbildung:
Caravaggio, »Die Opferung Isaaks« (Ausschnitt), Öl auf Leinwand, um 1601/1602.
(*akg-images*)

Redaktion und Projektkoordination: Zentrum für Militärgeschichte und Sozialwissenschaften der Bundeswehr, Fachbereich Publikationen (0862-01)
Koordination, Lektorat, Bildrechte: Michael Thomae
Satz: Carola Klinke
Grafiken: Carola Klinke, Bernd Nogli
Druck und Bindung: ⊕ Hubert & Co BuchPartner, Göttingen
Printed in the EU

Vandenhoeck & Ruprecht Verlage | www.vandenhoeck-ruprecht-verlage.com

ISBN 978-3-525-37082-7

Inhalt

Vorwort 7

* * *

Markus Thurau
Judentum, Christentum und Islam im Spannungsfeld zwischen Gewalt und Gewaltlosigkeit. Zur Einführung 9

Franz-Josef Overbeck
Gewalt und Gewaltfreiheit in den Religionen. Eine historische und gegenwärtige Problemerfassung 23

Erster Teil
Gewalt und Gewaltfreiheit in religiösen Texten

Micha Brumlik
Rechtfertigt die Bibel Intoleranz und Gewalt? Zu Jan Assmanns »Mosaischer Unterscheidung« 33

Thomas R. Elßner
Gewaltbilligende Texte im Alten Testament am Beispiel des Buches Josua 45

Matthias Adrian
Gewalt und Gewaltlosigkeit im Neuen Testament am Beispiel der Feldrede im Lukasevangelium 59

Amir Dziri
»So stiftet Frieden!« (49:9) – Islamisch-theologische Wege zu einem ursachengerechten Umgang mit religiös motivierter Gewalt 83

Zweiter Teil
Religiös-politische Gewaltkonflikte in Geschichte und Gegenwart

Heinz-Günther Stobbe
Gewalt gegen Religion, eine wenig beachtete Realität. Skizzen zu einem neuzeitlichen Phänomen 105

Corinna Hauswedell
Die politisch-religiöse Ambivalenz der (nord-)irischen Konfliktgeschichte 129
Bernd Lemke
Religion als entscheidende Ursache für Gewaltkonflikte? Die Rolle der Selbstmordattentate im Nahen und Mittleren Osten seit 1979 147

Dritter Teil
Sozialwissenschaftliche und friedensethische Positionierungen

Johannes Vüllers
Religion als Brandbeschleuniger? Ergebnisse der empirischen Forschung zum Zusammenhang von Religion und Gewalt 161
Walter Homolka
Krieg vermeiden, Frieden suchen – Gewalt und Gewaltfreiheit in der jüdischen Tradition 187
Friedrich Lohmann
Gewalt und Gewaltverzicht im Christentum. Eine friedensethische Betrachtung 201
Muhammad Sameer Murtaza
Frieden ist kein Geschenk 211

Vierter Teil
Religion und Gewalt – ein Thema innerhalb der Bundeswehr?

Kai Rohrschneider
Religion und militärische Gewalt in Einsätzen der Bundeswehr 233
Anja Seiffert
An den Grenzen des Kulturparadigmas. Ein Dialog über die Frage, ob Religion für die Identität von Einsatzsoldaten der Bundeswehr eine Rolle spielt 241

* * *

Personenregister 253
Autorinnen und Autoren 256

Vorwort

Mit dem Thema »Gewalt und Gewaltfreiheit in Judentum, Christentum und Islam« wendet sich das Zentrum für Militärgeschichte und Sozialwissenschaften der Bundeswehr (ZMSBw) einem wichtigen gesamtgesellschaftlichen Thema zu, zu dem bisher noch nicht an diesem Haus geforscht worden ist, das aber gleichwohl sehr gut hierher passt. Denn das Verhältnis von Gewalt und Religion ist nicht nur aufgrund religiös begründeter Gewalttaten, auf die westliche Gesellschaften bis heute eine adäquate Antwort suchen, ein aktuelles Thema, es ist zudem äußerst komplex und facettenreich.

Über die Bedeutung von Religion für die heutige Gesellschaft besteht kaum Einigkeit: Vonseiten der Wissenschaft wird sowohl eine Renaissance der Religion als auch eine fortschreitende Säkularisierung diagnostiziert. Gleichwohl kann festgehalten werden, dass mit einem Fortbestehen religiöser Gemeinschaften auch in Zukunft zu rechnen ist. Ihre Anliegen nicht wahrzunehmen und ihre Potenziale, die sie innerhalb der Gesellschaft entfalten, zu ignorieren, führt zu unkalkulierbaren Risiken und verhindert letztlich eine angemessene Kritik der problematischen Seiten von Religion, wie etwa der religiös motivierten Gewalt. Hier ist aber nicht nur Sensibilität, sondern ebenso Fachwissen verschiedener Disziplinen gefragt, auch um allzu einfache Antworten zu vermeiden. So erklärt sich, dass der Band eine interdisziplinäre Ausrichtung erhalten hat, der die unterschiedlichen am ZMSBw vertretenen Wissenschaften mit ihren jeweils verschiedenen Arbeitsweisen abbildet. Neben historischen, politik- und sozialwissenschaftlichen Beiträgen sind hier ebenso religionswissenschaftliche, ethische und theologische Aufsätze versammelt, von Autorinnen und Autoren des ZMSBw wie auch von außerhalb.

Wird mit diesem interdisziplinären Ansatz bereits der Auftrag des Hauses, durch historisch-politische Bildung in die Bundeswehr hinein und über sie hinaus zu wirken, anspruchsvoll eingelöst, so ist das Thema des Bandes aber auch unter genuin ethischen Aspekten für die Bundeswehr von großer Bedeutung. Die Zentrale Dienstvorschrift zum Lebenskundlichen Unterricht verweist darauf, dass in einer sich tiefgreifend wandelnden und zunehmend pluralisierenden Gesellschaft Soldatinnen und Soldaten mehr denn je mit den »ethisch-moralischen Grundlagen eines verantwortungsbewussten Handelns« vertraut sein müssen. Ihren Aufgaben im Rahmen von Konfliktverhütung und Krisenbewältigung etwa können sie nur verantwortlich nachkommen, wenn sie nicht nur die rechtliche und politische Dimension ihres Dienstes erfasst, sondern auch durch eine geschulte moralische Urteilsfähigkeit in ethischen Fragen Handlungssicherheit erlangt haben. Soldatinnen und Soldaten müssen immer besser in die Lage versetzt werden, sich in ihrem soldatischen Handeln selbstbestimmt an den Werten und Normen des Grundgesetzes zu orientieren. Hierzu kann es nicht nur hilfreich, sondern unter Umständen auch notwendig sein, diese Werte und Normen mit denen der Religionsgemeinschaften in Beziehung zu setzen.

Trifft dies bereits für den Grundbetrieb der Bundeswehr zu, der in den letzten Jahren und Jahrzehnten vielfältiger geworden ist, so ist ethische Kompetenz im Hinblick auf Religion gerade im Auslandseinsatz Herausforderung und Chance zugleich: So wurde und wird von Soldatinnen und Soldaten immer wieder darauf hingewiesen, dass Religiosität bei den Auslandseinsätzen eine große Rolle spielen kann. Soldatinnen und Soldaten werden beispielsweise von Einheimischen auf religiöse Überzeugungen angesprochen; zudem wird man in einigen Einsatzländern als Gesprächspartner ernster genommen, wenn man auch in diesen Fragen Kompetenz besitzt. Wissen über Religionen und deren Bedeutung für die Lebenspraxis ist aber auch deswegen im Auslandseinsatz von Bedeutung, da Soldatinnen und Soldaten mit Gewalt konfrontiert werden, die religiös begründet wird. Um mit dieser Gewalt angemessen umzugehen, ist es hilfreich zu wissen, welche tatsächliche Bedeutung Religionen in Gewaltkonflikten zukommt. Ebenso entsteht Orientierung durch die Kenntnis, dass religiöse Überzeugungen nicht nur Ursache von Konflikten, sondern auch der Grund für Verfolgung sein können. Allen Religionen ist gemeinsam, dass sie eine Friedensorientierung kennzeichnet.

Aus den genannten Gründen ist es mir ein besonderes Anliegen hervorzuheben, dass dieses Buch nicht einseitig auf das Phänomen religiöser Gewalt schaut. Es beschäftigt sich ebenso mit einer Seite von Religion, die in der gegenwärtigen Situation und angesichts der medialen Berichterstattung mit ihren Bildern von religiösem Fanatismus häufig vergessen wird: das Friedenspotenzial von Religionen und ihr Engagement im Lösen von Konflikten.

Abschließend möchte ich den Autorinnen und Autoren für ihre Bereitschaft danken, dass sie ihre fachliche Expertise in diesen Band eingebracht haben. Auch dem Herausgeber sei an dieser Stelle für sein verdienstvolles Engagement gedankt, ebenso dem Fachbereich Publikationen, der die Beiträge wie immer umsichtig bis zur Drucklegung betreut hat.

Dr. Jörg Hillmann
Kapitän zur See und
Kommandeur des Zentrums für Militärgeschichte
und Sozialwissenschaften der Bundeswehr

Markus Thurau

Judentum, Christentum und Islam im Spannungsfeld zwischen Gewalt und Gewaltlosigkeit. Zur Einführung

Das Thema »Religion und Gewalt« ist in den letzten zwei Jahrzehnten zu einem äußerst komplexen Forschungsfeld geworden, zu dem weit über die im klassischen Sinne mit Religion befassten wissenschaftlichen Disziplinen hinaus, wie etwa Theologie und Religionswissenschaft, geforscht wird. Es mit einer Tagung im November 2016 auch zu einem Forschungsgegenstand am Zentrum für Militärgeschichte und Sozialwissenschaften der Bundeswehr (ZMSBw) werden zu lassen, lag auf der Hand: Eine omnipräsente mediale Berichterstattung über Terroranschläge, die religiös begründet werden, die Verfolgung religiöser Minderheiten in weiten Teilen der Welt, eine den gesellschaftlichen Zusammenhalt gefährdende wachsende Islamfeindlichkeit sowie ein grassierender Antisemitismus in Europa, eine steigende Zahl »religiös Unmusikalischer«, die immer häufiger religiösen Gemeinschaften und Glaubensüberzeugungen mit Unverständnis begegnen, zugleich aber auch eine zunehmende religiöse Pluralität in Deutschland und damit auch in der Bundeswehr – all diese Entwicklungen haben die Frage nach Religion und ihrem Verhältnis zu Gewalt und Gewaltfreiheit derart in den Fokus von Politik und Öffentlichkeit gerückt, dass das ZMSBw mit seinem Auftrag, historische, sozialwissenschaftliche und sicherheitspolitische Grundlagenforschung für die Bundeswehr zu betreiben, kaum von einem solchen gesamtgesellschaftlichen Brennpunkt unberührt bleiben konnte. Nicht zuletzt lassen die Beteiligung der Bundeswehr am Kampf gegen die Terrormiliz »Islamischer Staat« oder die Debatte um den Einsatz der Bundeswehr im Inneren zur Terrorabwehr auch bundeswehrintern Fragen über die Rolle von Religion in aktuellen Gewaltkonflikten aufkommen.

1. Annäherungen an ein ambivalentes Phänomen

Bei der Erstellung eines Konzepts für die Tagung, dessen Ergebnisse mit diesem Band nun vorgestellt werden, war zunächst die Beobachtung erkenntnisleitend, dass Religionen in der Moderne als ein ambivalentes Phänomen wahrgenommen werden. So wird ihnen das Potenzial zugesprochen, in Gewaltkonflikten sowohl verschärfend als auch deeskalierend oder sogar gewaltverhindernd zu wirken.[1] Diese Beobachtung veranlasst einige Forscher zu der These, dass es entscheidend sei, das in dieser Ambivalenz eingeschlossene Friedenspotenzial von Religionen zu stärken. Den Religionen wird aber ebenso unterstellt, entweder einseitiger, primordialer Verursacher von Gewaltkonflikten zu sein oder keinerlei bzw. nur einen äußerst marginalen Einfluss auf solche Konflikte nehmen zu können, da diese in ganz anderen Ursachen wurzeln. Denn selbst wenn man Religionen eine Einflussnahme auf Gewaltkonflikte zugesteht, bleibt die Frage offen, ob es sich hier lediglich um eine Instrumentalisierbarkeit von Religion für politische oder gar militärische Zwecke handelt, die mit der Religion selbst wenig zu tun hat, oder ob Religionen bei der Anwendung bzw. Vermeidung von Gewalt wirklich eine tragende Rolle spielen. So ist die Frage keineswegs einfach zu beantworten, ob religiöse Überzeugungen, die sich aus jahrhundertealten Traditionen der Weltreligionen speisen, wirklich Ursachen für konkrete Gewaltsituationen der Gegenwart sein können. Haben Konflikte und Kriege nicht häufig nur vordergründig eine »religiöse Ausdrucksform«, die mit den »eigentlichen Konflikt- oder Kriegsursachen« aber sehr wenig zu tun habe, wie der Ethnologe Günther Schlee beobachtet hat?[2] Zu einem ähnlichen Schluss, allerdings ohne expliziten Fokus auf Religion, gelangt Jörg Baberowski in seinen historischen Forschungen zur Gewalt, in denen er zeigt, dass weniger irgendwelche abstrakten Ideen oder großen Ideologien Gewalt verursachen, sondern vielmehr ganz konkrete Situationen, in denen Menschen Hemmschwellen überschreiten. Insofern plädiert er für ein Verständnis der Gewaltdynamik, das darauf verzichtet, primär nach Gründen und Ursachen zu suchen, die erst im Nachhinein Gewalt auf eine abstrakte Idee oder eine bestimmte Haltung zurückführen, sondern vielmehr dafür, die Räume und Kulturen zu erforschen, in denen sich Gewalt entfalten kann.[3]

Trotz dieser skizzierten Ambivalenzen, die sich auf Wahrnehmung und Erforschung des Themenkomplexes Religion beziehen, kann man sich gelegentlich nicht des Eindrucks erwehren, dass in der öffentlichen Debatte die Frage entschieden ist, da Religion hier überwiegend mit extremer Gewalt in Zusammenhang gebracht wird.[4] Von einer verzerrten Wahrnehmung religiöser

---

1 Vgl. hierzu etwa: R. Scott Appleby, The Ambivalence of the Sacred. Religion, Violence, and Reconciliation, Lanham 2000; Daniel Philpott, Explaining the Political Ambivalence of Religion. In: American Political Science Review, 101 (2007), S. 505–525; Die Ambivalenz des Religiösen. Religionen als Friedensstifter und Gewalterzeuger. Hrsg. von Bernd Oberdorfer und Peter Waldmann, Freiburg i.Br. 2008 (= Rombach Wissenschaft. Reihe Historiae, 22); Matthias Basedau und Peter Körner, Zur ambivalenten Rolle von Religion in afrikanischen Gewaltkonflikten, Osnabrück, Hamburg 2009.

2 Ethnien und Religion sind keine Kriegsursachen. Markus C. Schulte von Drach im Gespräch mit Günther Schlee. In: Süddeutsche Zeitung vom 30.10.2007, <http://www.sueddeutsche.de/wissen/serie-konfliktforschung-ethnien-und-religion-sind-keine-kriegsursachen-1.792188> (aufgerufen am 17.4.2018); Günter Schlee, Wie Feindbilder entstehen. Eine Theorie religiöser und ethnischer Konflikte, München 2006.

3 Jörg Baberowski, Gewalt verstehen. In: Zeithistorische Forschungen/Studies in Contemporary History, 5 (2008), S. 5–17; Jörg Baberowski, Räume der Gewalt, Frankfurt a.M. 2015.

4 Zu den Gründen für die einseitige bis verzerrende Berichterstattung der Medien über religiöse Gewalt vgl. Markus A. Weingardt, Frieden durch Religion? Das Spannungsverhältnis zwischen Religion und Politik, Gütersloh 2016.

Handlungsoptionen, die häufig Ausdruck einer übertriebenen und den gesellschaftlichen Zusammenhalt gefährdenden Bedrohungsperzeption ist,[5] kann man sprechen, wenn hierbei auf den Beleg verzichtet wird, dass es sich um genuin religiöse Konflikte handelt; um Konflikte, die allein aufgrund ihrer religiösen Dimension einen gewalttätigeren Verlauf nehmen als ethnische, nationalistische oder anders geartete ideologische Konflikte.[6] Andreas Hasenclever attestiert dieser Debatte daher ein mangelhaftes Religionsverständnis und spricht von einer »halbierten Religion«. Man könne, so Hasenclever, Religion und Gewalt nur als wesentlich zusammenhängend verstehen, »wenn die Komplexität religiöser Überlieferungen systematisch ignoriert und die öffentliche Auseinandersetzung über ihre angemessene Auslegung verweigert werden.«[7] Auch wenn diese Kritik an einem reduktionistischen Religionsverständnis überzeugt, so lässt sich gleichwohl einwenden, dass damit der angenommene Zusammenhang von Religion und Gewalt nicht entkräftet ist. So schöpfen beispielsweise islamistische Gewalttäter aus religiösen Quellen Sinnpotenziale, mit denen sie ihre Gewaltanwendung als religiöse Aufgabe, um nicht zu sagen: Pflicht, zu interpretieren versuchen. Es darf daher nicht vergessen werden, dass selbst der »Islamische Staat«, den man nur allzu gern als eine amoralische, groteske und kriminelle Perversion des Islam bezeichnen möchte, gleichwohl an einer religiös-theologischen Legitimation seiner Verbrechen interessiert ist.[8] Religiös motivierte Gewalttäter nehmen für sich in Anspruch, im Namen ihrer Religion zu handeln. Doch sollte Vorsicht walten, es damit als bewiesen anzusehen, dass Religion per se gewalttätig sei. Mag auch die These von Jan Assmann, dass den »monotheistischen« Religionen eine besondere Form von Gewalt inhärent sei,[9] vielfach falsch verstanden worden sein, wofür nicht zuletzt Assmanns Revisionen seiner als »Monotheismusthese« bekannt gewordenen Position zeugen,[10] bleibt sie gleichwohl problematisch.[11] Denn in der Rezeption der Monotheismusthese geht der mit ihr verknüpfte Anspruch Assmanns verloren, hierdurch zu einer Humanisierung der Religion beizutra-

---

5 Andreas M. Bock, Islamistischer Terrorismus: Die konstruierte Bedrohung. In: Zeitschrift für Außen- und Sicherheitspolitik, 10 (2017), S. 245–265.

6 Mark Juergensmeyer, Terror in the Mind of God. The Global Rise of Religious Violence, Berkeley 2003; Reza Aslan, Cosmic War in Religious Traditions. In: The Oxford Handbook of Religion and Violence. Ed. by Mark Juergensmeyer, Margo Kitts and Michael Jerryson, New York 2013, S. 260–267.

7 Andreas Hasenclever, Zwischen Himmel und Hölle. Überlegungen zur Politisierung von Religionen in bewaffneten Konflikten. In: Gewaltfreiheit und Gewalt in den Religionen. Politische und theologische Herausforderungen. Hrsg. von Fernando Enns und Wolfram Weiße, Münster, New York 2016 (= Religionen im Dialog, 9), S. 53–74, hier S. 70.

8 Rüdiger Lohlker, Theologie der Gewalt. Das Beispiel IS, Wien 2016 (= utb, 4648); Stefan Goertz, Der »Islamische Staat« und seine asymmetrische Strategie gegen westliche Demokratien. In: Sicherheit + Frieden, 35 (2017), S. 29–33.

9 Vgl. hierzu etwa: Jan Assmann, Die Mosaische Unterscheidung oder der Preis des Monotheismus, München 2010.

10 Vgl. hierzu zuletzt: Jan Assmann, Totale Religion. Ursprünge und Formen puritanischer Verschärfung, Wien 2016.

11 Zur Problematisierung vgl. Die Gewalt des einen Gottes. Die Monotheismus-Debatte zwischen Jan Assmann, Micha Brumlik, Rolf Schieder, Peter Sloterdijk und anderen. Hrsg. von Rolf Schieder, Berlin 2014; Monotheismus unter Gewaltverdacht. Zum Gespräch mit Jan Assmann. Hrsg. von Jan-Heiner Tück, Freiburg i.Br. 2015.

gen, indem Argumente für eine Haltung der Gewaltlosigkeit gestärkt werden.[12] Vielmehr haben sich in der Rezeption Forschungspositionen medienwirksam etabliert, die Judentum, Christentum und Islam – teils sehr einseitig – für die Verursachung einer ihnen eigentümlichen Gewalt verantwortlich machen.

Diese These ist in den letzten Jahren derart populär geworden, dass sie eine Wirkung entfaltet hat, die über eine explizite Berufung auf Assmann hinausgeht. Hierzu einige Beispiele: Neoatheisten behaupten, Religion sei »the most prolific source of violence in our history«,[13] und schlussfolgern daraus, Religionen sei die Gewalt derart inhärent, dass sie niemals zu einem friedlichen Verhalten finden können. Will man dem provokanten Buch des Mediävisten Phillipe Buc »Heiliger Krieg. Gewalt im Namen des Christentums« Glauben schenken,[14] dann zieht sich ein roter Faden durch die abendländische Geschichte der Gewaltlegitimation, die in christlichen Ideen wurzele und das westliche Denken derart geprägt habe, dass sich sogar noch die säkulare Gewalt, sei es die der Französischen Revolution, sei es die der Roten Armee Fraktion, aus jahrhundertealten religiösen Konzepten der Gewaltlegitimation herleiten lasse. Erinnert sei in diesem Zusammenhang auch an die vor allem im englischsprachigen Raum seit den Anschlägen vom 11. September 2001 ausgetragene Debatte, ob der gegenwärtige Terrorismus als neu – und damit als religiös – bezeichnet werden müsse, oder ob er mit dem alten, mehr oder weniger säkularen Terrorismus der Jahrzehnte vor »9/11« verglichen werden könne. Mit dem Terminus »neuer Terrorismus« konnte politischer Missbrauch betrieben werden, da eine als völlig neu eingeschätzte Bedrohung, die alle alten Strategien in der Terrorbekämpfung obsolet mache, neue Legitimationen für die eigene Gewaltanwendung schafft. Zudem begegnet hier eine ganz eigene Form der Monotheismusthese; etwa dann, wenn für den vermeintlich höheren Letalitätsfaktor des »neuen« Terrorismus religiös-politische Überzeugungen, eben eine spezifische Form religiöser Gewalt, verantwortlich gemacht werden. Martha Crenshaw und andere haben nicht zuletzt aufgrund der kulturkämpferischen Konsequenzen, die eine solche These besitzt, eindringlich darauf verwiesen, dass es im historischen Vergleich deutlich mehr Ähnlichkeiten denn feste Unterschiede zwischen alt und neu gibt.[15]

---

[12] Siehe <https://www.henning-klingen.de/2012/05/23/assmann-debatte-reloaded/> (aufgerufen am 17.4.2018).

[13] Sam Harris, The End of Faith: Religion, Terror, and the Future of Reason, New York 2005, S. 27.

[14] Philippe Buc, Heiliger Krieg. Gewalt im Namen des Christentums, Darmstadt 2015. Zur Kritik des Buches, die eine Nähe zu Assmanns These herstellt, vgl. Dirk Ansorge, Gewalt im Namen des Christentums? In: Stimmen der Zeit, 235 (2017), S. 39–48.

[15] Isabelle Duyvesteyn, How New Is the New Terrorism? In: Studies in Conflict & Terrorism, 27 (2004), S. 439–454; Martha Crenshaw, The Debate over ›New‹ vs. ›Old‹ Terrorism. In: Studies in Global Justice Values and Violence: Intangible Aspects of Terrorism, 4 (2008), S. 117–136; Jeroen Gunning and Richard Jackson, What's so ›religious‹ about ›religious terrorism‹? In: Critical Studies on Terrorism, 4 (2011), S. 369–388; Alexander Spencer, New Versus Old Terrorism. In: Routledge Handbook of Critical Terrorism Studies. Ed. by Richard Jackson, London 2016, S. 124–133. Wichtig ist in diesem Zusammenhang das Plädoyer für ein historisches und kontextuelles Verständnis des Phänomens: Giovanni Mario Ceci, A ›Historical Turn‹ in Terrorism Studies? In: Journal of Contemporary History, 51 (2016), S. 888–896.

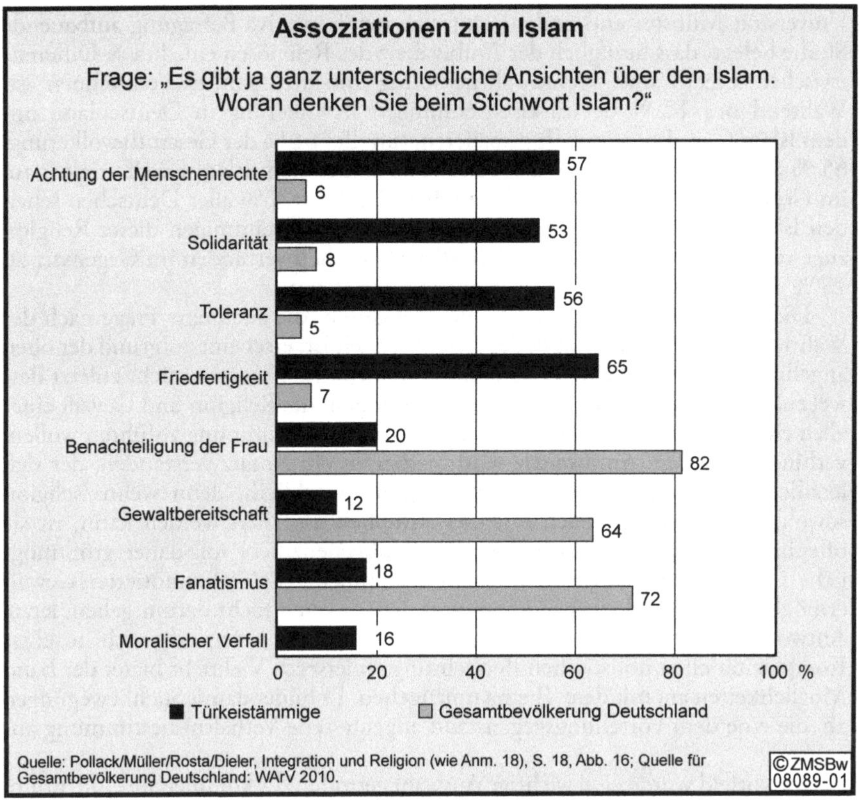

Neben diesen eher kulturwissenschaftlich geprägten Ansätzen verweisen aber auch empirisch-sozialwissenschaftliche Arbeiten auf eine Ambivalenz des Religiösen. So kommen zwei nahezu gleichzeitig erschienene empirische Studien zum Thema Radikalisierung bei muslimischen Jugendlichen zu recht konträren Ergebnissen: Während die an den Universitäten von Bielefeld und Osnabrück entstandene Arbeit davon ausgeht, dass der Islam im Radikalisierungsprozess nur eine äußere Hülle bilde, die aber mit der Religion selbst wenig zu tun habe, wofür beispielsweise die geringen Islamkenntnisse der Radikalisierten sprächen,[16] nimmt die an der Universität Wien erarbeitete Studie hingegen an, dass der Islam eine tragende Rolle im Prozess der Radikalisierung spiele, da sich die untersuchten Personen im Radikalisierungsprozess »aktiv mit Inhalten, Normen und Wertvorstellungen der islamischen Lehre« auseinandergesetzt und die gewählte Lebensform als »ganzheitliches, religiöses und gesellschaftspolitisches Konzept« verstanden hätten.[17] Auch eine am Exzellenzcluster »Religion und Politik« der

16 Michael Kiefer, Jörg Hüttermann, Bacem Dziri, Rauf Ceylan, Viktoria Roth, Fabian Srowig und Andreas Zick, »Lasset uns in sha'a Allah ein Plan machen«. Fallgestützte Analyse der Radikalisierung einer WhatsApp-Gruppe, Wiesbaden 2018 (= Islam in der Gesellschaft).

17 Ednan Aslan und Evrim Erşan Akkiliç, Islamistische Radikalisierung. Biografische Verläufe im Kontext der religiösen Sozialisation und des radikalen Milieus, Wien 2017, S. 18.

Universität Münster entstandene, auf eine repräsentative Befragung aufbauende Studie belegt, dass bezüglich der Ambivalenz des Religiösen eine krasse Differenz zwischen Eigen- und Fremdwahrnehmung von Religion zu verzeichnen ist: Während nur 12 % der türkischstämmigen Bevölkerung in Deutschland mit dem Islam Gewaltbereitschaft assoziieren, tun dies 64 % der Gesamtbevölkerung. 65 % der Türkeistämmigen in Deutschland trauen dem Islam Friedfertigkeit zu, im Gegensatz zu nur 7 % aller Deutschen. Und nur 5 % aller Deutschen sehen den Islam als tolerant an, während 56 % der Türkeistämmigen dieser Religion zugestehen, Toleranz zu üben. 72 % aller Deutschen verbinden im Gegensatz zu 18 % der Türkeistämmigen mit dem Islam Fanatismus.[18]

Die These von der Ambivalenz des Religiösen, die auch eine Frage nach der Wahrnehmung der Religion in der Öffentlichkeit ist, erscheint aufgrund der oben angeführten Beispiele eine geeignete Arbeitshypothese zu sein; nicht zuletzt deswegen, weil damit partikularistische Reduktionen, die Religion und Gewalt einer allzu eindeutigen und damit einseitigen Verhältnisbestimmung zuführen wollen, verhindert werden. Ambivalenz wird hierbei als ein Ansatz verstanden, der sich letztlich einer Kategorisierung von Religion verschließt, denn wenn Religion sowohl mit Gewalt als auch mit Gewaltfreiheit assoziiert werden kann, ist sie offenbar nicht hierauf reduzierbar. Die Ambivalenzthese soll daher größtmögliche Offenheit im Umgang mit dem Phänomen religiös konnotierter Gewalt ermöglichen. Auch deswegen kann es in diesem Buch nicht darum gehen, letzte Antworten und neueste Lösungen für ein Problem zu liefern, das sich in seiner Komplexität einer holistischen Betrachtung widersetzt. Vielmehr bietet der Band Möglichkeiten an, mit dem Thema umzugehen. Er bildet damit Suchbewegungen ab, die eine dem Forschungsgegenstand angemessene Verhältnisbestimmung anstreben.

Im Vorfeld wurde eine wichtige Auswahl getroffen: Es kommen nur Judentum, Christentum und Islam, die sogenannten »monotheistischen« – oder besser: »abrahamitischen« – Religionen, zur Sprache. Aufgrund der großen Aktualität, die die »Monotheismusthese« nach wie vor besitzt und der teils in Ermangelung einer genauen Kenntnis dieser These gezogenen Schlussfolgerung, dass diesen Religionen ein höheres Gewaltpotenzial inhärent sei als anderen, ist darauf hinzuweisen, dass neuere Forschungen eindrücklich zeigen, dass auch andere Religionen von der Gewaltproblematik betroffen sind. So zeigt der Münsteraner Religionswissenschaftler und Theologe Perry Schmidt-Leukel, dass es sich um ein romantisches Klischee des westlichen Intellektuellen handele, wenn jener im Buddhismus eine Religion der Gewaltlosigkeit und Friedfertigkeit entdecken will. Es sei ein Blick durch die rosarote Brille, die aber weder der Realität des heutigen asiatischen Buddhismus noch der des klassischen Buddhismus entspreche.

---

18 Detlef Pollack, Olaf Müller, Gergely Rosta und Anna Dieler, Integration und Religion aus der Sicht von Türkeistämmigen in Deutschland. Repräsentative Erhebung von TNS Emnid im Auftrag des Exzellenzclusters »Religion und Politik« der Universität Münster, <https://www.uni-muenster.de/imperia/md/content/religion_und_politik/aktuelles/2016/06_2016/studie_integration_und_religion_aus_sicht_t__rkeist__mmiger.pdf> (aufgerufen am 17.4.2018); vgl. hierzu auch: »Eine angegriffene Religion«. Ergebnisse einer Umfrage unter Türkeistämmigen in Deutschland. In: Forschung & Lehre, 23 (2017), S. 971.

Vielmehr wurde und wird Gewalt auch im Namen des Buddhismus ausgeübt.[19] Mit anderen Worten: Die Beschränkung auf Judentum, Christentum und Islam hat seinen Grund nicht in der Bestätigung der »Monotheismusthese«, sondern vielmehr darin, dass der vorliegende Band sich auf eine europäische und – mit Blick auf die Bundeswehr – deutsche Perspektive beschränkt, innerhalb derer diese drei Religionen in einem weitaus größeren Maße der Aufmerksamkeit bedürfen.

2. Ein ambivalentes Bild

Ohne den hier versammelten Beiträgen allzu sehr vorzugreifen, soll mit einem Bild die Ambivalenz veranschaulicht werden, die in diesem Band zur Sprache gebracht wird: Das 1603 entstandene Werk von Michelangelo Merisi da Caravaggio (1571–1610), das die Opferung Isaaks nach Gen 22,1–19 zeigt, gehört zu den bekannteren Arbeiten des Künstlers. Vor allem seine Verwendung im Kontext des Themas »Religion und Gewalt« hat es populär werden lassen. Zu beobachten ist jedoch, dass in der Interpretation des Bildes wie in der Auslegung der Erzählung der Fokus auf den gewaltausübenden Abraham gelegt wird; wie beispielsweise bei seiner Verwendung als Cover für das als Standardwerk konzipierte »Oxford Handbook of Religion and Violence« oder bei der Reproduktion als Titelbild eines Ausstellungskataloges des Jüdischen Museums Berlin zu dem Thema Gehorsam.[20] Der Ausschnitt richtet sich auf die Entschlossenheit des Abraham, durch die sein Gehorsam als »ein brutaler Akt physischer Gewalt gegenüber dem wehrlosen Opfer« gedeutet wird.[21] Ausgeblendet ist hierbei der die Hand Abrahams zurückhaltende Engel, der Abraham im letzten Moment in den Arm fällt und ihn, der mit der Opferung seines einzigen Sohnes gottgefällig zu handeln vermeint, auf die Gewaltanwendung verzichten lässt. Ein Ausschnitt, der den Engel nicht deutlich zeigt, droht das Bild auf eine schlichte Oper-Täter-Beziehung zu reduzieren und auf den religiösen Menschen, der im Namen seines Gottes bereit ist zu töten, selbst Unschuldige. Dies mag ein Beispiel für die Art und Weise sein, wie Religion in der Gegenwart wahrgenommen wird. Allzu häufig wird in den Medien über die Schattenseiten religiösen Glaubens berichtet; und zumeist treten religiöse Akteure als Verursacher von Gewalt auf, deutlich seltener als deren Schlichter oder als deren Opfer. Auch dieser Sammelband ist nicht ganz frei von einer solchen Verschiebung der Gewichte, die die Hand des Engels aus dem Blick geraten lässt. Gleichwohl werden auch die Friedenspotenziale der Religionen thematisiert, ihre Potenziale »Gewalt« einzudämmen; wozu auch die

---

19 Perry Schmidt-Leukel, Buddhismus verstehen. Geschichte und Ideenwelt einer ungewöhnlichen Religion, Gütersloh 2017; vgl. hierzu auch: Buddhism and Violence. Militarism and Buddhism in Modern Asia. Ed. by Vladimir Tikhonov and Torkel Brekke, New York 2013 (= Routledge Studies in Religion, 19).

20 The Oxford Handbook of Religion and Violence. Ed. by Mark K. Juergensmeyer, Margo Kitts and Michael K. Jerryson, New York 2013; Gehorsam. Hrsg. von Peter Greenaway, Margret Kampmeyer und Cilly Kugelmann im Auftrag des Jüdischen Museums Berlin, Bielefeld, Berlin 2015.

21 Margret Kampmeyer und Cilly Kugelmann, Bindung, Opferung, Schlachtung oder das Ereignis, das nicht stattgefunden hat. In: Gehorsam (wie Anm. 20), S. 14.

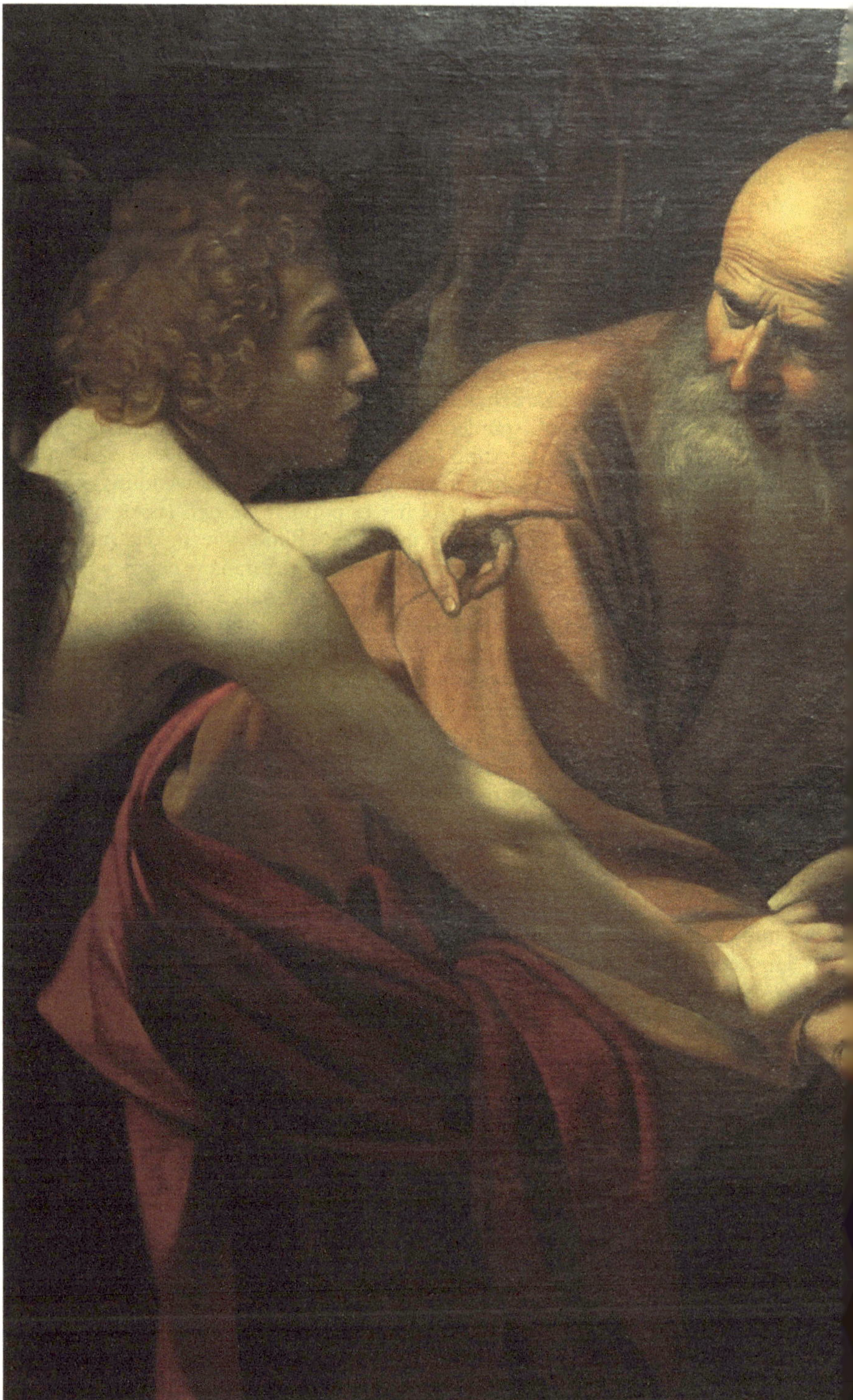

akg-images

Lebenshilfe gehört, die Religion in der Verarbeitung von Gewalterfahrungen zu bieten vermag. Für einen solchen erweiterten Blick mag es hilfreich sein, das Bild von Caravaggio, dessen Ausdrucksstärke auch nach über 400 Jahren noch verstörend ist, genau und im Ganzen zu lesen, um zu sehen, was der Engel mit seiner zweiten Hand macht. Mit dem »machtvoll ausgestreckten Zeigefinger« deutet er vordergründig nur auf den Widder neben Isaak, den Abraham als Ersatz angeboten bekommt, »vielmehr führt sein Fingerzeig darüber hinaus in die befreiende Landschaft rechts«[22] im Bild. Er zeigt auf den Weg, der aus dieser scheinbar ausweglosen Situation wieder herausführt; zurück auf den Weg, den Vater und Sohn hierher genommen haben; der Bote Gottes verweist auf das befreiende Licht des friedlichen Tages, das aus der Dunkelheit der Gewalt herausführt, mit der die Szene angefüllt ist.[23] Neben der Gewalt ist somit auf dem Bild gleichermaßen die Gewaltlosigkeit thematisiert.

In der modernen Kritik an dieser Erzählung wird Abraham allerdings zum religiösen Fanatiker stilisiert, der blind vor Gehorsam sei und bereit, Abscheuliches zu tun, nämlich nicht nur einen unschuldigen Menschen, sondern sogar seinen eigenen und einzigen Sohn für das zu töten, was er für seine Mission hält. Nicht nur Neoatheisten wie Christopher Hitchens oder Richard Dawkins – die in ihrer Kritik an der Religion zu einem guten Teil das abbilden, was sie selbst an ihr kritisieren, nämlich Fanatismus, Intoleranz und fehlende Sachkenntnis – haben aus solchen Erzählungen der Weltreligionen den Schluss gezogen, dass Religion eine der stärksten Quellen für Gewalt in der Geschichte sei. Dawkins bezeichnet die Opferung Isaaks daher als eine »widerwärtige Geschichte«, als Kindesmisshandlung und als »die erste belegte Verteidigung nach dem Muster der Nürnberger Prozesse: ›Ich habe nur Befehle ausgeführt.‹«[24] Hitchens beschreibt die Geschichte als Beispiel religiöser Geisteskrankheit und die Hand des Engels als eine »Laune«, die der »Mörderhand« Abrahams eher zufällig Einhalt gebiete.[25] In der Psychoanalyse, die recht früh die Erzählung für sich entdeckt hat, wurde die Geschichte nicht nur als geglückte Transformation einer hohen Auto- und Fremdaggressivität verstanden oder als eine Geschichte der Vater-Sohn-Beziehung, durch die die frühkindliche Bindung zur Mutter getrennt werde,[26] sondern auch als archaisches Beispiel für einen Filizid, der die Söhne ermutige, sich für die Anliegen der Väter töten zu lassen; für einen Genozid, der durch die Bezeichnung »Holocaust« das Schicksal der vom Nationalsozialismus ermordeten Juden mit dem Schicksal Isaaks verknüpfe; und schließlich für einen Omnizid, der im nuklearen Zeitalter die völlige Vernichtung der Menschheit billigend in

---

22 Eberhard König, Michelangelo Merisi da Caravaggio. 1571–1610, Königswinter 2007 (= Meister der italienischen Kunst), S. 63.

23 Diese Deutung legt sich auch deswegen nahe, da die Landschaft, auf die der Engel zeigt, für Caravaggios Werk eher untypisch ist.

24 Richard Dawkins, Der Gotteswahn, 8. Aufl., Berlin 2007, S. 335.

25 Christopher Hitchens, Der Herr ist kein Hirte. Wie Religion die Welt vergiftet, München 2009, S. 74.

26 Vgl. hierzu: Erich Wellish, Isaac and Oedipus. A Study in Biblical Psychology of the Sacrifice of Isaac, London 1954; vgl. hierzu auch: Patrick Vandermeersch, Isaac Threatened by the Knife of Psychoanalysis? In: The Sacrifice of Isaac. The Aqedah (Genesis 22) and its Interpretations. Ed. by Ed Noort and Eibert Tigghelaar, Leiden, Boston, Köln 2002 (= Themes in Biblical Narrative, 4), S. 198–210.

Kauf nehme.[27] Freilich sagen solche Interpretationen mehr über die Interpreten denn über die Erzählung aus, da sie bewusst darauf verzichten, die Tiefe und die ganze Dialektik dieser Erzählung auszuloten. Denn auch hier wird der Blick einseitig auf einen Ausschnitt des gesamten Bildes gelegt. Wenn man aber die Stelle so liest, dass Abraham sich von der Hand des Engels leiten lässt, dann ist dies auch eine Erzählung darüber, dass der Mensch nicht gezwungen werden kann, gegen seine Überzeugungen zu handeln; dass noch inmitten der akuten Konfliktsituation dem Menschen die Möglichkeit der gewaltfreien Entscheidung gelassen ist. »Abrahams Gehorsam gegenüber Gott, vielfach als Kadavergehorsam gescholten, ist ihm nur möglich, weil er in sein Vertrauen auf Gott eingebunden ist. Von diesem Vertrauen darauf, dass die Verheissung am Ende nicht dahinfällt, dass sie auch über ihre denkbar radikalsten Verkehrungen hinweg gültig bleibt – davon erzählt die Erzählung von der Opferung des Sohnes.«[28] Es ließe sich daher fragen, ob statt des Menschen Abraham nicht viel eher Gott auf die Probe gestellt wird, der hierdurch gezwungen wird, sich so zu zeigen, wie er von Abraham geglaubt wird: als Gott der Güte und Barmherzigkeit.[29]

Vielleicht kann dieses Bild zum Nachdenken darüber anregen, wie Religionen dem Phänomen der Gewalt begegnen, welche Antworten, Lösungen oder gar Alternativen sie anbieten können. Hier wird noch einmal das Anliegen des Sammelbandes illustriert, indem die Ambivalenz unserer modernen Sichtweise auf Religion zum Ausdruck kommt: Wir sehen dasselbe Bild und kommen doch zu ganz unterschiedlichen Deutungen. Wir können die Gewalt der Hand Abrahams wahrnehmen, die das Messer zum Hals des Kindes führt; wir können aber zugleich die Gewaltfreiheit der Hand des Engels sehen, die nicht nur das Messer zurückhält, sondern ebenso aus der brutalen Szene einen Weg hinaus weist. Es liegt im Auge des Betrachters, auf welche Hand er schaut, um das Erzählte zu deuten. Insofern lässt sich an diesem Bild die Ambivalenz des Religiösen zeigen: Sowohl Gewalt als auch Gewaltfreiheit sind hier abgebildet. Wie bei einer Kippfigur, z.B. die Rubinsche Vase oder die Schrödersche Treppe, enthält das Bild beides. Diese Figuren sind Ausdruck der menschlichen Fähigkeit, die Wahrnehmung eines Gegenstandes zu ändern. Aber im Unterschied zu der neuronalen Deutungsambivalenz, für die diese Figuren stehen, lässt sich anhand von Bild und Erzählung darüber in Diskurs treten, welche Sicht dem Gegenstand angemessener ist.

Es gibt aber noch einen anderen Grund, weshalb diese Erzählung diesen Aufsatzband charakterisieren soll: Die dargestellte Szene ist eine identitätsstiftende Ursprungserzählung für die drei Religionen, die im Folgenden zur Sprache kommen werden: »Alle drei monotheistischen Religionen rechnen die Erzählung [...] zum Kanon ihrer Überlieferung und gedenken ihrer an den hohen religiö-

---

27 Vgl. hierzu: Martin Wangh, Die Opferung Isaaks. In: Forum der Psychoanalyse, 17 (2001), S. 350–359.

28 Konrad Schmid, Die Opferung des Sohnes. Ein neuer Blick auf die Erzählung von Abraham und Isaak. In: Neue Züricher Zeitung vom 15. April 2006, <https://www.nzz.ch/articleDMYQQ-1.25689> (aufgerufen am 17.4.2018).

29 Vgl. hierzu: Rainer Kampling, Gottes und Abrahams Freiheit. Nachdenken über den Gang in das Land von Morija. In: Freiheit Gottes und der Menschen. Festschrift für Thomas Pröpper. Hrsg. von Michael Böhnke, Michael Bongardt, Georg Essen und Jürgen Werbick, Regensburg 2006, S. 529–533.

sen Festtagen. Die Deutung und Bewertung dieser biblischen Urgeschichte fällt gleichwohl sehr verschieden aus.«[30] Judentum, Christentum und Islam haben, bei aller Verschiedenheit, die sich allein schon an den Namen Isaak und Ismael festmachen lässt, gleichwohl einen gemeinsamen Anfang und in der Besinnung auf diesen Anfang auch eine gemeinsame Verantwortung, sich den kritischen Fragen bezüglich ihres historischen wie gegenwärtigen Verhältnisses zur Gewalt zu stellen; gemeinsam auch deswegen, weil die Antwort nur von einer zu erwarten oder die Schuld nur einer von ihnen zuzuweisen, keine tragfähige Lösung bietet.

3. Zu den Beiträgen

Der Band ist in vier Teile gegliedert. Vorangestellt ist der Festvortrag, den *Franz-Josef Overbeck*, Bischof von Essen und Katholischer Militärbischof für die Deutsche Bundeswehr, auf der Tagung gehalten hat. Die Vortragsform wurde beibehalten. Bei diesem Beitrag handelt sich um eine selbstkritische Reflexion, der es gelingt, die akuten Probleme, die eine Verzweckung von Religion mit sich bringt, deutlich zu machen und wichtige Leitlinien kirchlichen Handelns aufzuzeigen. Die Betonung des Unterschieds zwischen einer religiös begründeten und einer religiös gerechtfertigten Gewalt gibt hierbei zu denken.

Der erste Teil des Bandes wendet sich den autoritativen Schriften in Judentum, Christentum und Islam zu, da sie das normative wie spirituelle Repertoire bilden, aus dem heraus Gewalt wie Gewaltlosigkeit legitimiert werden. Es soll gezeigt werden, dass diese Schriften einer kontextuellen Hermeneutik bedürfen, die die Schwierigkeiten, welche sich aus kriegerischen und gewaltlegitimierenden Texten ergeben, nicht verdrängt, hierbei aber die Kontexte zu erschließen vermag, die eine unangemessene Verabsolutierung oder Generalisierung dieser Texte zu entkräften hilft. Die Einwände, die *Micha Brumlik* gegen Jan Assmanns Monotheismusthese vorbringt, stehen aufgrund der Quellen, die durch diese These in die Kritik geraten sind, am Anfang des ersten Teils. Aber auch die Detailstudien, die die christlichen Exegeten *Thomas R. Elßner* und *Matthias Adrian* zu einzelnen Büchern des Alten und Neuen Testaments vorstellen, gehören hierher, da sie von ihrem Untersuchungsgegenstand her den Bogen zur Frage nach Gewalt und Gewaltlosigkeit in biblischen Schriften schlagen. *Amir Dziri* schließt diesen Abschnitt mit einem Beitrag über eine moderne Koranexegese ab, die die Schwierigkeiten und Chancen einer solchen Auslegung ebenso aufzeigt wie die Missverständnisse, mit denen die Auslegung konfrontiert ist.

Im zweiten Teil werden exemplarisch drei Gewaltkonflikte in Geschichte und Gegenwart dargestellt, um zu fragen, wie viel Religion und wie viel Politik in diesen Konflikten steckt, eingedenk der Tatsache, dass dies in vielen Fällen kaum zu unterscheiden ist. Auch dies macht die Ambivalenz des Religiösen deutlich. Den Auftakt bildet hier *Heinz-Günther Stobbe*, der die vieldiskutierte Frage nach dem Verhältnis von Religion und Gewalt umdreht und zeigt, dass die Neuzeit eine massive Gewalt gegen Religion kennt, die in der öffentlichen Wahrnehmung aber kaum Beachtung findet. *Corinna Hauswedell* beschäftigt sich mit der politisch-

---

30 Kampmeyer/Kugelmann, Bindung, Opferung, Schlachtung (wie Anm. 21), S. 11.

religiösen Ambivalenz der (nord-)irischen Konfliktgeschichte und spannt einen Bogen von den Anfängen bis in die heutige Zeit. *Bernd Lemke* geht der Frage nach, ob Religion die entscheidende Ursache für die vielen Gewaltkonflikte im Nahen und Mittleren Osten in den letzten vier Jahrzehnten war. Er beleuchtet die Rolle der Selbstmordattentate und verweist en passant auf ein schwieriges Problem für Strafrecht und Ethik: Die Tat kann weder rechtlich noch moralisch geahndet werden, da sich die Attentäter im Verüben der Straftat zugleich ihrer Bestrafung entziehen.

Der dritte Teil wendet sich Ansätzen aus der Friedensethik und der Friedens- und Konfliktforschung zu, die weniger der Gewaltproblematik nachgehen, sondern vielmehr daran interessiert sind, das Friedenspotenzial von Religionen herauszuarbeiten. So präsentiert *Johannes Vüllers* detailliert und kenntnisreich die Ergebnisse der empirischen Forschung zum Zusammenhang von Religion und Gewalt, die keineswegs so ausfallen, dass ein eindeutiger Zusammenhang hergestellt werden kann. *Walter Homolka* wendet sich in seinem Beitrag dem friedensethischen Diskurs der jüdischen Tradition zu, beginnend mit den biblischen Schriften bis hin zur heutigen Situation des Staates Israel, um daran die Spannung zwischen pazifistischem Anspruch und militärischem Selbstschutz aufzuzeigen. *Friedrich Lohmann* bringt in seiner friedensethischen Betrachtung über das Verhältnis von Christentum und Gewalt die These von der Ambivalenz des Religiösen zur Anwendung, indem er zeigt, dass es eine eindeutige Friedensethik des Christentums nicht gibt, sondern Geschichte wie Gegenwart dieser Religion sowohl Beispiele von Gewaltlegitimation als auch von Gewaltverzicht kennt.

Muhammad Sameer Murtaza macht in seinem Beitrag darauf aufmerksam, dass Frieden kein Geschenk sei, das vom Himmel falle, sondern großer Anstrengungen seitens der abrahamitischen Religionen bedürfe. Seine philosophisch-theologischen Ausführungen stellen einen Islam vor, der einer »Kultur der Gewaltlosigkeit, des Respekts, der Gerechtigkeit und des Friedens« verpflichtet ist, wie sie das Weltparlament der Religionen 1993 in seiner Erklärung zum Weltethos entworfen hat. Besondere Beachtung verdienen seine Überlegungen zu angemessenen Interpretationen des im Koran angesprochenen Rechts auf Selbstverteidigung.

Im vierten Teil, der den Sammelband abschließt, wird gefragt, welche Bedeutung dem Themenkomplex »Religion, Gewalt und Gewaltfreiheit« innerhalb der Bundeswehr zukommt und noch stärker zukommen könnte. *Kai Rohrschneider* geht dieser Frage in Form eines persönlichen Statements nach, das selbstkritisch aus Sicht einer militärischen Führungsperson die im Afghanistaneinsatz gemachten Erfahrungen reflektiert. Sein Plädoyer, dass das Verhältnis von Religion und Gewalt für die Soldatinnen und Soldaten der Bundeswehr zunehmend in den Fokus des Interesses rückt und daher stärker in der Ausbildung berücksichtigt werden sollte, wird von *Anja Seiffert* aus der Perspektive der sozialwissenschaftlichen Einsatzbegleitung aufgegriffen und weiter vertieft. Sie legt die Bedeutung dar, die der interreligiösen Kompetenz in diesem Zusammenhang zukommt, da Soldatinnen und Soldaten der Bundeswehr in ganz unterschiedlichen Auslandseinsätzen auf Religion stoßen und gezwungen sind, sich mit diesen Religionsformen produktiv auseinanderzusetzen. Hierbei werden aber nicht nur Defizite, sondern ebenso auch Potenziale dieser Auseinandersetzung in den Blick genommen. Ebenso wird auf die moralische Standpunktfähigkeit verwiesen, die gerade für das im Wandel befindliche soldatische Selbstverständnis von zentraler Bedeutung ist.

Franz-Josef Overbeck

Gewalt und Gewaltfreiheit in den Religionen. Eine historische und gegenwärtige Problemerfassung

Verfolgt man die Diskussion über das Verhältnis von Religion und Gewalt,[1] so wird deutlich, dass sie von zwei Lagern beherrscht wird. Die erste Richtung proklamiert eine grundsätzliche Unvereinbarkeit von Religion und Gewalt und sucht die Ursachen der Gewaltausschreitungen im nicht-religiösen Bereich. Im Gegensatz dazu tendiert die zweite Richtung zu der Annahme, dass Religion immer mit Gewalt einhergeht und es gerade die Religion selbst ist, die solche unmenschlichen Ausschreitungen hervorbringt und begründet. Durch die aktuellen Ereignisse im Rahmen einer zunehmenden religiös-motivierten Terrorismusbedrohung könnte außerdem leicht der Eindruck entstehen, dass vor allem vom Islam ein extremes Gewaltpotenzial ausgeht und die islamische Religion von ihrem Wesen her Gewalt legitimiere. Ich komme später noch einmal darauf zurück.

Es hilft ein kurzer Blick in die Geschichte des Verhältnisses von Religion und Gewalt, um wesentliche Aspekte dieses Verhältnisses differenziert zu beleuchten.

Fast alle Gesellschaften in der menschlichen Geschichte kannten Gewalt, die meisten von ihnen auch den Krieg als eine Form organisierter Gewalt. Krieg ist ohne politische Herrschaft nur schwer denkbar; manche Historiker meinen sogar, der Staat sei von Anfang an bis heute der entscheidende Geburtshelfer und Träger des Krieges. Das Verhältnis von Religion und Krieg hängt daher überall in hohem Maße vom Verhältnis der Religion zur politischen Herrschaft ab, oder, etwas enger gefasst, von der Beziehung zwischen Religion und Staat.

1. Religion und Staat

Von den ersten Stadtstaaten Mesopotamiens bis in die europäische Neuzeit hinein war für die Menschen das ganze Leben mehr oder minder stark religiös geprägt und auch die politische Herrschaft religiös begründet. Selbst die Kritik an politisch-gesellschaftlichen Missständen, an Unrecht und Unterdrückung artikulierte sich unvermeidbar im Medium der Religion, wie etwa das Beispiel der

[1] Anm. des Herausgebers: Der Beitrag geht auf einen Vortrag zurück, der am 16. November 2016 am ZMSBw gehalten wurde. Inhalt und Duktus der Rede wurden weitgehend unverändert übernommen.

Propheten Israels zeigt. In den letzten Jahren wurde immer wieder behauptet, der Monotheismus habe den Krieg aus religiösen Gründen erfunden. Doch in der vereinfachten Form, in der diese These gewöhnlich vorgetragen wird, ist sie historisch schlicht unhaltbar.

Die antike Welt war überall polytheistisch und randvoll von Gewalt und Krieg, zumal sich die Bildung der antiken Großreiche stets auf dem Wege von in der Regel brutalen Eroberungszügen vollzog. Keiner von ihnen konnte und durfte in den Augen der Zeitgenossen begonnen und durchgeführt werden ohne Beistand der Götter. Es wurden Orakel befragt, es wurde den Göttern geopfert und ihnen für den Fall des Sieges ein Anteil an der Kriegsbeute zugesichert. Kurz gesagt: Weil das gesamte Leben religiös imprägniert war, war gerade auch der Krieg als hochbedeutsame Praxis in vielfacher Weise in religiöse Vollzüge eingebettet und von ihnen begleitet.

Gleichzeitig haben die Religionen überall Befriedungsleistungen erbracht. Ihnen verdanken wir zum Beispiel die Institution des Asyls, das Verbot, in sakralen Räumen wie Tempeln oder Hainen Waffen zu tragen oder während heiliger Zeiten zu kämpfen. Die Olympischen Spiele bieten dafür ein immer noch aktuelles Beispiel, obgleich ihr religiöser Hintergrund verschwunden ist. Praktiken dieser Art haben ihren Grund darin, dass die Religionen überall mit einer tiefen Friedenssehnsucht verbunden waren und sind.

Wenn man also etwa das Verhältnis der christlichen Religion zu Gewalt und Krieg verstehen will, ist es unumgänglich, danach zu fragen, wie sich ihr Verhältnis zu politischer Herrschaft und zum Staat entwickelt hat. In dieser Hinsicht sind Vorbild und Lehre Jesu, den Gewaltverzicht und die Feindesliebe betreffend, weniger bedeutsam als seine Aussage, sein Reich sei nicht von dieser Welt (vgl. Joh 18,36). Dieses in der johanneischen Passionsgeschichte überlieferte Wort Jesu bringt eine grundsätzliche Distanz zwischen dem Reich Gottes und den Reichen dieser Welt zum Ausdruck, die sich dem Selbstverständnis der christlichen Kirche tief eingeprägt hat.

Im Keim war damit die Trennung von Kirche und Staat angelegt, und es dauerte immerhin dreihundert Jahre, bis christliche Kirche und römischer Staat sich einander annäherten. Die Einheit von Reich und Kirche, die im Jahr 380 mit der Erhebung des Christentums zur Staatsreligion verwirklicht wurde, bildete von da an das Leitbild für die Ausgestaltung der Beziehung von Kirche und Staat im östlichen und westlichen Teil des Römischen Reiches. Dieses letzten Endes römisch-heidnische Konzept legitimierte nicht zuletzt die Gewalt gegen Ketzer und Heiden und lieferte den religiös-politischen Anstoß für die Konfessionskriege in Europa.

Die zwischen den Konfessionen ausgeübte Gewalt wirkte sich in Europa und in Ländern wie Frankreich und England verheerend aus. Sie verdankte sich gewiss einer Gemengelage von Gründen und Motiven, sie war aber trotzdem wesentlich religiöse Gewalt – und zwar ein unversöhnlicher, mörderischer Konflikt von Wahrheitsansprüchen bzw. religiösen Überzeugungen. Die weitreichendste Folge dieses Umstands bestand darin, dass ein Frieden zwischen den Konfliktparteien nur möglich war, wenn die Einheit von Reich und christlicher Religion aufgelöst und es den Konfessionsparteien unmöglich gemacht wurde, ihren Streit um die wahre Religion mit Waffengewalt auszufechten. Nicht die Trennung von Kirche und Staat, sondern das Gewaltmonopol des Staates und sein Selbstverständnis, das friedliche Zusammenleben seiner Bürgerinnen und Bürger zu gewährleisten, anstatt sich in den religiösen Kampf um Wahrheitsansprüche einzumischen, führten zu einer Befriedung der christlichen Konfessionen.

Die eigene Leistung der Kirchen bestand und besteht darin, sich mit dieser neuen Situation nicht nur abgefunden, sondern sie in Rückbesinnung auf ihren Ursprung bejaht zu haben. Das entscheidende Element der modernen Konstellation zwischen Religion und Staat ist die Anerkennung der Religionsfreiheit als unveräußerliches Menschenrecht durch Kirche und Staat. Erst und nur sie befriedet die Religionen von innen her, nicht nur äußerlich durch bloßen Machtverlust. Deshalb liegt der Glaubwürdigkeitstest für jede Religion darin, für Religionsfreiheit auch dann einzutreten, wenn sie nicht selbst, sondern andere Religionen betroffen sind, vor allem, wenn sie im jeweiligen Staat nur eine Minderheit vertreten.

Die katholische Kirche hat im Dekret über die Religionsfreiheit des Zweiten Vatikanischen Konzils durch ihre höchste Autorität diesen Schritt unwiderruflich getan. Mit Recht wurde dieses Dokument, das einen schmerzlichen Lernprozess beendet hat, die Eintrittskarte der katholischen Kirche in die moderne Welt genannt. Sie hat damit keineswegs auf ihren Wahrheitsanspruch verzichtet, und in der Tat braucht keine Religion auf ihren Wahrheitsanspruch zu verzichten, doch alle Religionen müssen darauf verzichten können und verzichten, ihn mit Gewalt durchzusetzen. Sonst bleiben sie in dieser Welt Störenfriede, vielleicht nicht die größte Gefahr für den Weltfrieden, aber gefährlich genug, dass man ihnen beständig misstraut. Es ist daher die Aufgabe der Religionen, dieses Misstrauen zu widerlegen.

2. Verzweckung von Religion

Historisch gesehen kann man feststellen, dass die Verbreitung von Religionen und vor allem die Expansion bestimmter Glaubensgemeinschaften allzu oft mit der Anwendung roher Gewalt einhergegangen sind. Während des Christianisierungsprozesses unter Kaiser Konstantin sowie im Rahmen christlicher Missionen und Kreuzzüge wurde teilweise mit »Wellen des Terrors« gegen nicht-christliche Völker vorgegangen.

Diese »Wellen des Terrors« vernichteten Andersgläubige, die nicht zur Konversion bereit waren, sowie nicht-christliche Heiligtümer und als heidnisch bezeichnete Kulturen. Doch nicht nur historisch betrachtet ist auch das Christentum nicht unschuldig in Bezug auf Gewaltanwendung.

Es wäre falsch zu behaupten, dass nur von radikalen Islamisten ein Gewaltpotenzial ausgeht. Ein Blick in die Vergangenheit und Gegenwart zeigt, dass überall dort, wo religiöse Motive mit universalen Geltungsansprüchen, imperialistischen Tendenzen sowie weiteren politischen oder wirtschaftlichen Zielen einhergehen, ein gefährliches Gewaltpotenzial latent ist. Es muss also zwischen fundamentalistischen, radikalen oder politisierenden Strömungen, die die Religion verzwecken, und der Religion selbst deutlich differenziert werden.

Die gewaltsame Durchsetzung einer Religion oder ein gewaltsames Vorgehen im Namen dieser Religion agiert gegen deren eigene Grundlagen. Im Islam wie im Christentum gibt es keinen Gott, der die Menschen aufruft, Gewalt auszuüben.

Für Christen steht das gewaltfreie Vorbild Jesu in Leben, Tod und Auferstehung im Mittelpunkt der religiösen Praxis. Erst im Jahr 2014 wurde im Vatikan von der Internationalen Theologischen Kommission ein Dokument verabschiedet (»Der dreifaltige Gott, Einheit der Menschen – Der christliche Monotheismus gegen die Gewalt«)[2], in dem betont wird, dass das Christusereignis radikal »jede Berufung auf eine religiöse Rechtfertigung der Gewalt« (Nr. 51) ablehnt.[3]

Wenn es stimmt, dass die Religionen von sich aus keine Gewalt legitimieren, ist zu fragen, woran es liegt, dass die Menschheitsgeschichte trotzdem schon seit Jahrhunderten von religiösen Kriegen, religiöser Gewalt und gewaltsamen Auseinandersetzungen zwischen Angehörigen verschiedener Glaubensgemeinschaften geprägt zu sein scheint. Eine erste Antwort auf diese Frage liefert vielleicht die Annahme, dass die Entstehungsgründe religiöser Gewalt nicht religiöser, sondern andersartiger Natur sind.

In diesem Zusammenhang könnte man sagen, dass der Gott, mit dem Gewalt legitimiert wird, eher die Gestalt eines *public God* annimmt, auf dessen Autorität sich jedermann scheinbar beliebig beruft. Ein *public God* in diesem Sinne hat mit Gott im eigentlichen Sinn nichts mehr gemein. Der politisch handelnde Mensch stellt sich demnach an die Position Gottes und beruft sich auf instrumentelle Art und Weise auf dessen Autorität, um das eigene Handeln um Politik zu legitimieren.

Religiöse Gewalt entsteht dann, wenn Menschen mit Wahrheitsansprüchen in Bezug auf die Existenz oder den Willen Gottes gegen andere vorgehen. Es geht mit anderen Worten bei den gewaltsamen Ausschreitungen, wie wir sie heute sowie in der Vergangenheit wahrnehmen können, an erster Stelle nicht um eine Gewalt, die religiös begründet ist, sondern die religiös gerechtfertigt wird. »Dort, wo Religion draufsteht, ist in der Regel keine Religion drin.«[4] Die Instrumentalisierung der Gottesmacht bei der Durchsetzung politischer oder anderer nicht-religiöser Ziele bildet die größte Gefahr für unsere Zeit.

3. Gewalt und Flucht in Irak und Syrien

Die Ereignisse im Irak und Syrien zeigen eine besorgniserregende neue Entwicklung im Kontext des Verhältnisses von Religion und Gewalt. Mit der Expansion des sogenannten Islamischen Staates wird einmal mehr deutlich, dass nicht nur religiöse, politische, ethnische und kulturelle Interessen sehr eng mit einander verflochten und schwer zu unterscheiden sind, sondern auch, dass religiöse

---

2 <http://www.vatican.va/roman_curia/congregations/cfaith/cti_documents/rc_cti_20140117_monoteismo-cristiano_ge.html>.

3 Ulrich Ruh, Theologenkommission: Monotheismus und Gewalt. In: Herder-Korrespondenz, 68 (2014), 3, S. 117–119.

4 Andreas Hasenclever, Den Himmel trifft keine Schuld. Halbierte Religion als Eskalations- und Gewaltursache. In: Christliche Friedensethik vor den Herausforderungen des 21. Jahrhunderts. Hrsg. von Veronika Bock, Johannes J. Frühbauer, Arnd Küppers und Cornelius Sturm, Baden-Baden 2015 (= Studien zur Friedensethik, 48), S. 87–111.

Motive als Gründe für gewaltsames Handeln eingesetzt werden. Deshalb wird häufig fälschlich unterstellt, dass die Gewalt des Islamischen Staates eine »natürliche« Folge der islamischen Religion sei.

Der IS ist vor allem aufgrund der grausamen Methoden ins Rampenlicht der Weltöffentlichkeit gerückt, mit denen er zum einen Angst und Schrecken unter den diversen Bevölkerungsgruppen in den beiden Staaten verbreitet und gleichzeitig um neue Rekruten wirbt – auch in der westlichen Welt. Neben der Verschleppung von Frauen und Kindern, Zwangskonvertierungen und der massenhaften Ermordung von Zivilisten steht vor allem das Verhalten gegenüber den ethnischen und religiösen Minderheiten im Fokus des internationalen Interesses.

Im Nordirak haben »ethnische Säuberungen von historischem Ausmaß«[5] stattgefunden. Betroffen sind assyrische Christen, turkmenische und schabakische Schiiten, Jesiden, Kurden und Mandäer. Beispielsweise wurden Tausende jesidische Frauen und Kinder verschleppt, die Männer ermordet. Wem die Flucht vor den sunnitischen Rebellen nicht gelingt, bleibt nur die Wahl zwischen Konversion oder Tod. Aber auch moderate Sunniten werden von der Miliz verfolgt und getötet.

Die Vereinten Nationen haben im August 2014 eine humanitäre Katastrophe im Irak festgestellt. Die Folgen der Gewaltexzesse des IS sind jedoch nicht auf Irak und Syrien begrenzt. Die angrenzenden Staaten wie Jordanien oder der Libanon drohen unter der Masse an Flüchtlingen zu kollabieren. Die Vereinten Nationen gehen von 4,4 Millionen Binnenflüchtlingen und 500 000 Irakern aus, die in benachbarte Staaten geflohen sind. Die Zahlen für Syrien liegen nach fünf Jahren (Bürger-)Krieg bei fast 7 Mio. Binnenflüchtlingen und fast 4 Mio. Flüchtlingen in Nachbarstaaten: Das bedeutet, dass 50 % der syrischen Bevölkerung auf der Flucht sind! Diese beiden Konflikte destabilisieren die gesamte Nahost-Region.

Die Machtbefugnisse des selbsternannten sogenannten Kalifen speisen sich aus einem dreifachen Anspruch, der sich aus der historischen Idee des Kalifats ableitet: Er sieht sich als das politische Oberhaupt aller Muslime; er betrachtet sich als die oberste religiöse Autorität; und Gehorsamsverweigerung führt zum Status des ›Abtrünnigen‹, der mit dem Tod zu bestrafen ist. Das brutale Verhalten des IS in dem eroberten Territorium hat jedoch dazu geführt, dass der politische und religiöse Alleinvertretungsanspruch, der mit der Errichtung des Kalifats einhergeht, weder von anderen muslimischen Staaten noch von der Mehrheit der sunnitischen religiösen Autoritäten akzeptiert wird.

Im Islamischen Staat gelten die Regeln und Gesetze einer Scharia und des Wahhabismus, wie sie der IS interpretiert, die das öffentliche und private Leben streng normieren: Alkohol, Drogen, Tabakwaren und das Tragen von Waffen sind verboten, das Versammlungsrecht ist eingeschränkt, Frauen müssen entweder zuhause bleiben oder sich verhüllen. Ziel des Islamischen Staates ist die Konsolidierung der Herrschaft des Kalifen auf dem eigenen Territorium und die tendenziell unbeschränkte Expansion; sein Vertretungsanspruch ist global.

Dieser Expansionsdrang und die unmenschliche Behandlung von Minderheiten und ›Abtrünnigen‹ im ›Islamischen Staat‹ erfordern es, dass sich die internationale Gemeinschaft und auch die Kirchen mit den Anliegen der terroristi-

---

5 Vgl. Amnesty International, Ethnic Cleansing on a Historic Scale. The Islamic State's Systematic Targeting of Minorities in Northern Iraq, London 2014.

schen Organisation auseinandersetzen müssen. Dabei stellt sich schon jetzt die äußerst schwierige Frage, ob man – analog zu den Debatten über die Taliban in Afghanistan – im Zweifelsfall mit Vertretern des IS verhandeln muss, um nach der militärischen Konfrontation eine politische Lösung zu finden und eine (internationalen Menschenrechtsstandards genügende) Nachkriegsordnung im Irak und Syrien aufbauen zu können.

Mindestens so wichtig erscheint es mir, über den IS hinauszudenken, da auch nach einer militärischen Niederlage des IS das radikal-islamistische Gedankengut nicht beseitigt ist. Es braucht eine nachhaltige inhaltliche Auseinandersetzung mit den ideologischen Grundlagen gewaltbereiter Gruppierungen wie des IS oder zuvor al-Qaidas.

In den derzeitigen Ereignissen in Irak und Syrien manifestieren sich einige zentrale Beobachtungen: Wir leben in einer Zeit, in der kulturelle und religiöse Konflikte im öffentlichen Diskurs zunehmend wahrgenommen werden. In diesen Konflikten ist es immer schwieriger, zwischen religiösen und politischen Ansprüchen zu unterscheiden. Besonders seit dem Terrorangriff auf das World Trade Center in New York am 11. September 2001 stehen Themen wie das Verhältnis von Islam und Christentum, religiöser Fundamentalismus und religiös motivierte Gewalt auf einmal wieder im Mittelpunkt der öffentlichen Debatte.

Die aktuellen Entwicklungen im Rahmen des IS-Terrors zeigen außerdem die Notwendigkeit, grundlegend über das Verhältnis von Religion und Gewalt zu reflektieren, und zwar über die Grenzen der verschiedenen Konfessionen hinaus. Jeden Tag werden wir in den Medien mit Grausamkeiten konfrontiert, die im Namen von sogenannten religiösen Idealen vollzogen werden. Wo die Religion in der öffentlichen Debatte viele Jahre nur noch im Kontext ihres Bedeutungsverlustes zur Sprache kam, scheint sie am Beginn des 21. Jahrhunderts nicht mehr ohne Bezug auf ihr vermeintliches Gewaltpotenzial besprochen werden zu können. Es ist daher dringend an der Zeit, die Wahrnehmung in eine andere Richtung zu steuern und auf das genuine Friedenspotenzial der Religionen aufmerksam zu machen. Ich will dies wenigstens exemplarisch unternehmen und damit an dieser Stelle abschließen.

4. Schluss

Obwohl heute der Eindruck entstehen kann, dass von Religion hauptsächlich Gewalt ausgeht, entspricht dieser Auffassung nur eine Seite einer komplexen Realität. Es ist deshalb dringend notwendig, die Religion von dieser negativen Konnotation zu befreien und die Rückbesinnung auf ihr konstruktives und friedensstiftendes Potenzial zu fördern. Nur dann wird nachhaltiges religiöses Friedensengagement in religiös-motivierten Konflikten möglich. Wenn wir uns auf das Friedenspotenzial aller Religionen konzentrieren, ist sogar ein kooperatives interreligiöses Vorgehen gegen Gewalt in Krisensituationen eine reale Möglichkeit. Religiöse Akteure können dank dieses Friedenspotenzials innerhalb der Religion in der Friedensbildung und Friedenskonsolidierung eine wichtige Rolle spielen.

Die Seligpreisungen im Matthäus-Evangelium sind eine Friedenscharta; sie verkünden, dass Friede bereits dort existiert, wo Menschen in die neue Beziehung der Gotteskindschaft eintreten, die alles Konkurrenzverhalten, das so natürlich unter den Menschen erscheint, hinter sich lässt. Die Armut des Herzens, das Werk des Friedens, die Barmherzigkeit: das ist keine Religion, es sind keine religiösen Akte; es ist die Geburt einer neuen Menschheit von Schwestern und Brüdern; eine Zivilisation der Liebe, von der alle Päpste seit dem II. Vatikanum und insbesondere Papst Franziskus sprechen. Dieses friedenstiftende Potenzial des Christentums sowie der anderen Religionen möchte ich nun anhand zwei kleiner Beispiele noch einmal belegen.

Die Gemeinschaft Sant'Egidio wurde im Jahr 1968 von katholischen Studierenden um Andrea Riccardi gegründet und ist, neben ihrem sozialen Engagement, hauptsächlich durch ihr internationales Friedensengagement ein Beispiel für das konflikttransformierende Potenzial der Religionen geworden. Die Gemeinschaft beteiligte sich als Mediatorin und Beobachterin an verschiedensten Friedensverhandlungen. Einen ihrer größten Erfolge hat Sant'Egidio 1992 in Mosambik erzielt, als sie erreichte, dass der sechsjährige Bürgerkrieg durch die Verabschiedung des »Allgemeinen Friedensabkommens von Rom« beendet wurde. Die Friedensarbeit Sant'Egidios in Mosambik sowie später auch in Algerien zeigt, dass die religionsbasierte Mediation ein wichtiges Potenzial zur Konfliktlösung in sich trägt.

Auch wenn die Herausforderungen interkultureller und interreligiöser Friedensverhandlungen nicht zu unterschätzen sind, wird an dem Beispiel Sant'Egidios deutlich, dass die Religionen sich diesen Herausforderungen immer wieder stellen sollten. Sie sollten sich bemühen, die friedensstiftenden Werte ihrer Tradition immer wieder ins Gespräch zu bringen, um politische Lösungen verschiedenster Konflikte mit auf den Weg zu bringen.

Nicht zuletzt ist auch das gemeinsame Gebet aller Religionen um den Frieden, zu dem Papst Johannes Paul II. 1986 zum ersten Mal nach Assisi eingeladen hat, ein gemeinsamer Versuch aller friedlichen Gläubigen, die Verzweckung von Religion für Gewalt zu überwinden. Dieses interreligiöse Gebet zeigt, dass die Religionen sich auf spiritueller Ebene gemeinsam auf friedensstiftende Werte besinnen können.

Solche Friedensinitiativen, wie das gemeinsame Gebet um den Frieden, sind das Fundament der Hoffnung auf eine Zukunft, in der Religionen nicht länger als Brand-, sondern zu Recht als Friedensstifter betrachtet werden können.

Erster Teil

Gewalt und Gewaltfreiheit in religiösen Texten

Micha Brumlik

Rechtfertigt die Bibel Intoleranz und Gewalt? Zu Jan Assmanns »Mosaischer Unterscheidung«[1]

Die These des Ägyptologen Jan Assmann und des sich auf ihn berufenden Peter Sloterdijk[2], dass die sogenannte »mosaische Unterscheidung« eine der wesentlichen Ursachen sei, die in Judentum, Christentum und Islam zu systematischer Intoleranz geführt hätten, ist respektabel und anregend. Respektabel deshalb, weil er damit in einer Tradition der Selbstkritik jener westlichen Moderne steht, die spätestens in Max Horkheimers und Theodor W. Adornos »Dialektik der Aufklärung« einen ersten Höhepunkt erreicht hat. Anregend, weil sie dazu provoziert, erneut über die Grundlagen unserer Kultur nachzudenken. Assmann behauptet, dass die »mosaische Unterscheidung« – also die Unterscheidung von wahr und falsch in der Religion – eine emergente, welthistorische Singularität gewesen sei, und dass diese Unterscheidung Legitimationsmuster zur Ausübung von Gewalt bereithalte, vor allem gegen die Angehörigen der eigenen Gruppe. Ich versuche im Folgenden, diese Annahmen in vier Argumentationsgängen zu widerlegen:

Erstens gehe ich der Frage nach, ob Assmann den methodischen und methodologischen Hypotheken seiner Hypothese gerecht wird und überhaupt gerecht werden kann. Zweitens nehme ich den universalhistorischen Blick auf Grausamkeit und Intoleranz zumal gegen die eigene Gemeinschaft auf, verdichte diesen Blick zu der Vorstellung einer universalhistorischen Grausamkeitslehre (»Atrozitologie«) und versuche zu zeigen, dass gerade in ihrem Rahmen die Hypothese Assmanns nicht zutrifft. Drittens will ich mit einigen Bemerkungen zum Judentum, das mit der vermuteten israelitischen Religion de facto nichts zu tun hat, möglichen missverständlichen antijudaistischen und antisemitischen Lesarten dieser Hypothese zuvorkommen. Endlich gehe ich viertens auf Assmanns systematische Umkehr in seinem den »Exodus« behandelnden Buch aus dem Jahre 2015 ein. Auf diese bahnbrechende Untersuchung hat Assmann noch eine kürzere Schrift folgen lassen, die seine in »Exodus« erfolgte Revision jedoch nicht noch-

---

1 Überarbeitete und aktualisierte Fassung meines Beitrages »Respektabel, aber falsch«, erschienen in: Die Gewalt des einen Gottes. Die Monotheismusdebatte zwischen Jan Assmann, Micha Brumlik, Rolf Schieder, Peter Sloterdijk und anderen. Hrsg. von Rolf Schieder, Berlin 2014, S. 196–217.

2 Jan Assmann, Die Mosaische Unterscheidung oder der Preis des Monotheismus, München 2003; Peter Sloterdijk, Im Schatten des Sinai. Fußnote über Ursprünge und Wandlungen totaler Mitgliedschaft. In: Die Gewalt des einen Gottes (wie Anm. 1), S. 124–149.

mals revidiert, sondern zu Recht die ideologische Aneignung biblischer Motive etwa durch den nationalsozialistischen Staatsrechtler Carl Schmitt kritisiert hat.[3]

1. Methodisches, Methodologisches

Assmanns Hypothese lässt sich grundsätzlich zweifach verstehen:
- als eine universalhistorische Hypothese über den realen Verlauf der Weltgeschichte, die der Übernahme des singulären mosaischen Narrativs kausale Wirksamkeit beim Ausüben von Intoleranz und Grausamkeit zuschreibt, und zwar in dem Sinne, dass dort, wo dieses Narrativ nicht vorliegt, die Geschichte weniger grausam verlaufen ist;
- als eine im Wesentlichen hermeneutisch und textualistisch, gedächtnisgeschichtlich orientierte Annahme, die den textuellen Spuren dieses Narrativs in weiteren Texten folgt, damit aber ihre religionskritische Brisanz verliert.

a) Glaube und Wahrheit in der Achsenzeit

Beiden Varianten liegt Assmanns offensichtlich als realgeschichtlich missverstandene Annahme von der Entstehung der »mosaischen Unterscheidung« im Ägypten der Echnaton-Zeit zugrunde, die er in der Auseinandersetzung mit Rolf Schieder nun ausdrücklich zurückgezogen und für Unsinn erklärt hat.[4] Das »echnatonische« Missverständnis dürfte dem Umstand zuzuschreiben sein, dass Assmann sehr wohl über die fatale Tradition einer letztlich antijudaistischen bis antisemitischen Altorientalistik informiert ist, weshalb er es vermieden hat – historisch stimmig und politisch sensibel – die »mosaische Unterscheidung« einem im vierzehnten Jahrhundert vor der Zeitrechnung ohnehin noch nicht existierenden (»Früh«-)Judentum zuzuschreiben. Zu fragen ist daher vor allem, ob die ursprüngliche, anfängliche Synthese von Glauben und (unbedingtem) Wahrheitsanspruch einzig den mosaischen Narrativen zuzurechnen ist. Das scheint mir mit Blick auf die »Achsenzeit« nicht der Fall zu sein.

In der griechischen Antike schrieb beispielsweise Parmenides (ca. 549–500 v.d. Zeitrechnung): »Denn keinerlei schlechte Fügung entsandte dich, diesen Weg zu kommen [...], sondern Gesetz und Recht. Nun sollst Du alles erfahren«, sagt die Göttin (!) im Lehrgedicht des Parmenides, »sowohl der wohlgerundeten Wahrheit unerschütterlich Herz wie auch der Sterblichen Schein-Meinungen«.[5] Diese Stellen sind Assmann bekannt, freilich neigt er dazu, den im engeren Sinn »religiösen« Anteil dieser »Philosophie« herabzuspielen, um mehr Profil für die »mosaische Unterscheidung« zu gewinnen. Vor diesem Hintergrund muss man sich verdeutlichen, dass die »mosaische Unterscheidung« von (praktischer) Wahrheit und

[3] Jan Assmann, Totale Religion. Ursprünge und Formen puritanischer Verschärfung, Wien 2016, S. 155 f.

[4] Jan Assmann, Monotheismus und Gewalt. Eine Auseinandersetzung mit Rolf Schieders Kritik an »Moses der Ägypter«. In: Die Gewalt des einen Gottes (wie Anm. 1), S. 36–55.

[5] Parmenides, Fragmente. In: Hermann Diels, Die Fragmente der Vorsokratiker, Reinbek 1957 (= Rowohlts Klassiker der Literatur und der Wissenschaft, 10), S. 44.

Glauben zunächst deren Differenzierung voraussetzt, eine Differenzierung, die dann wieder aufgehoben wird. Ob das der Religion der »Griechen«, der »Götter Griechenlands« (Walter F. Otto) entspricht, ist durchaus strittig: So stellt etwa Henning Ottmann zu Recht fest, dass »Themis« und »Dike« als göttliche Mächte von Recht und Gerechtigkeit (also von praktischer Wahrheit!) das Denken der Hellenen zumal bei der Begründung, inneren Ordnung und Verteidigung ihrer politischen Gemeinschaften entschieden motiviert haben.[6] Wurde im Namen dieser Religion auch Gewalt gegen Mitglieder der eigenen Gemeinschaft ausgeübt? Sokrates jedenfalls wurde wegen angeblicher Gottlosigkeit in Athen zum Tode verurteilt; ein klarer Fall von religiös juridifizierter Gewalt gegen innere Abweichler.

Das zweite Beispiel bezieht sich auf die persische Antike und Zarathustra. Wann genau Zarathustra lebte, ist nach wie vor ungeklärt. Neuere Schätzungen datieren seine Lebenszeit von 618 bis 541 v.d. Zeitrechnung.[7] In der ersten Gatha, einem der ältesten Teile der Avesta, der heiligen Schrift des Zoroastrismus, aber heißt es: »Mit ausgestreckten Händen, in Ehrfurcht vor ihm, (der mich stützt), erflehe ich von allen (Göttern), oh Weiser (Meister), zuallererst den Wohltätigen Geisteszustand, lebensspendend durch Wahrheit«.[8] Zudem liegen – wenn auch nur dünn belegte – Traditionen vor, wonach Anhänger dieses Glaubens, sogar Angehörige eines Königshauses, bereit waren, in einem Glaubenskrieg ihr eigenes Leben und das Leben ihrer Angehörigen aufs Spiel zu setzen, um diesem Glauben treu bleiben zu können. So schrieben die achämenidischen Könige Persiens ihre Erfolge der Größe ihres Gottes zu.[9]

b) Erstes Zwischenergebnis

Die Verbindung von Religion und Wahrheit einschließlich der Ermächtigung zur Ausübung von Gewalt zumal gegen Angehörige der eigenen Gruppe wurde in der Achsenzeit keineswegs nur in den mosaischen Narrativen artikuliert und schließlich im sechsten Jahrhundert, unter Esra und Nehemia, folgenreich kodifiziert, sondern fand nachweislich auch in anderen Kulturen statt. Zu vermuten ist daher, dass dies eine allgemeine, evolutionäre Eigentümlichkeit des Übergangs zu voll entwickelten Hochkulturen war.[10]

c) Kausalistische Beweislasten

Um die volle kulturkritische Beweislast der Assmannschen Hypothese zu erhärten, müsste Assmann universalhistorisch, anhand eines eng geführten realen, nicht nur mythischen Quellenmaterials zeigen, dass das mosaische Narrativ in

---

6 Henning Ottmann, Geschichte des politischen Denkens, Bd 1: Die Griechen, Teilbd 1: Von Homer bis Sokrates, Stuttgart, Weimar 2001, S. 31 f.

7 Michael Stausberg, Zarathustra und seine Religion, München 2005, S. 23.

8 Ebd., S. 30.

9 Ebd., S. 34.

10 The Axial Age and Its Consequences. Ed. by Robert N. Bellah and Hans Joas, Cambridge, MA 2012.

den Köpfen und Schriften grausamer Täter tatsächlich »vorhanden« war, bzw. – abstrakter – dass es tatsächlich eine durch das mosaische Narrativ und nicht durch andere (textuelle) Ursachen geprägte Handlungsdisposition war, die zu Intoleranz bis zum Mord (gegen Mitglieder der eigenen Gruppe) führte. In diesem Fall hätte Assmanns Annahme über das Verhältnis von Monotheismus, Wahrheit und Intoleranz etwa den methodologischen Status von Max Webers Hypothese über den Ursprung des Kapitalismus aus der calvinistischen Prädestinationslehre oder von Werner Sombarts Vermutung über den Ursprung des Kapitalismus aus dem Geist des Judentums, zumal Werner Sombarts oftmals nur als Kritik von Webers Protestantismusthese angesehene Schrift sich letztlich – einer Rezeption durch den frühen Zionismus zum Trotz – als antisemitisch erwiesen hat.[11] Diese positiven Belege aus den Quellen aber sind, soweit ich es überblicke, bisher nicht erbracht worden. Zumindest aber – dazu mehr im nächsten Abschnitt »Atrozitologie« – wäre nachzuweisen, dass Intoleranz und Grausamkeit im Namen Gottes oder der Götter (auch gegen Mitglieder der eigenen Gruppe) in Kulturen, die die »mosaische Unterscheidung« nicht kennen, ausgeblieben sind.

2. Atrozitologie – Eine universalhistorische Grausamkeitslehre

Dem Linguisten und evolutionären Anthropologen Steven Pinker verdanken wir »Eine neue Geschichte der Menschheit«[12], die auf weit mehr als eintausend Seiten empirisch belegt und statistisch plausibilisiert aus der Perspektive der Soziobiologe auf den für eine westliche Selbstkritik durchaus ganz und gar nicht intuitiven Umstand hinweist, dass im Verlauf der Geschichte die »Grausamkeit« abgenommen hat: nämlich dann, wenn man als Maßzahl den Quotienten von Bevölkerungsgröße und Tötungshandlungen zugrunde legt. Im ersten Kapitel setzt sich Pinker mit den auch von Assmann thematisierten Grausamkeiten auseinander, um festzustellen (nachdem er eingeräumt hat, dass die Autoren der Bibel in den erwähnten Grausamkeiten, auch dann, wenn sie tatsächlich nur Fiktionen waren, einem »Kadavergehorsam gegenüber Sitten und Autoritäten« gehuldigt hätten):

> »In den letzten Jahrtausenden und Jahrhunderten wurde die Bibel schöngeredet, zur Allegorie erklärt, durch weniger gewalttätige Texte (bei den Juden der Talmud, bei Christen das Neue Testament) verdrängt oder diskret ignoriert. Und genau darum geht es. Die Empfindlichkeit gegenüber der Gewalt hat sich so stark verändert, dass religiöse Menschen ihre Einstellung zur Bibel heute unterteilen. Sie legen Lippenbekenntnisse für die Bibel als Symbol der Moral ab, beziehen ihre Moral aber in Wirklichkeit aus moderneren Prinzipien.«[13]

---

11 Werner Sombart, Die Juden und das Wirtschaftsleben, Leipzig 1911; Friedrich Lenger, Werner Sombart 1863–1941. Eine Biographie, München 2012, S. 187–218.

12 Steven Pinker, Gewalt. Eine neue Geschichte der Menschheit, Frankfurt a.M. 2013.

13 Ebd., S. 38.

a) Megatötungen – Dschingis Khan

Im Jahr 2011 schrieb Pinker ein Vorwort zu einem nicht ins Deutsche übersetzten Buch von Matthew White unter dem zynisch klingenden Titel: »Atrocitology: Humanity's 100 Deadliest Achievements«[14]. Am Ende seiner umfangreichen Studie publiziert der Verfasser ein »Ranking: The One Hundred Deadliest Multicides«: An der Spitze dieser Liste steht auf Platz 1 der Zweite Weltkrieg mit 66 Millionen Toten, auf Platz 2 aber schon die Feldzüge des Dschingis Khan mit 40 Millionen Toten, auf Platz 3 die Politik Mao Zedongs mit ebenfalls 40 Millionen Toten, auf Platz 4 die Hungersnöte in Britisch-Indien mit ebenfalls 40 Millionen Toten, auf Platz 5 schließlich der Untergang der chinesischen Ming-Dynastie mit 25 Millionen Toten.

Für unseren Zusammenhang sind insbesondere die Feldzüge des Dschingis Khan und der Untergang der Ming-Dynastie von Interesse, und zwar deshalb, weil bei ihnen zuverlässig ausgeschlossen werden kann, dass das mosaische Narrativ irgendeine Rolle gespielt hat. Machtergreifung und Angriffskriege von Dschingis Khan aber wurden durch seine schamanistische Religion legitimiert: Die wiederkehrende Formel zu all seinen Verlautbarungen hieß: »In der Kraft des Ewigen Himmels, im Schutze großer Macht und Erhabenheit.«[15]

Aber sogar dann, wenn man den Blick von global- und universalhistorischen Kontexten abwendet und sich auf die Achsenzeit in Mittelmeerraum und Vorderem – evtl. auch fernem – Orient bezieht, wird man auf eine Fülle grausamer Narrative und Geschehnisse stoßen, die in polytheistischen Kulturen stattfanden.

b) Assyrer

Die übrigens auch und gerade von Erich Zenger immer wieder hervorgehobene Gewalttätigkeit der assyrischen Herrscher war die von ihnen so verstandene Verpflichtung, im Auftrag ihres aus vielen Göttern bestehenden Pantheons ihren Feinden Unheil anzutun:

> »Dann möge Assur, der König der Götter [...] euch ein schlimmes, unglückliches Los festsetzen und (euch) Vaterschaft, Altwerden, das Erreichen hohen Alters verweigern. Möge Ninlil, seine geliebte Gemahlin, ihn veranlassen, Unheil für Euch zu verkünden, und keine Fürsprache für euch einlegen! [...] Möge Ninurta, Anführer der Götter, euch mit seinem grimmen Pfeil niederstrecken, das Feld mit euren Leichen füllen und euer Fleisch den Adlern und Geiern zum Fraß hinwerfen!«[16]

Die diesem Pantheon verpflichteten assyrischen Könige zögerten nicht, im Namen dieser Götter Gewalt auszuüben: So gab der gewiss polytheistische assyrische König Sargon II. über seinen Feldzug gegen Urartu zu Protokoll:

> »Ein furchtbares Gemetzel richtete ich in seinem Heere an, die Leichen seiner Krieger zerstreute ich wie Malz, die Niederungen des Gebirges füllte ich

---

14 Matthew White, Atrocitology: Humanity's 100 Deadliest Achievements, Edinburgh 2011.

15 Michael Weiers, Geschichte der Mongolen, Stuttgart 2004, S. 65.

16 Religionsgeschichtliches Textbuch zum Alten Testament. Hrsg. von Walter Beyerlin, 2. Aufl., Göttingen 1985 (= Grundrisse zum Alten Testament, 1), S. 154.

> mit ihnen an. Ihr Blut ließ ich wie einen Strom die Spalten und Terrassen herabfließen, Niederungen, offenes Land und Hänge färbte ich rot wie Anemonen. Seine Krieger, das Elitekorps seiner Truppen, die Bogenschützen und Lanzenträger schlachtete ich wie Schafe zu seinen Füßen [...] dahin und schnitt ihre Köpfe ab.«[17]

Dass Sargon II. unter Einfluss eines mosaischen Narrativs im engeren Sinne gehandelt hat, dürfte auszuschließen sein – eine Einflussnahme der israelitischen Religion auf die im Namen des assyrischen Pantheons verübte Gewalt ist definitiv auszuschließen. Vielmehr spricht alles dafür, dass mindestens die blutigen Landeroberungs- und Vertreibungsphantasien etwa des Buches Josua literarisch-projektive Reaktionen auf assyrische Kriegshandlungen waren. Freilich: Sargon II. und andere richteten ihre intolerante Gewalt – soweit dies den vorhandenen Quellen zu entnehmen ist – nicht gegen Mitglieder der eigenen Gemeinschaft.

c) Ugarit

Ganz und gar im polytheistischen Pantheon verwurzelt ist auch die ugaritische Göttin Anat, von der eine singuläre Freude an äußerster Grausamkeit berichtet wird und von der es in einem Lobgesang heißt: »Es metzelt und freut sich Anat. Ihr Inneres weitet sich vor Jauchzen; Es füllt sich ihr Herz mit Freude. Das Innere Anats jubelt, als sie ihre Knie eintaucht in das Blut der Soldaten, Ihre Knöchelringe in den Lebenssaft der Knappen. Bis sie satt ist, mordet sie im Hause, metzelt sie zwischen den Tischen«.[18]

d) Homer

Der Odyssee wird gewiss niemand nachsagen können, monotheistisch geprägt zu sein, und womöglich wird man sogar Verständnis dafür aufbringen, dass Odysseus die seine Frau behelligenden Freier umbrachte; indes, auch die Geliebten der Freier – Frauen, die lediglich Lust genossen haben – erwartete ein grausames Schicksal, das über bloße Vergeltung hinausging. Handelte es sich um »Mitglieder der eigenen Gruppe«? Lag gar ein göttlicher Auftrag vor? Oder handelte es sich lediglich um die rein private Rache eines – von Adorno und Horkheimer in der »Dialektik der Aufklärung« so charakterisierten – frühen Bürgers? Odysseus, der die Freier hinmetzelte, ist in dieser Hinsicht zwiespältig: Einerseits untersagt er seiner alten Pflegerin, nicht ob der getöteten Freier zu frohlocken, andererseits gibt er kund: »Diese vertilgte der Götter Gericht und ihr böses Beginnen.«[19] Ob das auch für den Mord an zwölf der Hurerei mit den Freiern verdächtigten Frauen galt, den Telemachos beging, muss gleichwohl offen bleiben: »Doch wenn ihr im ganzen Hause Ordnung geschaffen habt, so führt die Mägde aus der guterstellten Halle und haut sie zwischen dem Rundhaus [...] mit den langschneidigen Schwertern

---

17 Eva Cancik-Kirschbaum, Die Assyrer. Geschichte, Gesellschaft, Kultur, München 2003, S. 70.

18 Religionsgeschichtliches Textbuch (wie Anm. 16), S. 214.

19 Homer, Die Odyssee, 22. Gesang, V. 413.

zusammen, bis ihr ihnen allen den Lebensodem geraubt habt«. Am Ende freilich droht ihnen der Erstickungstod:

> »So sprach er und band das Tau [...] an den großen Pfeiler und zog es rings um das Rundhaus, es in die Höhe spannend, damit keine mit den Füßen an den Boden reichte. Und wie flügelstreckende Drosseln oder Tauben sich in einem Netz verfangen, das aufgestellt ist, in einem Busch, wenn sie zu ihrer Ruhestatt streben, jedoch ein bitteres Lager hat sie aufgenommen: so aufgereiht hielten diese ihre Köpfe, und Schlingen waren um all ihre Hälse, damit sie auf erbärmlichste Weise stürben. Und sie zappelten mit den Füßen, ein weniges nur gar nicht sehr lange.«[20]

e) Die Bhagavadgita

Das »hinduistische« Lehrgedicht »Bhagavadgita« ist zweifelsohne ebenfalls »polytheistisch« geprägt. Es zu datieren, ist schwierig; nach derzeitigem Forschungsstand dürfte es – fernab aller jüdischen, monotheistischen Einflüsse – zwischen dem 5. und 2. Jahrhundert v.d. Zeitrechnung entstanden sein.[21] Dieses Lehrgedicht thematisiert zunächst die Pflicht zur Überwindung des Mitleids bei Angehörigen der eigenen Gemeinschaft, um dann zu dem Schluss zu kommen, dass insbesondere die Ermordung der eigenen Sippe unethisch ist und es darauf ankommt, diesen Mordimperativen zu widerstehen. Indem Arjuna sich weigert, seine Verwandten zu töten, gibt er gleichwohl zu Protokoll, dass derlei – ganz ohne Monotheismus – üblich gewesen sein muss: »Wenn auch jene, von Habgier in ihrem Bewusstsein getrübt, in der Zerstörung ihrer Sippe keine Schuld erkennen und kein Verbrechen in der Feindschaft gegen Freunde, warum sollten wir nicht die Weisheit besitzen, vor solch einer Sünde zurückzuschrecken, o Janardana, die wir erkennen, dass die Vernichtung der Sippe von Übel ist.«[22]

Doch ist dies nicht das letzte Wort des Lehrgedichts zu dieser Frage. Mit Verweis auf die Unwandelbarkeit und Unsterblichkeit der Seele ergeht schließlich doch die göttliche Weisung, in die Schlacht zu ziehen – auch und gerade gegen Mitglieder der eigenen Gemeinschaft: »Es gibt kein höheres Gut für den Kshatrya als die gerechte Schlacht. Wenn sich ihnen eine solche Schlacht von selbst anbietet wie das offene Tor zum Himmel, sind die Kshatryas glücklich.«[23]

Zwar ist hier der Begründungszusammenhang ein ganz anderer als im mosaischen Narrativ, geht es doch hier nicht um die Entgegennahme einer Weisung und deren lebensdienliche Prinzipien, sondern darum, sich den Anforderungen des Lebens durch Weltenthaltung zu entziehen, so bleibt es doch auf der Handlungsebene dabei, dass auf göttlichen Befehl Angehörige der eigenen Gruppe umgebracht werden sollen.

---

20 Ebd., V. 440–473 (zit. nach der Übers. von Wolfgang Schadewaldt, Reinbek 1958, S. 295).

21 Bhagavad Gita. Der Gesang des Erhabenen. Hrsg. und aus dem Sanskrit übersetzt von Michael von Brück, Frankfurt a.M. 1993.

22 Die Bhagavadgita. In der Übertragung von Sri Aurobindo, Freiburg i.Br. 1998, S. 49.

23 Ebd., S. 55.

f) Zweites Zwischenergebnis

Es mag sein, dass das isolierte mosaische Narrativ zu den grausamsten Texten der Religionsgeschichte gehört, indes: Die Religionsgeschichte weist, wie die wenigen Beispiele gezeigt haben, viele derartige Sätze auf; mit einer »mosaischen Unterscheidung« oder »Monotheismus« haben sie alle nichts zu tun.

Weder kann Assmanns Hypothese zeigen, dass die Synthese von Glaube und Wahrheit lediglich in der biblischen Überlieferung angelegt ist, noch dass von göttlichen Kräften aufgegebene extreme Grausamkeiten gegen Mitglieder der eigenen Gemeinschaft ausschließlich in dieser Tradition artikuliert und auch tatsächlich verübt wurden. Damit ist Assmanns Hypothese im Wesentlichen widerlegt.

3. Mosaische Tradition und rabbinisches Judentum

So ist endlich, aber das kann jetzt nicht mehr in ausreichender Ausführlichkeit geschehen, nur noch darauf hinzuweisen, dass das Judentum, das als die Religion, die wir kennen, kaum vor der Mitte des dritten Jahrhunderts als »rabbinisches Judentum« seine heutige Form angenommen hat,[24] die von Assmanns Hypothese kritisierten Narrative ganz bewusst zurückstufte, sie in andere Traditionen einbettete und liturgisch – im Bewusstsein ihrer Grausamkeit – bearbeitet hat. Es ist weder eine Verdrängung noch eine Projektion, wenn das wichtigste Gebet im jüdischen Gottesdienst, das »Achtzehnbittengebet«, eben nicht mit einer Anrufung von Moses, sondern mit den Vätern (im konservativen und liberalen Judentum auch den Müttern) Abraham (und Sarah), Isaak (und Rebekka), Jakob (und Rachel und Lea) beginnt. Moses aber gilt im Judentum als »Moshe Rabenu« – als Moses unser Lehrer, als Mensch mit all seinen Fehlern – und nicht als quasi göttlicher Vorfahre und Stifter. Schon dem Judentum der augusteischen Zeit kam alles darauf an, Moses nicht zu vergöttlichen (eine Gefahr, die in der samaritanischen Religion vorhanden war) und somit – anders als in Christentum und Islam – nicht einer einzigen Person den Vorzug zu geben.[25] Im Übrigen hat die rabbinische Theologie die Spannung zwischen der Erwählung Israels und dem Anspruch Gottes, Gott aller Völker zu sein, durch die Lehre von den noahidischen Geboten gelöst, in denen Gott einen Bund mit allen Völkern der Welt geschlossen hat, in dem bemerkenswerterweise neben allerlei Verboten götzendienerischer Betätigung eine einzige positive Weisung besteht: unter Rechtsverhältnissen zu leben.[26] Vor allem aber hat sich die rabbinische Theologie bewusst der Problematik der Überlieferung gestellt. Im dazu entscheidenden Traktat der »Mischna«, einer im zweiten Jahrhundert bekannt gewordenen Offenbarungsschrift eigenen Ranges, heißt es gleich zu Beginn:

---

24 Shaye J.D. Cohen, The Beginnings of Jewishness. Boundaries, Varieties, Uncertainties, Berkeley 1999 (= Hellenistic Culture and Society, 31); Daniel Boyarin, Borderlines. The Partition of Judaeo-Christianity, Philadelphia 2004.

25 »Moses«. In: Encyclopedia Judaica, Vol. 12, Jerusalem 1972, S. 393–398.

26 Babylonischer Talmud, Traktat Synhedrin 56 f.

> »Moses empfing die Tora vom Sinai und überlieferte sie Josua, Josua den Ältesten und die Ältesten den Propheten. Und die Propheten überlieferten sie den Männern der großen Versammlung. Sie sagten drei Worte: ›Seid bedachtsam beim Richten, sorgt für viele Schüler und macht einen Zaun um die Tora.‹«[27]

Später dann heißt es im selben Traktat: »Auf drei Dingen ruht die Welt: Auf Recht, auf Wahrheit und auf Frieden«.[28] Einen Zaun um die Lehre zu machen, kommt in diesem zentralen Text überhaupt erst an dritter Stelle – nach dem Üben der Gerechtigkeit und der Weitergabe der Tradition. Dieser Vorschlag besagt in aller Harmlosigkeit, weitere Weisungen deshalb aufzustellen, damit man erst gar nicht in Gefahr gerät, Gottes Weisungen vom Sinai zu übertreten. Schließlich war es – noch vor den entsprechenden christlichen Adaptionen – die rabbinische Theologie, die eine Lehre von der Unantastbarkeit und Würde des Menschen entwickelt hat, eine Lehre, die ihre Wurzeln in der schon alttestamentlichen, zwei Jahrhunderte vor den mosaischen Narrativen entstandenen, prophetisch begründeten Lehre universeller Menschenrechte hat, vor allem beim Propheten Amos.[29]

Und was endlich jene angeblich spezifisch israelitische (jüdische?) Neigung zur blutigen Selbstbestrafung ob nicht eingehaltener sinaitischer Weisungen betrifft, so hat die rabbinische Theologie an deren Stelle die Institution des Versöhnungstages gesetzt, dessen zentrales Prinzip lautet: »Übertretungen zwischen einem Menschen und Gott sühnt der Versöhnungstag. Übertretungen zwischen einem Menschen und seinem Nächsten sühnt der Versöhnungstag nur, wenn er sich mit seinem Nächsten vorher versöhnt hat.«[30]

Die in der »altjüdischen« Religion angeblich vorhandene Lust an der Selbstbestrafung ist hier – im Text und in der Liturgie – vollständig in eine Lehre anerkennender, normativer Intersubjektivität überführt und vollständig in die Institutionen des Versprechens und Verzeihens transformiert. Nichts könnte vom Geist eines Gemetzels weiter entfernt sein. Gewiss: Auch dies sind nur Texte und ihre symbolische Inszenierung, Liturgien – ob und wie weit sie tatsächliches Handeln und Verhalten von Jüdinnen und Juden im sozialen, politischen und ökonomischen Bereich geprägt haben, ist eine völlig andere, nur durch historische Quellenforschung entscheidbare Frage.

a) Drittes Zwischenergebnis

Assmanns Hypothese wurde falsifiziert. Weder konnte sie – philosophiegeschichtlich – nachweisen, dass die Verbindung von Glaube und praktischer Wahrheit alleine dem mosaischen Narrativ zuzurechnen ist, noch hat sie den nur durch realhistorische Quellenforschung nachzuweisenden Beleg erbracht, dass Intoleranz und Grausamkeit auf Geheiß Gottes oder der Götter auf eine ausschließlich dem

---

27 Mischna, Sprüche der Väter I, 1.

28 Mischna, Sprüche der Väter I, 18.

29 Micha Brumlik, Prophetisches Völkerrecht und Heiligung des Menschen – Jüdische Wurzeln der Würde des Menschen. In: Gott verlassen – Menschenwürde und Menschenbilder. 8. Ökumenische Sommerakademie Kremsmünster 2006. Hrsg. von Severin J. Lederhilger, Frankfurt a.M. 2007 (= Linzer philosophisch-theologische Beiträge, 15), S. 77–90.

30 Mischna, Traktat Joma VIII, 9b.

mosaischen Narrativ zugrundeliegende Disposition zurückzuführen ist. Vielmehr konnten umgekehrt instruktive Beispiele aus der Religionsgeschichte dafür angeführt werden, dass polytheistische Kulturen allemal so grausam (und intolerant) – auch gegen Angehörige der eigenen Gemeinschaft – waren, wie die phantasierten Akteure des nur textuell vorhandenen mosaischen Narrativs.

Ich erkenne in der Hypothese Assmanns daher:

- einen Mangel an Dialektik bei der Betrachtung geistiger Positionen, d.h. ein Verkennen des Umstandes, dass gerade (!) in der Abarbeitung und Umarbeitung abgelehnter und anstößiger Positionen, neue, geradezu entgegengesetzte Positionen entstehen;
- einen Mangel an materialistischer Perspektive, d.h. ein Übergehen und Übersehen des Umstandes, dass auch (keineswegs nur!) Begehren und Begierden nach Gütern aller Art Intoleranz und Grausamkeit motivieren; sowie
- ein pseudokausalistisch orientiertes, wirkungsgeschichtliches Bewusstsein, also eine Einstellung, die glaubt, aus nur holistisch verstehbaren Textzusammenhängen einzelne Passagen isolieren und diese dann als kausal wirkende Faktoren ohne weiteren Nachweis behaupten zu können.

Kritische Religionsgeschichte könnte auch anders betrieben werden.

4. Revision der Hypothese?

Inzwischen hat Jan Assmann seine Annahme folgenreich revidiert. Um das zu belegen, ist es zunächst sinnvoll, auf die noch gegenwärtig ausgeübte jüdische Praxis einzugehen. Demnach ist der Sinn der Schöpfung Freiheit, politische Freiheit. Das jedenfalls beglaubigen fromme Juden jeden Freitag Abend in ihrem häuslichen Gottesdienst, mit dem der Sabbat, die Erinnerung an die Schöpfung, beginnt. Im Segensspruch über den Wein heißt es: »Du hast Gefallen an uns. Du lässt uns teilhaben an deinem heiligen Ruhetag, der daran erinnert, dass du alles geschaffen hast. Er ist der erste Tag der ›Tage heiliger Versammlung‹, eine Erinnerung an den Auszug aus Ägypten.«[31]

Dieser Segen entwickelt ein Gebet weiter, das von Rabbinen der späten Antike verfasst wurde und in dem Schöpfung und Bundesschluss am Sinai in einem Atemzug genannt werden. Freilich, das ist schon Religionskritikern der Aufklärung aufgestoßen, handelt es sich beim Exodus um die Geschichte eines dramatischen Aufbruchs israelitischer Sklaven ebenso wie um die Gabe eines Gesetzes, das Wahrheit und Gehorsam postuliert. In der biblischen Exodusgeschichte kommt das zum Ausdruck, was Jan Assmann lange Jahre als »Monotheismus der Wahrheit« und als »Mosaische Unterscheidung« bezeichnet hat: die Übertragung der Unterscheidung von »wahr« und »falsch« in die Religion. Ein, wovon Assmann überzeugt ist, welthistorischer Einzelfall! Die darauf folgende Diskussion bestand – etwa unter Hinweis auf die präsokratische Philosophie – darauf, dass diese Unterscheidung auch in anderen Religionen, Philosophien

[31] Das jüdische Gebetbuch, Bd 1: Gebete für Schabbat, Wochentage und Pilgerfeste. Hrsg. von Jonathan Magonet in Zusammenarbeit mit Walter Homolka, Gütersloh 5758/1997, S. 143.

und Weltanschauungen der »Achsenzeit« getroffen wurde, der alttestamentliche Monotheismus also in dieser Hinsicht keineswegs einzigartig war.

Allerdings: Mit seinem vorletzten Buch »Exodus. Die Revolution der Alten Welt« aus dem Jahre 2015 hat Assmann der biblischen Exodusgeschichte nun eine weitere Deutung gegeben. In ihr drücke sich vor allem – so der Autor mit Bezug auf die amerikanische Kulturwissenschaftlerin Marcia Pally – ein »Monotheismus der Treue« aus, der nun tatsächlich singulär sei: Vergleichbares finde sich bei anderen Weltbildern der Achsenzeit nicht.

Tatsächlich hat Assmann schon vor mehr als zehn Jahren (2003) in einem Diskussionsband zu seiner Monografie »Moses der Ägypter« deutlich zu machen versucht, dass es ihm gar nicht um eine Kritik des Monotheismus, sondern »um die historische Analyse seines revolutionären Charakters als einer weltverändernden Innovation« gegangen sei; also nicht um die »recht grobe« Behauptung, dass der Monotheismus »von Haus aus und notwendigerweise intolerant sei, sondern um den Aufweis, der ihm innewohnenden Kraft zur Negation«, die ihn dann – im Unterschied zu anderen Religionen des alten Orients – zu einer »Gegenreligion« habe werden lassen.[32] Gleichwohl legte sich Assmann damals auf die Behauptung fest, dass der Monotheismus »die Geschichte seiner Durchsetzung als eine Geschichte der Gewalt in einer Serie von Massakern« erzähle.[33] Freilich: Assmanns strikte Betonung des fiktionalen Charakters dieser »Gegenreligion« erhob gerade nicht den Anspruch, etwas über die reale Durchsetzung des israelitischen Monotheismus zu behaupten, sondern nur, eine Hypothese über einen weltgeschichtlich neuen Begründungsmodus für (massenhafte) Gewalt aufzustellen. Bei alledem folgt Assmann sowohl bei seiner These über den »Monotheismus der Wahrheit« als auch bei seiner im neuen Buch entfalteten These vom revolutionären »Monotheismus der Treue« dem Philosophen Friedrich Nietzsche mit seinen Überlegungen zur »Sklavenmoral« aus seiner Schrift »Zur Genealogie der Moral« aus dem Jahr 1887.

So sehr also Assmanns Buch über den »Exodus« missverständliche Rezeptionen seiner vorherigen Arbeiten richtigstellt, so sehr er dem im wahrsten Sinne des Wortes revolutionären, auf Befreiung zielenden Charakter des Exodusnarrativs gerecht wird, so sehr bleibt er auch hier Friedrich Nietzsche treu. »Die Liebe zu Einem«, so der einem protestantischen Pfarrhaus entstammende Nietzsche im vierten Hauptstück von »Jenseits von Gut und Böse«, sei eine »Barbarei: denn sie wird auf Unkosten aller Übrigen ausgeübt. Auch die Liebe zu Gott.«[34]

»Religion« so Assmann jedenfalls mit Blick auf die Exoduserzählung und Bundestheologie »wird nun von ›Kultur‹ unterscheidbar und ihr als kritische Instanz gegenübergestellt, zugleich aber auch – zumindest der Möglichkeit nach – als ein hegemoniales Prinzip allen anderen ›Wertsphären‹ wie Politik, Recht, Wirtschaft, Wissenschaft, Kunst usw. übergeordnet.«[35]

Das kann tatsächlich, wie der sich ganz und gar der Moderne verdankende Fundamentalismus jeglicher Art beweist, zu einer totalitären, freiheitseinschrän-

---

32 Assmann, Die Mosaische Unterscheidung (wie Anm. 2), S. 37.

33 Ebd., S. 36.

34 Friedrich Nietzsche, Jenseits von Gut und Böse. Vorspiel einer Philosophie der Zukunft (1886). In: Friedrich Nietzsche, Sämtliche Werke. Kritische Studienausgabe in 15 Bänden. Hrsg. von Giorgio Colli und Mazzino Montinari, Bd 5, 2. Aufl., Berlin, New York 1988.

35 Jan Assmann, Exodus. Die Revolution der Alten Welt, München 2015, S. 401.

kenden Politik führen, zu einem Fanatismus, der nicht mehr korrigierbar ist. Denn ein »Monotheismus der Wahrheit« – dies meint Assmann erkannt zu haben – sei im Grundsatz Argumenten zugänglich, was aber für einen »Monotheismus der Treue« nicht gelte. Wirklich nicht? Ließe sich nicht sagen, dass auch der biblische »Monotheismus der Treue« einer Überprüfung fähig ist? Setzt nicht gerade die von Assmann so hervorgehobene weltgeschichtliche Neuartigkeit der biblischen »Bundestheologie« eine Reziprozität zwischen Gott und Menschen voraus, die es beiden ermöglicht zu überprüfen, ob ihre Treue angemessen gewürdigt wird? Wenn dem aber so ist, lassen sich gewalttätige Fundamentalismen, wie sie sich keineswegs nur in monotheistischen Religionen finden, eben nicht auf einen »Monotheismus der Treue« zurückführen, sondern auf ein – in der Tat: fundamentales – Missverständnis dessen, worin der Bund zwischen Gott und der Menschheit gemäß dem noachidischen Bund sowie zwischen Gott und dem Volk Israel gemäß dem Bund vom Sinai besteht.

Thomas R. Elßner

Gewaltbilligende Texte im Alten Testament am Beispiel des Buches Josua

Religion und Gewalt erscheinen heute nicht wenigen Menschen als synonym.[1] Dieser Eindruck hat sich seit dem 11. September 2001 offenbar verstärkt. Es vergeht seither kaum eine Woche, in der nicht von religiös motivierten Gewalttaten gleich welcher Intensität berichtet wird. Glaubte man im postsäkularen (West-) Europa bis Ende der achtziger Jahre des 20. Jahrhunderts noch, dass die Zeit massiv auftretender religiöser Ausdrucksformen vor allem auch in Europa vorbei sei[2], so wurde man nur wenige Jahre später eines Besseren belehrt.[3] War es bis dato das Christentum, das schlechthin als intolerant und gewaltevozierend galt – die Stichworte »Kreuzzüge«, »Ketzerverfolgung« und »Hexenverbrennung«, aber ebenso Kriegspredigten im Ersten und mitunter noch im Zweiten Weltkrieg mögen an dieser Stelle genügen –, so sind es jetzt islamische Kontexte, die in der öffentlichen Wahrnehmung mit Gewalt und Intoleranz nahezu synonym in Verbindung gebracht werden. Schriebe heute ein Gotthold Ephraim Lessing (1729–1781) sein »dramatisches Gedicht in fünf Aufzügen« Nathan der Weise (1779 erschienen), so würde der einst so überlegt und sympathisch daherkommende Sultan Saladin jetzt wohl literarisch weniger freundlich gezeichnet, dagegen der christliche Tempelherr vielleicht als ein Vertreter der Menschenfreundlichkeit und der Liebe Gottes schlechthin charakterisiert werden.

Ein Ergebnis im Zuge des sprichwörtlich gewordenen 11. Septembers ist aber auch, dass in Deutschland der Interreligiöse Dialog breitere Kreise erreicht und bis heute motiviert. Ebenso begannen nicht wenige, sich für die Grundlagen des muslimischen Glaubens, allen voran für den Koran, jenseits eines althergebrachten, in Europa romantisch verklärten Orientbildes zu interessieren. Suchten

---

1 Der hier veröffentlichte Aufsatz ist ein mit geringfügigen Änderungen versehener Wiederabdruck aus dem Tagungsband: Das Schöne und Wahre im Einfachen. Beiträge der 137. Tagung, 13.–16. Mai 2016, Evangelisches Zentrum Kloster Drübeck. Hrsg. von Christian Ammer, Hannover 2016, S. 180–201.

2 »Wenn immer wieder einmal von einer islamischen Fundamentalistengruppe der ›heilige Krieg‹ ausgerufen wird und diese für uns eher exotisch klingende Nachricht durch den Äther eilt […]«, so noch Norbert Lohfink, Der ›heilige Krieg‹ und der ›Bann‹ in der Bibel. In: Internationale Katholische Zeitschrift Communio, 18 (1989), S. 104–112.

3 Vgl. Rüdiger Lux, Ein Gott, der tötet? Gott und die Gewalt im Alten Testament. In: Religion – Christentum – Gewalt. Einblicke und Perspektiven. Hrsg. von Wolfgang Ratzmann, Leipzig 2004, S. 11–37.

manche vielleicht anfangs noch nach gewaltbilligenden Passagen im Koran, so fanden sie, so sie Christen waren, alsbald in ihren eigenen religiös normativen Überlieferungen wie der Bibel selbst Texte, die unter Berufung auf Gott Gewalt nicht nur billigen, sondern sogar entsprechend affirmativ begleiten und stützen. Man könnte es auch so ausdrücken: Während einige Zeitgenossen den Koran auf eine von ihnen hin vermutete genuine Gewaltträchtigkeit des Islams abklopften, so sahen sie sich selbst alsbald mit gewaltbilligenden biblischen Texten konfrontiert, die Europa und das Christentum gleichermaßen geprägt haben. Eine reflektierte und fundierte Erklärung bezüglich dieser biblischen Texte war und ist meist nicht ohne Weiteres gegeben. Eine scheinbare Lösung des Problems, wie sie immer wieder einmal versucht wird, indem das Alte Testament unter Bezug auf das Neue Testament erheblich relativiert sowie selektiv gelesen und verstanden wird (wenn man es nicht sogar insgesamt für überholt erklärt), hat sich stets als theologische Sackgasse erwiesen.

1. Das Buch Josua

Das Buch Josua berichtet von der Landgabe JHWHs an die Kinder Israels oder, wie es oft landläufig heißt, von der Landnahme Kanaans durch die Israeliten unter Josua, dem Nachfolger des Mose, sowie von der Verteilung des eingenommenen Landes unter die Israeliten. Die Landgabe bzw. Landnahme selbst erfolgt unter Einsatz massiver Gewalt gegen die Bewohner des Landes. Dabei spielt die sogenannte Völkervernichtungsweihe, auch Kriegs-*haerem* genannt, eine herausragende Rolle. So wird beispielsweise die Einnahme der Stadt Jericho[4], die JHWH den Kindern Israels in die Hand gibt, also ausliefert (Jos 6,2), mit den Worten beschrieben: »Mit scharfem Schwert weihten sie alles, was in der Stadt war, dem Untergang, Männer, Frauen, Kinder und Greise, Rinder, Schafe und Esel« (Jos 6,21). Das bedeutet: Diese Vernichtungsweihe wird von JHWH gefordert und ist von ihm legitimiert. Am Ende der Erzählung von der Einnahme Jerichos heißt es unmissverständlich: »Und JHWH war mit Josua und sein Ruf/Ruhm verbreitete sich im ganzen Land[5]« (Jos 6,27). Vor diesem Hintergrund scheint die Frage von Antonius H.J. Gunneweg für nicht wenige schon berechtigt zu sein: »Ist der Gott, der Josua und den Israeliten in blutigen Schlachten voran-

---

4 Die Stadt Jerichow in Sachsen-Anhalt steht – trotz naheliegender phonetischer Assoziation – in keiner Beziehung zum biblischen Jericho, was heute nicht nur durch die Schreibweise, sondern auch durch die Etymologie bezeugt ist. Die Ortsbezeichnung Jerichow/Jerichov ist altpolabisch und meint den »Ort des Jerich'«; ähnlich wie bei Jarmen (Stadt in Vorpommern südlich von Greifswald), vgl. Ernst Eichler und Hans Walther, Städtenamenbuch der DDR, Leipzig 1986, S. 141 f. Ungeachtet dessen gehört in den Kontext von Religion und Gewalt auch die Frage nach den Methoden der Christianisierung der slawischen Stämme jenseits der Elbe.

5 Die Wendung »im ganzen Land« kann im Hebräischen ebenso die Bedeutung »auf der ganzen Erde« haben, vgl. z.B. Ex 9,14.16; 34,10; 1 Chr 16,14; 2 Chr 16,9; Ps 8,1.10; 105,7; Jes 12,5; Zef 4,10.

marschiert, der die Feinde zu bannen befiehlt, der Gott Jesu Christi?«[6] Was also hat es mit dem Buch Josua und seinem Titelhelden auf sich?

a) Der Name des Buches

Im masoretischen Text, das heißt in der uns heute in der Hebräischen Bibel vorliegenden Textfassung, trägt das Buch schlicht und einfach die Überschrift יְהוֹשֻׁעַ (Joschua). Die griechische Übersetzung in der Septuaginta (LXX) trägt ebenso die schlanke Überschrift »᾿Ιησοῦς« (Jesus). Nach heutigem exegetischem Forschungsstand wird mit dieser Überschrift sowohl in der hebräischen als auch in der griechischen Fassung keine Angabe zur Verfasserschaft gemacht, wenngleich nach rabbinischer Tradition Josua als Verfasser dieses Buches gilt, freilich mit Ausnahme von Jos 24,29–33 (Tod und Beerdigung Josua).

Die nicht ganz unumstrittene deutsche Bibelübersetzung »Bibel in gerechter Sprache« (Gütersloh 2006) verwendet bezüglich des Buches Josua die Überschrift »Über die Zeit Josuas«. Diese Überschrift ist insofern angemessener, als sie dem heutigen, eher unkundigen Bibelleser anzuzeigen bestrebt ist, worum es in diesem Buch vor allem geht: um die Zeit Josuas und die seiner Taten. Der Name Josua selbst bedeutet »JHWH ist Hilfe«. Es scheint, dass dieser Name in Retrospektive ein theologisches Programm ist und vielleicht weniger eine historische Person zu meinen scheint. Denn auffällig ist nach Ernst Axel Knauf, dass im Erzählablauf des Pentateuchs Josua die erste Person ist, »die einen mit dem Gottesnamen JHWH gebildeten Namen trägt. Solche Namen werden in Israel und Juda erst seit dem 8. und 7. Jh. v.Chr. dominant.«[7] Bereits Martin Noth hatte darauf hingewiesen, dass die mit dem Namen JHWH gebildeten Namen »in Israel bis zum Anfang der Königszeit nur sehr allmählich aufzukommen« beginnen. »Der erste ist der Name Josua.«[8] Außerdem ist es im Unterschied zu anderen wichtigen bzw. prägenden biblischen Personen äußerst bemerkenswert, dass in Bezug auf Josua »über Geburt, Elternhaus, Heirat und Nachkommen nichts verlautet«. Von daher formuliert Knauf in seinem Josua-Kommentar: »Josua kommt aus der Tora und kehrt mit (Jos, ThRE) 24,26 dorthin zurück.«[9] Ist also Josua eine rein theologisch-literarische Figur? Nicht ganz. Es gibt gewisse Anhaltspunkte dafür, dass der Name Josua eine Chiffre für den ähnlich klingenden Namen Joschija[10] sein könnte.

---

6 Antonius H.J. Gunneweg, Vom Verstehen des Alten Testaments. Eine Hermeneutik, 2. Aufl., Göttingen 1988 (= Grundrisse zum Alten Testament, 5), S. 186.

7 Ernst Axel Knauf, Josua, Zürich 2008 (= Zürcher Bibelkommentare. Altes Testament, 6), S. 16.

8 Martin Noth, Die israelitischen Personennamen im Rahmen der gemeinsemitischen Namengebung, Stuttgart 1928 (= Beiträge zur Wissenschaft vom Alten und Neuen Testament, 46), S. 107.

9 Knauf, Josua (wie Anm. 7), S. 15.

10 Der Name Joschija (יֹאשִׁיָּהוּ) leitet sich nach Noth, Die israelitischen Personennamen (wie Anm. 8), S. 212, vom Stamm אשה (heilen) ab, »der im Hebräischen zwar fehlt, im Arabischen aber als 'asa = heilen erscheint«. Von daher besage der Name Joschija soviel wie »JHWH heilt« bzw. »JHWH möge heilen«. In Herders Neuem Bibellexikon wird die Bedeutung des Namens Joschija mit »JHWH unterstützt« angegeben (Herders Neues Bibellexikon. Hrsg. von Franz Kogler, Freiburg i.Br., Basel, Wien 2008, S. 392). Knauf,

»[I]t is Josiah who hides behind the mask oft the deuteronomistic Joshua«.[11] Dieser Joschija ist König von Juda (640–609 v.Chr.); mit ihm werden aus biblischer Perspektive Kultreinheit und Kulteinheit sowie nicht zuletzt die Auffindung des Buches des Gesetzes[12] (ספר התורה, 2 Kön 22,8.11) in Verbindung gebracht. Sein Herrschaftsgebiet erstreckte sich über die in Jos 10,28–43 aufgelisteten Städte und Gebiete.[13] Jedoch lassen sich die in Jos 15,21–62, 18,21–28 sowie in Jos 19,2–8.40–46 aufgeführten Gebiets- und Städtelisten vielmehr als Programm und nicht als tatsächliche Umsetzung im Rahmen eines Feldzuges verstehen. Es kann durchaus erwogen werden, dass unter König Joschija eine eher »maßvolle Nordexpansion« in Richtung Jericho und Bet-El stattgefunden habe.[14] Hierzu fügt sich ein, dass ein späterer Textbearbeiter die Eroberung und Vernichtung der Kultstätte von Bet-El durch König Joschija (vgl. 2 Kön 23,15.19 f.) bereits von einem anonymen Gottesmann dem König Jerobeam (926–907 v.Chr.), dem ersten König des Nordreichs (Israel), in 1 Kön 13,1 f. ankündigen lässt[15], also rund 280 Jahre zuvor.

b) Stellung des Buches Josua im biblischen Kanon

Sowohl im jüdischen als auch im christlichen Kanon der Heiligen Schrift folgt das Buch Josua auf die Thora (den Pentateuch) bzw. auf die fünf Bücher des Mose. So wie sich ein Fortlaufen der Erzählung des Auszugs aus Ägypten innerhalb des Pentateuchs über seine *internen* Buchgrenzen hinweg konstatieren lässt, so lässt sich dies ebenso hinsichtlich des Buches Deuteronomium und auf das Buch Josua hin feststellen. Unter kanontheologischem Aspekt leitet Letzteres jedoch einen neuen Kanonteil ein. Denn in der jüdischen bzw. in der Hebräischen Bibel beginnt mit dem Buch Josua der Prophetenteil (Nebiim), der sich vom Buch Josua über das Buch der Richter sowie über die Samuel- und Königsbücher bis hin zu den sogenannten zwölf Kleinen Propheten erstreckt.

Auf Erzählebene und vom Erzählablauf her nimmt das Buch Josua eine Scharnierstellung ein. Einerseits stellt es einen Abschluss dessen dar, was im Buch Genesis beginnt: »Und es sprach JHWH zu Abram: Zieh weg aus deinem Land, von deiner Verwandtschaft und aus dem Haus deines Vaters in das Land,

Josua (wie Anm. 7), S. 16, vermutet, dass Joschija wahrscheinlich »JHWH hat (das) Kind geschenkt« bedeute.

11 Richard D. Nelson, Josiah in the Book of Joshua. In: Journal of Biblical Literature, 100 (1981), S. 531–540.

12 Die Wendung »Buch des Gesetzes« (ספר התורה) ist noch in Dtn 31,26; Jos 1,8; 2 Chr 34,15; Neh 8,3 bezeugt. Vergleichbare Wendungen stehen in Jos 8,31; 23,6; 24,26; 2 Kön 14,6; Neh 8,18; 9,3.

13 Vgl. Knauf, Josua (wie Anm. 7), S. 16.

14 Vgl. Christian Frevel, Geschichte Israels, Stuttgart 2016, S. 267.

15 Vgl. Martin Noth, Könige I.1–16, Neukirchen-Vluyn 1968 (= Biblischer Kommentar. Altes Testament [BK.AT], IX/1), S. 292 f., S. 296 f.; Ernst Würthwein, Die Bücher der Könige 1. Könige 1–16, Göttingen 1977 (= Das Alte Testament Deutsch [ATD], 11,1), S. 168 f.; Georg Hentschel, Die Bücher der Könige, Leipzig 1986 (= Neue Echter Bibel [NEB]), S. 88.

das ich dir zeigen werde« (Gen 12,1). Des Weiteren heißt es: »Und es erschien JHWH dem Abram und sprach: Deinen Nachkommen (Samen) werde ich dieses Land geben« (Gen 12,7a). Andererseits erzählt das Buch Josua vom Beginn der Sesshaftwerdung Israels im von JHWH verheißenen Land.

2. Aufbau des Buches

Die uns heute vorliegende Endfassung des Josua-Buches besteht aus drei Teilen:[16]
- erster Teil: Eroberung des Landes, Jos 1–12,24
- zweiter Teil: Verteilung des Landes, Jos 13,1–22,34
- dritter Teil: Abschiedsreden und Tod Josuas, Jos 23,1–24,33

a) Aufbau des ersten Teils

Text	Strukturmerkmale	Inhalt
Jos 1,1–18	Reden JHWHs (Jos 1,2–9) Josuas (Jos 1,11–15) Antwort der Listenführer (Jos 1,16–18)	Auftrag zur Landeseroberung Befehl zur Jordanüberquerung
Jos 2–11,23	Erzählungen über die Landeinnahme	Kundschafter in Jericho (Jos 2) Jordandurchzug (Jos 3–51) Beschneidung und Pesach (Jos 5,2–12) Eroberung Jerichos (Jos 6) Kampf um Ai (Jos 7-8) List der Gibeoniter (Jos 9,1–27) Krieg mit den Kanaanitern im Süden (Jos 10) Sieg im Norden (Jos 11)
Jos 12,1–24	Aufzählungen	Liste der eroberten Gebiete (Jos 12,1–8) Liste der besiegten Könige (Jos 12,9–24)

Beim ersten Teil ist zu notieren, dass sich geografisch gesehen die meisten Erzählungen auf dem Stammesgebiet von Benjamin abspielen. Zum Abschluss der Landnahmeerzählung wendet sich Josua erst dem Süden (Jos 10,28–43) und dem Norden zu (Jos 11,1–14). Insgesamt haben die Erzählungen ätiologischen Charakter. Sie wollen erklären, weshalb etwas so ist, wie es bis zum heutigen Tag ist, sodass in der Hebräischen Bibel auch die Wendung »bis zum heutigen Tag« (עד היום הזה) im Buch Josua am häufigsten vorkommt.[17] So wird beispielsweise ätiologisch erklärt, was es mit den Trümmern der Stadt Ai auf sich habe: »Und

[16] Bezüglich der Tabellen vgl. Georg Hentschel, Das Buch Josua. In: Einleitung in das Alte Testament. Hrsg. von Erich Zenger [u.a.], 9., aktual. Aufl., Stuttgart 2016 (= Kohlhammers Studienbücher Theologie, 1,1), S. 255–266, hier S. 256–258.

[17] Diese Wendung ist im Buch Josua 15 Mal bezeugt: Jos 4,9; 5,9; 6,25; 7,26; 8,28.29; 9,27; 13,13; 14,14; 15,63; 16,10; 22,3.17; 23,8.9. Zudem kommt diese Wendung recht oft im deuteronomistischen Geschichtswerk (dtrG) vor.

Josua verbrannte Ai und machte es zu einem ewigen Trümmerhaufen, bis auf diesen Tag« (Jos 8,28 f.).

b) Aufbau des zweiten Teils

Text	Strukturmerkmale	Inhalt
Jos 13,1–19,51	Rede JHWHs (Jos 13,1–7) Aufzählungen (Jos 13,8–19,51)	Auftrag zur Verlosung des Landes (Jos 13,1–7) 2 ½ Ostjordanstämme (Jos 13,8–33) Landzuweisung allgemein (Jos 14,1–5) Sonderregelungen für Kaleb (Jos 14,6–15) Verteilung des Westjordanlandes an Juda (Jos 15) Landverteilung an Josef (Jos 16–17) Landverteilung an die sieben übrigen Stämme (Jos 18–19)
Jos 20	Rede JHWHs (Jos 20,1–6) Aufzählungen (Jos 20,7–9)	Bestimmungen bezüglich von Asylstädten Wahl von sechs Asylstädten
Jos 21	Aufzählung (Jos 21,1–42) Summarium (Jos 21,43–45)	Liste der Levitenstädte Ruhe vor den Feinden; Erfüllung der Verheißungen
Jos 22	Rede Josuas (Jos 22,1–6) Erzähleinheit (Jos 22,7–9) Erzähleinheit (Jos 22,10–34)	Entlassung der ostjordanischen Stämme (Jos 22,1–6.7–9) Streit um den Altar im Ostjordanland (Jos 22,10–34)

Ruben und Gad sowie der halbe Stamm Manasse haben ihr Gebiet schon erhalten (Num 32,1–42). Die Landverteilung erfolgt in zwei Stufen: Zuerst bekommen Kaleb, Juda und Josef (Jos 15,1–63 und 16,1–17,18) ihre Ländereien zugeteilt. In Schilo (Jos 18,1–10) wird schließlich das restliche Land in sieben Teile aufgeteilt und diese unter den restlichen Stämmen verlost (Jos 18,11–19,51).

Die Leviten haben zwar kein geschlossenes Gebiet erhalten (Jos 13,14; 18,7), dafür bekommen sie aber 48 Städte (Jos 21,1-–42).

c) Aufbau des dritten Teils

Text	Strukturmerkmale	Inhalt
Jos 23	1. Abschiedsrede Josuas	Warnung vor den im Land verblieben Völkern und ihren Göttern
Jos 24,1–24	2. Abschiedsrede Josuas	Heilsgeschichtlicher Rückblick; Stellen der Alternative: JHWH oder anderen Göttern dienen; Volksentscheid für JHWH (»Landtag« zu Sichem)
Jos 24,25–28	Summarium	Bundesschluss: Aufzeichnung von Gesetz und Recht
Jos 24,29–33	Erzählung	Begräbnis Josuas, Beisetzung der Gebeine Josefs und Beerdigung des Aaron-Sohnes Eleasars

In der ersten Abschiedsrede warnt Josua ausdrücklich vor der Vermischung mit den Völkern (siehe Esra). Diese sind eine Gefahr hinsichtlich kultischer Reinheit und Einheit (vgl. Ex 34,12–16, Dtn 13,13–19). Zugleich nimmt (der literarische) Josua bereits Bezug auf das drohende Exil (Jos 23,15.16). Dies erklärt sich textgeschichtlich aus der Zeit recht plausibel, in der das Exil bereits Tatsache geworden ist (587–538 v.Chr.).

In der zweiten Abschiedsrede verpflichtet Josua das Volk noch einmal ausdrücklich auf das Gesetz JHWHs, worauf ein Bundesschluss für das Volk folgt. Mit der Beerdigung der Gebeine Josefs auf dem Grundstück, das der Vater Josefs, Jakob, erworben hatte (Gen 33,19), schließt sich zum einen der Erzählkreis, der im Buch Genesis mit Josef und seinen Brüdern in Kanaan begann und sich in Ägypten bis zu seinem Tod fortsetzte (Gen 50,24–26), und zum anderen findet der Auszug aus Ägypten auf narrativer Ebene an dieser Stelle seinen Abschluss.

3. Eine kurze Zwischenbilanz

Vor dem Hintergrund der bisher behandelten Punkte zeichnet sich ab, dass das uns heute vorliegende Buch Josua aus einer Zeit stammt, die nicht mit den in ihm erzählten Ereignissen identisch ist. Exegeten gebrauchen hierfür die Begriffe spätvorexilisch bzw. exilisch hinsichtlich einer zeitlichen Einordnung; das heißt, man spricht theologisch von einer deuteronomistischen Be- und Überarbeitung des Buches Josua. Somit handelt es sich bei diesem biblischen Buch letztlich um keinen Zeitzeugenbericht. Mehr noch, es liegt die begründete Annahme nahe, dass die Landnahme, so wie sie im Buch Josua erzählt wird, historisch nicht zutreffend ist. Etwas zugespitzt ließe sich sagen, dass es sich beim Buch Josua nicht um eine heute wissenschaftlichen Ansprüchen genügende geschichtliche Darstellung der Frühzeit Israels handelt, sondern vielmehr um ein identitätsstiftendes »Nationalepos«.[18] Oder anders formuliert: In der alttestamentlichen Forschung ist man sich heute bei allen Differenzen in Detailfragen darüber einig, dass die Landnahme mit der Völkervernichtungsweihe unter der Führung Josuas ein theologisches Konstrukt darstellt. Bezüglich der Kriegführung sind im Buch Josua eigene, durchaus auch recht schmerzliche Erfahrungen der Judäer mit den assyrischen Kriegsheeren verarbeitet worden. Mit anderen Worten: Die Landnahme im Buch Josua wird mit den Methoden beschrieben, wie sie in neuassyrischen Königsinschriften geschildert sind.[19]

Von daher ist es angezeigt, sich nunmehr den Landnahmemodellen bzw. Landnahmehypothesen zuzuwenden, wie sie in der alttestamentlichen Wissenschaft diskutiert worden sind bzw. diskutiert werden.

---

[18] Vgl. Karen Armstrong, Im Namen Gottes. Religion und Gewalt, München 2014, S. 148, 168.

[19] Vgl. Manfred Görg, Josua, Würzburg 1991 (= NEB), S. 7; Norbert Lohfink, Art. חרם. In: Theologisches Wörterbuch zum Alten Testament, Bd 3, Stuttgart 1982, S. 192–219, hier S. 205 f.; Eckart Otto, Art. Krieg, Altes Testament. In: Religion in Geschichte und Gegenwart, Bd 4, Tübingen 2001, Sp. 1768 f., hier Sp. 1769; Christa Schäfer-Lichtenberger, Bedeutung und Funktion von Herem in biblisch-hebräischen Texten. In: Biblische Zeitschrift, 38 (1994), S. 270–275, hier S. 272. »Der assyrischen Propaganda ähnlich konnte jetzt auch Israel durch bluttriefende Kriegserzählungen Terror ausstrahlen«, Lohfink, Art. חרם, S. 211.

4. Erklärungsmodelle des historischen Landnahmevorgangs

Im Buch Josua wird erzählt, dass Israel in das Land Kanaan von außen eindringt und es gewaltsam einnimmt. Ist dieser Vorgang historisch zu verstehen? Lässt sich diese Vorstellung auch archäologisch stützen? Während einst die biblische Darstellung »die vorgeordnete und hypothesenleitende Quelle war«[20], was vorerst nicht verwundern konnte (siehe Heinrich Schliemann und die Wiederentdeckung der vermeintlichen Stadt »Troja« anhand der Ilias des Homer), und somit der Archäologie nur eine die den biblischen Befund zu stützende Funktion zukam bzw. zukommen sollte (Archäologie als Magd des biblischen Textes), ist sie heute eine eigenständige und gleichberechtigte, von biblisch-erzählerischen Vorgaben unabhängige Wissenschaft geworden. So kommt die gegenwärtige bibel-theologische Diskussion nicht umhin, sich an der Archäologie zu orientieren und deren Forschungsergebnisse zur Kenntnis zu nehmen. Ein Ergebnis hiervon ist, dass in der Forschung »in der Regel gar nicht mehr von einer ›Land*nahme*‹, sondern der ›Entstehung Israels‹ gesprochen wird.«[21] Was bedeutet das konkret?

Der erzählte bzw. angenommene Zeitpunkt der Einwanderung der Israeliten in Kanaan ist die Spätbronzezeit (SB II B, 1300–1150 v.Chr.). Die Spätbronzezeit ist eine gesellschaftspolitische Umbruchszeit; ebenfalls lassen sich in dieser Zeit Klimaschwankungen bzw. Dürreperioden konstatieren.[22] So bricht beispielsweise der internationale Fernhandel zusammen, was zu Versorgungsengpässen und schließlich zu ökonomischen Krisensituationen führt. Dieser Zusammenbruch am Ende des 13. vorchristlichen Jahrhunderts ist begleitet von mehreren Zerstörungswellen von Städten. Was die einzelnen Ursachen sind und wer dahintersteht, ist zwar noch nicht gänzlich geklärt, aber sehr wahrscheinlich ist hierfür der Einfall der sogenannten Seevölker als ein durchaus maßgeblicher Grund namhaft zu machen.[23] Ägypten unter Merenptah (1213–1204/3) und Ramses III. (1183–1151) kann sich dieses in mehreren Wellen erfolgten Seevölkereinfalls letztlich erwehren[24] und die Abwehrkämpfe im Nildelta zwischen 1190 und 1179 noch einmal für sich entscheiden.[25]

Die Verschlechterung der Lebensumstände in Kanaan führt wiederum zu wachsenden Rivalitäten zwischen den Stadtstaaten sowie zu sozialen Friktionen, die eine Verdörflichung (Deurbanisierung) und Subsistenzwirtschaft nach sich ziehen.[26] In diesem Kontext der Krisen der Spätbronzezeit liegt schließlich ein

---

20 Frevel, Geschichte Israels (wie Anm. 14), S. 74.

21 Ebd.

22 Vgl. Armstrong, Im Namen Gottes (wie Anm. 18), S. 148; Frevel, Geschichte Israels (wie Anm. 14), S. 70 f.; Raoul Schrott, Homers Heimat. Der Kampf um Troia und seine realen Hintergründe, Darmstadt 2008, S. 65; Raimund Schulz, Abenteuer der Ferne. Die großen Entdeckungsfahrten und das Weltwissen der Antike, Stuttgart 2016, S. 34, 37.

23 Vgl. Schrott, Homers Heimat (wie Anm. 22), S. 65; Schulz, Abenteuer (wie Anm. 22), S. 34 f.

24 Vgl. Schrott, Homers Heimat (wie Anm. 22), S. 66.

25 Vgl. Schulz, Abenteuer (wie Anm. 22), S. 39.

26 Vgl. Armstrong, Im Namen Gottes (wie Anm. 18), S. 149; Frevel, Geschichte Israels (wie Anm. 14), S. 71.

nicht unwesentlicher Nukleus hinsichtlich der Herausbildung des späteren Israels. In diese Zeit fällt neben die Zerstörung von Knossos und Mykene ebenso die von Troja.[27] Bemerkenswert ist, dass die Erzählung von der Einnahme Jerichos durchaus einige vergleichbare Aspekte mit dem homerischen Epos der Ilias, das heißt vom Kampf und Untergang Trojas, aufweist.

Aber sehen wir bezüglich »Kanaan« noch einmal genauer hin. Während der Spätbronzezeit befanden sich lediglich rund 30 dörfliche Siedlungen auf dem Stammesgebiet von Efraim und Manasse. In der darauf folgenden sogenannten frühen Eisenzeit (E I A[28], ca. 1250–1150 v.Chr.) wuchs dann die Zahl der Dörfer auf über 200 an. Wie lässt sich nun dieser archäologische Befund deuten? Hierzu sind im Laufe der Zeit vier Hypothesen bzw. Modelle entwickelt worden: die Invasionshypothese, die Infiltrationshypothese, die Revolutionshypothese und das Evolutionsmodell. Diese Hypothesen bzw. Modelle werden nun im einzelnen vorgestellt.

a) Die Invasionshypothese

Die Invasionshypothese, die von William Foxwell Albright (1891–1971) und seiner Schule vertreten worden ist, versuchte »die alttestamentliche Vorstellung einer planmäßigen militärischen Eroberung des Landes in Jos 1–12 mit den archäologisch nachweisbaren Stadt-Zerstörungen zu belegen«.[29] Je mehr man hierzu gründlich forschte, umso weniger ließ sich diese Hypothese archäologisch, aber auch durch außerbiblische Quellen verifizieren. Es gab also, um einen populären Buchtitel aufzugreifen, »Keine Posaunen vor Jericho«[30], unabhängig von dem Befund, dass der in Jos 6 beschriebene Vorgang bezüglich der Blasinstrumente bereits unter physikalischem Gesichtspunkt unrealistisch ist, wenn man einmal annehmen wöllte, dass der Einsturz der Mauern kausal mit dem Ertönen der Blasinstrumente in Verbindung steht, was aber so weder der hebräische noch der griechische Text (Septuaginta) besagt.[31]

Gegen die Invasionstheorie oder vielmehr Invasionhypothese, die heute wissenschaftlich nicht mehr vertreten wird, spricht beispielsweise:

1. Die neuen Siedlungen liegen abseits der alten politischen Zentren und sind außerdem meist unbefestigt.

---

27 Vgl. Frevel, Geschichte Israels (wie Anm. 14), S. 68; Schulz, Abenteuer (wie Anm. 22), S. 32, 38.

28 Die frühe Eisenzeit wird in der Literatur auch mit dem Kürzel E(isenzeit) (römisch) I A angegeben.

29 Rainer Albertz, Religionsgeschichte Israels in alttestamentlicher Zeit, Bd 1, Göttingen 1992 (= Grundrisse zum Alten Testament. Ergänzungsreihe [ATD.E], 8/1), S. 109.

30 Israel Finkelstein und Neil Asher Silberman, Keine Posaunen vor Jericho. Die archäologische Wahrheit über die Bibel, 4. Aufl., München 2003, S. 96 f.; vgl. zudem Armstrong, Im Namen Gottes (wie Anm. 18), S. 148, 155.

31 Vgl. Peter Költzsch, Von den Posaunen vor Jericho bis zum Fluglärm. Fragmente aus der Geschichte der Strömungsakustik. In: Erinnerungskultur. Beiträge der 135. Tagung, 22.–25. Mai 2015, Evangelisches Zentrum Kloster Drübeck, Evangelische Forschungsakademie. Hrsg. von Christian Ammer, Hannover 2015, S. 56–97, hier S. 64–69.

2. Zum (literarisch) vorgestellten Zeitpunkt der Invasion waren die Ortschaften Jericho drei und Ai bereits zwölf Jahrhunderte zerstört. Nicht zuletzt bedeutet auch der Name Ai (העי[32]/עי) »Trümmerhaufen«.
3. Die in der Tat festzustellenden Zerstörungen sind kaum auf eine einzige Ursache, wie eine planvoll durchgeführte militärische Landnahmeoperation, zurückzuführen.[33]

Kurzum, die Zerstörungen von Städten in Kanaan sind im Kontext des allgemeinen Niedergangs der Stadtkultur während der Spätbronzezeit zu verstehen. »›Israel‹ ist nicht Ursache, sondern Folge des Niedergangs der Stadtkultur.«[34]

b) Die Infiltrationshypothese

Auf Albrecht Alt (1883–1956) und Martin Noth (1902–1968) geht die sogenannte Infiltrationshypothese (1925/1939) zurück. Sie besagt, dass eine allmähliche, anfangs friedliche Einsickerung und Ansiedlung von außen kommender (halb-)nomadischer Gruppen im Zuge des Weidewechsels (Transhumanz) prozesshaft stattgefunden habe. Alt nimmt dann für eine zweite Phase »kriegerische Auseinandersetzungen mit den Städten an, die schließlich zu dem Umbruch führen, aus dem das staatliche Israel hervorgeht.«[35]

Für diese Hypothese wird geltend gemacht, dass sich der Großteil der eisenzeitlichen Dörfer auf dem Gebirge und in den trockenen Randzonen befunden habe, sozusagen in den spätbronzezeitlich nur locker beherrschten politischen Nischen, also in genau den Gegenden, wo Alt und Noth aufgrund territorialgeschichtlicher Überlegungen den frühisraelitischen Siedlungsraum postulierten. Gegen dieses Modell sprechen aber mindestens zwei Schwierigkeiten:

1. Alt und Noth gehen von einer Vorstellung des Nomadenlebens aus, das an dem neuzeitlichen Beduinenverhalten gewonnen worden ist. Die antiken Kleinviehnomaden[36] lebten aber nicht in der Wüste, sondern in ackerbaulich nicht nutzbaren Nischen des Kulturlandes. Von daher standen sie mit Städtern und Bauern in einem engen Handels- und Wirtschaftsaustausch; Kleinviehnomaden betrieben mitunter sogar selbst Landwirtschaft, wenn dies erforderlich war.[37]

   Von daher vermag dieses Infiltrationsmodell nicht die Frage zu beantworten, woher die vielen sogenannten Nomaden auf einmal hergekommen und zudem schlagartig sesshaft geworden sein sollen, zumal wenn sie sowieso schon in die Gesellschaft des Kulturlandes integriert waren. Die Vorstellung, die Herbert Donner einmal geäußert hat, dass das Kulturland für den Nomaden

---

[32] In Gen 13,3 sowie in Jos 7,2–5; 8,1.3.9.10 wird der Name dieser Siedlung/Stadt stets mit Artikel geschrieben.

[33] Vgl. Albertz, Religionsgeschichte Israels, Bd 1 (wie Anm. 29), S. 109.

[34] Frevel, Geschichte Israels (wie Anm. 14), S. 75.

[35] Ebd.

[36] Ein erster Einblick in die Diskussion hinsichtlich antiker Kleinviehnomaden bei Claus Westermann, Genesis 2–36, 2. Teilbd, Neukirchen-Vluyn 1981 (= BK.AT, I/2), S. 74–80.

[37] Vgl. Albertz, Religionsgeschichte Israels, Bd 1 (wie Anm. 29), S. 110.

»Gegenstand seiner geheimen Sehnsucht und Begehrlichkeit«[38] sei, ist letztlich »eine romantische Fehleinschätzung; ethnologische Untersuchungen haben gezeigt, dass außergewöhnliche Gründe vorliegen müssen, wenn Nomaden sich zur Aufgabe ihrer Lebensweise gezwungen sehen«.[39]

2. Die zweite Schwierigkeit besteht darin, dass eine »archäologisch nachgewiesene weitgehende Kontinuität der materiellen Kultur der früheisenzeitlichen Siedlungen zur spätbronzezeitlichen Tradition Palästinas« besteht. Dieser Befund schließt aus, dass die Bewohner des Landes Kanaan an der Schwelle von der spätbronzezeitlichen zur früheisenzeitlichen Kultur im wahrsten Sinne des Wortes Eindringlinge gewesen und somit neu hinzugekommen seien. Von einer Einwanderung nach Kanaan kann schließlich nicht die Rede sein. So gesehen waren die Israeliten schon lange bzw. schon immer Teil der kanaanäischen Bevölkerung.[40]

c) Die Revolutionshypothese

Wenn jedoch die sich zu »Israel« zählenden Gruppen schon lange Zeit Teil der palästinischen Gesellschaft waren, so verdient die von George E. Mendenhall (1916–2016) 1962 eingeführte und von dem marxistisch geprägten Norman Karol Gottwald (geb. 1926) weiterentwickelte sogenannte Revolutionshypothese eine gewisse Beachtung. Sie besagt, dass Israel nicht durch eine »Landnahme« externer Gruppen entstanden sei, sondern aufgrund eines sozialrevolutionären Prozesses im spätbronzezeitlichen Kanaan. Näherhin »revoltierten gesellschaftliche Außenseitergruppen (habiru) im Bündnis mit den abhängigen Bauern (paesants) und Hirten gegen ihre aristokratischen Herren in den Städten und bauten außerhalb deren Feudalstruktur eine eigenständige tribale und egalitäre Gesellschaft auf.«[41] Diese Landnahmehypothese versucht zum ersten Male, und das ist ihr Verdienst, deutlich werden zu lassen, das Israel nicht nur in, sondern auch aus Kanaan heraus entstanden ist.[42]

Gegen diese Landnahmehypothese spricht jedoch, dass es keine Belege für eine sozialrevolutionär motivierte Widerstandsbewegung gegen eine Aristokratie oder vergleichbare Herrschaftsformen (zum fraglichen Zeitpunkt) gegeben hat. Mit anderen Worten: Weder in der Amarna-Korrespondenz[43] des 14. vorchrist-

---

38 Herbert Donner, Geschichte des Volkes Israel und seiner Nachbarn in Grundzügen, Göttingen 1984 (= ATD.E, 4/1), S. 47.

39 Albertz, Religionsgeschichte Israels, Bd 1 (wie Anm. 29), S. 110, Anm. 17.

40 Ebd., S. 110 (auch das Zit.).

41 Ebd., S. 110 f.

42 Vgl. Frevel, Geschichte Israels (wie Anm. 14), S. 75 f.

43 El Amarna (tell el-'amarna) liegt am rechten Ufer des mittleren Nils, ungefähr zwischen Kairo und Luxor. Dort befindet sich die Ruine der Residenz von Pharao Amenophis IV. (1364–1347). Amenophis IV. verehrte allein und ausschließlich den Sonnengott Aton und ließ die Tempel aller anderen Gottheiten schließen. Um seiner Konfession Ausdruck zu verleihen, nannte sich Amenophis IV. selbst nicht nur in Echn-aton (der, der Aton dient/nützlich ist) um, sondern er verlegte zudem seine Residenz von Theben nach einem neuen Ort und gab ihm den Namen Achetaton (Lichtberg des Aton/Horizont des Aton), später in der Archäologie unter tell el-'amarna bekannt geworden. Zu Echnaton insgesamt vgl. Hermann A. Schlögl, Echnaton, München 2008. 1887 entdeckten Beduinen in den

lichen Jahrhunderts noch im Alten Testament selbst lassen sich hierfür belastbare Belege für eine soziale Widerstands- und Revolutionsbewegung finden. Auch der archäologische Befund unbefestigter Neusiedlungen spricht eher gegen gewaltsame soziale Auseinandersetzungen. Letztlich vermag auch diese Hypothese nicht das signifikante Anwachsen der Siedlungen in der frühen Eisenzeit zu erklären.[44]

d) Evolutionsmodell

Die sogenannte Revolutionshypothese hat vor allem durch den dänischen Alttestamentler Niels Peter Lemche 1988 mit dem Evolutionsmodell bzw., so wie es Rainer Albertz nennt, mit dem Disgressionsmodell[45] eine Weiterentwicklung erfahren. Nach diesem Erklärungsansatz war es, abgesehen von politischen Unsicherheitsfaktoren, besonders der massive wirtschaftliche Niedergang spätbronzezeitlicher Städte, durch den sich viele arme bzw. verarmte Bevölkerungsschichten genötigt sahen, »sich aus dem Einflussbereich der Städte abzusetzen und sich durch Kultivierung der Gebirgs- und Randregionen eine neue wirtschaftliche Existenzbasis«[46] zu schaffen. Ausgelöst wurde der Niedergang spätbronzezeitlicher Städte durch den starken Rückgang des Handels, der den Städten und Stadtstaaten unverzichtbare Einnahmequellen entzog. Infolge dieser Entwicklung waren die Bewohner der Städte auf Ackerbau zur Selbstversorgung angewiesen. Mit diesem Modell lässt sich der archäologisch erkennbare Deurbanisationsprozess durchaus plausibel mit einer Entstehung Israels im Sinne des Disgressionsmodells in Einklang bringen.

Ebenfalls basiert die von Israel Finkelstein 1988 entwickelte These auf dem Evolutionsmodell, nach der die sogenannten Siedler zwar nicht unmittelbar aus den spätbronzezeitlichen Städten, sondern vielmehr aus dem Umkreis mittelbronzezeitlicher Stadtkultur kommen. Halbnomadische Kleinbauern waren auf den Getreidehandel mit bronzezeitlichen Städten angewiesen. Nachdem dieser zusammengebrochen war, waren sie genötigt, selbst Ackerbau zu betreiben und auf diese Weise schließlich sesshaft zu werden. Kurzum, Israel entsteht »aus den Restbeständen der kanaanäischen Stadtkultur sukzessive«.[47]

Ruinen des Königspalastes von El Amarna das Archiv Amenophis' III. (1402–1364) und seines Sohnes Amenophis IV. Es enthielt 377 Tafeln. Gesamtausgabe von Jorgen Alexander Knudtzon (1854–1917), Die El Amarna-Tafeln, 2 Bde, Leipzig 1915. Für die Kenntnis der Geschichte, Geografie, Kultur und Sprache Vorderasiens und besonders Kanaans im 15./14. Jh. v.Chr. stellen diese Briefe (Tontafeln mit Keilschrift in akkadischer Sprache) eine unschätzbare Quelle dar. So erfahren wir, dass das Land Kanaan in unzählige Stadtstaaten zersplittert war, an deren Spitze Fürsten standen, die sich selten (zumindest dem Pharao gegenüber) Könige nannten.

44 Vgl. Frevel, Geschichte Israels (wie Anm. 14), S. 76.

45 Vgl. Albertz, Religionsgeschichte Israels, Bd 1 (wie Anm. 29), S. 111. Disgression von Lateinisch gressus, us, m, Schritt/Gang.

46 Albertz, Religionsgeschichte Israels, Bd 1 (wie Anm. 29), S. 111.

47 Frevel, Geschichte Israels (wie Anm. 14), S. 76.

5. Ein Fazit

Wenngleich sich eine Unterscheidung zwischen Spätbronzezeit und früher Eisenzeit letztlich nicht trennscharf vornehmen lässt bzw. ihr Übergang mehr prozesshaftig ist, so liegt aller Wahrscheinlichkeit nach ein nicht unwesentlicher Anstoß zur Entstehung Israels in dieser Umbruchszeit, die auch Kanaan während der Spätbronzezeit erfasste. Sicherlich wird schließlich keine Landnahmehypothese bzw. kein Landnahmemodell völlig überzeugen können, zumal es wissenschaftlich ebenfalls fraglich ist, ob sich mit einem einheitlichen Landnahmemodell der sehr komplexe Prozess der Entstehung Israels in und aus Kanaan jemals überhaupt angemessen beschreiben lässt.[48]

Jedoch kann zumindest gesagt werden, und dies ist heute allgemeiner Konsens in der alttestamentlichen Wissenschaft, dass es eine »Landnahme«, so wie sie im Buch Josua beschrieben wird, historisch nicht gegeben hat. Die Texte des Buches Josua sind kein Abbild militärischer Schlachten und Eroberungen einer sogenannten Landnahme der Israeliten. Vielmehr spiegeln die Landnahmeerzählungen Motive von Kriegsschilderungen neuassyrischer Königsinschriften.

> »Das affirmative Aufgreifen solcher Motive aber ist nicht zuletzt zugleich auch unter theologischem Aspekt ein wichtiger Anhaltspunkt dafür, dass Israel ähnlichen Denkstrukturen verhaftet ist. Dabei spielt es keine Rolle, ob Israel im einzelnen nun tatsächlich einen Waffengang gegen seine Feinde antrat oder nicht. Denn ein möglicher Einwand dergestalt, dass Israel zu diesem Zeitpunkt nicht über die militärische Stärke Assurs verfügt hat, entkräftet nicht, dass Israel ebenfalls in vergleichbaren Kategorien des Krieges wie Assur gedacht hat.«[49]

Von diesem Hintergrund fällt der Befund hinsichtlich gewaltbilligender Texte im Buch Josua letztlich ambivalent aus. Außerdem spielen bei solchen Erzählungen wie der Einnahme Jerichos ähnlich wie bei der Ilias des Homer Elemente einer *oral history* oder vielmehr einer *oral poetry* eine Rolle, die auf weit zurückliegende Ereignisse Bezug nehmen, sich aber im Einzelnen heute nicht mehr überprüfen lassen, was in der Natur der Sache mündlicher Überlieferung liegt. Dennoch bleibt die Thematik der Völkervernichtungsweihe im Buch Josua ein Ärgernis. Denn es fragt sich schließlich, welches Gottesbild hier dahintersteht. Norbert Lohfink stellt daher recht nüchtern fest: »In einem gewissen Sinne ist und bleibt Gott ein Gott der Gewalt und der Vernichtung alles Bösen«.[50]

Auch die Päpstliche Bibelkommission hat in ihrer Schrift »Das jüdische Volk und seine heilige Schrift in der christlichen Bibel« vom 24. Mai 2001 ebenfalls in Bezug auf die Landnahme und der damit, wenngleich auf literarischer Ebene, teilweise verbundenen Vollstreckung des Banns deutlich gemacht, dass es »schließlich die menschliche Versuchung« gebe, »die Religion mit den abwegigsten Formen des Rückgriffs auf Gewalt zu vermischen.«[51]

---

48 Ebd., S. 77.

49 Thomas R. Elßner, Josua und seine Kriege in jüdischer und christlicher Rezeptionsgeschichte, Stuttgart 2008 (= Theologie und Frieden, 37), S. 308.

50 Lohfink, Der ›heilige Krieg‹ (wie Anm. 2), S. 112.

51 Päpstliche Bibelkommission, Das jüdische Volk und seine Heilige Schrift in der christlichen Bibel (24.5.2001), Bonn 2001 (= Verlautbarungen des Apostolischen Stuhls, 152), Nr. 56.

Matthias Adrian

Gewalt und Gewaltlosigkeit im Neuen Testament am Beispiel der Feldrede im Lukasevangelium

In seinem Roman »Die Glut« lässt der ungarische Schriftsteller Sándor Márai einen seiner beiden Protagonisten folgende Überlegung zum Töten anstellen:

> »Wir töten, um hohe Prinzipien und wichtige menschliche Werte zu schützen, wir töten, um die Ordnung des menschlichen Zusammenlebens aufrechtzuerhalten. Das kann gar nicht anders sein. Wir sind Christen, wir haben ein Schuldbewusstsein, wir sind das Ergebnis westlicher Bildung. Unsere Geschichte ist bis in unsere Tage voll mit Massenmorden, vom Töten aber sprechen wir gesenkten Blickes und in bigottem, empörtem Ton; wir können nicht anders, so schreibt es uns unsere Rolle vor.«[1]

Vorgebracht wird hier eine Radikalkritik an westlicher Bigotterie im Umgang mit der eigenen Gewalt, formuliert mitten im Zweiten Weltkrieg, im Jahr 1942. Dieser Vorwurf der Scheinheiligkeit in Bezug auf das Töten taucht verschiedentlich auch in aktuellen Debatten auf, etwa dann, wenn humanitäre Interventionen oder die Massentierhaltung diskutiert werden. Zu beachten an Márais Gedanken ist die Behauptung, die Verdrängung sei der christlichen Tradition anzulasten: Diese habe der westlichen Kultur ein Schuldbewusstsein habituell anerzogen, das jedoch nicht etwa zu einem tatsächlichen Gewaltverzicht geführt habe, sondern lediglich zu einer Überhöhung der Gewaltlosigkeit – bei faktisch fortgesetzter Gewaltausübung, nur eben »gesenkten Blickes«. Wie verhält sich dieser Vorwurf der Bigotterie zu den Urkunden des christlichen Glaubens, den Texten der Bibel, näherhin zu denen des Neuen Testaments? Welche Haltung oder Haltungen wird bzw. werden darin zu Gewalt – implizit oder explizit – eingenommen?

Diesen Fragen soll im Folgenden nachgegangen werden, zunächst übersichts- und stichprobenartig, sodann anhand eines exemplarischen Textes: In der sogenannten Feldrede im Lukasevangelium (Lk 6,20–49) finden sich Angriffe auf die Bigotterie ethischer Idealkonzeptionen, die im geistigen Umfeld des Neuen Testaments Leitbildcharakter hatten. Dem Lukasevangelisten geht es um das Verhältnis zwischen Gläubiger und Schuldner, das die Form ökonomisch motivierter Gewalt annehmen konnte. Vor dem Forum antiker Hörerschaft ist dabei jedoch nicht Gewalt, sondern eher die im Text geforderte Gewaltlosigkeit erklärungsbedürftig.

---

[1] Sandor Márai, Die Glut, 3. Aufl., München 2005, S. 128.

1. Gewalt im Neuen Testament[2]

Zugrunde zu legen ist ein Verständnis von Gewalt als »violence« und »power«[3], d.h. als »physische Verletzung, physischer Zwang«[4] oder deren Androhung, die durch entsprechende Macht- und Herrschaftsverhältnisse bedingt werden. »Denn diese sind gekennzeichnet durch die überlegene Möglichkeit der Androhung und Anwendung«[5] von Gewalt. Demnach sind nicht nur konkrete Akte verletzenden Handelns, sondern auch die Strukturen zu reflektieren, die diese ermöglichen. Die Untersuchung so verstandener Gewalt im Neuen Testament sieht sich der Schwierigkeit ausgesetzt, dass sich die heterogenen Einzelerzählungen, Sprüche und Argumentationsgänge einer übergreifenden Systematisierung verschließen, mit anderen Worten: Es finden sich viele verschiedene Positionen, die in sehr unterschiedlicher Form zum Ausdruck gebracht werden.[6] Hinzu kommt, dass nicht nur von der Gewalt *in* den Texten zu reden ist, sondern auch von der Gewaltträchtigkeit der Texte selbst. Dieser Punkt wird mit Blick auf die Erzählung von Prozess und Steinigung des Stephanus in Apg 6,8–8,1 geltend gemacht.[7] Auf der einen Seite steht dabei der perfekte Märtyrer Stephanus, der noch im Moment seines gewaltsamen Todes für seine Peiniger betet: »Herr, rechne ihnen diese Sünde nicht an!« (Apg 7,60). Auf der anderen Seite zeichnet die Erzählung bewusst das Zerrbild eines jüdischen Mobs, der aus einem durch falsche Zeugen und Scharfmacher bereits korrumpierten Gerichtsprozess zu blanker Lynchjustiz übergeht. Shelly Matthews zufolge zielt die textliche Pragmatik darauf, die jüdische Gerichtsbarkeit gegenüber der römischen als unterlegen und Juden als potenzielle Verursacher von Aufruhr darzustellen – gegenüber den friedfertigen Christusanhängern.[8] Sie bilanziert: »As with many New Testament texts, the story of the stoning of Stephen is one in which the violence *in* the text (Jews murdering a Christian) displaces the violence *of* the text (a Christian vilifying Jews)«.[9]

Das Thema hat forschungsgeschichtlich offenbar nicht selten zu apologetischen Reflexen geführt. Lange wurde Gewalt im Neuen Testament schlechthin ignoriert und ausschließlich als Problem des Alten Testaments dargestellt. Diese Herangehensweise ist nach Shelly Matthews als Spätfolge der marcioniti-

---

2 Ich danke Prof. Dr. Kathy Ehrensperger für ihre Hinweise und Anregungen zu diesem Thema.

3 Zur Gewaltdefinition unter Differenzierung beider Termini vgl. Hannah Arendt, Reflections on Violence. In: Journal of International Affairs, 23 (1969), S. 1–35; Hannah Arendt, Macht und Gewalt, München 1970.

4 Rüdiger Peuckert und Albert Scheer, Gewalt. In: Grundbegriffe der Soziologie. Hrsg. von Bernhard Schäfers, 8., überarb. Aufl., Opladen 2003, S. 114–118, hier S. 114.

5 Peuckert/Scheer, Gewalt (wie Anm. 4), S. 114.

6 Einen – eher generellen – Überblick über die Forschung zum Thema bietet Shelly Matthews, Introduction. In: Violence in the New Testament. Ed. by Shelly Matthews and E. Leigh Gibson, New York, NY 2005, S. 1–12. Der Sammelband beschäftigt sich neben den hier erwähnten Beiträgen u.a. mit Paulus, dem Matthäusevangelium, dem Verhältnis zur imperialen Macht und soziologischen Gewaltaspekten in Bezug auf sektiererische Gruppen.

7 Shelly Matthews, The Need for the Stoning of Stephen. In: Violence in the New Testament (wie Anm. 6), S. 124–139.

8 Vgl. ebd., S. 132 f. u.a.

9 Ebd., S. 125; Hervorhebungen im Original.

schen Unterscheidung eines alttestamentlichen Rache-Gottes und eines Gottes voll Liebe und Erbarmen zu verstehen.[10] Damit wird auf eine Unterscheidung Marcions (2. Jh. n.Chr.) Bezug genommen, derzufolge ein unzulänglicher Weltenbauer die missratene Schöpfung hervorgebracht habe, von der ein anderer Gott, nämlich der Vater Jesu Christi, die Menschen erlöst habe. In Umsetzung dieses Dualismus verfasste Marcion ein Doppelwerk, das aus den Briefen des Paulus und einem gekürzten Lukasevangelium besteht. »Entsprechend kündet vom Schöpfergott vollgültig das Alte Testament, vom fremden Gott das – von judaistischen Verfälschungen gereinigte – Apostolikon und Evangelium.«[11] Die marcionitische Lehre, die ausschließlich durch die Verurteilungen ihrer Gegner bekannt ist, wurde als häretisch zurückgedrängt. Die antijüdische Tendenz, ein alttestamentliches von einem neutestamentlichen Gottesbild zu trennen und ersterem gleichsam wie einer »bad bank« alles Üble, Gewaltsame und Allzumenschliche zuzubuchen, wurde dennoch zu einer wirkmächtigen Tradition: Vor allem in einer speziellen Paulusrezeption maß sich die Großkirche selbst eine christlich erlöste Glaubenshaltung zu und spielte diese gegen einen gesetzesverhafteten, toten Buchstabenglauben des Judentums aus.[12] Diese Gegenüberstellungen dürfen jedoch nicht einfach in die erste Zeit zurück projiziert werden: Im Gegensatz zu einer feindschaftlichen Gegenüberstellung von »Juden« und »Christen« ist eher von einem Prozess des Auseinandertretens eng miteinander verbundener Gruppen auszugehen.[13] Die Formation von Christentum und Judentum als unterscheidbaren Größen wurde dabei anscheinend zunächst nicht durch große Dissense ausgelöst, sondern eher durch die feinen Unterschiede in Lebensführung und theologischer Schwerpunktsetzung.[14] Auch die Frustration darüber, dass die Botschaft von Jesus als dem Messias für Israel von vielen innerjüdischen Gruppen nicht aufgenom-

---

[10] Vgl. Matthews, Introduction (wie Anm. 6), S. 1–3.

[11] Barbara Aland, Marcion/Marcioniten (ca. 85–160). In: Theologische Realenzyklopädie Online. Hrsg. von Gerhard Müller [u.a.], Berlin, New York 2008 (= Theologische Realenzyklopädie Online).

[12] Für einen Überblick vgl. Matthias Adrian, Gesetzesfrömmigkeit. In: Handbuch des Antisemitismus. Judenfeindschaft in Geschichte und Gegenwart. Hrsg. von Wolfgang Benz und Brigitte Mihok, Berlin, Boston 2015 (= Handbuch des Antisemitismus, 8). So wurde über das Mittel der Allegorese erreicht, dass man das Alte Testament weiterhin zu den eigenen heiligen Schriften zählen konnte: Man las einen Hintersinn in die Texte hinein, von dem man annahm, dass er über den Literalsinn hinausginge und sich nur einem Zugang im christlichen Glauben erschlösse. So wurde christlicherseits nicht nur das Alte Testament als kanonisch gewahrt, sondern zugleich ein gegenüber jüdischen Lesarten überlegenes Schriftverständnis behauptet.

[13] Dazu nochmals Shelly Matthews: »Students of Simmel began to see anti-Jewish vitriol not as sign of conflict between two well-formed religious entities but as the product of the process of separation between intimately related groups trying to construct independent identities. On this model, much of the violent rhetoric attributed to Jesus in the Gospels is read as more indicative of violent separation in post-crucifixion community formation than of Jesus' actual hostility toward fellow Jews« (Matthews, Introduction [wie Anm. 6], S. 5).

[14] David Frankfurter, Violence and Religious Formation: An Afterword. In: Violence in the New Testament (wie Anm. 6), S. 140–152, hier S. 142. Zum Prozess, der in der Forschung unter dem Begriff *parting of the ways* debattiert wird, vgl. auch Daniel Boyarin, Abgrenzungen. Die Aufspaltung des Judäo-Christentums, Leipzig 2012 (= Arbeiten zur neutestamentlichen Theologie und Zeitgeschichte, 10).

men wurde, führte mangels anderer Machtmittel zu verbalen Ausfällen diesen Gruppen gegenüber. Für das Johannesevangelium etwa macht Adele Reinhartz geltend: »The fourth Gospel, written in a context of Christian powerlessness, contended itself with the eternal damnation of the unbelieving Jews.«[15] So äußert sich Gewalt zu Beginn dessen, was sich später in der Geschichte als Christentum zusammenballt, zunächst einmal in Worten gesellschaftlich Randständiger. So wenig eine einzelne, eindeutige Position durch alle neutestamentlichen Schriften hindurch auszumachen ist, so unmissverständlich lässt sich doch eine gemeinsame Perspektive erkennen, aus der heraus die Auseinandersetzungen mit Gewalt formuliert werden: Es ist die von bedrohten oder zumindest marginalisierten Gemeinschaften, die durch die Verkündigung eines neuen Herrschers (κύριος/*kýrios*) in der Gefahr stehen, mit den gegebenen Herrschaftsverhältnissen ihres gesellschaftlichen Umfelds in Konflikt zu geraten.[16] Diese Perspektive prägt die Rede von Gewalt als erlittener, angeprangerter, aber auch herbeigesehnter und angedrohter. Zudem liegt die Intention aller Texte zentral darin, die Botschaft einer Person zu verbreiten, die mit dem Königtum Gottes einen gewaltlosen Herrschaftswechsel (βασιλεία τοῦ θεοῦ/τῶν οὐρανῶν/*basileía tū theū/tōn uranōn*, Mk 1,15 bzw. Mt 3,2) verkündet – und die schließlich selbst Opfer staatlicher Brutalität wird.

Besonders an der Gestalt Jesu scheint greifbar zu werden, wie weit Rezeption und Text hinsichtlich der Gewaltträchtigkeit neutestamentlicher Schriften auseinanderliegen. Schon 1996 räumte Klaus Berger in einem wütenden Aufsatz mit der vermeintlichen Friedfertigkeit des Protagonisten der Evangelien auf. Dass auch später noch dessen »quiet teaching«[17] romantisiert wurde, zeigt die nachhaltige Relevanz von Beiträgen wie dem Bergers. Zunächst ist es ihm zufolge »gar nicht ausgemacht, es wäre vielmehr erst zu beweisen, dass Jesus ein prinzipieller Pazifist gewesen sein soll oder Gewaltlosigkeit zum Grundprinzip seiner Ethik gemacht haben müsste«[18]. Dass »die Aussagen der Evangelien für uns zunächst fremd«[19] seien, führt er an der Haltung Jesu zum Tempel, der Verfluchung eines Feigenbaums und seinen Gerichtsaussagen vor. Dass Jesus angedroht habe den Tempel zu zerstören, wird neben dem Thomasevangelium und der Apostelgeschichte (Logion 71 bzw. Apg 6,14) auch in Mk 14,58 überliefert: »Wir haben ihn sagen hören: Ich werde diesen Tempel, der von Menschenhand gemacht ist, niederreißen und in drei Tagen einen anderen aufbauen, der nicht von Menschenhand gemacht ist.« Der gewaltsame Akt des Niederreißens, nur von

15 Adele Reinhartz, Love, Hate, and Violence in the Gospel of John. In: Violence in the New Testament (wie Anm. 6), S. 109–123, hier S. 121. Allerdings ist kritisch nachzufragen, weshalb hier eben diejenige Terminologie von Juden und Christen verwendet wird, die ansonsten als anachronistisch zurückgewiesen wird.

16 »the (Jewish, Jesus-oriented) authors are not so much victims of particular persecution as subalterns in a singularly repressive colonial regime« (Frankfurter, Violence [wie Anm. 14], S. 144).

17 Richard A. Spencer, Violence and Vengeance in Revelation. In: Review and Expositor, 98 (2001), 1, S. 61.

18 Klaus Berger, Der »brutale« Jesus. Gewaltsames in Wirken und Verkündigung Jesu. In: Bibel und Kirche, 51 (1996), 3, S. 119–127, hier S. 119 f.

19 Ebd., S. 120.

Markus als Falschzeugnis apostrophiert, wird in der prophetischen Tradition von Fluchworten gegen Tempel und Stadt verortet (vgl. z.B. Jeremia 26). Propheten traten in charismatischer Vollmacht auf und mussten mit dem Tod rechnen, denn das Volk könne, so Berger, »den Fluch beseitigen, indem es den Vernichtungsfluch auf den pseudo-prophetischen Sprecher selbst zurücklenkt und ihn umbringt«[20]. Vor diesem Hintergrund würde auch das Vorgehen gegen Jesus verständlich.[21]

Bei der Vertreibung der Händler aus dem Tempel geht es laut Berger »um eine gewaltsame Reform, die Jesus zumindest ansatzweise durchführt. In beiden Fällen ruft das Heiligste, das es in Israel gibt, aggressive Handlungen Jesu hervor«[22]. Die sogenannte Tempelreinigung liegt in verschiedenen Fassungen in den Evangelien vor, die johanneische lautet wie folgt:

> »Und im Tempel traf er auf die Verkäufer von Rindern, Schafen und Tauben und auf die Wechsler, die dasaßen. Da machte er eine Peitsche aus Stricken und trieb alle aus dem Tempel hinaus, auch die Schafe und die Rinder, und das Geld der Wechsler schüttete er aus, die Tische stieß er um; und zu den Taubenverkäufern sprach er: Schafft das fort von hier! Macht das Haus meines Vaters nicht zur Markthalle! Da dachten seine Jünger daran, dass geschrieben steht: *Der Eifer für dein Haus wird mich verzehren*«. (Joh 2,14–17)

Die Peitsche findet nur bei Johannes Erwähnung, die drastische Vertreibung der Kaufleute ist als Beseitigung einer »Zweckentfremdung«[23] des Vaterhauses Jesu zu verstehen (vgl. Lk 2,49), die endzeitliche Obertöne vernehmen lässt: So wird in Sacharja 14,21 prophezeit: »Und im Haus des HERRN der Heerscharen wird kein Händler mehr sein an jenem Tag.« Damit läutet die Aktion Jesu nichts weniger als diesen Tag des Herrn ein, wodurch wiederum die Verfügungsgewalt Jesu über heilige Orte und Zeiten behauptet wird. In der synoptischen Überlieferung derselben Aktion kommen Aspekte der Integration hinzu: In Mk 11,15–19 wird explizit darauf hingewiesen, dass sich das Geschehen im Vorhof der Heiden abspielt, was Berger zufolge eine Einbeziehung der Nicht-Juden ins Volk Gottes bedeutet.[24] In der matthäischen Version vom Aggressionsausbruch Jesu im Tempel kommen zudem »Blinde und Lahme im Tempel zu ihm, und er heilte sie« (Mt 21,14). Damit integriert er auch diese Gruppen in die Heilsgemeinde Israels, mit anderen Worten: »Jesus vertreibt aus dem Heiligtum, die nicht hineingehören, aber er nimmt hinzu diejenigen [sic], die als Israeliten hineingehören könnten und sollten, indem er sie dazu – kultisch gesehen – in die Lage versetzt.«[25] Berger resümiert: Die nach dem Zeugnis der Evangelien eingesetzte »Gewalt gegen Personen und Sachen« resultiert »aus *Besitzansprüchen*, die Jesus als Repräsentant des Schöpfers oder des Hausherrn des Tempels auf Erden wahrnimmt.«[26] Vor dem Hintergrund der eingangs zugrunde gelegten Definition gelesen: Die physisch gewaltsame

---

20 Ebd., S. 121.

21 Die positive Ansage eines mirakulösen Wiederaufbaus innerhalb dreier Tage wird von Berger in der frühjüdischen Apokalyptik verortet, wo sich derartige Hoffnungen an die Figur eines Messias knüpfen (ebd., S. 120).

22 Ebd., S. 127.

23 Ebd., S. 122.

24 Dazu zitiert er Jes 56,7: »mein Haus soll Bethaus genannt werden – für alle Völker«.

25 Ebd., S. 122.

26 Ebd., S. 127.

Einzelhandlung wird hier als Ausdruck der wahren Herrschaftsverhältnisse dargestellt, Jesu *violence* ist Ausdruck seiner *power*.[27]

Diese Macht kommt in neutestamentlichen Schriften jedoch selten ungebrochen zum Ausdruck. Wahre Herrschaft, darauf zielt etwa die gesamte narrative Anlage des Markusevangeliums ab, kann nur in einem Weg des Dienens realisiert werden, der, konsequent verfolgt, ans Kreuz führt. Das »Herunterherrschen« (κατακυριεύειν/*katakyrieúein*, Mk 10,42) von oben nach unten ist Sache des römischen Machtapparats, bei den Jüngern Jesu soll es anders sein:

> »Unter euch aber sei es nicht so, sondern: Wer unter euch groß sein will, sei euer Diener, und wer unter euch der Erste sein will, sei der Knecht aller. Denn auch der Menschensohn ist nicht gekommen, um sich dienen zu lassen, sondern um zu dienen und sein Leben hinzugeben als Lösegeld für viele« (Mk 10,43-45).[28]

Die weltlichen Machthaber lassen sich obendrein noch als Wohltäter feiern (εὐεργέται/*euergétai*, Lk 22,25), wie im Lukasevangelium sehr klar reflektiert wird. Damit kommt ein weiterer Aspekt von Gewalt ins Spiel: der ökonomische. Dass Gewalt im Sinne von politischer Einflussnahme auf verschiedenen Wegen möglich ist, nämlich durch das Säen von Hoffnung oder Angst, aber eben auch durch das Verteilen von Wohltaten, weiß etwa der römische Historiker Cassius Dio (vgl. 58,4,2). Philo von Alexandrien nennt drei Prinzipien der Herrschaftsausübung, nämlich Würde oder Erhabenheit, die Verbreitung von Schrecken und eben auch Wohltätigkeit (εὐεργεσίαν/*euergesían*, Praem 97). Nachstehend wird Gewalt im Neuen Testament unter diesem ökonomischen Aspekt näher beleuchtet, und zwar am Beispiel der genannten Feldrede.

2. Gewaltige Ideale und brutale Wirklichkeit in der lukanischen Feldrede

Die sogenannte Feldrede des Lukas, das kürzere Pendant zur matthäischen Bergpredigt (Mt 5–7),[29] besteht aus drei Teilen: nämlich (1) den Seligpreisungen (oder Makarismen, von μακάριοι/*makárioi*) und Weherufen (V. 20–26), (2) der Aufforderung zur Feindesliebe mit »Goldener Regel« und Konkretisierungen

---

[27] Der exegetischen Redlichkeit halber muss der Jesus der Evangelien unterschieden werden von dem historischen. Zu dessen Einstellungen und Persönlichkeitsprofil, soweit es sich erheben lässt, vgl. etwa Gerd Theißen und Annette Merz, Der historische Jesus. Ein Lehrbuch, 4. Aufl., Göttingen 2011; Martin Ebner, Jesus von Nazaret. Was wir von ihm wissen können, Stuttgart 2012.

[28] Vgl. Martin Ebner, »Solidarität« biblisch. Fallbeispiele und erste Systematisierungen. In: Inkarnation der Botschaft. Kultureller Horizont und theologischer Anspruch neutestamentlicher Texte, Stuttgart 2015 (= Stuttgarter Biblische Aufsatzbände, 61), S. 299–336.

[29] Lukas und Matthäus verarbeiten z.T. die gleichen Stoffe, die sie beide nach der Zwei-Quellen-Theorie der Spruchquelle Q entnommen, aber unabhängig voneinander benutzt haben. Die lukanische Version der Rede fällt allerdings deutlich kürzer aus als die matthäische, wobei Lukas bestimmte Stoffe, die Matthäus in der Bergpredigt bietet, an anderen Stellen verarbeitet.

(V. 27–38) sowie (3) der sich anschließenden Spruch- und Gleichnisreihe (V. 39–49), die Hinweise gibt auf den Adressatenbezug der beiden vorigen Teile.[30] Eine methodische Vorbemerkung: Untersucht wird der Text mit Blick auf seine impliziten oder intendierten Leserinnen und Leser, d.h. diejenigen, an die sich die Feldrede in ihrer vorliegenden Endgestalt gerichtet wissen wollte. Diese »Leseridee«[31] ist eine textinterne Größe, die Rückschlüsse auf die historischen Erstrezipientinnen und -rezipienten zulassen soll. Deren Profil muss aus dem erschlossen werden, was der neutestamentliche Text und sein soziokultureller Kontext preisgeben. Dieser zeitgenössische Zusammenhang steht entsprechend im Mittelpunkt nachfolgender Auseinandersetzung, womit keine Aussage über Auffassungen des Textes in anderen historischen Epochen gemacht wird. Auch mögliche Aktualitätsbezüge neutestamentlicher Aussagen stehen dabei nicht zur Debatte. Gleichwohl ist die Auseinandersetzung mit den oftmals fremden kulturellen Voraussetzungen der Ersthörerinnen und -hörer die Bedingung dafür, der ursprünglichen Kommunikationsabsicht der neutestamentlichen Texte auf die Spur zu kommen – und damit indirekt auch dafür, die Frage nach aktueller Relevanz zu stellen.[32]

Das Setting: Jesus steigt von einem Berg herab in eine Ebene, bei ihm eine Schar von Jüngern und eine Volksmenge. Darunter sind viele Menschen, die Heilung von ihm erwarten, sowie andere, die ihn einfach hören wollen (Lk 6,17–19). Jesus richtet den Blick auf die Jünger und spricht daraufhin zunächst die armen, dann die reichen unter ihnen an.[33] Die erste Gruppe, die als sozial ausgegrenzt dargestellt wird, hat mit dem »Sohn des Menschen« zu tun und offenbar einen so schlechten Ruf, dass ihr Name irgendwo herausgeworfen oder -gestrichen wird

---

30 Drei Teile wie präsentiert sehen, mit kleineren Abweichungen, die meisten Kommentatoren; vgl. François Bovon, Das Evangelium nach Lukas, Zürich, Neukirchen-Vluyn 1989 (= Evangelisch-Katholischer Kommentar zum Neuen Testament, 3.1), S. 289; Joel B. Green, The Gospel of Luke, Grand Rapids, MI 1997 (= The New International Commentary on the New Testament), S. 263–281. Ian Howard Marshall unterscheidet »a prophetic section [...], a paraenetic section [...], and a parabolical section« (Ian Howard Marshall, The Gospel of Luke. A Commentary on the Greek Text, Grand Rapids, MI 1978 [= New International Greek Commentary], S. 243, mit Darstellung der Gliederungen früherer Kommentare). Frederick Danker wählt als Überschriften: »(1) Vv. 20–26: Words of promise and woe. (2) Vv. 27–38: Reciprocity. (3) Vv. 39–49: Self-search« (Frederick W. Danker, Jesus and the New Age. A Commentary on St. Luke's Gospel, Philadelphia, PA 1988, S. 138). Luke Timothy Johnson nimmt die Trennung zwischen zweitem und drittem Teil bei V. 40 f. vor und überschreibt den letzten Teil mit »demand for action and not just speech« (Luke Timothy Johnson, The Gospel of Luke, Collegeville, MN 1991, S. 110). Michael Wolter erkennt in V. 20–26 und V. 27–49 zwei Hauptteile, teilt innerhalb dessen jedoch V. 39–49 noch einmal als »metaphorischen Kommentar« ab (Michael Wolter, Das Lukasevangelium, Tübingen 2008 [= Handbuch zum Neuen Testament, 5], S. 262; vgl. S. 245). Unstrittig ist der Ortswechsel nach Kafarnaum in 7,1 als Ende des Sinnabschnitts.

31 Martin Ebner und Bernhard Heininger, Exegese des Neuen Testaments. Ein Arbeitsbuch für Lehre und Praxis, Stuttgart, 3., überarb. Aufl., Paderborn 2015, S. 102.

32 »Ursprünglich« bezieht sich hier auf die textkritisch rekonstruierte Endgestalt der neutestamentlichen Texte, womit eine synchrone Vorgehensweise mit Verzicht auf literarkritische Untersuchungen vorausgesetzt wird.

33 »No markers in the text itself suggest that Jesus means by the ›you‹ of v 20 anything different than he might by the ›you‹ of v 24« (Green, The Gospel of Luke [wie Anm. 30], S. 266).

(V. 22e)[34]. Im zweiten Teil wiederholt sich die Abfolge, zunächst ausgegrenzte Gewaltopfer und dann Vermögende anzusprechen (V. 27–38).[35] Das Thema, das die beiden ersten Teile umspannt, ist somit das Verhältnis zwischen Armen und Reichen (in dieser Reihenfolge!), das offenbar von Feindschaft geprägt ist, die überwunden werden soll, wie das zweifache »liebt eure Feinde« (V. 27.35) drastisch verlangt.[36] Das bedeutet: »Die Feinde der Reichen sind die Armen.«[37] Der zweite Teil der Rede lautet wie folgt:

»(27) Euch [allen] aber, die ihr zuhört, sage ich:
Liebt eure Feinde,
behandelt die gut, die euch hassen;
(28) segnet, die euch verfluchen,
betet für die, die euch misshandeln.
(29) Dem, der dich auf die Wange schlägt,
biete auch die andere dar,
und dem, der dir den Mantel wegnimmt,
verweigere auch das Untergewand nicht!
(30) Jedem, der dich bittet,
gib (παντὶ αἰτοῦντί σε δίδου),
und von dem, der das Deine nimmt,
fordere es nicht zurück!
(31) Und wie ihr wollt,
dass euch die Menschen behandeln,
ebenso behandelt sie!
(32) Und wenn ihr die liebt, die euch lieben,
was für ein Dank steht euch zu?
Denn auch die Sünder lieben die, die sie lieben
(33) Denn auch wenn ihr denen Gutes tut (ἀγαθοποιῆτε),
die euch Gutes tun,
was für ein Dank steht euch zu (ποία ὑμῖν χάρις ἐστίν)?
Auch die Sünder tun das(selbe).
(34) Und wenn ihr denen leiht (δανίσητε),
von denen ihr hofft zu empfangen,
was für ein Dank steht euch zu?
Auch die Sünder leihen Sündern,
damit sie das Gleiche zurückbekommen.
(35) Vielmehr liebt eure Feinde und tut Gutes
und leiht, wodurch ihr nichts verlorengebt (μηδὲν ἀπελπίζοντες):
und euer Lohn wird groß sein,

34 [...] καὶ ἐκβάλωσιν τὸ ὄνομα ὑμῶν ὡς πονηρὸν ἕνεκα τοῦ υἱοῦ τοῦ ἀνθρώπου.

35 Ebner, Solidarität (wie Anm. 28), S. 303, geht davon aus, dass der ganze Teil an die Reichen gerichtet sei.

36 Die in der Literatur gezogenen Parallelen zur Feindesliebe bleiben hinter der Radikalität der bei Lukas erhobenen Forderung zurück (Wolter, Das Lukasevangelium [wie Anm. 30], S. 256; Danker, Jesus [wie Anm. 30], S. 144).

37 Ebner, Solidarität (wie Anm. 28), S. 303.

und ihr werdet Söhne des Höchsten sein,
denn er ist gütig gegen die Undankbaren und Schlechten
(ἀχαρίστους καὶ πονηρούς).
(36) Werdet Mitleidende, wie auch euer Vater mitleidend ist.
(37) Und unterscheidet nicht (μὴ κρίνετε),
und ihr werdet nicht ausgeschieden;
und verurteilt nicht (μὴ καταδικάζετε),
und ihr werdet nicht verurteilt.
Erlasst, und euch wird erlassen werden;
(38) Gebt, und euch wird gegeben werden:
ein schönes, festgedrücktes Maß (μέτρον),
gerüttelt (und) überfließend,
werden sie in euren Schoß geben:
Denn mit dem Maß, mit dem ihr messt,
wird euch zugemessen werden.«[38]

Die Anrede ergeht an alle Zuhörenden, was sich auf die beiden zuvor angesprochenen Gruppen der Makarismen und Weherufe bezieht (vgl. V. 20–26): Wie dort sind hier Arme und Reiche – in dieser Reihenfolge – angesprochen, das heißt: Zuerst werden wiederum die Armen (V. 27b–30), dann erneut die Reichen adressiert (V. 32–35.36.38). Die Parallelismen sind streng durchkomponiert; das erste Verb definiert die generelle Handlung, die durch die parallel nachfolgenden präzisiert wird. Das bedeutet, die Aufforderung »liebt eure Feinde« (V. 27b) wird konkretisiert durch Handlungen wie gut behandeln, segnen, beten für, darbieten, nicht verweigern, geben, nicht zurückfordern (V. 27c–30). Entsprechend wird verfahren bei der Näherbestimmung derer, die man liebt bzw. lieben soll, durch wohltun und leihen (ἀγαθοποιέω/*agathopoiéō*, δανίζω/*danízō*, V. 32–35), sowie schließlich bei der Aufforderung »werdet Mitleidende«, die darin besteht, weder zu richten noch zu urteilen im Sinne von unterscheiden (κρίνω/*krínō*, καταδικάζω/*katadikázō*, V. 36–38a). Beides bedeutet in vorliegendem Zusammenhang also nicht dasselbe, wie weiter unten gezeigt werden soll.[39] Die Semantik lässt erkennen: Es geht um Geben und Nehmen. Die Wortwahl verweist auf verschiedene Formen des sozialen Austausches, der als konfliktreich, ja gewaltbeladen thematisiert wird. Im ersten Unterabschnitt (V. 27b–30) werden die Opfer gewalttätigen Handelns angesprochen, im zweiten (V. 32–25) Wohltäter und Darlehensgeber. Im letzten Abschnitt schließlich wird den Adressaten auf Geberseite eingeschärft, ihrem Gegenüber nicht wie ein richtender und verurteilender Täter, sondern wie ein freundlicher Geber zu begegnen. Wer so handelt, dem wird es entsprechend ergehen, so die Ankündigung, die positiv wie negativ gilt: Sollten die Angesprochenen sich nicht gebefreudig zeigen, ergeht es ihnen wie den zu Beginn angesprochenen Gewaltopfern (V. 27b–30). Die Entwicklung der Argumentation lässt sich in folgendem Schema zeigen:

38 Eigene Übersetzung.
39 Das eingesetzte Stilmittel wäre demnach kein synonymer, sondern ein synthetischer Parallelismus.

Teilabschnitt	Bezugsfeld	Rolle d. Adressaten	Gegenüber	Anweisung	Perspektive
(1) V. 27b-30	Drangsalierung & Enteignung	Opfer	Feinde	Gutes tun	?
(2) V. 32-35	Wohltätigkeit & Leihe	Geber	Empfänger, vergeltungsfähig	–	–
			Feinde, vergeltungsunfähig	Gutes tun	Lohn, Sohnschaft des Höchsten
(3) V. 36-38	Wohltätigkeit & Leihe/ Verurteilung	Täter oder Geber	Empfänger oder Opfer	Urteilsverzicht, Erlassen, Geben	Vergeltung entspr. eigener Handlung: Opfer oder Wohltatenempfänger

Bemerkenswert scheint, dass die zuerst angesprochenen Gewaltopfer zu extrem prosozialem Verhalten ihren Feinden gegenüber aufgefordert werden, ohne dass ihnen dafür irgendeine Belohnungsperspektive in Aussicht gestellt würde – sieht man von der im ersten Redeteil ergangenen Lohnverheißung im Himmel (V. 23) einmal ab. Mit Blick auf die Geberseite wird einerseits nach der χάρις/cháris, d.h. dem Ertrag gefragt, den ein Verhalten bringt, das auf exakten Ausgleich ausgerichtet ist. Dabei werden die beiden semantisch wie kulturell voneinander zu unterscheidenden Bereiche des Wohltuns (ἀγαθοποιέω/*agathopoiéō*, V. 32) und des Geldverleihs (δανίζω/*danízō*, V. 35) diesbezüglich gleich beurteilt: Das ist das Verhalten der »Sünder« (V. 32d.33d.34e–f). Der Text setzt demzufolge Leserinnen und Leser voraus, die ein gemeinsames Ethos teilen, das sich von dem gewöhnlicher Sünder abhebt. Nur unter dieser Bedingung, dass hier eine in-group angesprochen ist, die sich über ihren gemeinsamen Verhaltenskodex von out-groups abgrenzt, können die aufgestellten extremen Forderungen des Textes überhaupt greifen. Über die sprachliche Analyse hinausgreifend bedeutet das: Die Probleme zwischen Reichen und Armen sind gemeindeintern.

3. Regeln des sozialen Austausches im soziokulturellen Umfeld der Feldrede

Zur Verortung der lukanischen Feindesliebe ist die oben zitierte Behauptung, die Feinde der Reichen seien die Armen, zu reformulieren: Die Feinde der Gläubiger sind ihre Schuldner.[40] Letztere haben es vor allem in der Hand, diese Feindschaft

40 In Bezug auf die Feindesliebe stellt Wolter für das literarische Umfeld heraus, »nirgendwo gibt es eine Formulierung, die dazu auffordert, die Feinde zu *lieben*« (Wolter, Das Lukasevangelium [wie Anm. 30]; Hervorhebung im Original). Danker verweist auf alttestamentliche Aufforderungen zum humanen Umgang mit Feinden in Ex 23,4 f.; Spr 25,21 f. sowie pagane Annäherungen u.a. bei Diog. L. 1,91; Augustus Res Gestae 1,3; 4,24 (Danker, Jesus [wie Anm. 30], S. 144); mit Blick auf das Judentum vgl. auch Gerd Theißen, Gewaltverzicht und Feindesliebe (Mt 5,38–48/Lk 6,27–38) und deren sozialge-

zu beenden, wofür ihnen (und nur ihnen) eine Gegenleistung in Aussicht gestellt wird: großer Lohn und Sohnschaft des Höchsten (Lk 6,35).[41] Die Passage ordnet sich um die beiden Kernbegriffe Dank (χάρις/*cháris*) und Lohn (μισθός/*misthós*) und die ihnen zugrunde liegenden Auffassungen an, wie sozialer Austausch vonstatten gehen und insbesondere wie er motiviert werden soll. Die diesbezüglichen Auffassungen im soziokulturellen Umfeld der Feldrede sollen in groben Zügen dargestellt werden, um verständlich zu machen, wie die Forderung auf Gewaltverzicht in ihren ökonomischen Verflechtungen einzuordnen ist.

Der Regelkreis, der durch χάρις/*cháris* aufgerufen wird, zielt auf die soziale Resonanz des Handelns und dessen Einbettung in verpflichtende Beziehungsverhältnisse, deren Pflege oder Vernachlässigung sich auf die Ehre, also das öffentliche Ansehen einer Person auswirkt. Der dahinter stehende soziale Integrationsmechanismus wird modern-soziologisch »Reziprozität«[42] oder etwas schlichter »Prinzip der Gegenseitigkeit«[43] genannt. χάρις/*cháris* kann als zentraler Begriff in dieser Hinsicht die Bedeutung einer Gefälligkeit, Gunst oder eben Gnade annehmen. Zugleich bezeichnet χάρις auch die andere Seite des Geschehens, also den Dank, die Erwiderung, auch den Einfluss einer Gabe und schließlich die gesamte Atmosphäre des Austausches.[44] »Wenn jemand einem Mitmenschen Gutes erweist, ist das χάρις, aber auch wenn der Empfänger etwas zurückgibt,

schichtlicher Hintergrund. In: Gerd Theißen, Studien zur Soziologie des Urchristentums, Tübingen 1989 (= Wissenschaftliche Untersuchungen zum Neuen Testament [WUNT], I, 19), S. 168 i.d.Anm., u.a. mit Verweis auf Test B 4,2 f.; 5,1: »Der gute Mensch hat ja kein finsteres Auge; er hat mit allen Mitgefühl, auch wenn sie Sünder sind. Selbst wenn sie ihm zuleide Böses planen, besiegt er Böses dadurch, dass er Gutes tut ... Seid gut gesinnt, ihr meine Kinder! Dann halten auch die schlechten Menschen mit euch Frieden.«

41 Möglicherweise besteht der Lohn auch gerade darin, dass die Vermögenden Söhne des Höchsten werden. Dieses Verständnis wäre grammatikalisch möglich durch Auffassen des »und« als καί-epexegeticum (vgl. Friedrich Blass, Albert Debrunner, Friedrich Rehkopf, Grammatik des neutestamentlichen Griechisch, 15. Aufl., Göttingen 1979, § 442,6a).

42 Sitta von Reden, Reziprozität. In: Der Neue Pauly. Enzyklopädie der Antike, Bd 10. Hrsg. von Hubert Cancik und Helmuth Schneider, Stuttgart, Weimar 2001, S. 939.

43 Hendrik Bolkestein, Wohltätigkeit und Armenpflege im vorchristlichen Altertum, Groningen 1969, S. 158. Einen Überblick der diesbezüglichen Deutungen der Feldrede bietet Jonathan Marshall, Jesus, Patrons, and Benefactors: Roman Palestine and the Gospel of Luke, Tübingen 2009 (= WUNT, II, 259), S. 191–193. Nicht beachtet wird dabei Martin Ebner, Neutestamentliche Ethik zwischen weisheitlichen Alltagsratschlägen und sozialethischen Visionen. In: Ethik im Brennpunkt. Salzburger Hochschulwochen 2005. Hrsg. von Heinrich Schmidinger und Gregor Maria Hoff, Innsbruck 2005. Am fruchtbarsten hat sich bislang m.E. der Aufsatz Willem van Unniks aus dem Jahr 1966 erwiesen, der v.a. Material Hendrik Bolkesteins zum »Prinzip der Gegenseitigkeit« (Bolkestein, Wohltätigkeit, S. 158) bei den Griechen auf Lk 6,32–35 anwendet (Willem Cornelis van Unnik, Die Motivierung der Feindesliebe in Lukas VI 32–35. In: Novum Testamentum, 8 [1966], S. 284–300): Hier sprechen v.a. die antiken Texte, nicht die modernen Modelle. Zur mehr oder minder ausgiebigen Aufnahme in der neueren Kommentarliteratur vgl. Bovon, Das Evangelium (wie Anm. 30), S. 314; Green, The Gospel of Luke (wie Anm. 30), S. 202 f., S. 260–281; Wolter, Das Lukasevangelium (wie Anm. 30), S. 255 f. und S. 258.

44 Dieter Zeller, Charis bei Philon und Paulus, Stuttgart 1990 (= Stuttgarter Bibelstudien [SBS], 142), S. 13 f., führt als Bedeutungen von χάρις auf: »1. Das Erfreuliche, der Reiz, die Anmut, nicht nur von Personen, sondern etwa auch von der Rede, vom Kunstwerk, vom Essen oder vom Leben ausgesagt. 2. Die Gunst a) als Gesinnung; b) konkret als

heißt das χάρις [...] In letzterem Fall stattet man seinen Dank in sehr konkreter Form ab.«[45] Die in der alten Welt weithin bekannte Maxime: »erwidere einen Gefallen« (χάριν ἄποδος/*chárin ápodos*), fasst das Prinzip bündig zusammen.[46] Schon Kindern wurde durch Schreibübungen beigebracht, dass eine empfangene χάρις zu erwidern sei, um selbst in Zukunft wieder eine zu erhalten.[47] Ein mechanistisches Verständnis im Sinne eines *quid pro quo* unter Herauskürzen der atmosphärischen Umgebungsvariablen würde aber verkennen, was schon in der χάρ/*char*-Wurzel mitschwingt: die Freude am zyklischen und damit andauernden Beziehungsgeschehen von Geben und Nehmen, die unerlässliche Grundstimmung des Wohlwollens (εὔνοια/*eúnoia* bzw. *benevolentia)*, in der der Austausch zwischenmenschlicher oder mensch-göttlicher Art stattfinden sollte.[48]

Hinzu kommt der Gedanke eines Wettbewerbs um die größte oder glänzendste Gabe, der nach Ansicht Senecas »in Tat und Gesinnung« (Ben 1,4,3) ausgefochten werden muss. Der vor allem griechischem Denken vertraute agonale Zug zielte demnach nicht etwa darauf, die größten Reichtümer zusammenzubringen, sondern die eigenen Ressourcen am prächtigsten zu verausgaben – oft zunächst für die eigene Heimatstadt. Nach diesem, modernen Auffassungen eher fremden Ideal zeichnete sich der gute, d.i. der wohltätige Mann (ἀνὴρ ἀγαθός/*anēr agathós/ vir bonus*) gleichermaßen durch sein Wohlwollen als auch durch seinen Ehrgeiz für die Vaterstadt aus, was beides zu den Standardfloskeln der Ehreninschriften gehörte.[49] Ehrgeiz (φιλοτιμία/*philotimía*) konnte gar zum Synonym für die Leistung werden, mit der ein städtischer Wohltäter sich vor seinem Gemeinwesen Ehre erwarb.[50] Diese Leistungen umfassten u.a. die Ausrichtung öffentli-

Gunsterweis, Gabe [...] 3. Der darauf antwortende Dank. Die Wohltat wird zu einem Depositum, das der Empfänger dem Geber ›schuldet‹ [...] und als Dank ›zurückgibt‹«.

45 van Unnik, Die Motivierung (wie Anm. 43), S. 296.

46 Den sieben Weisen oder dem delphischen Apollon zugeschrieben; vgl. Syll.³ III 1268 I,14,21; Zeller, Charis (wie Anm. 44), S. 18.

47 In dem Papyrus eines ägyptischen Schulbuches ist überliefert: »Wenn du empfängst, gib zurück, damit du empfängst, wenn du willst« (Λαβὼν πάλιν δός, ἵνα λάβῃς ὅταν θέλῃς, Erich Ziebarth, Aus der antiken Schule, 2. Aufl., Bonn 1913, S. 23, Nr. 11). Ausführlicher schildert Xenophon das Prinzip: »Wenn du willst, dass dir die Götter gnädig seien, so musst du die Götter verehren, wenn du von deinen Freunden geliebt werden willst, so musst du deinen Freunden Gutes tun, wenn du vom Staat irgendwie geehrt zu werden wünschest, dann musst du dem Staat nützen, wenn du von ganz Griechenland wegen deiner Tugend bewundert zu werden verlangst, dann musst du versuchen, dich um Griechenland verdient zu machen; und willst du, dass die Erde dir reichliche Früchte trage, so musst du dich um die Viehherden kümmern, reizt es dich im Kriege groß zu werden und reizt es dich die Macht zu besitzen, deine Freunde zu befreien und deine Feinde zu überwinden, so musst du auch die Kriegskunst selbst von den Kundigen erlernen wie auch dich in ihrem Gebrauch üben« (Xenoph., Mem 2,1,28).

48 Am Rande seines Werkes über die Wohltaten gibt Seneca den Vergleich des Wohltatenaustausches mit dem Reigen der Chariten bzw. Gratien wieder, der die Anmut einer ununterbrochenen Weitergabe von Wohltaten zum Ausdruck bringe (Ben 1,3,2-10).

49 Vgl. Friedemann Quaß, Die Honoratiorenschicht in den Städten des griechischen Ostens. Untersuchungen zur politischen und sozialen Entwicklung in hellenistischer und römischer Zeit, Stuttgart 1993, S. 46–48.

50 »Les φιλοτιμίαι sont les générosités, les liberalités des évergètes et des magistrats« (Luis Robert, Trois Oracles de la Théosophie et un Prophète d'Apollon. In: Comptes rendus des séances de l'Académie des Inscriptions et Belles-Lettres 1968, S. 568–599, hier S. 582).

cher Feste, Verteilungen von Fleisch oder Korn sowie die Finanzierung von Bauwerken oder Teilen davon. Auch weniger spektakuläre Aufgaben wie etwa die Selbstverpflichtung, für einen bestimmten Zeitraum das Öl für die städtischen Gymnasien, also die städtischen Bade- und Erziehungseinrichtungen bereitzustellen, wurden von den Vermögenden übernommen. Im Gegenzug konnten diese erwarten, von ihrem Gemeinwesen geehrt zu werden. Diese Ehrungen reichten von Gedenktäfelchen an der Rathauswand über öffentliche Ausrufungen, Ehrenplätze in öffentlichen Einrichtungen und täglichen Essen auf Stadtkosten bis hin zu wuchtigen Statuen, welche die Wohltäter an einem, wie es in den Dekreten heißt, »besonders exponierten Platz« (ἐπιφανέστατος τόπος/*epiphanéstatos tópos*/*celeberrimo loco*) repräsentierten.[51] Dieses Phänomen der öffentlichen Wohltätigkeit gegen Ehrenbezeugungen durch die – meist eigene, manchmal auch fremde – Polis, wird in der Forschung nach dem εὐεργέτης/*euergétēs* genannten Wohltäter Euergetismus genannt.[52] Es ist zu erklären durch den Wunsch der Eliten, sich durch Verausgabungen öffentlich zu präsentieren, dadurch ihrer sozialen Rolle zu entsprechen, sich beim Volk in Erinnerung zu halten sowie Einfluss in ihren Städten und teilweise auch darüber hinaus zu erwerben.

4. Widerwillige Wohltäter und das brutale Ringen um Ressourcen

Nicht immer waren die Vermögenden willig, das Spiel Wohltaten gegen Ehre mitzuspielen. Obwohl der Euergetismus in den Städten in zuvor nicht gekanntem Ausmaß blühte, waren viele von dessen Mechanismen frustriert. Durch die infla-

---

51 Vgl. Dio Chrys., Or 44,2; 31,87 f.; IGR IV 1236,27 f.; Jon E. Lendon, Empire of Honour. The Art of Government in the Roman World, Oxford [u.a.] 1997, S. 79 i.d.Anm.; Quaß, Die Honoratiorenschicht (wie Anm. 49), S. 33.

52 Vgl. dazu grundlegend Paul Veyne, Brot und Spiele. Gesellschaftliche Macht und politische Herrschaft in der Antike, München 1994 (erstveröffentlicht als: Le Pain et le Cirque. Sociologie historique d'un pluralisme politique, Paris 1976); Philippe Gauthier, Les Cités Grecques et Leurs Bienfaiteurs, Athen 1985 (= Bulletin de Correspondance Hellénique, 12); Werner Eck, Der Euergetismus im Funktionszusammenhang der kaiserzeitlichen Städte. In: Actes du Xe Congrès international d'épigraphie grecque et latine, Nîmes, 4–9 octobre 1992. Ed. par Michel Christol et Olivier Masson, Paris 1997 (= Publications de la Sorbonne. Série Histoire ancienne et médiévale, 42), S. 306–331; Andrew Erskine, The Romans as Common Benefactors. In: Historia. Zeitschrift für Alte Geschichte, 43 (1994), S. 70–87. Zu Euergetismus in verschiedenen Regionen vgl. Bettina Goffin, Euergetismus in Oberitalien, Bonn 2002 (= Habelts Dissertationsdrucke: Reihe Alte Geschichte, 46); Bread and Circuses. Euergetism and Municipal Patronage in Roman Italy. Ed. by Kathryn Lomas and Tim Cornell, London 2003; Eckhard Stephan, Honoratioren, Griechen, Polisbürger. Kollektive Identitäten innerhalb der Oberschicht des kaiserzeitlichen Kleinasien, Göttingen 2002 (= Hypomnemata, 143); Sviatoslav Dmitriev, City Government in Hellenistic and Roman Asia Minor, Oxford [u.a.] 2005; Jens Bartels, Städtische Eliten im römischen Makedonien. Untersuchungen zur Formierung und Struktur, Berlin 2008 (= Beiträge zur Altertumskunde, 242). Ein spezifisch jüdisches Euergetismussystem darzustellen versucht Susan Sorek, Remembered for Good. A Jewish Benefaction System in Ancient Palestine, Sheffield 2010 (= Social World of Biblical Antiquity, II, 5).

tionären Ehrungen glich die Agora mancher Stadt einem »Statuenwald«[53], über deren Wipfel man sich zum Teil durch immer höher ragende Säulenbasen herauszuheben versuchte.[54] Auf städtischer Seite machte man sich offenbar teilweise gar nicht mehr die Mühe, neue Statuen für Wohltäter anzufertigen: Man tauschte einfach die Namen der Geehrten auf den Sockeln aus, um Platz und Kosten zu sparen. Das jedenfalls wirft Dion von Prusa den Rhodiern wortreich vor. So werden die Geehrten der Vergangenheit um ein wichtiges Gut geprellt, nämlich von den Ihren in Erinnerung gehalten zu werden.[55] Vor diesem Hintergrund verwundert es nicht, dass Zeitgenossen diejenigen als »Toren« bezeichneten, die sich von den Städten durch »Kränze, Ehrenplätze und öffentliche Ausrufungen« ködern ließen[56] und den »leeren« oder »unbeständigen Ruhm«[57] derartiger Verausgabungen kritisierten. Man wandte sich verstärkt einem marktwirtschaftlichen Umgang mit den eigenen Gütern zu, versuchte sein Getreide gewinnbringend zu veräußern und sein Geld durch Leihen auf Zinsen zu vermehren.[58] Für seine Leistungen erwartete man demnach nicht mehr Gnade oder Gunst (χάρις/*cháris*), sondern Lohn (μισθός/*misthós*), nicht soziale Anerkennung, sondern vertraglich festgesetzte Gratifikation. So signalisieren die beiden Ausdrücke innerhalb der Feldrede zwei grundverschiedene Arten des sozialen Austausches, die im soziokulturellen Umfeld der Texte nicht selten kollidierten. Versuche Vermögender, sich den lästigen Ausgaben an die Allgemeinheit zu entziehen, führten zu sozialen Spannungen bis an die Grenze der Gewalt. Es konnte passieren, dass ein frustrierter Mob vor dem Anwesen des unwilligen Euergeten auftauchte und seinen Anteil an dessen Ressourcen unter Androhung von Gewalt einforderte. So erging es etwa dem Rhetor und Populärphilosophen Dion von Prusa (1.–2. Jh. n.Chr.), wie er in

---

53 John Ma, Statues and Cities. Honorific Portraits and Civic Identity in the Hellenistic World, Oxford 2015, S. 126.

54 Die Vergeblichkeit solcher Mühen dürfte in Lk 12,52 reflektiert sein, wo es heißt: »Wer von euch vermag mit seinem Sorgen seiner Körpergröße auch nur eine Elle hinzuzufügen (τὴν ἡλικίαν αὐτοῦ προσθεῖναι πῆχυν)?« Gemeint ist, entgegen der üblichen Übersetzung von ἡλικία als Lebenszeit, die Selbsterhöhung im beschriebenen Sinne; das Thema ist durch den Kontext der Parabel vom reichen Kornbauern gesetzt (vgl. Lk 12,16–21).

55 »Fürwahr, dass es – die Pflichten gegenüber den Göttern gegenüber ausgenommen, denn sie müssen an die erste Stelle gesetzt werden – im Übrigen nichts Schöneres und Gerechteres gibt, als die tüchtigen Männer in Ehren zu halten und die Wohltäter nicht aus dem Gedächtnis schwinden zu lassen, darüber glaube ich kein Wort verlieren zu müssen« (Or 31,7).

56 Dio Chrys., Or 66,2.

57 Plut., Cup 525D–E; Praec Ger Reip 821F.

58 In welchem Maße von einer marktwirtschaftlichen Prägung des römischen Reiches auszugehen ist, wird in der Forschung kontrovers diskutiert. Von einer hohen Integration geht Peter Temin, The Roman Market Economy, Princeton, NJ 2013 (= The Princeton Economic History of the Western World), aus. Sitta von Reden hingegen ist der Ansicht: »Coin circulation reached an unprecedented scale as an ever-increasing portion of the Mediterranean came under the Romans and their coinage. But the degree of monetary consolidation that was achieved under the Roman Empire cannot lead to the conclusion that the economy of the Roman Empire was integrated in terms of market prices and production« (Sitta von Reden, Money and Finance. In: The Cambridge Companion to the Roman Economy. Ed. by Walter Scheidel, Cambridge, NY 2012 [= Cambridge Companions to the Ancient World], S. 266–286, hier S. 275).

einer seiner zahlreichen Reden schildert. Seine Mitbürger wollen sein Haus abbrennen und ihn samt Familie steinigen, da sie der Meinung sind, Dion halte Korn unter Verschluss, um eine Knappheit heraufzubeschwören und so die Preise hochzutreiben (vgl. Or 46,4.6). Dion verteidigt sich vor dem aufgebrachten Mob in einer flammenden Rede, er habe bereits »die größten Zuschüsse gezahlt« (Or 46,6), obwohl sein ohnehin geringes Kapital von noch nicht eingetriebenen Außenständen geschmälert sei. Darüber hinaus versucht er seine Mitbewohner davon zu überzeugen, dass er weder Getreide noch Geld horte:

> »Habe ich etwa das allermeiste Getreide angebaut, halte es unter Verschluss und treibe damit die Preise hinauf? Ihr selbst kennt ja den Ertrag meiner Ländereien und wisst, dass ich, wenn überhaupt, nur spärlich Getreide verkauft habe und nur, wenn die Ernte über Erwarten reich ausgefallen war; dass ich aber in solchen Jahren wie dem jetzigen nicht einmal für mich selbst genug habe, sondern meine gesamten Einnahmen von Wein und Vieh beziehe. Aber vielleicht meint ihr, ich wolle mein Geld, obwohl ich es sonst verborge, nicht zum Ankauf von Getreide hergeben. Auch darüber brauche ich kein Wort zu verlieren, denn ihr wisst selbst, wer in der Stadt Geld ausleiht und wer es borgt«. (Dio Chrys., Or 46,8)

Dion muss hier glaubhaft versichern, dass er weder Getreide noch Geld hat, das er (gegen Zinsen) verleihe, statt es seinem Gemeinwesen zum Ankauf von Getreide zur Verfügung zu stellen.

Neben anderen Berichten ähnlicher Art[59] wird auch im Lukasevangelium ein solcher Konflikt in der Beispielerzählung vom reichen Kornbauern beschrieben (Lk 12,16–21). Dieser sieht sich einer reichen Ernte gegenüber und beschließt, seine Speicher zu vergrößern, um seine Wohltaten (ἀγαθά/*agathá*, 12,18.19) zu horten. Antiken Ohren signalisiert schon der Ausdruck ἀγαθά/*agathá*, dass hier von Gütern die Rede ist, die anteilig weiterzugeben sind und nicht für den reinen Privatprofit einbehalten werden dürfen. Das wiederum liegt an ihrem göttlichen Ursprung, weshalb wohltätig zu sein (ἀγαθοποιέω/*agathopoiéō*, Lk 6,33) letztlich eine fromme Pflicht ist: Man gibt weiter, was man von der Gottheit empfangen hat. Das gilt im paganen wie im hellenistisch-jüdischen Denken gleichermaßen. [60] Der Text formuliert somit bewusst einen Kategorienfehler, der gleichzeitig den Grund für das gewaltsame Ende des Kornbauern angibt. Der versuchte Rückzug aus der durch die ἀγαθά indizierten Sozialverantwortung ruft die Stimme Gottes auf den Plan, von dem alle Gaben kommen: »Gott aber sagte zu ihm: Dummkopf! Noch in dieser Nacht werden sie deine Seele von dir zurückfordern. Was du aber zurückgelegt hast – wem wird es gehören?« (Lk 12,20)

Die beschriebenen Konflikte ergaben sich demnach aus den traditionellen Versorgungserwartungen der Bevölkerung an die Vermögenden einerseits und

---

[59] Flavius Philostratus etwa beschreibt einen städtischen Konflikt in der süd-kleinasiatischen Stadt Aspendos, wo es unter der hungernden Bevölkerung zu tumultartigen Auflehnungen gegen den Statthalter kommt, weil die Vermögenden (δυνατοί/*dynatoí)* das dringend benötigte Getreide unter Verschluss hielten, »um es außerhalb des Landes zu höherem Preise verkaufen zu können« (Vit Ap 1,15,25).

[60] Vgl. Dio Chrys., Or 7,27; zur Weitergabe von *agathá* als Herrschertugend vgl. Or 32,15 u.ö. Wenn überhaupt, sind Wohltaten bei Freunden »aufzuspeichern« (Or 65,10 f.). Ähnliche Auffassungen des *agathón* im hellenistischen Judentum finden sich bei Philo, Leg Gai 147; und Jos., Ant 2,88; 4,235.

deren Interesse, mit ihren Gütern profitorientiert zu handeln andererseits. Die dadurch bedingten Spannungen führten teilweise bis an die Grenze offener Gewalt, sodass etwa Dion am Ende seiner Rede nur noch der Hinweis auf die römische Zentralgewalt bleibt, die keinen Aufruhr duldete und letztlich die Interessen der Vermögenden schützte (vgl. Or 46,14).

5. Wohltätigkeit und Geldverleih

Die Feindschaft, zu deren Überwindung Jesus in der Feldrede aufruft, ist die zwischen Gläubiger und Schuldner. Gerd Theissen meint, »in den lukanischen Gemeinden gehören Feindesliebe und Geldprobleme eng zusammen«, und verweist auf die alttestamentliche Weisheitsliteratur, wo »der Schuldner zum Feind wird und Flüche und Schmähungen zurückzahlt« (Sir 29,6)[61]. Die Atmosphäre des Geldverleihs gilt als feindselig und aggressiv. Plutarch warnt in seinem Traktat »Gegen das Borgen« (*De Vitando Aere Alieno*) seine vermögenden Adressaten davor, sich finanziell zu überheben, um nicht dem tyrannischen Wucherer in die Hände zu fallen, der

> »deine Freiheit antastet und deine Ehre bedroht; wenn du nicht zahlst, dich mahnt; wenn du etwas hast, es nicht nehmen will; wenn du etwas verkaufst, es unterschätzt; wenn du nicht verkaufst, dich dazu zwingt; wenn du ihn verklagst (κἂν δικάζῃς), dich mit dir vergleicht; wenn du schwörst, dir befiehlt; wenn du vor seine Türe kommst, sie zuschließt; wenn du zu Hause bleibst, vor deiner Türe lauert und anklopft.« (Vit Aer 828E)[62]

Die hier vorgestellte Handlungsweise des tyrannischen Geldverleihers läuft Gegenseitigkeitsprinzipien zuwider, da ein Geben und Nehmen in freundlicher Atmosphäre verunmöglicht und die Ehre des Austauschpartners angegriffen wird.[63] Von einem den Austausch prägenden Wohlwollen kann hier keine Rede sein. Dieses Wohlwollen realisiert sich nach Plutarchs Idealvorstellung ohnehin nicht in ruinösen Verausgabungen zugunsten der Allgemeinheit, sondern in individueller Selbstgenügsamkeit (αὐτάρκεια/*autárkeia*) – was eine freundliche Umschreibung dafür ist, dass man sein Geld gern für sich behält.[64] Seneca lässt in seinem Werk »Über die Wohltaten« (*De Beneficiis*) keinen Zweifel daran, dass das Kreditgeschäft das schäbige Gegenstück zum Wohltatenaustausch darstelle. Immer wieder muss er beides kontrastieren, beispielsweise wenn er auf die unangenehme Eindeutigkeit von Geldforderungen hinweist: »Niemand schreibt seine Wohltaten ins Schuldverzeichnis, noch fordert er als habsüchtiger Eintreiber auf Stunde und

---

61 Theißen, Gewaltverzicht (wie Anm. 40), S. 182.

62 Übers. C.N. von Osiander/G. Schwab.

63 Zudem sind auch die kommerzielle und rechtliche Ebene des Austausches gestört. In Sir 29,4–6 wird der Schuldner noch zu Ehrerweisungen gegenüber dem Gläubiger genötigt (Ebner, Solidarität [wie Anm. 28], S. 304). Die Identifizierung von Tyrann und Geldverleiher wird auch vorgenommen in Dio Chrys., Or 20,17 f.

64 Zum Ideal der αὐτάρκεια im Kynismus vgl. Nils Neumann, Armut und Reichtum im Lukasevangelium und in der kynischen Philosophie, Stuttgart 2010 (= SBS, 220), S. 24–26.

Tag zur Zahlung auf« (Ben 1,2,3).[65] Während der Staats- und Geschäftsmann sich darüber ausließ, dass Wohltaten aus der richtigen Gesinnung erfolgen und von jeglicher Nutzenkalkulation frei bleiben müssten, war er selbst im großen Stil im Geldverleih tätig.[66] Waren die Anschuldigungen an Seneca, sein Zinswucher sauge ganze Provinzen aus, nicht ganz aus der Luft gegriffen, scheinen seine hohen Ansprüche an den zwischenmenschlichen Austausch nicht für den Umgang mit Schuldnern gegolten zu haben. In diese Lücke zwischen aristokratischem Ideal und ökonomischem Alltagshandeln schreiben sich die Forderungen der Feldrede ein. Lukas nimmt die hohen Ideale des wohlwollenden Gabentausches beim Wort, indem er sie auf den ausgelagerten Bereich des Geldverleihs anwendet. Das tut er zunächst aus der Perspektive der Schuldner, die als Gewaltopfer dargestellt werden, um dann die Gläubiger anzusprechen. Sie werden ermuntert, ihre eigenen Leitbilder konsequent zu verfolgen – und zwar auch in ihrem Geschäftsleben – und sich als freudige Geber statt als tyrannische Wucherer zu präsentieren.

6. Gewaltverzicht als Übernahme von Oberschichtenidealen

Die sozialen Feinde zu lieben, wird in der Feldrede zunächst von den Armen, dann von den Reichen gefordert. Die Feindesliebe der erstgenannten Gruppe (V. 27b–30) wird durch die Aufforderung »tut wohl« (καλῶς ποιεῖτε/*kalōs poieíte*, V. 27c) näher bestimmt, der auf Geberseite »tut Gutes« (ἀγαθοποιεῖτε/*agathopoieíte*, V. 33a.35b) entspricht.[67] Zunächst soll die Empfänger- oder Opferseite gewähren und geben, nicht jedoch zurückfordern (vgl. V. 29b.30b.d):

---

65 Philo nimmt diese Unterscheidung ebenfalls vor: »Denen, die Gutes empfingen, ist die Vergeltung der Wohltaten vorgeschrieben, denen die mit Geschenken die Initiative ergriffen, dass sie nicht wie bei Darlehen Rückgabe suchen« (Decal 167; vgl. Zeller, Charis [wie Anm. 44], S. 21 i.d.Anm., mit weiteren Verweisen auf Cher 122 f.; Her 104).

66 Zum *beneficium* als *per se expetenda res* vgl. v.a. Buch IV von *De Beneficiis*. Zu Selbst- und Fremdwahrnehmung von Senecas Handeln vgl. Jan Wolkenhauer, Senecas Schrift De beneficiis und der Wandel im römischen Benefizienwesen, Göttingen 2014 (= Freunde – Gönner – Getreue. Studien zur Semantik und Praxis von Freundschaft und Patronage, 10), S. 393–397; vgl. auch Stanisław Mrożek, Faenus. Studien zu Zinsproblemen zur Zeit des Prinzipats, Stuttgart 2001 (= Historia: Einzelschriften, 139), S. 54, mit Verweis auf Tac., Ann 13,42: Tacitus zufolge wurde Seneca in einem Prozess gefragt: »Durch welche Weisheit, durch welche philosophischen Lehren habe er binnen vier Jahren kaiserlicher Freundschaft 300 Millionen Sesterzen zusammengebracht? In Rom gingen ihm die Testamente kinderloser Leute wie bei einer Treibjagd ins Netz, Italien und die Provinzen würden durch seinen unermesslichen Zinswucher ausgesaugt.« Mrożek macht zudem aufmerksam auf die in Dio C 42,2,1 erwähnten immensen Zinsgeschäfte in Britannien und die möglicherweise in Ep 77,3 genannten in Ägypten.

67 Vgl. Ebner, Solidarität (wie Anm. 28), S. 304 i.d.Anm. Auch καλῶς ποιέω kann z.T. im Euergetismus-Zusammenhang gelesen werden (vgl. Marshall, Jesus [wie Anm. 43], S. 219, mit Verweis auf Gen 32,13; Est 8,12a-r LXX): In Est 8,12r wird den Israeliten von König Artaxerxes mit den Worten »ihr werdet gut daran tun« (καλῶς οὖν ποιήσετε) geraten, sich nicht nach Anweisungen des in Ungnade gefallenen Hamans zu richten. Im Zusammenhang der aufgerufenen Euergetismus-Terminologie (in Bezug auf τόν τε

»Dem, der dich auf die Wange schlägt,
biete auch die andere dar.« (Lk 6,29ab)

Mit »darbieten« (παρέχω, V. 29b) betont Lukas im Gegensatz zum matthäischen »hinhalten« (στρέφω, Mt 5,39d), dass hier eine Ohrfeige erwiesen wird wie das *beneficium* eines geehrten Wohltäters.[68] Und glaubt man Seneca, steht die Gewährung von Wohltaten nicht nur den Eliten, sondern tatsächlich jedermann qua Menschsein offen. Sogar Sklaven seien dazu in der Lage (*refert enim, cuius animi sit, qui praestat, non cuius status*, Ben 3,18,2). Die Großzügigkeit, die Lukas abfordert, sollen die aggressiv Bedrängten jenseits stoischer Gleichheitsträume im Angesicht physischer Brutalität üben, wie der Schlag auf die Wange deutlich macht (vgl. Lk 6,29). Dazu gehört auch das Wegnehmen des Mantels:

»und dem, der dir den Mantel wegnimmt,
verweigere auch das Untergewand nicht!« (Lk 6,29cd)

Der Spruch ist vom Darlehensthema (vgl. V. 34a.35c) her zu lesen. So soll nach den Regelungen des mosaischen Gesetzes dem Schuldner über Nacht sein Obergewand gelassen werden, selbst wenn es verpfändet ist:[69] Dieses ist nach dem Buch Exodus »nämlich seine einzige Decke, dieser Mantel ist die Bekleidung seiner Blöße« (Ex 22,27 LXX). Begründet wird die an den Gläubiger gerichtete Anweisung damit, dass Gott den um Hilfe Rufenden erhört, »denn ich bin barmherzig«. Im Buch Deuteronomium wird der gleiche Grundsatz mit dem *benefit* des so handelnden Gläubigers motiviert: »Und er wird dich preisen und es wird dir als Almosen vor dem Herrn deinem Gott gelten« (Dtn 24,13). In Exodus ergeht demnach eine eher implizite Aufforderung zur Nachahmung Gottes (*imitatio dei*), während in Deuteronomium der Dank des Schuldners und das Verdienst vor Gott in Rechnung gestellt werden. Beide Stellen richten sich wie gesagt an die Adresse des Gläubigers: In seinem wirtschaftlichen Handeln soll er die grundlegenden Regeln menschlicher Empathie nicht vergessen.[70] Vom Schuldner sprechen Plutarch und Dion von Prusa, wobei Plutarch rät, seine Schuldenfreiheit dadurch zu bewahren, dass man sich einen einfachen Lebensstil zulegt, zu dem neben anderem ein grober Mantel (Vit Aer 828D) gehört. Hunger leiden und einen ärmlichen Kittel (Or 66,2) tragen muss hingegen Dion zufol-

---

ἡμέτερον σωτῆρα καὶ διὰ παντὸς εὐεργέτην Μαρδοχαῖον, V. 12n) scheint hier mit καλῶς ποιέω das adäquate Verhalten von Wohltatenempfängern beschrieben zu werden, ähnlich ὅσα ἐὰν ἀγαθοποιήσῃ κύριος ἡμᾶς, καὶ εὖ σε ποιήσομεν in Num 10,32.

68 So wird in Ehrendekreten mit Wendungen wie »Erfordernisse/Bedürfnisse gewähren« (χρείας παρέχω) der Honorand für seine Nützlichkeit gegenüber der Stadt belobigt, vgl. IG XII 4,1,205 (Kos, 1. Jh. v.Chr.); IG XI 4,636 (Delos, 3. Jh. v.Chr.): Dort wird ein ἀνὴρ ἀγαθὸς u.a. dafür belobigt, dass er Dienstleistungen erweise, zu denen er von den Deliern aufgefordert werde (χρείας παρέχεται εἰς ἃ ἂν παρακαλῆται ὑπὸ Δηλίων); dafür soll er Proxenos und Euerget sein (πρόξενον καὶ εὐεργέτην, Z. 3.5f.10). Vgl. ferner IG XII 6,1,57 (Samos, nach 306 v.Chr.); IEph 22,18–20, Mitte 2. Jh. n.Chr. In unappetitlicher Deutlichkeit benutzt Nero den Begriff in seiner Freiheitserklärung für die Griechen zur Darstellung seiner eigenen Wohltaten (ILS 8794 = Syll.^{3} 814 = Smallwood I Nr. 64. Akraiphia). Dass Jesus mit demselben Verb aufgefordert wird, dem Wohltäter des jüdischen Volkes einen Gefallen zu tun, passt ins Bild (vgl. Lk 7,4e).

69 Vgl. Marshall, The Gospel of Luke (wie Anm. 30), S. 260.

70 In Am 2,8 werden zudem diejenigen angegangen, die sich »auf gepfändeten Kleidern räkeln«. Diese Bedeutung scheint jedoch in der LXX-Version des Verses verloren gegangen zu sein.

ge, wer dumm genug war, Haus und Ländereien zu verkaufen, nur um durch Euergesien an Ehrungen wie Kränze, Ehrenplätze oder Ausrufungen zu gelangen. Lukas fordert den Schuldner zur Initiative auf, sich mit dem Mantel auch noch das Untergewand wegnehmen zu lassen, was im Ergebnis bedeutet, dass er seine Blöße, seine ›Scham‹ nicht mehr bedecken kann. Der hier Angesprochene soll, was Ex 22,27 als minimale Anstandsforderung vom Gläubiger verlangt, als Schuldner noch unterschreiten und sich entehren lassen.[71]

»Jedem, der dich bittet,
gib (παντὶ αἰτοῦντί σε δίδου),
und von dem der das Deine nimmt,
fordere es nicht zurück!« (Lk 6,30)

Der Aufruf, jedem Bittsteller, also wahllos, zu geben (V. 30ab), kann im Rahmen antiker Wohltätigkeit nicht empfohlen werden. Einen würdigen Empfänger vernünftig auszusuchen gilt im Gegenteil als Tugend. Würdig ist zunächst, wer eine Gabe erwidern kann, der Diskurs darüber entwickelt sich dann später dahin, neben materiellen auch moralische Gesichtspunkte bei der Wahl einzubeziehen.[72] Für Seneca ergibt sich das überlegte Urteil (*iudicium*) aus dem vernünftigen Wesen des *beneficium*: »Dann erfreut es, entgegenzunehmen eine Wohltat, und zwar mit geöffneten Händen, wo die Vernunft sie zu Würdigen führt, nicht der Zufall und der Überlegung mangelnde Anwandlung irgendwohin wirft; das kann man vorzeigen und sich auf eine Inschrift setzen« (Ben 1,15,3).[73] Diese Hochschätzung, einzelne Wohltatenempfänger nach vernünftigen Kriterien auszuwählen, war ressourcenschonender als große Euergesien an die Allgemeinheit. Nicht zufällig ging mit dem Lob des *iudicium* die Missbilligung blinder *largitio*

---

71 Neben Ranzen und Stab gehört der Mantel zur Ausrüstung der Kyniker, worin ihnen die Jesusjünger ähneln (vgl. die Ausrüstungsregeln Lk 9,1–6). Nils Neumann zufolge setzen die lukanischen Jünger damit das kynische Ideal der αὐτάρκεια um (Neumann, Armut und Reichtum [wie Anm. 64], S. 64–72). Martin Ebner veranschlagt für die Ebene der historischen Jesusjünger eine Aufforderung zu überraschender Provokation bei einem Überfall (Martin Ebner, Feindesliebe – ein Ratschlag zum Überleben? Sozial- und religionsgeschichtliche Überlegungen zu Mt 5,38–47 par Lk 6,27–35. In: Inkarnation der Botschaft [wie Anm. 28], S. 52–81, hier S. 57 f.). Die Neigung zu verblüffenden, ja paradoxen Reaktionen in der Öffentlichkeit, die den Rahmen des Konventionellen sprengten, wird wiederum auch von kynischer Unverschämtheit (ἀναίδεια) als Teil ihres Freimütigkeitsprogramms (παρρησία) abgedeckt (Neumann, Armut und Reichtum [wie Anm. 64], S. 26–30).

72 Vgl. Cic., Off 1,45; 2,63; 65; Gloria Vivenza, Roman Economic Thought. In: The Cambridge Companion to the Roman Economy. Ed. by Walter Scheidel, Cambridge, NY 2012 (= Cambridge Companions to the Ancient World), S. 25–44, hier S. 34, mit Verweis auf Plin., Ep 9,30,1. Auch in der Weisheitsliteratur findet sich der Gedanke: »Wenn du Gutes tust, wisse, wem du es tust, dann wirst du Dank ernten für deine Wohltat« (Ἐὰν εὖ ποιῇς, γνῶθι τίνι ποιεῖς, καὶ ἔσται χάρις τοῖς ἀγαθοῖς σου, Sir 12,1).

73 In Empfehlungsschreiben wurden nach dieser Maßgabe konventionell die Qualitäten des Kandidaten hervorgehoben. »Das implizierte die Fiktion, Grundlage einer Entscheidung sei ein iudicium über die Tugenden« Wolkenhauer, Senecas Schrift (wie Anm. 66), S. 238 i.d.Anm., mit Verweis auf Cic., Fam 13,6,4; Tac., Ann 4,39,2; Plin., Ep 4,8,1; 4,15; Paneg 44,7; 71,7; Sen., Ben 1,15; 4,10,2; 4,28,5 f.; sowie Richard P. Saller, Personal Patronage under the Early Empire, Cambridge 1982, S. 94–111. In Ben 4,30,1 gibt Seneca zu, dass er auch Leute aufgrund der Verdienste ihrer Vorfahren für Ämter empfiehlt, womit er die Fiktion halb zugibt und sie noch halb zu rechtfertigen sucht.

einher, wie sie die städtischen Euergeten inszenieren mussten, um dafür ihren »leeren Ruhm«[74] beim Volk zu erlangen. Diese im elitären Diskurs vulgär erscheinende Reziprozitätsform auszuüben wird von Lukas denen angeraten, denen gerade sozusagen ihr letztes Hemd abgeknöpft wurde.

Das so Abgepresste soll jedenfalls nicht zurückgefordert werden, wobei »fordere nicht zurück« (μὴ ἀπαίτει, V. 30d) ebenfalls zur Darlehenssemantik gehört und eine rechtmäßige Forderung benennt.[75] Nichts zurückzufordern ist Wesensmerkmal eines wahren *beneficium* im Sinne Senecas, nach dessen strengen Vorgaben schon die Erinnerung an eine Wohltat als unzulässig gilt (vgl. Ben 2,11,2).[76] Was hier also von einem gewaltsam um das Seine gebrachten Schuldner gefordert wird, entspricht dem, was dem zeitgenössischen Ideal zufolge dem Spender einer Wohltat auferlegt ist. Der Philosoph und Geldverleiher trennt auch in diesem Punkt Benefizien- und Darlehenssphäre deutlichst: »Wer Wohltaten gibt, ahmt Götter nach, wer zurückfordert, Geldverleiher« (*qui dat beneficia, deos imitatur, qui repetit, feneratores*, Ben 3,15,4). Diese Trennung soll hier von den Schuldnern beim Wort genommen und umgesetzt werden, so der provokant-kontrafaktische Appell des lukanischen Jesus: Sie sollen negative Reziprozität mit familiärer vergelten, »scheußlichste Leihe« (*turpissima feneratio*) mit Wohltaten um ihrer selbst willen (*beneficia* als *per se expetenda res*), denn eine Lohnperspektive ist an dieser Stelle nicht in Sicht.

Zusammengefasst: Wird die Passage vor dem Hintergrund zeitgenössischer Wohltätigkeitsprogramme gelesen, führen die Forderungen zu Feindesliebe und Gewaltverzicht in Lk 6,27b–30 diese bewusst ad absurdum. Ausgewertet wird dabei die Frage, wohin es führt, wenn die Empfängerseite, die hier als misshandelte und ausgebeutete dargestellt wird, konsequent nach einem in der Elite verbreiteten Wohltätigkeitsideal handeln würde – diese selbst aber nicht. Dass die Geberseite mithört, wird dabei vorausgesetzt, so ist wohl auch die Anrede in 6,27a zu verstehen: »Euch [allen] aber, die ihr zuhört, sage ich«. Lukas lässt öfters Personen oder Gruppen mithören, die nicht direkt angesprochen sind, wie etwa die Notiz »das alles hörten aber die Pharisäer« (Lk 16,14) deutlich macht.[77] Nicht zuletzt wird die Seite der Empfänger – von Wohltaten oder Demütigungen – aus ihrer Passivität herausgeholt, was charakteristisch für die Sicht des Urchristentums auf die sozialen Binnenverhältnisse ist:[78] Kleine Leute handeln nach Maximen der

---

74 Plut., Cup 525D-E.

75 Danker, Jesus (wie Anm. 30), S. 146, mit Verweis auf Sir 20,15; vgl. auch Seth Schwartz, Were the Jews a Mediterranean Society? Reciprocity and Solidarity in Ancient Judaism, Princeton, NJ 2010, S. 61 f.

76 Als pädagogische Übertreibung wird diese Maxime eingeschränkt in 7,23,2.

77 So auch in Lk 12,1 und 20,45, wo Jünger in Anwesenheit einer Menge angesprochen werden, die eindeutig mithört (Green, The Gospel of Luke [wie Anm. 30], S. 266 f.). Zudem wendet sich Jesus in Lk 12,22 an seine Jünger, ermahnt sie dazu, sich nicht um Materielles zu sorgen, und schließlich auch dazu, ihre Habe zu verkaufen und Almosen zu geben (Lk 12,33). Letzteres können wohl nur Vermögende.

78 Mit Blick auf Mk 12,41–44 par Lk 18,1–8 meint Gerd Theissen: »Die Perikope vom ›Scherflein der Witwe‹ zeigt, wie eine in der religiösen Dimension des Lebens verankerte Wertung in den sozialen Bereich übertragen wird: Aus der hohen Wertschätzung der Opfer des Armen vor Gott wird eine hohe Wertschätzung der Armen als Wohltäter unter Menschen, die durch kleinste Gaben den größten Wohltätern gleichzustellen sind. Durch Übertragung einer religiösen Bewertung in den sozialen Bereich kommt es zu einem

Oberschicht, Gewaltopfer übernehmen das Heft des Handelns – so zumindest die Utopie.

7. Durch Leihen nichts verloren geben – was der lukanische Jesus von den Gebern fordert

In der Feldrede wird deutlich, dass der Wertewandel im Urchristentum offenbar nicht von jedermann sogleich umgesetzt wurde, sondern die begüterten unter den intendierten Leserinnen und Lesern ihrer erwarteten Rolle nicht immer gerecht wurden. Sie sollen nach dem Willen Jesu, wie Lukas ihn in der Feldrede sprechen lässt, beim Verleihen von Geld die Maßstäbe ansetzen, die sie für ihre luftigen Wohltätigkeitsideale geltend machen. Das bedeutet, sie sollen die getrennten Ebenen ihres Sonntags- und Alltagshandelns wieder zusammenführen. Diese Forderung zeigt sich besonders in der Konkretisierung der Feindesliebe für die Geber:

> »liebt eure Feinde und tut Gutes und leiht, wodurch ihr nichts verloren gebt.« (Lk 6,35a-d)

Die gängige Übersetzung »und leiht, wo ihr nichts zurückerhofft« geht an der Bedeutung des griechischen μηδὲν ἀπελπίζοντες/*mēden apelpízontes* vorbei. Es ist wiederum von Seneca her zu lesen, der am Ende seines Werkes über die Wohltaten ein letztes Mal die Frage diskutiert, wie mit nicht vergoltenen Wohltaten umzugehen sei:

> »›Nicht ist mir Dank abgestattet worden, was soll ich tun?‹ Was die Götter tun, aller Dinge vorzügliche Urheber, die einem Wohltaten ohne dessen Wissen zu erweisen beginnen und auch, ohne Dank zu erhalten, damit fortfahren [...] Ahmen wir sie nach (*imitemur illos*); geben wir, auch wenn vieles vergeblich gegeben ist; geben wir nichtsdestoweniger anderen, geben wir eben jenen, bei denen es ein Verlust geworden ist.« (Ben 7,31,2.5)

Die Schrift endet mit den Worten:

> »Nicht ist es ein Zeichen von Großmut, eine Wohltat zu erweisen und verloren zu geben; das ist ein Zeichen von Großmut, sie verloren zu geben und [wieder] zu erweisen/*non est magni animi beneficium dare et perdere; hoc est magni animi perdere et dare.*« (Ben 7,32)[79]

Angesichts der thematischen und motivischen Nähe der Texte sowie des Mangels an Belegen für die Übersetzung von ἀπελπίζω als »zurückerhoffen« für die neutestamentliche Zeit ist das Wort im Sinne dessen zu verstehen, was Seneca mit »verloren geben« oder »zugrunde richten« (*perdo*) bezeichnet.[80] Demnach wird an dieser Stelle gar nicht gesagt, dass ohne eine Rückerwartung gegeben und gelie-

Wertwandel im Urchristentum« (Gerd Theißen, Die Witwe als Wohltäterin. Beobachtungen zum urchristlichen Sozialethos anhand von Mk 12,41–44. In: Randfiguren in der Mitte. Hrsg. von Max Küchler und Peter Reinl, Luzern, Freiburg i.Üe. 2003, S. 171–182, hier S. 182).

79 Übers. M. Rosenbach.

80 Auch die Wiedergabe in der Itala (2. Jh.) mit *nihil desperantes* scheint noch nah an dem hier vorgeschlagenen Verständnis (vgl. Théodore Reinach, Mutuum date nihil inde sperantes, In: Revue des études grecques, 25 (1894), S. 52–58, hier S. 54).

hen werden soll, sondern dass nichts verloren geht, wenn man Feinden gegenüber wohltätig handelt und ihnen leiht – statt sie zu misshandeln und zu schlagen.[81] Im Gegenteil empfängt, wer sein Geld so verleiht, großen Lohn und Eingliederung in die Familie des Höchsten, sprich in die Gemeinde Gottes:

> »und euer Lohn wird groß sein, und ihr werdet Söhne des Höchsten sein.« (Lk 6,35ef)

Das ist – freilich aus einer innergemeindlichen Perspektive – als erheblich größere χάρις anzusehen, als immer nur wiederzubekommen, was man vorher in den Austausch eingezahlt hat. Vergeltung wird dabei auf denselben zwei Ebenen in Aussicht gestellt, auf denen gehandelt werden soll: Leihen gegen persönlichen Lohn, Wohltätigkeit gegen Erhöhung des Ansehens. Schließlich sollen die Reichen auch auf die nach zeitgenössischen Idealen empfohlene vernünftige Auswahl würdiger Empfänger verzichten, was in der Aufforderung »urteilt nicht« oder »unterscheidet nicht« (μὴ κρίνετε, 6,37) zum Ausdruck gebracht wird:

> »Und verurteilt nicht (μὴ καταδικάζετε), und ihr werdet nicht verurteilt.« (Lk 6,37cd)

Hier geht es nicht mehr um die Auswahl würdiger Empfänger, sondern um die Verurteilung säumiger Schuldner, für die die Vermögenden im Zweifelsfall die römische Zentralgewalt in Anspruch nehmen konnten. Das in Aussicht gestellte »Maß« (6,38), das von Getreide überfließt, erinnert die Geberseite wiederum an ihre Verantwortung, von ihren Gütern denjenigen abzugeben, die darauf angewiesen sind, statt sich ihnen als gewalttätige Schuldeneintreiber zu präsentieren. Damit wird deutlich, von welcher Seite und auf welche Weise die Feindschaft zwischen Armen und Reichen wirklich überwunden und wer den Gewaltverzicht realisieren soll.

8. Fazit

Die Parallelismen der Feldrede sind wie eingangs erläutert so aufgebaut, dass das erste Verb die Überschrift für die nachfolgenden bildet. Folglich wird auch die »Liebe« (ἀγάπη/*agápē*, V. 32a.35a) näher erklärt durch »Gutes tun« (ἀγαθοποιέω/*agathopoiéō*) und »leihen« (δανίζω/*danízō*). Die beiden Verben stehen wie gezeigt für zwei verschiedene Austauschlogiken, die geforderte Liebe muss sich demnach sowohl im Erweisen von Wohltaten als auch bei der Gewährung von Darlehen manifestieren. Damit erhebt der lukanische Jesus einen Anspruch, der so im zeitgenössischen Wohltätigkeitsdiskurs kaum vernehmbar ist: Idealerweise soll tugendhafte Wohltätigkeit (*beneficentia*) nicht wie das professionelle Verleihen von Geld (*feneratio*) durch Recht und Gesetz sanktioniert, sondern im Bereich individueller Moral umgesetzt werden.[82] Die Berechnung des eigenen Vorteils, vor-

---

[81] Insofern ist der Deutung Greens nur eingeschränkt zuzustimmen: »the possibility of calculation and just desserts seem to have been excluded from the outset. Others are to be treated lovingly, period, without thought to reciprocating behavior« (Green, The Gospel of Luke [wie Anm. 30], S. 273).

[82] Dion von Prusa scheint hier eine Ausnahme darzustellen. Er macht an einem Beispiel aus der Odyssee die schlechte Behandlung von Bedürftigen deutlich: Telemachos, Odysseus' Sohn, trägt dem Schweinehirten Eumaios auf, mit dem von ihm verkannten Vater in die

mals ein legitimer Aspekt eines auf Gegenseitigkeit gerichteten Handelns, wird im Zuge dessen zunehmend verächtlich gemacht und dem Gebiet von Handel und Gelderwerb zugeschlagen.[83] Dadurch wird eine Wohltätigkeit um ihrer selbst willen auf einen moralischen Sockel gehoben, der im alltäglichen Handeln nicht mehr erreicht werden kann – oder soll.[84] Im Ergebnis wird das als schmutzig und menschenfeindlich angesehene Feld des kommerziellen Austausches sich selbst überlassen. So erscheinen die Exzesse, die dem Philosophen und Gläubiger Seneca in diesem Bereich zur Last gelegt wurden, geradezu folgerichtig, ebenso die Berichte über feindselige Geldverleiher und ausgeplünderte Schuldner. In Bezug auf das Verhältnis von Wohltätigkeit und Kreditgeschäft ließe sich demnach überspitzt festhalten: Die gewaltigen Ideale bedingen die brutale Wirklichkeit.

Hinzu kommt: Reziprozität wie Leihe zielen grundsätzlich auf Erwiderung einer Leistung, wodurch diejenigen weitgehend unbeachtet bleiben, die in diesem Sinne nichts oder nichts mehr zu bieten haben.[85] Lukas zeigt die Effekte auf, die ein Auseinanderreißen von Ideal und Wirklichkeit, *honestum* und *utile*, für Schuldner und Wohltatenempfänger hat: Die Forderungen, die sich aus einem Wohltätigkeitsideal im Stile Senecas ergeben, werden einseitig für die Empfängerseite durchgespielt und damit ad absurdum geführt (V. 27b–30). Dadurch zeigt sich für die Mithörenden auf der Geberseite, wie es aussähe, wenn sich ihre sozialen Feinde an ihrem eigenen Ethos orientierten – ohne dass sie es selbst tun. Damit erteilt der Text nicht zuletzt den Opfern von Gewalt (als *violence*) die fiktive Macht (*power*), sich ein Oberschichtenethos zu eigen zu machen.

Stadt zu gehen und dort zu betteln, damit er ihn nicht im Haus versorgen müsse (Hom., Od 17,10-15). Der Schweinehirt nimmt das zur Kenntnis, ohne sich darüber zu wundern, »als ob es üblich gewesen sei, dermaßen knauserig und schäbig mit armen Leuten aus der Fremde umzugehen und allein die Reichen großzügig und mit Gastgeschenken aufzunehmen, von denen man natürlich eine gleichwertige Gegenleistung erwarten konnte (προσεδόκων τῶν ἴσων), was genau mit unserer heutigen Einstellung gegenüber Menschenliebe und einer entsprechenden Gesinnung übereinstimmt! (89) Denn auch das, was als Freundschaftsdienste und Gefälligkeiten ausgegeben wird, unterscheidet sich, wenn man genau hinsieht, in keiner Weise von Darlehens- und Versicherungsgeschäften (auf Gegenseitigkeit) – und das in der Regel noch zu hohen Zinsen (Or 7,88 f.)« (Übers. nach G.A. Lehmann; vgl. auch van Unnik, Die Motivierung [wie Anm. 43], S. 293).

83 Diese Abgrenzung schlägt sich in der Literatur wie gezeigt deutlich nieder, hat jedoch das Problem, dass beide Austauscharten wenigstens teilweise auf dieselbe Semantik zurückgreifen. Dadurch kommt es zu teils diffusen Überblendungen oder entlarvenden Identifizierungen der Art: Was als wohltätig ausgegeben wird, ist in Wirklichkeit doch nur Eigennutz (vgl. Dio Chrys., Or 7,88f.).

84 Dass sich, wenn man Wolkenhauer glaubt, die römische Oberschicht in der Kaiserzeit nicht mehr wie zuvor untereinander Geld lieh, um standesgenössische *amicitia* zu realisieren, spricht diesbezüglich Bände (Wolkenhauer, Senecas Schrift [wie Anm. 66], S. 188).

85 Plutarch weiß: »einem Armen leiht niemand« (Vit Aer 830D). Angesichts der gesteigerten sozialen Mobilität im Prinzipat ist zu fragen, ob sich nicht gerade die aristokratisch missbilligten Bereiche von Handel und, abgeschwächt, Geldverleih günstig für die unteren sozialen Klassen auswirkten und damit die Entwicklung aristokratischer Wohltätigkeitsgrundsätze als Mittel der Distinktion mit provozierten (vgl. Matthew B. Roller, Constructing Autocracy. Aristocrats and Emperors in Julio-Claudian Rome, Princeton, NJ 2001, S. 285).

Wie legitimiert sich also die Gewaltlosigkeit im Text? Die Maßlosigkeit der Handlungsanweisungen an die Adresse der Gewaltopfer soll die Täter beschämen und zum Umdenken bewegen. Diese Euergeten und ›knallharten‹ Geldverleiher, die literarisch so kontrastiv gegenübergestellt werden und doch oft die jeweiligen Rollen in Personalunion ausübten, werden von Lukas in dieser Doppelrolle angesprochen, und zwar (a) mit Blick auf das Schicksal ihrer Empfänger oder Opfer und (b) mit einer Belohnungsperspektive, die ebenfalls auf beiden Ebenen – Lohn und Ehre – ansetzt. Damit wird nicht nur auf dem Gebiet idealisierter Wohltätigkeit der Erwerb wahrer χάρις eingefordert, sondern auch auf dem des Geldgeschäfts, also im Alltagshandeln der Eliten, in dem es darum überhaupt nicht ging. Dass sie Undankbare und Schlechte (V. 35g) begünstigen sollen, denen vernünftigerweise weder *beneficia* noch *credita* zu gewähren sind, kann letztlich nicht mehr mit den Gratifikationserwartungen der vorhandenen Austauschsysteme begründet werden: Undankbare halten einem *iudicium* nicht stand, das die Tugendhaftigkeit eines Wohltatenempfängers überprüft, Schurken oder, je nach Übersetzung, Kreditunwürdigen, Bankrotteuren, leiht man natürlicherweise kein Geld. So kommt mit der Aufforderung an die Geber, Barmherzige (οἰκτίρμονες/*oiktírmones,* V. 36a) zu werden, eine neue Kategorie ins Spiel. Barmherzigkeit wird jedoch nicht als neues Ideal für eine bestimmte Statusgruppe konzipiert, sondern eng mit dem Schicksal der Austauschpartner verknüpft und mit konkreten Handlungsanweisungen versehen (V. 36–38). Diese laufen letztlich auf eines hinaus: Für die, die es nötig haben, muss genug Geld und Getreide zur Verfügung stehen.

Um einen Bogen zum Eingangszitat zu schlagen: Die Feldrede als Teil der neutestamentlichen Überlieferung kann nicht für die Tradition einer vermeintlich christlichen Bigotterie verantwortlich gemacht werden. Im Gegenteil deckt sie die Scheinheiligkeit eines Oberschichtendiskurses über Wohltätigkeit auf, deren Kehrseite ein von ethischen Maximen losgelöstes Geldgeschäft ist. Dieser Ansatz bei den ungeschminkten sozialen Wirklichkeiten scheint gerade für Lukas charakteristisch.

Zum Schluss: Die obige Untersuchung von Gewalt und Gewaltverzicht in unterschiedlichen neutestamentlichen Texten und exemplarisch in der lukanischen Feldrede zeigt, dass Motive wie Feindesliebe und Gewaltverzicht, ja das Thema Gewalt im Allgemeinen, stets in konkrete Problemstellungen eingebettet sind. Weder die Feldrede noch die anderen biblischen Schriften sind als zeitenthobene Universallehren angelegt, sondern spannen ihnen vorliegende Traditionen und Motive für ihre jeweiligen, häufig sehr konkreten textpragmatischen Zwecke ein. Mit scharfem Blick für gewaltträchtige Alltagsstrukturen wird dabei nicht selten durchaus einseitig die literarische Keule gegen die Reichen und Angesehenen geschwungen. Bevor neutestamentliche Texte daher für diese oder jene moderne Agenda herangezogen werden, lohnt ein Blick auf ihren jeweiligen soziokulturellen Entstehungszusammenhang.

Amir Dziri

»So stiftet Frieden!« (49:9) – Islamisch-theologische Wege zu einem ursachengerechten Umgang mit religiös motivierter Gewalt

> »Wahrscheinlich ist es für Menschen, die in einem bestimmten sozialen System gelebt und es zu etwas gebracht haben, unmöglich, sich in die Perspektive solcher zu versetzen, die von diesem System nie etwas zu erwarten hatten und einigermaßen unerschrocken auf seine Zerstörung hinarbeiten.«[1]

1. Wie wird die »Religiosität« eines Konflikts gemessen?

»Das hat mit dem Islam nichts zu tun«, »Der Islam ist eine Religion der Gewalt« – wo auch immer gegenwärtig Gewalttaten mit mehr oder weniger deutlicher religiöser Motivlage verübt werden, bewegen sich die Reaktionen der Öffentlichkeit weitestgehend innerhalb dieser beiden Aussagentypen.[2] Seit geraumer Zeit herrscht in der europäischen Öffentlichkeit eine intensive Kontroverse darüber, inwiefern monotheistische Religionen bereits aus ihrer inneren Disposition heraus jene Keime der Gewaltlegitimation in sich trügen. Diese Diskussion verschärft sich in Bezug auf den Islam, der infolge der Ereignisse des 11. Septembers und weiterer bis in die jüngste Zeit reichende Gewalthandlungen als Religion mit gesteigertem Gewaltpotenzial wahrgenommen wird.[3] Muslime befinden sich in ei-

---

1 Michel Houellebecq, Unterwerfung. Roman, Köln 2017, S. 48.

2 Vgl. die Debattenbeiträge mit den fast identischen Überschriften in Die Welt, https://www.welt.de/debatte/kommentare/article136176806/Doch-dieses-Massaker-hat-mit-dem-Islam-zu-tun.html; und in Focus, http://www.focus.de/politik/focus-titel-das-hat-nichts-mit-dem-islam-zu-tun-doch_id_4411274.html. Ausgesprochen sinnvoll diskutiert Floris Biskamp die Schwierigkeiten solcher Aussagen auf Ebene der sachlichen Beschreibung sowie auf Ebene sozialpolitischer Konsequenz: <https://publikative.org/2015/01/14/das-hat-nichtsetwas-mit-dem-islam-zu-tun/>.

3 Peter Sloterdijk geht in seiner Thematisierung des Zusammenhangs von Monotheismus und Gewalt von einem evolutionärem Prozess der Gewaltsteigerung aus: Das Judentum habe eine defensiv-separatistische Haltung hinsichtlich seines Monotheismus-Verständnisses

nem offensichtlichen Dilemma. Aufgrund der Tatsache, dass Menschen öffentlich bekennen, im Namen der Religion Gewalt zu legitimieren und auszuüben, fällt es schwer zu behaupten, hier gäbe es keinerlei Bezüge zum Islam. Auf der anderen Seite sind Zweifel deutlich berechtigt, dass die so artikulierte Motivationslage tatsächlich die ausschlaggebende ist. Das Psychogramm von Gewalttätern ist wesentlich komplizierter, als dass es auf ein einziges pauschales Urteil reduziert werden könnte. Zudem sind Erklärungen, anhand welcher wir gegenseitig versuchen, Handlungen zu verstehen, immer einer gewissen Perspektivität geschuldet. Diese Perspektivität ist notwendig als Ausgang eines Bemühens um Verstehen, aber sie muss sich selbst in ihrer Vorbedingtheit reflektieren können. Es ist wie bei einem Gespräch unter Freunden: Noch beim so ernstgemeinten Versuch, das Befinden meines Gegenübers gewissenhaft erfragen und sich ganz darauf einlassen zu wollen, sind wir in der aktiven und passiven Kommunikation durch Erfahrungsmuster, Erwartungshaltungen und Deutungsbilder unserer eigenen Person stets vorgeprägt. Die schwer zu beantwortende Frage ist demnach die, welchen Anteil religiöse Motive an der Handlungsentscheidung eines Menschen ausmachen, Gewalt – hier in einem bewusst undifferenzierten Sinne verstanden – auszuüben.

Die Konflikt- und Gewaltträchtigkeit von Religion zu bewerten, ist methodisch betrachtet ein überaus diffiziles Unterfangen. In der Regel liegen zwei grundsätzliche methodische Zugänge auf der Hand:

1. die Analyse von Leittexten, von denen angenommen wird, sie dienten den jeweiligen Akteuren als Grundlagen der normativen Handlungslegitimation (für Muslime seien dies vordergründig der Koran, prophetische Überlieferungen und daraus erwachsene juristische Kommentarliteratur), und
2. empirische Untersuchungen, die versuchen, Einstellungen zu Gewalt anhand systematischer Beobachtungen, Befragungen und Vergleichbarkeiten sozialer Alltäglichkeit zu messen.[4]

Diese unterschiedlichen Zugänge in der Untersuchung von Themen mit Islambezug lassen sich auch in der Geschichte der deutschen (und europäischen) Orientalistik nachzeichnen.[5] Für die Vertreter jener altehrwürdigen Disziplin der

---

entwickelt, das Christentum habe die Expansion durch Mission vorangetrieben und der Islam würde aus seiner politisch-religiösen Grundkonstitution heraus die kriegerische Verbreitung der monotheistischen Wahrheit intendieren. Vgl. Peter Sloterdijk, Gottes Eifer. Vom Kampf der drei Monotheismen, Frankfurt a.M. 2008.

4 Einen weiteren Ansatz verfolgt die interdisziplinare Konfliktforschung. Ihr Vorteil besteht darin, der Komplexität des Gegenstandes mit interdisziplinaren Zugängen entgegentreten zu können. Siehe dazu Johann J. Hagen, Religionskonflikte im Lichte der Konflikttheorie. In: Religionskonflikte – zur lokalen Topographie eines Globalisierungsphänomens. Hrsg. von Gregor Maria Hoff und Ulrich Winkler, Innsbruck 2011 (= Salzburger Theologische Studien, 42), S. 11–26. Ferner siehe auch: Heiko Schulz, Sind Religionen konfliktfähig? Vorüberlegungen zum themenspezifischen Begriffsumfeld. In: Kritik der Religion. Zur Aktualität einer unerledigten philosophischen und theologischen Aufgabe. Hrsg. von Ingolf U. Dalferth, Tübingen 2006, S. 23–45.

5 Vgl. exemplarisch dazu die in Briefwechseln dokumentierten Austausche zwischen dem Islamwissenschaftler Carl Heinrich Becker (1876–1933) und dem Islamkundler Martin Hartmann (l851–1918) in Carl Heinrich Becker und Martin Hartmann, Islamkunde und Islamwissenschaft im Deutschen Kaiserreich: Der Briefwechsel zwischen Carl Heinrich Becker und Martin Hartmann 1900–1918. Hrsg. von Ludmila Hanisch, Leiden 1992.

Arabisten ist die Wirklichkeit des Islam jene, die sie aus den Beschreibungen und Aussagen islamischer Idealliteratur entnehmen. Dabei wird allerdings oftmals außer Acht gelassen, dass diese Idealliteratur Optimalzustände skizziert. Was dort in der Regel geschildert wird, sind für islamisch gehaltene Sollvorstellungen ethischer und moralischer Normativität, an denen sich eine muslimische Gesellschaft nach Möglichkeit orientieren solle. Die moralischen Maßstäbe dieser Literatur sind merklich idealistisch, wenn nicht gar utopisch, und bewirken einen von großer Ambiguität geprägten Zugang zu Moral. Vergleicht man daher aus dieser islamischen Idealliteratur hergeleitete Normativitätsansprüche muslimischer Moraltheologen sowie daraus hervorgehende Gesellschaftsentwürfe muslimischer Gesellschaftstheoretiker mit gegenwärtigen, sehr wahrscheinlich aber auch vergangenen Lebenswirklichkeiten muslimischer Gesellschaften, wird eine Diskrepanz sichtbar, die dem europäischen Beobachter bisweilen als maßlose Bigotterie erscheint.[6] Entgegen dem Ansatz der Arabisten messen sozialempirisch und kulturwissenschaftlich orientierte Zugänge die Wirklichkeit des Islam anhand der Wirklichkeiten muslimischer Gesellschaften. Daraus folgt notwendigerweise, dass nicht bloß von einem Islam in seiner skripturalen Idealität ausgegangen wird, sondern entsprechend der Vielfältigkeit seiner Verständnisse die Rede von mehreren *Islamen* als angemessener erachtet wird. Zwar besteht eine konstruktive Wirkmacht jenes dominanten islamischen Traditionskorpus; dessen Wahrnehmung als einzige Wirklichkeit muslimischer Lebenspraxis wäre angesichts des idealistischen Charakters jener Grundquellen jedoch überaus verkürzt.[7]

Für die Frage nach dem Zusammenhang von Islam und Gewalt (oder Islam und Frieden[8]) sind demnach methodische und hermeneutische Vorverständnisse von signifikanter Relevanz, prägen sie doch in erheblichem Maße die daraus resultierenden Positionen. Mit dem Ziel, eine weitere Perspektive zu diesem umfangreichen Diskurs bereitzustellen, befasst sich die folgende Argumentation in einem ersten Schritt mit Polarisierungs- und Versöhnungspotenzialen im koranischen Text, behandelt im Anschluss daran die Frage, ob und inwieweit der Islam als imperiale Religion bezeichnet werden kann, und diskutiert in einem dritten Schritt die Diskrepanz zwischen koranischer Welterklärung und muslimischem

---

6 Thomas Bauer bezeichnet dieses Phänomen als Kultur der Ambiguität und erhebt es zum Leitbegriff seiner gleichnamigen Abhandlung. Vgl. Thomas Bauer, Die Kultur der Ambiguität. Eine andere Geschichte des Islams, 4. Aufl., Berlin 2015.

7 Vgl. Reinhard Schulze, Der Koran und die Genealogie des Islam, Basel 2015, S. 27–37. Zum Verhältnis von Religion und Geschichtlichkeit: Reinhard Schulze, Islam und Herrschaft. Zur politischen Instrumentalisierung einer Religion. In: Der Islam im Aufbruch? Perspektiven der arabischen Welt. Hrsg. von Michael Lüders, München, Zürich 1993, S. 100–106. Ein anderer Gedankengang zur Eigenart dieses idealistischen Charakters islamischer Literatur und den daraus folgenden Konsequenzen auf muslimisches Handeln wird hier nicht weiter verfolgt. Denn man würde einwenden können, dass die religiöse Legitimierung von Gewalt nicht durch eine Differenz in idealistischer Vorstellung und faktischer Welthandlung aufgelöst würde, sondern dass die Impulse der Gewaltlegitimation aus kritischen Inhalten jener idealistischen Vorstellungen resultieren und die Diskrepanz zu Handlungsebene diesbezüglich unerheblich sei.

8 Vgl. dazu: Irfan Omar, Jihad und Gewalt im Koran. Zum Friedenspotenzial des Koran und in der islamischen Tradition. In: Das Friedenspotenzial von Religion. Hrsg. von Irene Dingel und Christiane Tietz, Göttingen 2009, S. 71–99.

Welthandeln im Kontext gegenwärtiger Kontroversen zum Verhältnis von Islam und Gewalt.

2. Attributionen von Gewalt im Koran

Um nicht in eine Diskussion über die Legitimität des zu Grunde gelegten Gewaltbegriffs, seiner Definition und Konzeptualisierung zu geraten – was durchaus legitim wäre – und der gemeinten Intention nachzukommen, nämlich die Frage zu behandeln, welche Bedeutungen von Gewalt der koranische Text überhaupt führt, werden im Folgenden koranische Umfeldbegriffe mit inhaltlicher Relevanz in einer für sinnvoll erachteten Kriteriologie verdichtet und sukzessive ausgeführt.

a) Der eine Gott: Bund, Treue und Opferbereitschaft

Mit seinem Begriff der »mosaischen Unterscheidung« hat der Ägyptologe Jan Assmann in jüngster Zeit eine neue Dynamik in die Diskussion um den Zusammenhang von Monotheismus und Gewalt gebracht.[9] In seiner Hauptaussage sieht Assmann durch die Begegnung Mose mit Gott am Berge Sinai die Hinwendung einer toleranten polytheistischen Antikkultur hin zu einem exklusivistisch verstandenen Monotheismus, den er als »Monotheismus der Wahrheit« kennzeichnet.[10] Im Zuge der Erwiderung auf seine These, am stichhaltigsten womöglich durch den Publizisten Micha Brumlik vorgebracht[11], sah sich Assmann in der Folge dazu veranlasst, seine These zu präziseren und seinen Begriff eines Monotheismus der Wahrheit durch jenen der Treue zu ersetzen. Nicht das Festhalten an Wahrheit, korrigiert sich Assmann, sei ausschlaggebend für das Entstehen von Abgrenzungspotenzial, sondern das Fordern nach Eintreten für die Gemeinschaft der Wahrheit, welches durch jenen Treueeid besiegelt wird, sei letztlich der Auslöser dafür, dass die Mitglieder dieser Gemeinschaft auch mit Gewalt für ihre Sache zu kämpfen bereit sind.[12] Während Assmann seine Beweisführung entlang der Auseinandersetzung mit dem biblischen Gottesbild vollzieht und den koranischen Gottesbegriff nur unzureichend thematisiert, bezieht Peter Sloterdijk den islamischen Gottesbegriff dezidierter in seine Kritik der Monotheismen

---

[9] Vgl. Jan Assmann, Die Mosaische Unterscheidung oder der Preis des Monotheismus, München 2010.

[10] Ebd., S. 23–37.

[11] Vgl. Micha Brumlik, Respektabel, aber falsch. Peter Sloterdijks Verschärfung von Jan Assmanns ›Mosaischer Unterscheidung‹. In: Die Gewalt des einen Gottes. Die Monotheismus-Debatte zwischen Jan Assmann, Micha Brumlik, Rolf Schieder, Peter Sloterdijk und anderen. Hrsg. von Rolf Schieder, Berlin 2014, S. 196–217. Vgl. zur Debatte auch den Beitrag im vorliegenden Band: Micha Brumlik, Rechtfertigt die Bibel Intoleranz und Gewalt? Zu Jan Assmanns »Mosaischer Unterscheidung«.

[12] Vgl. Jan Assmann, Monotheismus der Treue. Korrekturen am Konzept der ›mosaischen Unterscheidung‹ im Hinblick auf die Beiträge von Marcia Pally und Micha Brumlik. In: Die Gewalt des einen Gottes (wie Anm. 11), S. 249–266.

ein. An den Thematisierungen des islamischen Gottesbegriffs im Kontext der Monotheismus-Kritik fällt indes auf, dass die systematische und quelleneigene Auseinandersetzung mit diesem Gottesbegriff weitestgehend sporadisch bleibt.[13] Die gängigen Beschreibungen des islamischen Gottesbildes als despotisch, von Rachsucht und Willkür getragen und einen in der rituellen Prostration symbolgewordenen Kadavergehorsam verlangend, erinnern in vielerlei Weise an antijüdische Verzeichnungen des alttestamentlichen Gottesbildes und fußen weniger auf einer systematischen Untersuchung etwa des koranischen Gottesentwurfs. Diese allgemein pejorative Wahrnehmung des islamischen Gottesbildes wurde im deutschsprachigen Raum öffentlich erstmals mit Mouhanad Khorchides Fokussierung auf eine Theologie der Barmherzigkeit gebrochen. Gewiss folgt Khorchide hier einer eigenen Reformprogrammatik; losgelöst davon gelingt es ihm jedoch in überzeugender Weise, koranische und prophetische Quellenbelege für seine neue Akzentuierung glaubhaft zu machen.[14]

Wendet man sich präziser dem koranischen Gottesentwurf zu und jenen Thematisierungen des Gottesbildes, die in der islamischen Gotteslehre im Laufe ihrer Systematisierung daraus hervorgegangen sind, dann ist der Eindruck eines hierarchischen Gott-Mensch-Verhältnisses zunächst durchaus berechtigt. Die namentliche Kennzeichnung dieser ganzen Religionsgemeinschaft als »Islam« – arabisch: die Hingabe zu Gott – macht dieses Merkmal zum Exponat seiner religiösen Kernbotschaft. Hierbei ist das Verständnis von Beziehung und Relation sicherlich zu einem gewissen Teil auch der Phänomenologie der arabisch-orientalischen Welt des 7. Jahrhunderts geschuldet. Das arabische Stammeswesen ordnet seine Beziehungen in die ihm bekannten Strukturen von Patronage und Klientel. So verwundert es nicht, dass die koranische Semantik diesen Beziehungsstrukturen Rechnung trägt und ihre Beschreibung des Gott-Mensch-Verhältnisses mit Blick auf die bestehenden Ordnungsmuster synchronisiert.[15]

Obgleich das koranische Gottesbild in seiner Verlautbarung die Einsheit Gottes vehement einfordert und in Anklage polytheistischer Huldigungen wiederholt, folgt im Koran daraus kein aus dem Vertreten eines Monotheismus resultierender Treueeid zwischen Gott und Mensch. Der einzig im koranischen Kontext vollzogene Eid zwischen Gott und Mensch ist jener vorschöpfliche, in dessen Vollzug der Mensch einen Akt der Selbstbezeugung begeht und der es dem Menschen verwehren soll, sagen zu können, von der Existenz Gottes keine Kenntnis gehabt zu haben (vgl. 7:172). Demnach wird der Disput um einen Anspruch der Anbetung Gottes im Koran durchaus anhand einer scharfen und auf Verächtlichmachung nicht-monotheistischer Gotteskonzepte zielender Semantik verbalisiert, die die Frage nach einem Zusammenhang zwischen Wort- und Tatgewalt legitimerweise

---

13 Lediglich Reinhard Schulze kann sich bei seiner Beschäftigung mit dem Thema durch eine profunde Quellenkenntnis ausweisen. Vgl. Reinhard Schulze, Über Religion, Wahrheit und Gewalt. In: Die Gewalt des einen Gottes (wie Anm. 11), S. 324–360. Sloterdijks Einbeziehung muslimischer Quellen ist nicht repräsentativ, seine Befassungen bleiben weitestgehend rein affirmativ. Vgl. Sloterdijk, Gottes Eifer (wie Anm. 3), S. 58–60.

14 Vgl. Mouhanad Khorchide, Islam ist Barmherzigkeit. Grundzüge einer modernen Religion, Freiburg i.Br., Basel, Wien 2016.

15 Für eine Übersicht muslimischer Gotteskonzepte siehe Dina El Omari, Anthropomorphismus und Abstraktion in der Koranexegese. In: Gottesvorstellungen im Islam. Zur Dialektik von Transzendenz und Immanenz. Hrsg. von Amir Dziri, Freiburg i.Br. 2013, S. 21–45.

aufwerfen lässt. Auf der anderen Seite formulieren andere Stellen ein unmissverständliches Verbot dahingehend, in Glaubensfragen Mittel der Gewalt zu verherrlichen; im Gegenteil weisen zahlreiche Stellen darauf hin, dass religiöse und weltanschauliche Heterogenität – nicht einmal in einem bösen Sinne bewusster göttlicher Geißelung – dem Menschen gegenüber gottgewollte Wirklichkeit ist.[16]

b) Gebot zur Selbstverteidigung

Anders als die Theologie des Christentums, die sich für ein Ideal der Gewaltfreiheit ausspricht und daraus beispielsweise Konzepte wie das der Feindesliebe herleitet, artikuliert der Koran explizit eine Haltung der Wehrerlaubnis. Im historischen Kontext der Auswanderung der Muslime von Mekka nach Yathrib soll den Verfolgten nun erstmalig zugestanden worden sein, sich mit Mitteln der Gewalt gegen ihre Widersacher zur Wehr zu setzen:

> »(22:39) Denjenigen, die (gegen die Ungläubigen)[17] kämpfen [Rudi Paret[18] verwendet hier eine abweichende Lesart; der arabische Text weist die Passivform auf ›die bekämpft werden‹], ist die Erlaubnis (zum Kämpfen) erteilt worden, weil ihnen (vorher) Unrecht geschehen ist. – Gott hat die Macht, ihnen zu helfen.«[19]

Die herrschende Lesart bindet die Erlaubnis, sich zur Wehr zu setzen, demnach an eine zuvor gemachte Unrechtserfahrung – in dieser Situation soll es den Muslimen gestattet sein, sich gegen die Aggressoren auch mit Mitteln der Gewalt zu wehren. Die von Paret in den Vordergrund gerückte, ursprünglich jedoch schwächere

---

16 Vgl. 2:213; 5:48; 6:108; 10:19; 11:118; 16:93; 42:8.

17 Auch wenn die historische Situation eine solche Deutung zulässt, sehe ich hier keine Rechtfertigung, den Kampf als einen Kampf »gegen die Ungläubigen« zu kennzeichnen. Im arabischen Text gibt es keinerlei Entsprechung. Paret universalisiert hier den partikularen historischen Sachverhalt und kehrt damit gewissermaßen die Zielrichtung zeitgenössischer historisch-kritischer Koranhermeneutik um. Asad übersetzt textnah mit: »Erlaubnis zu kämpfen, ist jenen gegeben, gegen die unrechtmäßig Krieg geführt wird«. Mit dieser Übersetzung wird die Aussage zugleich – gemäß dem biografischen Kontext des Autors (siehe dazu die Autobiographie: Muhammad Asad, Der Weg nach Mekka, 3. Aufl., Ostfildern 2011) – in einen völkerrechtlich anschlussfähigen Rahmen integriert. Siehe Muhammad Asad, Die Botschaft des Koran. Übersetzung und Kommentar, 4. Aufl., Ostfildern 2015, S. 644.

18 Die Koranübertragung des deutschen Arabisten Rudi Paret (1901–1983) ist unbestritten verdient: vgl. Gotthard Jäschke in: Die Welt des Islams. New Series, 9 (1964), 1, S. 271–273; Franz Rosenthal in: Journal of the American Oriental Society, 87 (1967), 3, S. 309 f. Paret eröffnet gerade dem nicht arabischsprachigen Leser eine Varianz an Bedeutungsmöglichkeiten und erläutert sein Vorgehen sehr verständlich im Vorwort. Aus muslimischer Perspektive besteht die Schwierigkeit, dass die Übertragung von Paret trotz ihres Variantenreichtums keine bekenntnisgestützte Exegese ersetzt. Daher wird die Übertragung Muhammad Asads als Möglichkeit einer modernen bekenntnisgestützten Interpretation an vielen Stellen als Vergleichsmoment herangezogen. Die allgemeine Herausforderung im Umgang mit dem koranischen Text besteht in seiner enormen Polyvalenz; der Vergleich unterschiedlicher Übersetzungen ist stets ein erstes hilfreiches Mittel der inhaltlichen Annäherung. Einführend dazu: Fazlur Rahman, The Qur'an, London 2003.

19 Rudi Paret, Der Koran, 12. Aufl., Stuttgart 2014.

koranische Textvariation, die das Verb in den Aktiv setzt, bleibt genauso an die Bedingung vorheriger Unrechtserfahrung geknüpft. Die beiden Lesarten, die das Verb einmal im Aktiv und einmal im Passiv wiedergeben, spiegeln letztendlich eine langwierige Diskussion unter muslimischen Rechtsgelehrten wider, die sich darum dreht, inwiefern ein ausgeübter Präventivschlag durch die im Vers formulierte Bedingung abgedeckt sei.[20] Im darauffolgenden Vers wird die Thematik weitergeführt:

> »(22:40) (Ihnen) die unberechtigterweise aus ihren Wohnungen vertrieben worden sind, nur weil sie sagen: Unser Herr ist Gott. – Und wenn Gott nicht die einen Menschen durch die anderen zurückgehalten hätte (indem er ihnen aus ihren eigenen Reihen Widersacher entstehen ließ), wären (überall) Einsiedlerklausen, Kirchen, Synagogen (?) und (andere) Kultstätten, in denen (allen) der Name Gottes unablässig erwähnt wird, zerstört worden. Aber bestimmt wird Gott denen, die ihm helfen, (ebenfalls) helfen. Er ist stark und mächtig.«[21]

Interessant an dieser Weiterführung des vorangehenden Abschnittes ist die Konkretisierung dessen, was als »Unrecht« zu verstehen ist. Dabei gehen die meisten muslimischen Exegeten davon aus, dass die Vertreibung aufgrund der eigenen Religionszugehörigkeit als ein Beispiel von Unrechtserfahrung gilt, dieser Grund jedoch nur ein mögliches Unrecht neben vielen darstelle.[22] Die Erlaubnis, sich zur Wehr zu setzen, ist also dann gegeben, wenn allgemein Unrecht erlebt wird, und nicht ausschließlich dann, wenn dieses Unrechterleben sich konkret als Vertreibung aufgrund religiöser Überzeugungen ausdrückt. Die Aufzählung unterschiedlicher Orte des Gottesdienstes im weiteren Verlauf ist deshalb erstaunlich, weil es potenziell auch Muslime selber in den Kreis der Unrechthandelnden einbezieht, insofern sie im Glauben vermeintlicher Rechtmäßigkeit Gotteshäuser und Kultstätten anderer Glaubensgemeinschaften zerstören – auch das ist dieser koranischen Perspektive folgend Unrecht und infolgedessen für das Selbstverständnis von Muslimen als moralisch handelnde Personen fundamental wichtig.

In Zusammenhang mit dieser Textstelle wird eine weitere zentrale Haltung des koranischen Textes im Hinblick auf das Verhältnis zu Gewalt deutlich: Die Verhinderung von (*vielem* – Paret übersetzt den arabischen Begriff mit »überall«) Unrecht kann lediglich durch das verantwortungsbewusste Eintreten der Menschen füreinander geschehen. Die Bewahrung von Recht und das Verwahren gegen Unrecht werden gemäß koranischer Losung demnach dem Verantwortungsbereich des Menschen unterstellt. Viel Unrecht wird durch dessen Einschreiten verhindert, manches jedoch geschieht – das ist die grundsätzlich daraus resultierende Aussage. In zahlreichen muslimischen Korankommentaren wird zu dieser Stelle die Erzählung angeführt, nach der Moses den ägyptischen Pharao mit der Frage konfrontierte, warum er denn so viel Leid über das jüdische wie auch sein eigenes Volk bringe, worauf dieser geantwortet haben soll, dass er niemanden findet, der ihn daran hindere. In diesem Sinne wurde in der islamischen Literatur der Frühzeit ursprünglich auch das Narrativ des Märtyrers gelesen und rezipiert: Der Märtyrer ist derjenige, der gegenüber einem ungerechten Herrscher

---

20 Fakhr al-Dīn Rāzī, Tafsīr al-Fakhr al-Rāzī: al-Tafsīr al-kabīr aw mafātīḥ al-ghayb, Bd 23/24, Kairo [o.J.], S. 35–39.

21 Paret, Der Koran (wie Anm. 19).

22 Rāzī, Tafsīr (wie Anm. 20), S. 35–39.

ein Wort der Gerechtigkeit spricht (und damit riskiert, sein Leben zu verlieren). Und auch hier liest sich dieses koranische Verständnis als allgemeine Auffassung einer *conditio humana*, die unabhängig von der Perspektivhaftigkeit einer einzelnen Position besteht und – um im Bild zu bleiben – über den einzelnen religiösen und weltanschaulichen Verortungen steht.

Die Geltung des hier herausgearbeiteten Gebots zur Selbstverteidigung lässt sich an anderer Stelle im Koran durch die Formulierung der umgekehrten Situation weiter erhärten: »(60:8) Gott verbietet euch nicht, gegen diejenigen pietätvoll und gerecht zu sein, die nicht der Religion wegen gegen euch gekämpft, und die euch nicht aus euren Wohnungen vertrieben haben. Gott liebt die, die gerecht handeln.«[23] Hier wird noch einmal deutlich, dass das Gebot zur Selbstverteidigung nur als Folge einer Unrechtserfahrung wirksam ist, bei Ausbleiben einer solchen Unrechtserfahrung die Legitimität der Wehrhandlung allerdings entfällt. Das pietätvolle Handeln wird als Bestandteil gerechter Handlung gewertet und dessen Wertschätzung zusätzlich dadurch verstärkt, dass es Gottes Zuwendung fördert.

c) Gebot der Verhältnismäßigkeit

Sofern dem Menschen Unrecht widerfährt, gestattet ihm 22:39–40 also die Möglichkeit, sich zur Wehr zu setzen. Gegebenenfalls ist diese Erlaubnis auch als Gebot zu verstehen, wenn es darum gehen soll, eine zu Missbrauch neigende Übermacht nicht durch Konfliktscheue in ihrem Unrechtbegehen weiter zu bestärken. Dieser Haltung liegt allerdings eine deutliche Forderung der Verhältnismäßigkeit zu Grunde: »(2:190) Und kämpft um Gottes willen gegen diejenigen, die gegen euch kämpfen! Aber begeht keine Übertretung (indem ihr den Kampf auf unrechtmäßige Weise führt)! Gott liebt die nicht, die Übertretungen begehen.«[24] Das Entziehen von Zuneigung – Zuneigung selbst bildet gewissermaßen die höchste Währung religiöser Wirklichkeit – infolge der Verletzung dieses Gebotes der Verhältnismäßigkeit deutet auf die Schwere des Vergehens hin. Im Hinblick auf die Frage, was denn verhältnismäßig und ob dieser Begriff nicht zu unscharf sei, sieht ein Großteil der muslimischen Exegeten diese Unschärfe gerade als vorteilhaft an. Denn dadurch sei dieses Kriterium in zeitlich und kulturell gewiss unterschiedlichen Diskursen um die Legitimität von Verantwortung, Macht und Gewalt anpassungsfähig und schließlich anwendbar. Gemäß dem oben genannten Grundsatz müsse der Mensch für sich und seine Gesellschaft also die Verhältnismäßigkeit der Legitimität und Illegitimität von Gewalt verhandeln und identifizieren, der koranische Text vermittle dazu lediglich Anhaltspunkte, wie eben jene Grundsätze der Verhältnismäßigkeit, des Gebotes zur Selbstverteidigung oder der allgemeinen menschlichen Verantwortlichkeit.

Im weiteren Verlauf der hier behandelten Passage wird ein weiterer solcher Anhaltspunkt koranischer Haltung zu Gewalt genannt: »(2:191) [...] Der Versuch (Gläubige zum Abfall vom Islam) zu verführen ist schlimmer als Töten«[25]; Paret überträgt den arabischen Wortlaut hier wiederum in einen dezidiert exklusivis-

---

23 Paret, Der Koran (wie Anm. 19).
24 Ebd.
25 Ebd.

tischen Zusammenhang, wohingegen Muhammad Asad die Formulierung in einer universelleren Bedeutung versteht: »denn Unterdrückung ist noch schlimmer als Töten«.[26] Die Divergenz liegt hier in der Übertragung der Bedeutung des arabischen Begriffs »*fitna*« – Paret begreift ihn in einer ausschließlich religiösen Bedeutung (tatsächlich findet der Begriff in der religiösen Semantik des Islam eine häufige Verwendung und kommt 60 Mal allein im Koran vor). Asad vermerkt in seinem Kommentar ebenso die Konnotation einer religiösen Bedeutung, die jedoch unter ein universelleres Verständnis des Begriffs zu subsumieren sei. Zentral an dieser Stelle wirkt die Bewertung von Unruhestiftung und letztlich von Gewaltentladung. Der Elativ »schlimmer« weist darauf hin, dass dem Gewalttäter nicht gänzlich die Verantwortung für sein Handeln abgesprochen wird, im Falle eines Verleitens oder Anstiftens zu Gewalt allerdings diese als schwerwiegender empfunden werden. Im Hinblick auf die Bewertung von Gewalt ist damit der grundlegende Hinweis verknüpft, der Ursache und dem Motiv für Gewalt die größte Zuwendung zu gewähren. Es ist an dieser Stelle nicht einfach zu rekonstruieren, ob diese überraschende Bewertung des Verhältnisses von Gewaltstiftung und Gewalthandlung aus einem ursprünglich religiösen Denken des Gehorsams herzuleiten ist, das sowohl passive wie aktive Folgsamkeit verlangt oder eventuell einem tribalistischen Verständnis von Treue und Verrat geschuldet ist. Der Begriff »*fitna*« würde in beiden Herleitungsfällen am ehesten mit »Aggression« übertragen werden können, die sowohl speziell als Angriff auf Religionsausübung wie auch in weiterem Sinne als Angriff auf grundlegende Schutzgüter menschlichen Lebens verstanden werden kann. Eine solche Interpretation würde gestärkt durch eine Schilderung in einer weiteren Koranpassage:

> »(49:9) Und wenn zwei Gruppen von den Gläubigen einander bekämpfen, dann stiftet Frieden zwischen ihnen! Wenn dann aber die eine der anderen (immer noch) Gewalt antut, dann kämpft gegen diejenige, die gewalttätig ist, bis sie wieder einlenkt und sich der Entscheidung Gottes fügt![27] Wenn sie dann wieder einlenkt, dann stiftet zwischen den beiden (endgültig) Frieden, wie es recht und billig ist, und lasst Gerechtigkeit walten! Gott liebt die, die gerecht handeln.«

Zum einen wird hier die Wahrnehmung revidiert, die Bestimmung der Legitimität von Gewalt im Koran orientiere sich an den Grenzen differenter Religionszugehörigkeit. Die vorgestellte Passage thematisiert ausdrücklich die gewaltsame Auseinandersetzung zwischen Gruppen von Gläubigen. Die erste Schlussfolgerung daraus würde also lauten, dass trotz der Übereinstimmung in Glauben und Frömmigkeit der Dissens in wie auch immer näher zu bestimmenden Interessensangelegenheiten zwischen Gläubigen nicht ausgeschlossen ist. Auf die unmittelbar zu übende Friedensstiftung folgt bei nicht endender Auseinandersetzung der Hinweis, den Gewaltanwender zu einem Ende der Gewalt aufzurufen und sich gegen ihn zu stellen. Bemerkenswert erscheint hier demnach, dass in diesem Fall nicht die Rechtmäßigkeit der Gewaltanwendung debattiert, sondern davon ausgegangen wird, dass das bloße Einsetzen von Gewalt entgegen allen Friedensinitiativen *per se* das Gebot der Verhältnismäßigkeit verletze und insofern keinerlei Legitimität für sich beanspruchen könne. Das Aussetzen der

---

[26] Asad, Die Botschaft des Koran (wie Anm. 17).

[27] Asad (ebd.) überträgt: »bis sie zu Gottes Gebot zurückkehrt«.

Gewalthandlung und das Eingehen von Verhandlungen entsprächen dem koranischen Text nach der »Rückkehr zu Gottes Gebot.«

3. Zur Frage der Imperialität von Religion

a) Religiöse Gewissheit und religiöse Pluralität

Neben der Thematisierung der Bedeutungen von Gewalt im Koran selbst betrifft ein Aspekt der Kritik die Gewalttätigkeit des normativen Anspruches, der prinzipiell von allen religiösen Schriften ausgehe. Einen Wahrheitsanspruch zu vertreten, sei er nun inklusivistisch oder exklusivistisch artikuliert, führe notwendigerweise zu Formen der ideellen Ablehnung und Abgrenzung, und in weiterer Folge möglicherweise zur konkreten Gewaltlegitimation. Im koranischen Text lassen sich zahlreiche Wendungen finden, die keinen Hehl daraus machen, dass Andersgläubigen wenig Wertschätzung für ihren Glauben entgegengebracht und die religiöse Lehre des Korans als die uneingeschränkt überlegene betrachtet wird. Gleichermaßen scheint der koranische Text von einer gewissen Ambivalenz durchtränkt zu sein, die sich darin zeigt, dass – wie im Zusammenhang mit der obigen Diskussion um das islamische Gottesbild dargestellt – die Vehemenz in der Verfechtung einer Glaubenswahrheit keine gewaltsame Unterdrückung anderer weltanschaulicher Positionen verlangt. So rigoros an der Wahrhaftigkeit des Eingottglaubens, der Rechenschaftspflichtigkeit des Menschen oder der Prophetie als Glaubensartikel festgehalten wird, wird die Freiheit des Gewissens und des Glaubens gleichwohl nachhaltig geschützt. So wird Muhammad einerseits aufgerufen, für die Glaubenswahrheiten des Korans erbittert zu streiten (vgl. 9:73: »O Prophet! Strenge dich hart an gegen die Leugner der Wahrheit und die Heuchler, und sei unnachgiebig ihnen gegenüber«[28]). Andererseits bildet der koranische Imperativ in 2:256 (»Es soll keinen Zwang geben in Sachen des Glaubens«[29]) eine unüberwindbare Garantie religiöser Wahlfreiheit. Nahezu in Lessing'scher Manier lässt der Koran im Hinblick auf andere Offenbarungstraditionen (oder Weltanschauungen) verlautbaren:

> »(5:48) [...] Für jeden von euch haben Wir ein (verschiedenes) Gesetz und eine Lebensweise bestimmt. Und wenn Gott es gewollt hätte, Er hätte euch alle sicherlich zu einer einzigen Gemeinschaft machen können: aber (Er wollte es anders,) um euch zu prüfen durch das, was Er euch gewährt hat. Wetteifert denn miteinander im Tun guter Werke! Zu Gott müsst ihr alle zurückkehren; und dann wird Er euch all das wahrhaft verstehen lassen, worüber ihr uneins zu sein pflegtet.«[30]

An anderer Stelle heißt es:

> »(11:118) Und hätte es dein Erhalter so gewollt, Er hätte sicherlich alle Menschheit zu einer einzigen Gemeinschaft machen können; aber (Er wollte es anders, und so) fahren sie fort, unterschiedliche Ansichten zu haben (119)

---

[28] Ebd.
[29] Ebd.
[30] Ebd.

(alle von ihnen) außer jenen, denen dein Erhalter Seine Gnade erteilt hat. Und zu diesem Zweck [li-ḏālika] hat Er sie (alle) erschaffen.«[31]

Asad kommentiert weiter dazu:

»Einige der frühesten Kommentatoren sind der Ansicht, dass der Ausdruck [li-ḏālika] sich auf Gottes Erteilung Seiner Gnade an den Menschen bezieht, während andere ihn auf die Fähigkeit der Menschen beziehen, sich intellektuell voneinander zu unterscheiden. Nach Zamakhschari bezieht er sich auf die Freiheit der moralischen Wahl, die den Menschen auszeichnet und von der in den vorangegangenen Passagen die Rede ist: und da es diese Freiheit ist, die Gottes besonderes Geschenk an den Menschen ausmacht und ihn über alle anderen erschaffenen Wesen erhebt, ist Zamakhscharis Interpretation meines Erachtens die umfassendste von allen.«[32]

Neben der vehementen Artikulation der Überlegenheit des eigenen Wahrheitsgehaltes referiert der koranische Text Formulierungen, die in erstaunlicher Weise die Perspektivität normativer Urteile als notwendigen und insofern zu würdigenden Bestandteil menschlicher Existenz darstellen. Alternative Weltanschauung sowie auch alternative Lebenspraxis sind anzuerkennende Resultate der »Freiheit der moralischen Wahl«, auf die sich – zumindest nach Auffassung namhafter Exegeten – die Gnade Gottes beziehe. Die Möglichkeit, gerade in moralischen Fragen wählen[33] zu können, wird als konstitutive Bedingung menschlichen Daseins artikuliert. Der Anspruch koranischer Rede begründet sich demnach nicht mit den Mitteln der Unterdrückung, sondern mit jenen der Überzeugung; sowohl für den Fall, sich für den normativen Spielraum des Korans zu entscheiden, als auch für den Fall, anderer normativer und weltanschaulicher Sichtweise zu sein. Man könnte dieser Argumentation folgend von einer relativen Positionalität oder einem relativen Geltungsanspruch der koranischen Bedeutung von Wahrheit sprechen. Er formuliert auf der einen Seite eine selbstbewusste Haltung in religiösen Fragen und bietet einen in sich flexiblen normativen Orientierungsrahmen an, andererseits wird die Perspektivhaftigkeit jeder ideellen und normativen, letztlich also auch der islamischen Position selbst herausgestellt und dieser Umstand gar als eine Bedingung und Gnade menschlicher Existenz gewertet.[34]

---

31 Ebd.

32 Ebd., S. 430. Asad erwähnt hier Maḥmūd ibn 'Umar al-Zamaḫšarī (467–538/1075–1144), der als klassischer muslimischer Exeget gilt und sich weiterhin durch seine Zugehörigkeit zur mutazilitischen Denktradition auszeichnet. Diese Denktradition hatte ihre Blüte vom 2./8. bis zum 8./14. Jh. und bekennt sich in ihrer Programmatik zu einem dezidiert rationalistischen (dennoch anders verstanden als im modernen Sinne) Umgang und Deutungsansatz mit den islamischen Grundquellen.

33 Der Begriff der »Wahl« scheint für die Frage der philosophischen Wertung unterschiedlicher Moralvorstellungen elementar zu sein. Er suggeriert einen Prozess der bewussten rationalen Auseinandersetzung: wäre damit der koranischen Anforderung und folglich Akzeptanz »unterschiedlicher Ansichten« Genüge getan? Der Gedanke muss an dieser Stelle unvollendet bleiben – ich danke dem Herausgeber für die wichtige Nachfrage.

34 In diesem Kontext erscheint eine systematische Betrachtung des koranischen Umma-Begriffs für das Votum der hier angeführten Argumentation überaus wertvoll. Die Gemeinschaft, die im Koran skizziert wird, ist allem Verständnis nach keine Gemeinschaft der nominellen Religionszugehörigkeit, sondern eine Gemeinschaft der Sachmäßigkeit und Sachgerechtigkeit. Die Vorzüglichkeit dieser Gemeinschaft – (3:110) »Ihr seid fürwahr die beste Gemeinschaft, die jemals für (das Wohl der) Menschheit hervorgebracht wor-

b) Imperiale Geschichte

Zweifelsohne ist die Geschichte des Islam in die Kategorien imperialer Geschichte einzuordnen – jede andere Einschätzung würde der Größenordnung und Geschwindigkeit der islamischen Expansion nicht gerecht werden. Die Behauptung, der Islam kenne lediglich Friedensakte, ist als apologetisch zu betrachten, wie auch das Argument umfassend dekonstruiert ist, der Islam sei bereits von seiner etymologischen Bedeutung her eine Friedensordnung. Reinhard Schulze konnte überzeugend darlegen, dass der islamische Kultfrieden (*islām*) und der islamische Sozialfrieden (*ṣulḥ*) zwei durchweg unterschiedliche Konzepte sind.[35] Bereits für die Frühgeschichte des Islam stellt sich heraus, dass der relative Wahrheitsanspruch koranischer Artikulation in immer zunehmenderem Maße zur Legitimation absoluter politischer Positionen instrumentalisiert worden ist und durch diese Instrumentalisierung einen hegemonialen Charakter gewonnen hat. Die Fraktionalisierung der frühmuslimischen Gemeinde und die Herausbildung unterschiedlicher Parteilager sind ein deutlicher Hinweis darauf, dass islamische Religiosität und Herrschaftsanspruch in immer geringerem Maße als einvernehmliche Korrelate zu verstehen sind. Das heißt, die jeweiligen frühmuslimischen Lager erhoben gegenseitig politische Herrschaftsansprüche, sie waren also anderen muslimischen Lagern gegenüber imperial eingestellt; die religiöse Kategorie spielte in der Herausbildung imperialer Herrschaftsansprüche nur eine untergeordnete Rolle. Der koranische Wahrheitsdiskurs wurde dynastisch verabsolutiert und je nach politischem Interesse gegen innere oder äußere Widersacher instrumentalisiert; nur so lassen sich die zahlreichen Belege oppositioneller Agitationen und rivalisierender Herrschaftsansprüche in der Geschichte muslimischer Dynastien erklären. Dynastietragende Haltung und oppositionelle Agitation waren damit weitaus maßgeblicher für das Verhalten hoheitlicher Institutionen als religiöse Zugehörigkeiten, freilich vor dem Hintergrund, dass sich in den antiken und mittelalterlichen Ordnungsmustern sowohl europäischer wie auch orientalischer Prägung der gesellschaftliche Status mehrheitlich an Religion orientierte und nicht an Konzepten wie Bürgerlichkeit. Die Beliebigkeit in der Instrumentalisierung religiöser Autorität lässt sich schließlich am Umstand ablesen, dass der islamische Textkorpus sowohl für die Legitimation von Herrschaftsansprüchen als auch für die Artikulation von Gesellschaftskritik bis hin zur Herrschaftskritik herhalten musste – die Texte bleiben dieselben, lediglich die Perspektive ihrer Logik ist eine andere.[36]

---

den ist […]« – ist als performative Sprechhandlung zu verstehen und als solche an das unabhängig von religiöser Zugehörigkeit verortete Gelingen gekoppelt, Sachmäßigkeit in seinen Urteilen zu erschließen. Grundlegend dazu siehe Amir Dziri und Andreas Renz, Kirche und Umma als Bezeugungsgemeinschaften. Zusammenfassende und weiterführende Reflexionen. In: Kirche und Umma. Glaubensgemeinschaft in Christentum und Islam. Hrsg. von Hansjörg Schmid, Regensburg 2014, S. 272–288.

[35] Schulze, Der Koran und die Genealogie des Islam (wie Anm. 7), S. 491–498.

[36] Schulze, Islam und Herrschaft (wie Anm. 7), S. 94–130.

4. Muslime im aktuellen Gewaltdiskurs

In durchaus unterschiedlichen Konstellationen sehen sich Muslime aktuell weltweit mit der Frage konfrontiert, welche Rolle das Thema Gewalt in ihren religiösen Traditionen spielt und wie sowohl Versöhnungs- als auch Polarisierungspotenziale des religiösen Diskurses gesellschaftlich sinnvoll verhandelt werden können. Darüber hinaus stellt sich zudem die Frage, wie – offensichtlich und in diachronen Kategorien sowie Graden – von Gewalt geprägte muslimische Gesellschaften dieser Herausforderung begegnen können. Vor dem Hintergrund der großen Heterogenität der islamischen Welt ist es sinnvoll, für die folgende Betrachtung unterschiedliche Räume abzustecken. Das bringt notwendigerweise eine gewisse Reduktion mit sich und klammert Aspekte aus; in der Summe kann ein solcher Vorgang jedoch als vorteilhaft für die Argumentationsführung betrachtet werden. Die formulierte Fragestellung lässt sich dementsprechend differenzieren in einen überwiegend nahöstlich-muslimischen Raum (3.a) mit den jeweiligen Kriterien Okzidentalismus und Konfliktkultur, und einen westlichen Raum mit muslimischen Minderheiten (3.b) und den Kriterien Verwechslung von religiöser und identitärer Gewissheit, Islamismus als Protestkultur und Mangel muslimischer Tradition.

a) Der Gewaltdiskurs in nahöstlich-muslimischen Gesellschaften

Okzidentalismus

Bis in die Gegenwart hinein ist das Narrativ eines westlichen politischen und kulturellen Imperialismus in der arabisch-islamischen Welt vorherrschend. Edward Saids *Orientalism* war der Ausdruck eines tiefsitzenden Gefühls politischer und kultureller Ohnmacht und der erdrückenden Dominanz westlicher Mächte.[37] Dieses Narrativ verbindet die Erklärung der *al-azmah al-ʿarabiyya al-islāmiyya*, der zivilisatorischen Krise der arabisch-islamischen Welt, mit einer seit dem 19. Jahrhundert fortwährenden Hegemonie europäischer Mächte und den USA. Vor diesem Hintergrund wird ersichtlich, warum Menschen im Nahen Osten in Umfragen wiederholt nicht etwa religiöse Ursachen für Gewaltakte verantwortlich machen, sondern eben eine politische Hegemonie ausländischer

---

[37] Vgl. Edward W. Said, Orientalismus, 4. Aufl., Frankfurt a.M. 2014. Ferner zur Rezeption Edward Saids: Markus Schmitz, Kulturkritik ohne Zentrum. Edward W. Said und die Kontrapunkte kritischer Dekolonisation, Bielefeld 2008; Daniel Martin Varisco, Reading Orientalism. Said and the Unsaid, Seattle 2017; María do Mar Castro Varela und Nikita Dhawan, Postkoloniale Theorie: Eine kritische Einführung, 2. Aufl., Bielefeld 2008. Der syrische Intellektuelle Georges Tarabishi (1939–2016) spricht von einer »anthropologischen Wunde«, die das Verhältnis des Westens zur nahöstlich-muslimischen Welt kennzeichne: George Tarabische, Die anthropologische Wunde in unserer Beziehung zum Westen. In: Islam, Demokratie, Moderne. Aktuelle Antworten arabischer Denker. Hrsg. von Erdmute Heller und Hassouna Mosbahi, München 1998, S. 72–83.

Kräfte.[38] Europäische Ohren verwundert es daher immer wieder, dass infolge dieser Ursachenbetrachtung von orientalischen Muslimen keine Fundamentalkritik an der eigenen Religion vorgenommen wird – letztere erachten die Religion eben nicht als primäre Ursache der Gewalt –, sondern die Argumentation geradezu umgekehrt wird, indem der Weg aus dieser zivilisatorischen Krise von vielen muslimischen Intellektuellen gerade in der Rückkehr zu den vermeintlichen Wurzeln der Religion gesehen wird, was aus europäischer Perspektive wiederum als gesteigertes Bedrohungspotenzial gewertet wird.[39] Der religiöse Extremismus ist, letztlich gleichsam wie vorherige Jahrzehnte nationalistischer und sozialistischer Ideologie, der Versuch der orientalischen Welt, jene Durststrecke zivilisatorischer Unbedeutsamkeit zu beenden.[40] Es ist schließlich aus westlicher (auch muslimischer) Perspektive nicht deshalb so schwierig, im Nahen Osten Gewalthandlungen stärker zu ächten, weil sie essenzieller Bestandteil und Ausfluss islamischer Anschauung seien, sondern weil sie – zumindest im Feld innenpolitischer Handlungsmöglichkeit (außenpolitische Verwicklungen werden hier außen vor gelassen) – als legitimes Mittel politischer Interessensvertretung angesehen werden und damit zum Teil einer politischen Kultur angehören.

Kultur des Konflikts

Die bei aller Berechtigung gegenwärtig routiniert eingespielten Schuldzuweisungen der orientalisch-islamischen Welt gegen den Westen dienen mitunter dazu, die eigene Verantwortlichkeit und Handlungsmacht zu unterminieren. Im Zuge dieses Narratives fortwährender westlicher Hegemonie wird beispielsweise unterschlagen, dass es der orientalisch-islamischen Welt über die Jahrzehnte hinweg nicht gelungen ist, eine Kultur der Ausverhandlung unterschiedlicher und gegenläufiger politischer, ökonomischer und sozialer Interessen zu etablieren, die es möglich macht, Konfliktgegenstände so zu lösen, dass weitestgehend eine individuelle wie auch gesellschaftliche Integrität gewahrt bleibt. Der islamisch-religiöse Diskurs kommt in dieser Situation insofern zum Tragen, als dass er durch seine normativen Impulse in diese Gesellschaften und damit auch in ihre politischen Kulturen hineinwirkt. Demnach müssen sich die religiösen Autoritäten fragen lassen, ob sie möglicherweise durch bestimmte Haltungen zur Verschärfung dieser Konfliktkultur beigetragen haben und das Einbringen religiöser Versöhnungspotenziale (beispielsweise gemäß 49:9) nicht in ausreichendem Maße gewährleisten konnten. Am Verhältnis des religiösen Diskurses zum politi-

---

[38] Andrew Kohut, Jodie Allen, Carroll Doherty and Carolyn Funk, Support for Terror Wanes Among Muslim Publics. Islamic Extremism: Common Concern for Muslim and Western Publics. 17-Nation Pew Global Attitudes Survey, Washington 2005.

[39] Tatsächlich nährt sich ein beachtlicher Anteil des arabisch-islamischen Reformdiskurses aus der Idee, zu den »ursprünglichen Lehren des Islam« zurückkehren zu wollen. Sowohl als Antwort auf die Anschläge des 11. Septembers 2001 als auch als Reaktion auf die zunehmend für die islamische Welt selbst bedrohliche Ideologie des Dschihadismus veröffentlichte der Religionsgelehrte Yusuf al-Qaradawi 2009 ein zweibändiges Werk »Über das richtige Verständnis des Dschihad«.

[40] Reinhard Schulze, Geschichte der islamischen Welt im 20. Jahrhundert, München 2003, S. 189–244.

schen Diskurs in der orientalisch-islamischen Welt wird allemal ersichtlich, dass die durchaus vorhandenen Potenziale von Gesellschaftskritik, Herrschaftskritik oder auch konstruktiver und elastischer Traditionsbildung nicht ausgewogen genug in die jeweiligen historischen Scheidesituationen eingebracht wurden, sodass daraus in ihrer Gesamtheit eine fortschrittliche Entwicklung orientalisch-islamischer Zivilisation sich hätte ereignen können. Mehr noch kommt hinzu, dass jeder noch so substanziell gerechtfertigte religiöse Reformdiskurs oftmals anhand von kulturkämpferischen Argumentationen als westlich initiiert abgelehnt und bereits in seinen Ansätzen erstickt wird.

b) Der Gewaltdiskurs in westlichen Ländern mit muslimischen Minderheiten

Verwechslung von identitärer und religiöser Gewissheit

Die Kontexte in westlichen Ländern mit muslimischen Minderheiten variieren grundsätzlich in einer Weise, dass es sich anschickt, gesonderte Betrachtungen anzubieten. Große globale Migrationsbewegungen und einschneidende demografische Brüche in bis dato in ihrer nationalen Homogenität überwiegend etablierten Gesellschaften führen im 21. Jahrhundert zu verstärkten identitätspolitischen Spannungen. Offene Gesellschaften, wie sie im Westen in unterschiedlichen Graduierungen gegeben sind, sind mit einer weitaus höheren Belastung konfrontiert, Narrative des Zusammenhalts zu entwickeln, da sie nicht in der Lage sind, eine Einheit der Ethnie, der Religion oder der Sprache zu beschwören. Es liegt in der Natur der Sache, dass in heterogenen Gesellschaften ein deutlich höherer Aufwand betrieben werden muss, um Orte der ideellen und normativen Gemeinsamkeiten zu lokalisieren. Letztlich bleibt immer die Möglichkeit bestehen, dass sich eine Gruppe in diesem heterogenen Gefüge auf eine ihr ursprünglich und exklusiv anhaftende Primärreferenz beruft und diese in persönlicher Lebensüberforderung oder ideologischer Versessenheit zur unverhandelbaren Bedingung des sozialen Zusammenlebens erhebt. Dieser vermutlich eher soziologisch zu beschreibende Prozess stellt sich bei Minderheitengruppen eher ein als in Gruppen, die allein aufgrund ihrer Mehrheitssituation als automatische Maßstäbe der Normativität und Normalität gelten, deren Selbstverständlichkeit eigener Identität jedoch ab einem bestimmten Grad der gesellschaftlichen Heterogenität ebenso ins Wanken gerät.

Menschen mit Migrationsgeschichte aus muslimischen Ländern orientieren sich in ihrer individuellen Identitätsermittlung zumeist an der Primärreferenz, die ihnen am nächstliegenden erscheint: der Religion (wobei ein solches Verhalten nicht ausschließlich für Muslime typisch ist). So erfährt man aus vielen Familien mit älterer Zuwanderungsgeschichte, dass die eindringliche Auseinandersetzung mit und letztlich die Entscheidung zu einer bewussten religiösen Lebensführung erst im Verlauf des Beheimatungsprozesses in den jeweiligen Zielgesellschaften stattfand; viele dieser Menschen sind erst in Europa religiös oder, anders formuliert, Muslime geworden. Die maßgebliche Motivation ist in vielen Migrationsbiografien der Identitätsstiftung im Kontext ihrer Minderheitensituation geschuldet und weitaus weniger einem reflektierten Zugang zur Religion ihrer Herkunftsländer.

Das Resultat kann bei extremer Entwicklung darin bestehen, dass die religiöse Tradition lediglich noch als Steinbruch Identität generierender Versatzstücke rezipiert wird. In seiner »Kritik der arabischen Vernunft« beschreibt der marokkanische Intellektuelle Mohammad Abed Jabri dieses Phänomen sehr zutreffend, wenn er feststellt, dass »Tradition« im gegenwärtigen intellektuellen Diskurs der arabisch-islamischen Welt nicht mehr bloß einen durch variable Verständnisse gekennzeichneten Begriff darstellt, sondern dass »Tradition« selbst zu einer epistemologischen Kategorie geworden ist.[41] Jabri zufolge heißt das, dass es bei der modernen Thematisierung von Tradition in der islamischen Welt oftmals nicht mehr darum geht, sie als einen dynamischen Prozess unterschiedlicher, aber simultan bestehender Verstehens- und Umgangsweisen mit Vergangenheit zu begreifen, sondern dass Tradition zum Inbegriff einer invariablen und statischen Vorstellung von Lebensentwürfen stilisiert wird, der sich zum Beispiel an so undurchdringlichen Konzepten wie dem »Islam der Urzeit« orientieren kann. Freilich ist nicht zu negieren, dass religiöses Bekenntnis immer eine identitätsstiftende Funktion aufweist; in dem Moment jedoch, in dem das Bedürfnis nach identitärer Sicherheit die Selbstdarstellung religiöser Tradition in der Weise überspielt, indem es beispielsweise Belege aus dieser Tradition selektiv herausgreift oder geschichtliche Ereignisse als historisch invariables Geschehen begreift, werden in ihrer extremsten Ausprägung grundlegende Verständnisse vernünftiger religiöser Argumentation in ihre Gegenteile umgekehrt. Glaube wird dort zum Mittel des Triumphs, wo Demut weilen sollte. Das Gebot, Verantwortung für das Leben zu tragen, verkommt zur Lust am Untergang des Eigenen und des Fremden.[42]

Islamismus als Protestkultur

Die Erfahrung von Marginalisierung aufgrund gleichwelcher Ursache führt unter Betroffenen zu einem Prozess der gegenseitigen Solidarität. Eine gemeinsam geteilte Erfahrung von Missachtung erzeugt eine immense Identifikationskraft und hat vor allem ab den 2000er Jahren zur Herausbildung einer islamistischen Subkultur geführt, deren Vertreter nicht nur Muslime sind, sondern deren Unterstützerkreise sich ebenso aus Gruppen rekrutieren, die mit der Idee von Religion herzlich wenig anzufangen imstande sind, die aber ein nachhaltiges Interesse an der Etablierung einer Protestdynamik erkennen lassen. Demzufolge hat sich in etlichen überwiegend städtischen Räumen ein subkulturelles Milieu herausgebildet, das sich nach außen hin zwar als religiös ausweist, psychosozial betrachtet jedoch eine Haltung an den Tag legt, die als pathologische Provokation zu diagnostizieren ist. Massenkonversionen deutscher Jugendlicher und ein beachtlicher Anteil an deutschstämmigen Extremisten sind durch die Erfüllung bestehender Protestmotive deutlich plausibler herzuleiten als durch einen reflektierten Vergleich unterschiedlicher weltanschaulicher Modelle mit anschließendem Votum für den Islam. Die Kultur des modernen Dschihadismus ist folglich

41 Muḥammad ʾĀbid Jābirī, Kritik der arabischen Vernunft. Die Einführung, Berlin 2009, S. 82–85.

42 Vgl. dazu Amartya Kumar Sen, Die Identitätsfalle. Warum es keinen Krieg der Kulturen gibt, 3. Aufl., München 2005; Olivier Roy, Heilige Einfalt. Über die politischen Gefahren entwurzelter Religionen, München 2011.

wesentlich geprägt durch eine sprachlich synchronisierte Popmusik, misogynen Geschlechtervorstellungen und einem Überhang von Sehnsucht nach Furor. Die Gewaltbereitschaft des Dschihadismus auf die Verfasstheit des Islam zurückzuführen, wird der Komplexität des Sachverhalts und den vermuteten Motivlagen nicht gerecht.[43]

Mangel muslimischer Tradition

Von muslimischen wie nicht-muslimischen Wissenschaftlern wird das Maß des Vorhandenseins von religiösem Extremismus in signifikante Abhängigkeit zum Integrationsgrad muslimischer Minderheiten gesetzt. Das Erreichen höchstmöglicher sozio-ökonomischer Gerechtigkeit wird nach dieser These zum Gradmesser von Integration und verhindert in der weiteren Folge, dass exklusivistische Ideologien expandieren. Es wäre jedoch nicht adäquat, das Integrationsziel allein auf eine sozio-ökonomische Ebene zu reduzieren; es geht auch darum, eine neue organisierte Religion in das jeweilige Gesellschaftsgefüge aufzunehmen. Gerade darin sieht der Medientheoretiker Kai Hafez die besondere Herausforderung beispielsweise der deutschen Integrationsdebatte: Formal-rechtlich garantiere die deutsche Verfassung allen Religionsangehörigen gleichen Status; in der deutschen Alltagskultur werde jedoch die Begegnung in tatsächlicher Gleichheit wenig praktiziert. Freiheit und Gleichheit seien, so Hafez, gesetzlich garantiert und reguliert; das was jedoch vielen Menschen versagt bliebe, sei die Brüderlichkeit. Erst sie ermögliche, dass jene verbrieften Werte von Freiheit und Gleichheit tatsächlich zur gesellschaftlichen Entfaltung kämen. Es fehle daher an einer Erfahrung des interreligiösen und interkulturellen Umgangs, aus der sich schließlich eine wirkliche und nicht bloß gesetzlich-abstrakte Kultur der Gleichheit etablieren könne.[44]

Für die Minderheit von Muslimen in westlichen Mehrheitsgesellschaften kommt des Weiteren hinzu, dass das Fehlen einer gewachsenen islamisch-europäischen Tradition die Entfaltung der Versöhnungspotenziale von Religion hemmt. Ohne eine gewachsene Tradition muslimischen Lebens in Europa können die konstruktiven Bewältigungs- und Resilienzkräfte, die Religion bietet, nicht zur Entfaltung kommen, wohingegen die Polarisierungskräfte religiöser Semantik deutlich einfacher instrumentalisiert werden können. Religiöse Textstellen werden gezielt dahingehend zweckentfremdet, Entwurzelungsempfindungen, tatsächliche oder vermeintliche Diskriminierungserfahrungen und individuelle Frustrationen oder einfach das Nicht-Aufgehen persönlicher Lebensentwürfe als eine Fremdseligkeit auszuweisen, die aufgrund der eigenen religiösen Zugehörigkeit bestehe, und die aus dieser empfundenen Fremdseligkeit entstehende Dynamik für eine beliebige ideologische Agitation zu nutzen. Der ursprünglich einen Rahmen von Verantwortlichkeit im Verhältnis von Ordnung und Kritik setzende Korandiskurs, wie er im ersten Kapitel angerissen wurde, wird insofern konterkariert, als dass er nur noch dazu dient, sich die moralische Legitimität eines persönlich empfunde-

---

43 Einführend dazu: Julia Gerlach, Zwischen Pop und Dschihad. Muslimische Jugendliche in Deutschland, Lizenzausg., Bonn 2006 (= Schriftenreihe der Bundeszentrale für politische Bildung, 593).

44 Kai Hafez, Freiheit, Gleichheit und Intoleranz. Der Islam in der liberalen Gesellschaft Deutschlands und Europas, Bielefeld 2013, S. 7–12.

nen Bedrohungsszenarios selbst einzureden. Mit Blick auf seine These, totalitäre Elemente in monotheistischen Religionen nachweisen zu wollen, hat Jan Assmann einen Begriff in die Debatte eingeführt, der das unheilvolle Zusammenkommen von psychomentalen Bedingungen und religiöser Polarisierungssemantik sehr adäquat beschreibt. Jan Assmann greift hier den vom umstrittenen Staatsrechtler Carl Schmitt (1888–1985) entlehnten Begriff des »Ernstfalls« auf und wendet ihn für den religiösen Kontext an. Demnach wähnt sich der Gläubige unter bestimmten Bedingungen in einem Ernstfall, der ihn dazu verleite, die Welt in Freund-Feind-Schemata zu denken.[45] Die binäre Phänomenologie des Korans, in Gläubige und Andersgläubige, Paradies und Hölle, Wahrheit und Lüge oder – wie spätere muslimische Juristen einteilten – in »Haus des Friedens« und »Haus des Krieges« zu unterscheiden, kann eine bereits vorhandene Prägung semantisch intensiv aufladen und verstärken.[46] In dieser Hinsicht ist Jan Assmann ausdrücklich zu bestätigen.

Auf der anderen Seite ergibt sich daraus umso mehr die Herausforderung, Prädispositionen zu entdifferenzierter und essentialistischer Wahrnehmung präventiv zu verhindern.[47] Die Dekonstruktion vermeintlich religiöser Abgrenzungsnarrative und die Analyse tatsächlicher Handlungsmotive haben den Vorteil, ursachengerechte Lösungsstrategien überhaupt in Blickweite zu rücken und dadurch erst sinnhaft thematisieren zu können. Darüber hinaus zeigt eine solche Dekonstruktion auf, wo dezidiert problematische Anteile an religiösen Quellen- oder Sekundärtexten bestehen und in einem Revisionsprozess thematisiert werden müssen.

5. Schlussfolgerungen – Reformpotenzial von Religion

Inwieweit religiöse Texte des Islam oder – vielleicht noch elementarer, weil tiefwirkender – ein religiöser Habitus subtile Denkgewohnheiten von Menschen in ihren Handlungsstrukturen prägen, bleibt letztlich eine wissenschaftsmethodisch ausgesprochen vorsichtig zu beantwortende Fragestellung. Wie versucht wurde, in dieser Abhandlung darzulegen, scheinen die religiösen Texte islamischer Tradierung einen durchaus vernünftigen Rahmen normativer Handlungsorientierungen zur Disposition zu stellen. Nicht jeder aktuelle Missstand kann jedoch damit gerechtfertigt werden, dass man behauptet, es seien die jeweiligen fehlerhaften Verständnisse der Muslime, die dazu führten, dass der eigentlich absolut positive Sinn des Korans seine heil- und glückbringende Wirkung nicht in die Lebens-

---

45 Jan Assmann, Totale Religion. Ursprünge und Formen puritanischer Verschärfung, Wien 2016, S. 112–157.

46 Hervorragend herausgearbeitet für die islamistische Ideologie des Islamischen Staates bei Rüdiger Lohlker, Theologie der Gewalt. Das Beispiel IS, Wien 2016.

47 Siehe auch Christian G. Allesch, Konfliktquelle Fundamentalismus. Zu den alltagspsychologischen und kulturpsychologischen Wurzeln eines globalen religiösen Phänomens. In: Religionskonflikte (wie Anm. 4), S. 27–46.

realitäten der Menschen hineinentfalten könne.[48] Eine solche auch unter muslimischen Reformtheologen anzutreffende Haltung missdeutet drei wesentliche Zusammenhänge. Erstens unterminiert eine solche Haltung die Auslegungsbedürftigkeit des traditionellen Korpus. Religiöse Grundlagenquellen, vornehmlich der Koran und prophetische Überlieferungen, stellen für sich keine Subjekte dar, die sich selbst nach außen hin erklären und verständlich machen, sondern sind hermeneutisch relevante Objekte divergenter Wahrnehmungen, Verständnisse und Deutungen. Die reiche Tradition der muslimischen Kulturen formt dieses Material mit und leitet daraus jeweils für die eigenen partikularen Kontexte Emergenzen heraus; der Prozess der Aneignung ist dabei jedoch immer wieder zu aktualisieren. Dieser Prozess der aktualisierenden Aneignung ist nicht als beliebiger zu verstehen, da er von den tatsächlichen Gehalten und Substraten des Gegenstandes, hier dem islamischen Quellenkorpus, zehren muss, will er einen authentischen Bezug glaubhaft machen.

Der zweite Aspekt berührt die Frage nach dem Prozess der Kanonwerdung, welcher für sich in einem unmittelbaren Verhältnis zum Prozess der aktualisierenden Aneignung steht. Die erfolgreich erprobte Aneignung von Korpusgehalt in partikulare Kontexte der Alltäglichkeit führt zu einer Etablierung als kulturelle Tradition. Die Etablierung als kulturelle Tradition wiederum thematisiert ab einem bestimmten Zeitpunkt der Zustimmung und Geltung nicht mehr die Umstände ihrer spannungsreichen Konstitutionsphase; sie erleichtert alltägliche Praxis, indem sie ermöglicht, gerade ohne tiefergehende Hinterfragung auf erfolgreiche Erprobung gestützte Handlungslegitimation bereitzustellen. Entsprechen jene kulturellen Traditionen allerdings nicht mehr den konkreten Lebensanforderungen der Menschen und können sie diese nicht mehr sinnvoll bedienen, wirkt eine solche kulturelle Tradition eher wie ein die Atmung einschnürendes Korsett als wie ein Stabilität gewährendes Gerüst; es geht dann bloß noch um selbstzweckhafte Traditionspflege. Die religiöse Revitalisierung – oder Reform, um ein aus der lateinischen Denktradition erwachsendes Konzept zu wählen – kann in einer solchen Situation der zunehmenden Divergenz zwischen kultureller Tradition von Gemeinschaftswerten und konkreten existenziellen Lebensanforderungen, mit seiner nach wie vor starken Darstellungskraft moralischer Orientierungen, eine wertvolle Möglichkeit bieten, einen neuen Prozess der aktualisierenden Aneignung einzuleiten. Nicht ohne jegliche Bedeutung agierten die jeweiligen Religionsstifter, nicht nur der drei großen Weltreligionen, sondern auch darüber hinaus, zu ihren Anfängen als Wortführer einer oppositionellen Bewegung.[49]

Das was als Kernproblem auch des Zusammenhangs von Gewalt und Religion für den islamischen Kontext hier angenommen wird, ist die mangelnde Kompetenz jener maßgeblichen Akteure, unter denen die muslimischen Religionsgelehrten einen signifikanten Anteil ausmachen, jene Aneignungsleistung ausgewogen an-

---

48 Gudrun Krämer, Kritik und Selbstkritik. Reformistisches Denken im Islam. In: Der Islam im Aufbruch? (wie Anm. 7), S. 209–227.

49 Das was Peter Sloterdijk als unheilvollen »kontrasttheologischen« Impetus der Entstehungsphasen der drei monotheistischen Weltreligionen erachtet, kann in diesem Sinne als positiver, wenn nicht selbstzweckhafter Prozess der aktualisierenden Aneignung von gemeinschaftlichen Wertmaßstäben gedeutet werden. Sloterdijk, Gottes Eifer (wie Anm. 3), S. 58, 63–75.

zustoßen. Religiöse Semantik ist in muslimisch geprägten Gesellschaften ein natürlicher Bezugspunkt für die Artikulation von Gesellschaftskritik. Die Fähigkeit, durchaus verständliche Aspekte der religiösen Tradition in eine vernünftige Aktualität der Gesellschaftskritik zu überführen, scheint dagegen wenig ausgeprägt. Stattdessen werden religiöse Vokabeln zu sinnentrückten Schlagbegriffen individueller und kollektiver ideologischer Suchbewegungen. Gelingt es zum wiederholten Male nicht, an jenen zivilisatorischen Scheidewegen den beschriebenen Aneignungsprozess zumindest in eine positive Tendenz zu bewegen, verfestigt sich gegebenenfalls Resignation und wird selbst zu einer Tradition, die in eine sich ständig selbst potenzierende Kultur des Konflikts mündet. Gerade diese Gefahr besteht für einen Großteil der Räume, die als islamische Welt gekennzeichnet sind und sie ist eine Herausforderung, die ab einem bestimmten Moment die Verantwortlichkeit der Betroffenen übersteigt und zu einer Verantwortlichkeit der Weltgemeinschaft wird.

Zweiter Teil

Religiös-politische Gewaltkonflikte in Geschichte und Gegenwart

Heinz-Günther Stobbe

Gewalt gegen Religion, eine wenig beachtete Realität. Skizzen zu einem neuzeitlichen Phänomen

Zu den mannigfachen Veränderungen in der geistig-kulturellen Landschaft Deutschlands und Europas nach dem Ende des Ost-West-Konflikts zählt offenkundig auch eine neue Sensibilität für die Bedeutung von Religion im Kontext von Gesellschaft und Politik. Ein interessantes Beispiel für das sich verändernde Aufmerksamkeitsprofil bietet ein Vergleich der unter dem Titel »Globale Trends« von der Stiftung Entwicklung und Frieden veröffentlichten Studien aus den Jahren 1991 bis 1996. In der ersten Publikation (1991) wird das Thema Religion nicht behandelt, ja nicht einmal erwähnt. Im Band zu 1993/94 findet sich ein eigenes Kapitel »Religionen«[1], das mit einem Hinweis auf die sich vollziehende weltweite »Renaissance der Religionen« beginnt und in dem dann die religiöse Weltsituation detailliert beschrieben und analysiert wird. Am Ende kommt der Beitrag auf das Verhältnis von Religion und Konflikt zu sprechen, betont die Ambivalenz der Religionen und führt ihr Konfliktpotenzial vor allem auf ihren Wahrheitsanspruch zurück. Das entsprechende Kapitel im Band zu 1996 fällt deutlich umfangreicher aus und setzt ebenfalls mit dem Verweis auf religiöse Weltentwicklung ein, fügt aber eine aufschlussreiche Erläuterung hinzu:

> »Religionen gewinnen eine neue Bedeutung als moralische Orientierungshilfe in säkularen und fortschrittsorientierten Gesellschaften, als religiöse Protestbewegungen und als Vermittler kultureller Identität, aber auch als Motivation in kriegerischen Konflikten oder als stilisiertes Feindbild in der sicherheitspolitischen Debatte. Die zusammenfassende Bilanz lautet: Die politische Funktion von Religion wird national wie international stärker.«[2]

Der amerikanische Politologe Samuel Huntington hat den Kern dieses Trends auf eine knappe Formel gebracht: Die »im Westfälischen Frieden etablierte Trennung von Religion und internationaler Politik, ein ureigenes Ergebnis westlicher Kultur, geht zu Ende«[3]. Diese Rückkehr der Religion auf die Bühne der Politik wird keineswegs allgemein begrüßt. Unmittelbar nach den Anschlägen vom 11. September 2001 schrieb der portugiesische Literaturnobelpreisträger

---

1 Stiftung Entwicklung und Frieden: Globale Trends 93/94 – Daten zur Weltentwicklung. Hrsg. von Ingomar Hauchler, Frankfurt a.M. 1993, S. 333–345.

2 Stiftung Entwicklung und Frieden: Globale Trends 1996. Fakten – Analysen – Prognosen. Hrsg. von Ingomar Hauchler, Frankfurt a.M. 1995, S. 421–443, S. 421.

3 Samuel P. Huntington, Kampf der Kulturen. Die Neugestaltung der Weltpolitik im 21. Jahrhundert, 10. Aufl., München 2002, S. 71.

José Saramago in einem Kommentar: »Es ist bekannt, dass keine Religion, ohne jede Ausnahme, je dazu diente, die Menschen einander näher zu bringen und den Frieden zu mehren. Religionen waren und sind der Grund für unendliches Leid, für Massenmorde und ungeheuerliche physische und psychische Gewalt, die zu den dunkelsten Kapiteln der elenden Geschichte der Menschheit gehören.«[4] Das ist in seiner Rigorosität sicherlich ein extremes Urteil, aber gerade in Europa und Deutschland ist eine gehörige Portion Skepsis gegenüber der Gewaltträchtigkeit von Religion weit verbreitet, zum Teil wohl ein fernes Echo auf die Schrecken der Konfessionskriege. Während also die Rolle der Religion als Quelle von Gewalt in den letzten Jahren im Zentrum der öffentlichen Wahrnehmung steht und in einer wahren Flut einschlägiger Publikationen ihren Niederschlag gefunden hat, existiert in der umgekehrten Blickrichtung fast ein blinder Fleck: Gewalt *durch* Religion ist ein viel beachtetes Thema, Gewalt *gegen* Religion dagegen kaum. Dabei liegen die Ereignisse, die in diesem Zusammenhang interessieren, zeitlich viel näher als die Kreuzzüge, die Hexenverfolgung oder die Konfessionskriege, die in der Regel als Belegmaterial für religiöse Gewalt ins Feld geführt werden.

Im Folgenden wird deshalb die von der Religion ausgehende Gewalt ebenso ausgeblendet wie interreligiöse Gewalt und nur ein Fall von christentumsfeindlicher Gewalt behandelt (1). Die beiden anderen Fälle beziehen sich auf den Kampf gegen Religion als solche (2. und 3.). Was alle drei Beispiele verbindet, ist ihr neuzeitlicher Charakter; das heißt, sie sind alle auf je eigene Weise mit einer Weltsicht verbunden, in der zum einen Wissenschaft, zum anderen Kritik an der gesellschaftlichen und politischen Funktion der Religion eine ausschlaggebende Rolle spielt. Aus diesem Grund gilt hier mehr noch als bei anderen Formen der Gewalt, dass die antireligiöse und antichristliche Gewalt in der Neuzeit nur verstanden werden kann als Ergebnis eines Bedingungsgeflechts, in dem weltanschauliche Voraussetzungen mit sozialen und politischen Faktoren miteinander verwoben sind.

1. Französische Revolution – Eskalation kirchenfeindlicher Gewalt

Am 14. Juli 1998 beging Frankreich den 200. Jahrestag des Beginns der Französischen Revolution. Dieses besondere Jubiläum bot nicht nur Anlass zu feierlichem Gedenken, sondern auch zu kritischem Rückblick, teilweise zu heftigem Widerspruch. Einen der schärfsten Beiträge zu dieser Debatte lieferte noch im Jubiläumsjahr eine Tagung des Akademischen Bundes der Katholisch-Österreichischen Landsmannschaften, veröffentlicht unter dem sprechenden Titel »Von der Humanität zur Bestialität. Eine Bilanz der Französischen Revolution«[5]. In seinem Vortrag zog der Rechts- und Politikwissenschaftler Erik von Kuehnhelt-Leddhin eine direkte Linie von der Französischen Revolution zu den massen- und

[4] José Saramago, Im Namen Gottes ist das Schrecklichste erlaubt. In: Der Schock des 11. September und das Geheimnis des Anderen – Eine Dokumentation. Hrsg. vom Haus am Lützowplatz, Berlin 2002, S. 185–188, S. 185.

[5] Von der Humanität ... zur Bestialität. Eine Bilanz der Französischen Revolution. Hrsg. von Heinrich Schuschnigg und Dieter Gutsmann, Wien, München 1989 (= Maximiliana, 2).

völkermörderischen Massakern der roten und braunen Gewaltherrschaften des 20. Jahrhunderts: »Seit der Französischen Revolution leben wir im Zeitalter des ›G‹ – der Guillotinen, Galgen, Gefängnisse, Gestapoverhöre, Geisteskrankenhäuser, Gaskammern, Genickschüsse und Gulags.«[6] Man könnte meinen, es handle sich um eine Linie maßloser Steigerung, doch der Redner vertrat eine andere Perspektive:

> »Rein quantitativ waren die Untaten der roten und braunen Sozialisten bedeutend ärger als die der Französischen Revolution, aber qualitativ sieht die Sache anders aus. Die Verbrechen der National- und Internationalsozialisten wurden größtenteils in Konzentrationslagern und Kellern von einigen ausgebildeten Schergen begangen, jene der französischen Republikaner unter den Schlagwörtern der Freiheit, Gleichheit und Brüderlichkeit zu sehr gutem Teil vom lieben Volk oder zumindest begleitet vom Applaus vergnügter Zuschauer – alles am helllichten Tag mit gewollter Publizität.«[7]

Unabhängig von Sinn oder Unsinn verdient diese Sichtweise hier allein deshalb Aufmerksamkeit, weil sie nicht zuletzt mit dem religionsfeindlichen Charakter der revolutionsbedingten Gewalt begründet wurde. Dem widersprach bereits während der Tagung der damalige Abtpräses der österreichischen Benediktiner, Pater Clemens Lashofer, der in seinem Vortrag erklärte:

> »Es ist heute gesichertes Forschungsergebnis, dass die Französische Revolution in ihrem Anfangsstadium keineswegs kirchenfeindlich war. Zu oft geht die popularisierende Geschichtsschreibung darüber hinweg, dass die Revolution weder ihrem Ursprung noch ihren Zielsetzungen nach gegen die Kirche, die Religion und den Klerus gerichtet war.«[8]

Da Lashofer die Gewaltexzesse gegen Kirche und Religion keineswegs bestreitet, sie vielmehr genau beschreibt, stellt sich umso dringlicher die Frage, wie sich die Zuspitzung der Lage von 1789 bis hin zu den Vorgängen von 1792 und 1795 erklärt. Zudem besaß die anfängliche Zurückhaltung aufseiten der Revolution ihr Gegenstück in Gestalt durchaus breiter Sympathien für sie beim katholischen Klerus: »Abgesehen von einem harten Kern entschiedener Konservativer (etwa ein Viertel der geistlichen Deputierten) war der Klerus während der frühen Revolution in seinem kirchlichen und politischen Reformwillen mit dem Dritten Stand einig.«[9] Die innerkirchliche Meinungs- und Fraktionsbildung hing unlösbar mit der Verquickung von kirchlicher Hierarchie und Feudalsystem zusammen, denn der höhere Klerus rekrutierte sich ganz überwiegend aus Mitgliedern des Adels. Die Absicht der Reformer wie der Revolutionäre, die politische Ordnung zu verändern oder gar umzustürzen, führte daher bis zu einem gewissen Grade unvermeidlich zu einem Konflikt mit der Kirche, die ihn wiederum in sich selbst auszutragen hatte. Denn große Teile des vor allem mit der Landbevölkerung verbundenen niederen Klerus hatten in Anbetracht der hartnäckigen Reformverweigerung

---

6 Erik von Kuehnelt-Leddhin, Sade, Robespierre und die Folgen. In: Von der Humanität (wie Anm. 5), S. 47–47, S. 61.

7 Ebd., S. 53.

8 Clemens Anton Lashofer OSB, Die Französische Revolution und die Kirche. Einfluß der Kirche auf die Revolution – Einfluß der Revolution auf die Kirche. In: Von der Humanität (wie Anm. 5), S. 87–137, S. 97.

9 Eva Schleich, Kirche, Klerus und Religion. In: Die Französische Revolution. Hrsg. von Rolf Reichhardt, Freiburg, Würzburg 1988, S. 172–185, hier S. 178 f.

des höheren Klerus kaum eine andere Wahl als die, sich gegen diesen Widerstand zu wenden, zumal er weniger christlich motiviert, sondern vor allem von der Angst diktiert war, Standesprivilegien zu verlieren. Für diese Blindheit gegenüber den berechtigten Forderungen der veränderungswilligen Kräfte im Land zahlte die Kirche im weiteren Verlauf der Revolution einen hohen, weit überhöhten Preis. Freilich kamen bei ihrer fortschreitenden Radikalisierung der Revolution bis hin zum Großen Terror und der Entchristianisierungswelle von 1793/94 noch andere bedeutsame Faktoren ins Spiel, darunter die Zersplitterung der revolutionären Bewegung. Ins Gewicht fiel außerdem und vor allem die Kombination von inneren Unruhen und den Kriegen gegen England, die Niederlande, Österreich und Preußen; ohne Zweifel eine höchst gefährliche Lage, deren Wahrnehmung sich allerdings bei den Revolutionären bis zur Paranoia steigerte. Im Herbst 1793, als sich der Große Terror ankündigte, rechtfertigte Maximilien Robespierre das Vorgehen mit einer ebenso dramatischen wie aufschlussreichen Schilderung der Aufgaben der Revolutionsregierung:

> »Wir müssen 11 Armeen dirigieren, haben die Last von ganz Europa zu tragen, überall gilt es Verräter zu entlarven, Agenten aufzuspüren, die mit dem Gold der ausländischen Mächte beladen sind, müssen ungetreue Verwalter überwacht und verfolgt, überall Hindernisse und Widerstände, von denen die klügsten Maßnahmen behindert werden, aus dem Weg geräumt, alle Tyrannen bekämpft, alle Verschwörer eingeschüchtert werden, die so gut wie ausnahmslos einer Kaste angehören, die einst durch ihre Reichtümer und Intrigen so übermächtig waren.«[10]

Im Inneren in wachsendem Maße in Fraktionskämpfe verstrickt und durch Aufstände herausgefordert, im Äußeren durch eine wachsende Zahl von Feindstaaten bedroht, begannen die Revolutionäre überall Verschwörungen zu wittern. Je länger je mehr zählten sie, nicht ganz ohne Grund, die römisch-katholische Kirche zu ihren schlimmsten Feinden, deren vertriebene oder geflüchtete Priester und Mitglieder sie als Kriegstreiber im Ausland ansahen, die vor allem die katholischen Mächte anzustacheln suchten. So verschärfte sich der Kampf gegen die gegenrevolutionären Kräfte von einem antifeudalen Antiklerikalismus über einen Antikatholizismus bis hin zu einer militanten Religionskritik, die in Widerspruch zur Politik der rechtlichen Gleichstellung der Protestanten und Juden mit den Katholiken im revolutionären Frankreich geriet.

Dieser Kampf umfasste eine breite Palette von Maßnahmen, die von rechtlichen Einschränkungen über behördlich angeordnete Hinrichtungen bis hin zu pogromartigen Massakern reichte und außerdem zunehmend kulturrevolutionäre Züge annahmen.[11] Am Beginn standen die Enteignung von Kirchengütern, der Entzug der Adelsprivilegien für den höheren Klerus und die Auflösung sämtlicher Orden, die die Kirche sehr hart trafen und teilweise bis heute nachwirken, sie aber nicht zerstören sollten. Das Hauptziel der revolutionären Kirchenpolitik bestand in dieser Phase darin, die katholische Kirche vollständig in den Nationalstaat ein- und sie der staatlichen Autorität unterzuordnen. Die Zivilkonstitution von Mitte 1790 machte das unmissverständlich klar, indem sie eine gallikanische

---

10 Zit. nach: Johannes Willms, Tugend und Terror. Geschichte der Französischen Revolution, München 2014, S. 475.

11 Vgl. dazu insgesamt den Beitrag von Eva Schleich (wie Anm. 9).

Staatskirche schuf, die aus allen formellen Beziehungen mit der römisch-katholischen Gesamtkirche herausgelöst wurde. Das bedeutete einen schwerwiegenden Eingriff in das Eigenrecht der Kirche, den diese nicht hinnehmen konnte. Folglich wuchs der kirchliche Widerstand gegen die Politik der Nationalversammlung, die im Gegenzug Ende Dezember per Dekret alle Geistlichen darauf verpflichtete, einen Eid auf die Verfassung unter Einschluss der Zivilkonstitution abzulegen.

Diese Entscheidung trieb einen Keil in die katholische Kirche, indem sie den Klerus entlang der Eidfrage spaltete: Die Zahl der Eidverweigerer bewegte sich durchschnittlich um die 50 Prozent, im Elsaß erreichte sie sogar 80 Prozent. Nicht wenige der Kleriker, die bislang die Revolution unterstützt hatten, schlugen sich nun, als sich der Druck auf die Kirche erhöhte, auf die Seite ihrer Gegner. Durch ein weiteres Gesetz wurde 1791 die Deportation von Priestern angeordnet, wenn sie durch 20 Zeugen der Eidverweigerung überführt wurden; 1792 wurde durch ergänzende Bestimmungen die Kirchenpolitik weiter radikalisiert. Die Deportationen trafen um die 20 000 Priester. Viele Geistliche wollten ihre Gemeinden nicht im Stich lassen und tauchten in den Untergrund ab, etwa 20 000 gingen ins Exil und eine steigende Zahl trat den letzten Weg aufs Schafott an. Im September ermordeten fanatische Republikaner 300 Geistliche im Gefängnis als Feinde der Revolution, und 1793 beschloss der Nationalkonvent, Eidverweigerer binnen 24 Stunden hinrichten zu lassen; Priester sollten unter Androhung der Todesstrafe ihrem Amt abschwören und heiraten.

Die Entfesselung der Gewalt wurde eingeläutet mit dem »Gesetz über die Verdächtigen« vom 17. September 1793, das alle im März eingesetzten »Überwachungsausschüsse« ermächtigte, sämtliche als unzuverlässig eingeschätzten Personengruppen, zum Beispiel die Verwandten von Emigranten, sofort verhaften zu lassen.[12] Alles sollte geregelt ablaufen, doch infolge der ständig anarchischer werdenden Zustände kam das Gesetz einem Freibrief für eine nahezu zügellose Verfolgung gleich. Im Zuge des um sich greifenden Terrors, der nicht zuletzt in eine Selbstzerfleischung der revolutionären Bewegung überging, gewann die antikirchliche Gewalt rasch exzessive Züge: Es kam in Paris und in den Provinzen zu Massenerschießungen und Massenertränkungen, zur Zerstörung von Kirchen und Klöstern oder ihrer Umnutzung als Ställe und Lagerhallen, zur Kürzung von Kirchtürmen und zur Verbrennung liturgischer Gewänder; Altäre, Kreuze und Gräber wurden geschändet, sakrale Gegenstände geraubt oder viele Kirchenglocken eingeschmolzen. Im Spätherbst 1793 teilte Joseph Fouché, einer der rücksichtslosesten Scharfmacher, dem Konvent mit, 17 Kisten »gefüllt mit Gold, Silber und Silberzeug« als Beute nach Paris zu schicken.[13] Das waren keine punktuellen Entgleisungen mehr, sondern Elemente einer zwar nicht zentral gesteuerten, aber breit angelegten Kampagne, die einen neuen Menschen als Teil einer neuen Welt hervorbringen sollte: »Jetzt war das Ziel eine umfassende Auslöschung aller christlichen Prägungen der Alltagskultur.«[14] Die Entchristlichung des gesamten Lebens, die schon im September 1792 mit der vergleichsweise harmlosen Einführung der Ziviltrauung und Ehescheidung eingesetzt hatte, äußerte sich jetzt in öffentlichen Demonstrationen – zum Beispiel

[12] Der Text findet sich in: Die Französische Revolution. Eine Dokumentation. Hrsg. von Walter Grab, München 1973, S. 176–178.

[13] Vgl. Willms, Tugend und Terror (wie Anm. 10), S. 509.

[14] Ebd., S. 506.

während der Sitzungen des Konvents, bei denen Kirche und Religion verhöhnt wurden. Ausgerechnet Robespierre sah sich schließlich genötigt, gegen diesen Kurs zu protestieren, weil er fürchtete, er treibe das Volk geradewegs in einen Bürgerkrieg. In einer Rede an die Jakobiner bezog er unter Berufung auf die wahren Absichten der Revolution in aller Klarheit Stellung:

> »Man war der irrigen Annahme, dass der Konvent, als er die Spenden von Kirchengerät akzeptiert hatte, den katholischen Kultus untersagt hätte. Nein, der Konvent hat eine derart voreilige Maßnahme nicht ergriffen, der Konvent wird ihr niemals zustimmen. Seine Absicht ist es vielmehr, die Freiheit der Religionsausübung, die er verkündet, aufrechtzuerhalten, und zugleich alle diejenigen zu verfolgen, die diese missbrauchen, um die öffentliche Ordnung zu stören [...] Man hat die Priester denunziert, weil sie die Messe gelesen haben; sie werden sie noch viel länger lesen, wenn man sie daran zu hindern sucht. Derjenige, der ihnen die Messe untersagen will, ist im Übrigen weitaus fanatischer als der, der die Messe liest. – Auch gibt es Leute, die noch viel weiter gehen und unter dem Vorwand, den Aberglauben zu beseitigen, den Atheismus selbst zur Religion machen wollen [...] Der Atheismus ist eine durch und durch aristokratische Überzeugung, während die Vorstellung eines obersten Wesens, das über die unterdrückte Unschuld wacht und von dem das siegreiche Verbrechen geahndet wird, zutiefst volkstümlich ist.«[15]

Tatsächlich wurde die Forderung, zugleich mit der Kirche auch die Religion als solche auszulöschen, niemals Teil des offiziellen Regierungsprogramms im revolutionären Frankreich, doch auch der von Robespierre geförderte Kult eines höchsten Wesens vermochte in der Bevölkerung, für die er eigentlich gedacht war, niemals tiefere Wurzeln zu schlagen. Das bleibende Erbe der Revolution in ihrer Haltung gegenüber der Religion blieb auf die Religionsfreiheit und die strikte Trennung von Kirche und Staat beschränkt, darin freilich vorbildlich für eine Reihe westlicher Staaten. Der antireligiöse Extremismus fand erst im 20. Jahrhundert wieder ein machtvolles und schreckenerregendes Echo.

2. Vernichtung der Religion als Ziel kommunistischer Politik in der UdSSR

Bekanntlich nahm die Religionspolitik im Rahmen der von Karl Marx und Friedrich Engels inspirierten sozialistischen Bewegungen keinen hohen Rang ein. Marx bezeichnete die Religion in einem berühmten Diktum als »Opium des Volkes«, das es den Menschen im Elend ermöglichte, sich in eine bessere Welt zu träumen, eben dadurch aber auch die Sehnsucht nach ihr wach hielt. In einer kommunistischen Gesellschaft werde, so hieß es, die religiöse Vertröstung überflüssig und die Religion von selbst absterben. Intellektuell betrachtet hatte aus dieser Sicht die Philosophie deren illusionären Charakter längst aufgedeckt, die Aufgabe der theoretischen Religionskritik war mit Ludwig Feuerbach abgeschlossen. Inzwischen erfüllte der historische Materialismus sehr erfolgreich die Aufgabe, Natur, Gesellschaft und Geschichte zu erklären. Marx und Engels setz-

---

15 Ebd., S. 528 f.

ten wie die klassische Aufklärung auf den Fortschritt, der durch Vernunft und Wissenschaft unaufhaltsam befördert wurde, und sie ergänzten diese Erwartung durch die Forderung, die politischen und gesellschaftlichen Verhältnisse im Licht der philosophischen Einsichten und wissenschaftlichen Erkenntnisse umzuwälzen. Diese praktisch-politische Seite des Marxismus hatte Vorrang, weil sich in der Konsequenz seines Siegeszuges das religiöse Problem von selbst lösen würde. Die Beziehung zur Religion war deshalb theoretisch wie praktisch kritisch, doch vergleichsweise entspannt.

Diese Gelassenheit verschwand schlagartig mit der kommunistischen Revolution von 1917. Die kommunistische Regierung setzte umgehend einen Vernichtungsfeldzug in Gang, der von der höchsten Autorität im Staat angeordnet und durch staatliche Organe ausgeführt wurde. Alexander Jawlenski hat dazu geschrieben: »Bereits im Frühjahr 1918 wurde eine offene Terrorkampagne gegen sämtliche Religionen, besonders gegen die russisch-orthodoxe Kirche, eingeleitet. Ihr Initiator war erneut Lenin. Seine Maßnahmen gegen die Religion und die Kirche verblüffen durch ihre teuflische Grausamkeit und Unmoral.«[16] »Erneut Lenin« – diese Wendung verweist auf Vorangegangenes, und in der Tat gab Wladimir Iljitsch Lenin schon Jahre vor der Oktoberrevolution den ideologischen Leitton für den späteren Kampf gegen die Religion vor. Im November 1913 proklamierte Lenin in einem Brief an Maxim Gorki kategorisch:

> »Jede religiöse Idee, jede Idee von Gott, sogar jedes Flirten mit der Idee von Gott, ist eine unaussprechliche Abscheulichkeit [...] von der gefährlichsten Sorte, ›Ansteckung‹ von der verwerflichsten Art. Millionen Sünden, schmutzige Taten, Gewalttaten und physische Ansteckung [...] sind weit weniger gefährlich als die raffinierte spirituelle Idee von Gott [...] Jede Verteidigung oder Rechtfertigung Gottes, selbst die feinsinnigste, die bestgemeinte, ist eine Rechtfertigung der Reaktion.«[17]

Das kam einer vorweggenommenen Selbstabsolution für jene Gewaltorgie gleich, die Lenin und das bolschewistische Regime eröffneten, sobald sie die politische Macht in Händen hielten. Man darf sich jedoch durch ihre dem ersten Anschein nach rein politische Motivation nicht täuschen lassen. Die weltanschauliche Basis lieferte eine atheistisch-materialistisch begründete Fortschritts-, Technik- und Staatsgläubigkeit, die Lenin 1918 im Kontext einer Debatte über die Bauernfrage in die griffige Parole packte: »Die Elektrizität wird Gott ersetzen. Lasst den Bauern die Elektrizität anbeten, er wird in ihr die Macht der Behörden mehr spüren als die des Himmels.«[18]

Die Parteilinie fand ihren Ausdruck unter anderem in einer für die Jugend gedachten Propagandaschrift von 1923, in der es hieß, es gehe um eine »Entscheidungsschlacht gegen den Popen, der sich Pastor, Abt, Rabbiner, Patriarch, Mullah oder Papst nennt; dieser Kampf muss sich ebenso unvermeidbar ausdehnen zu

---

16 Alexander Jakowlew, Ein Jahrhundert Gewalt in Sowjetrussland, Berlin 2006, S. 235.

17 Zit. nach: Robert Conquest, Ernte des Todes. Stalins Holocaust in der Ukraine 1929–1933, München 1988, S. 245.

18 Zit. nach: Nicolas Werth, Ein Staat gegen sein Volk. Gewalt, Unterdrückung und Terror in der Sowjetunion. In: Das Schwarzbuch des Kommunismus. Unterdrückung, Verbrechen und Terror. Hrsg. von Stéphane Courtois [u.a.], 2. Aufl., München, Zürich 1998, S. 51–295, S. 141.

einem Kampf gegen Gott, der sich Jehowa, Jesus, Buddha oder Allah nennt.«[19] Diese Kriegserklärung war erkennbar keineswegs nur an die russisch-orthodoxe Kirche adressiert, sondern an alle Religionen, und sie wurde denn auch in diesem Sinne umgesetzt. Dennoch richteten sich selbstverständlich die ersten und schwersten Schläge vornehmlich gegen die russisch-orthodoxe Kirche, die unter ihnen fortan in einem schwer vorstellbaren Ausmaß zu leiden hatte. Dieses Leiden wird nicht im Geringsten gemindert durch die Tatsache, dass die Anwendung von Gewalt durch die kommunistische Partei im Grunde die gesamte Gesellschaft betraf. »Die Staatsmacht führt«, so hieß es treffend in einer Broschüre der Sozialrevolutionäre von 1921, »einen Krieg gegen das eigene Volk.«[20] Mehr noch: Dieser Krieg wurde geführt in der Form eines gigantischen Massenmords, der nahezu 30 Millionen Menschen auslöschte – allein in der Sowjetunion. Ganze Völkerscharen wurden dezimiert oder ausgerottet, ganze Berufsgruppen fast ausgemerzt, die Intelligenz, Schriftsteller und die Künstler hingerichtet, deportiert oder ideologisch aus- und abgerichtet. Schließlich und nicht zuletzt verschlang, nach einem bekannten Wort des vormaligen Kommunisten Wolfgang Leonhard, die Revolution ihre eigenen Kinder. Unter Josef Stalin wurde die gesamte alte Garde der Bolschewiken aus der Kampfzeit der Revolution gehängt oder erschossen.[21] Bis zu seinem Tod begleitete und durchdrang tötende Gewalt das gesamte Leben im Sowjetreich: Erschießen, Erschießen und nochmals Erschießen. »In den Jahren des Bürgerkrieges war ›erschießen‹ eines von Lenin am häufigsten verwendeten Wörter.«[22] Auch andere Sowjetführer unterzeichneten unermüdlich Erschießungsbefehle. Stalin und Wjatscheslaw Michailowitsch Molotow genehmigten an einem einzigen Tag, dem 12. Dezember 1938, »die Erschießung von 3167 Menschen.«[23] Vollstreckt wurden die Erschießungsbefehle in Kellern, auf offenem Feld, in den Wäldern oder den Lagern, deren erste Leo Trotzki schon 1918 einrichten ließ. Es kamen zahlreiche weitere Tötungsarten hinzu, angefangen vom Hängen, das Lenin ursprünglich wegen der demonstrativen Wirkung als ›Anstoß zum Nachdenken‹ bevorzugt hatte[24], bis zum Töten durch Arbeit. Manchmal schwoll die Gewalt an, dann wieder ebbte sie ab, beides aus Gründen, die für die meisten Menschen undurchschaubar waren. Die allgegenwärtige Bedrohung durch eine willkürlich verhaftende und mordende Macht kennzeichnete das Leben in allen kommunistisch regierten Staaten und verkörperte sich in der Institution des jeweiligen Geheimdienstes. Im Fall der Sowjetunion kamen wie bei der Französischen Revolution eine Reihe von Faktoren zusammen, deren komplexes Zusammenwirken das jeweilige Profil und die Dynamik des Gewaltgeschehens bestimmte: ein revolutionsbedingter furchtbarer Bürgerkrieg (mit 12 Millionen Toten), der sich mit dem Eingreifen ausländischer Mächte verquickte, das bei den Bolschewiki ein Einkreisungstrauma hervorrief; Serien wiederkehrender Aufstände, Revolten und Streiks, Richtungskämpfe innerhalb der

---

19 Zit. nach: Andrea Riccardi, Salz der Erde, Licht der Welt. Glaubenszeugnis und Christenverfolgung im 20. Jahrhundert, Freiburg i.Br. 2002, S. 36 f.

20 Zit. nach: Dimitri Wolkogonow, Lenin. Utopie und Terror, Düsseldorf [u.a.] 1996, S. 77.

21 Vgl. Donald Rayfield, Stalin und seine Henker, München 2004, S. 295–350.

22 Ebd., S. 214.

23 Donald Rayfield, Stalin. Triumph und Tragödie. Ein politisches Portrait, 3. Aufl., Düsseldorf 1996, S. 450.

24 Ebd., S. 107.

revolutionären Bewegung und der kommunistischen Partei, soziale Spannungen und zeitweise Not und Elend in einem Ausmaß, das jeder Beschreibung spottete; kurzum: ein unvorstellbares, unbeherrschbares Chaos, das ein Klima von Angst, Rachegefühlen und Hass erzeugte. Je verbissener und skrupelloser die Bolschewiki ihren Führungsanspruch verteidigten, desto rascher schossen allenthalben die »Volksfeinde« und »Volksschädlinge« wie Pilze aus der russischen Erde: »Banden« und »Banditen«, »Sozialrevolutionäre«, »Kosmopoliten« sowie »Abweichler« ohne Zahl, darunter vor allem »Menschewiken«, »Trotzkisten«, »Bucharinisten«, »Revisionisten« usw. – »Reaktionäre« allesamt. Deren Klassifikation wurde ständig verfeinert, während die »bolschewistische Gesetzlichkeit« (Stalin) die Strafbarkeit durch Gummiparagraphen fast uferlos erweiterte. »Verschwörer«, »Diversanten« und »Saboteure« arbeiteten landauf, landab daran, die Fundamente der revolutionären Ordnung zu unterminieren, den Fortschritt der Revolution zu behindern und ihre Errungenschaften zu leugnen.

Um die von allen Seiten umzingelte und im Inneren dauernd durch Verrat gefährdete »Diktatur des Proletariats« zu schützen, bedurfte die Partei eines »bewaffneten Arms« in Gestalt einer politischen Polizei, die freie Hand bei der Erfüllung ihres Auftrags hatte, nämlich legalen Terror zu praktizieren. Lenin, der Trotzki für seine »vorbildliche Erbarmungslosigkeit« lobte, beauftragte Felix Dscherschinski, ein »Schwert der Partei« zu schmieden. Dieser asketische Gründervater und Ideengeber der kommunistischen Geheimpolizei von der Tscheka bis zur Stasi erläuterte sogleich vor dem Rat der Volkskommissare sein Projekt einer neuen Institution und den nötigen Geist ihrer Mitarbeiter:

> »Glaubt nicht Genossen, dass ich nach einer Art revolutionsadäquaten Gerechtigkeit suche. Wir können mit ›Gerechtigkeit‹ nichts anfangen. Wir befinden uns im Krieg, und zwar an der grausamsten aller Fronten, denn der Feind ist maskiert auf dem Vormarsch, und es ist ein Kampf auf Leben und Tod! Mein Vorschlag, meine Forderung zielt auf die Bildung eines Organs, das auf revolutionäre und unverkennbar bolschewistische Art und Weise mit den Konterrevolutionären abrechnet!«[25]

In diesem »Kampf auf Leben und Tod« kam dem Kampf gegen die Religion gewiss keine vorrangige Bedeutung zu, aber weitaus stärker als in der Französischen Revolution stand er der Russischen Revolution ins Programm geschrieben, und es war die russisch-orthodoxe Kirche, die das von Anfang an zu spüren bekam. Die erste Welle der Gewalt überrollte sie sofort nach der bolschewistischen Machtergreifung mit mörderischer Wucht: Innerhalb nur eines Jahres kommunistischer Herrschaft wurden etwa 3000 Geistliche erschossen, zahlreiche Bischöfe und Metropoliten bestialisch ermordet.[26] Die Tötung von Priestern, Mönchen und Nonnen sowie die Entweihung von Kirchen und Klöstern wiesen oft ausgesucht blasphemische, beleidigende und herabwürdigende Züge auf[27], Folge eines maßlosen Hasses, in dem das Bedürfnis nach Rache und ideologisch genährte Verachtung sich zu einem hochgiftigen Gebräu vermischten. Durch die Verfassung vom 10. Juli 1918 waren derartige Auswüchse der Religionspolitik

---

25 Zit. nach: Werth, Ein Staat gegen sein Volk (wie Anm. 18), S. 71 f.

26 Vgl. Jakowlew, Ein Jahrhundert Gewalt (wie Anm. 16), S. 236, unter Berufung auf die Statistik zur Verfolgung der Kirche, die vom Orthodoxen Theologischen St. Tichon-Institut angefertigt wurde.

27 Vgl. zum Folgenden Conquest, Ernte des Todes (wie Anm. 17), S. 248–251.

eigentlich nicht gedeckt, denn sie gewährte formal der religiösen wie der antireligiösen Propaganda gleiche Freiheitsrechte. Nur war das Papier, auf dem sie geschrieben stand, ungemein geduldig. Außerdem erlegte sie zugleich der Kirche erhebliche Einschränkungen und Lasten auf. Zum Beispiel ermöglichte sie es, kirchliches Eigentum entschädigungslos zu verstaatlichen. Im Artikel 65 der Verfassung wurden, um ein zweites Beispiel zu nennen, die Priester pauschal zu »Dienern der Bourgeoisie« deklariert und ihres Wahlrechts beraubt. Sie bekamen keine Lebensmittelkarten, während des Großen Hungers leicht ein Todesurteil, und ihre Kinder durften lediglich die Grundschule besuchen. Schon im Januar 1918 war jeglicher Religionsunterricht verboten worden; ein Verbot, das 1921 auf jede Form der religiösen Unterweisung für Personen unter 18 Jahren ausgedehnt wurde. Klöster und Kirchen wurden reihenweise aufgelöst oder geschlossen, 1920 erließ der Rat der Volkskommissare die Verordnung »Über die russlandweite Beseitigung der Reliquien«, bald ergänzt durch eine Sonderverordnung (»Über die Reliquien«), die bestimmte religiöse oder magische Riten kriminalisierte. Der Protest von Geistlichen und Gläubigen gegen die Schändung und Verhöhnung von Reliquien bot eine willkommene Gelegenheit zu zahlreichen Verhaftungen und Anklagen.

Besonders aufschlussreich für den Zynismus in Lenins politischem Denken ist eine Episode aus den frühen 1920er Jahren, als die chronischen Versorgungsnöte Russlands sich zu einer katastrophalen Hungersnot auswuchsen. Die russisch-orthodoxe Kirche reagierte direkt in Form eines Aufrufs von Patriarch Tichon:

> »Das ganze Land ächzt unter der Hungersnot. Vielerorts kommt es sogar zu Kannibalismus. Von 13 Millionen Hungernden erhalten nur 2 Millionen Hilfe. Reicht den hungernden Brüdern und Schwestern eure helfende Hand! Mit dem Einverständnis der Gläubigen dürfen Teile des Kirchenschatzes (Ringe, Ketten und Armbänder, die für die Verzierung der Ikonen gespendet wurden) für die Hungerhilfe herangezogen werden.«[28]

Das Politbüro gestattete am 7. Juli 1921 die Ausführung dieser Initiative; im August 1921 wiederholte Tichon seinen Aufruf, wandte sich jetzt aber zugleich an alle Christen und Völker der Welt; im selben Jahr wurde das »Allrussische Komitee für kirchliche Hungerhilfe« gegründet. Daraufhin wollten bürgerliche Liberale ein nicht-kirchliches »Allrussisches Komitee für Hungerhilfe« gründen, die Lenin sogleich verhaften ließ, um die Sache selbst in die Hand zu nehmen. Es folgte zuerst das Regierungsdekret vom 22. Februar 1922, das anwies, alle religiösen Gegenstände aus Gold, Silber und Edelsteinen für die Hungerhilfe zu requirieren. Anfang März setzten die Beschlagnahmen ein, bei denen die mit ihnen beauftragten Spezialeinheiten mancherorts in schwere Handgreiflichkeiten verwickelt wurden. Auf den ersten Blick hätte man das harte Vorgehen der Organe für eine nachvollziehbare, weil durch die schreckliche Not diktierte Massnahme halten können. Doch ein Brief Lenins an die Mitglieder des Politbüros vom 19. März 1922 enthüllt, worum es ihm in Wahrheit ging. Der Brief beweist nebenbei, wie genau Lenin die grauenvolle Lage kannte. Aber die interessierte ihn nur, weil und insofern sie dem »Feind« nutzen mochte:

> »Ich glaube, er begeht gerade einen schweren strategischen Fehler. Der jetzige Augenblick ist nämlich günstig für uns, aber nicht für sie. Unsere Chancen, den

[28] Zit. nach: Wolkogonow, Lenin (wie Anm. 20), S. 393 f.

Feind mit durchschlagendem Erfolg tödlich am Kopf zu treffen und uns für die kommenden Jahrzehnte für uns wichtige Positionen zu sichern, stehen 90 zu 1. Jetzt und nur jetzt bei all den ausgehungerten, sich von Menschenfleisch ernährenden Leuten und den mit Hunderten, Tausenden von Leichen übersäten Straßen können (und müssen) wir mit energischem Eifer und ohne Erbarmen den Kirchenbesitz konfiszieren. Genau und nur jetzt kann uns die überwältigende Mehrheit der Bauernmassen unterstützen oder ist – genauer gesagt – nicht in der Lage, dieses Häuflein von Kirchenstreitern der Schwarzen Hundert und von reaktionären Kleinbürgern zu unterstützen [...] Ohne diesen Schatz ist keine staatliche Aktivität im Allgemeinen, kein wirtschaftlicher Aufbau im Besonderen und keine Verteidigung unserer Positionen denkbar. Wir müssen uns um jeden Preis dieses [...] Schatzes bemächtigen (vielleicht sogar von mehreren Milliarden!). All das kann nur jetzt mit Erfolg bewerkstelligt werden [...] So komme ich also zu dem kategorischen Schluss, dass dies der Augenblick ist, die Priester der Schwarzen Hundert niederzumachen, und zwar mit einer solchen Entschiedenheit, Erbarmungslosigkeit und Brutalität, dass sie sich noch jahrzehntelang daran erinnern werden.«[29]

Von Hilfe für die Hungernden war da mit keiner Silbe die Rede und tatsächlich wurden die geraubten Kirchengüter fast ausschließlich dazu verwendet, die Weltrevolution zu unterstützen: Tonnen von Gold und Silber sowie kiloweise Diamanten gingen in den Besitz kommunistischer Parteien im Ausland über. Weder die Bevölkerung noch die einfachen Parteimitglieder erfuhren von dieser zynischen Inszenierung eines beispiellosen Diebstahls als Hungerhilfe, deren Begleitumstände allerdings verrieten, wer zugrunde gerichtet werden sollte. Patriarch Tichon reagierte erneut und nannte den Raubzug »ein Sakrileg«[30], für Lenin willkommener Anlass, die antireligiöse Politik noch weiter zu verschärfen. Und natürlich: Sämtliche Rädelsführer des kirchlichen Widerstands »müssen erschossen werden«. Mit der Bilanz der Hungerhilfe-Kampagne konnte Lenin durchaus zufrieden sein: »Von den ursprünglich 80 000 Gotteshäusern überstanden nur 11 525 die Pogrome. Die Kirche wurde von kommunistischen Agenten unterwandert. Über 14 000 Priester und Kirchenfunktionäre wurden erschossen.«[31] Amtliche Quellen beziffern die Zahl der Zwischenfälle für die Monate von März bis Mai 1922 auf 1414, kirchliche Quellen zählen mehrere Tausend Festnahmen unter Mönchen, Priestern und Nonnen und 1962 getötete Mönche, 2681 getötete Priester und 3447 getötete Nonnen.[32] Der Patriarch wurde unter Hausarrest gestellt und sollte in einem Schauprozess zum Tode verurteilt werden, wurde jedoch mit Rücksicht auf eine internationale Protestwelle am Leben gelassen.

Aber all das war, wie gesagt, nur eine Episode. Im Sommer 1928 verschärften Staat und Partei den antireligiösen Druck auf dem Gebiet des Rechts. Die Rechtsgründe für Verhaftung, Verbannung oder Hinrichtung vervielfachten sich, für den Terror wurde eine gesetzliche Grundlage geschaffen. Eine Fülle von Verboten mündete am 8. April 1929 in das Dekret »Über die Religionsgemeinschaften«, das einen Einschnitt von enormer Reichweite bildete:

---

29 Zit. nach Werth, Ein Staat gegen sein Volk (wie Anm. 18), S. 142.

30 Vgl. dazu Wolkogonow, Lenin (wie Anm. 20), S. 396.

31 Ebd., S. 398.

32 Vgl. Werth, Ein Staat gegen sein Volk (wie Anm. 18), S. 143.

> »Damit war es den Kirchen und Religionsgemeinschaften untersagt, ihren Mitgliedern finanzielle Unterstützung zukommen zu lassen, Kassen zur gegenseitigen Unterstützung einzurichten, Genossenschaften und Vertriebsverbände zu gründen, Bibel- und Literatur-, Handwerks- Arbeits-, Glaubens- und ähnliche Versammlungen, Gruppen, Kreise und Einrichtungen zu organisieren, Ausflüge zu veranstalten und für Kinderspielplätze zu sorgen, sowie Bibliotheken, Lesesäle, Sanatorien und therapeutische Hilfe einzurichten.«[33]

Die auf der Hand liegende Absicht bestand darin, die religiösen Aktivitäten auf Gottesdienst und privates Gebet einzuschränken und den Organismus der Kirche bis zur Atemnot einzuschnüren, um ihn allmählich zu erwürgen. Bis März 1930 »waren 6715 Kirchen geschlossen oder zerstört.«[34] Die Behörden schikanierten die Gemeinden fortwährend, zum Beispiel durch das Verbot, Glocken zu läuten, während die oberen Parteiorgane scheinheilig Auswüchse einzelner Parteimitglieder gegen Gläubige verurteilten. Schauprozesse gegen Geistliche wurden inszeniert, und vieles andere mehr. Da trotz aller Drangsale nicht alles kirchliche Leben absterben wollte, sondern sich hartnäckige Reste in die Heimlichkeit zurückzogen, blieb die physische Gewalt stets ein Mittel der Wahl. Die Große Säuberung (1936–1938) bot reichlich Gelegenheit für ihren ausgiebigen Einsatz. Ungefähr 300 000–500 000 orthodoxe Gläubige und Geistliche wurden in dieser Zeit inhaftiert, etwa ein Drittel von ihnen erschossen. Etwa 400 Bischöfe wurden in Schauprozessen zum Tode verurteilt.[35] Für die Jahre 1939 und 1940 rechnet man mit über Tausend Todesurteilen wegen kirchlicher Vergehen pro Jahr.[36]

Die zahlenmäßig sehr viel kleineren Kirchen evangelischer und katholischer Prägung erlitten natürlich einen geringeren Aderlass, der für sie trotzdem schwer zu verkraften war. »In den ersten 20 Jahren der Sowjetherrschaft wurden etwa 130 lutherische Pastoren verfolgt; von ihnen verbrachten mehr als 90 langjährige Haftstrafen in Lagern, 22 starben in der Haft, 15 wurden von den Organen der Staatssicherheit erschossen, und vier sind spurlos verschwunden.«[37] Für andere Gemeinschaften liegen keine genauen Zahlen vor. Das liegt im Fall der Katholiken und Katholikinnen hauptsächlich am Charakter der römisch-katholischen Kirche als einer weltweiten Organisation, der aus kommunistischer Sicht per se Misstrauen wecken musste und höchste Wachsamkeit im Sowjetreich gebot. Daher wurden katholische Gläubige zumeist wegen Spionage angeklagt und verurteilt.

Die sowjetische Führung wusste selbstverständlich trotz aller skrupellosen Gewaltbereitschaft um die Unzulänglichkeit von Zwang und Gewalt. Mit allen verfügbaren Mitteln bemühte sie sich deshalb darum, das Bewusstsein der Bevölkerung im Sinne seiner antireligiösen Ideologie zu beeinflussen. Staatliche Organisationen wie das Militär wurden verpflichtet, antireligiöse Propaganda zu betreiben. 1925 wurde die Vereinigung »Freunde der Zeitung ›Der Gottlose‹«

---

[33] Nadezhda Beljakowa, Thomas Bremer und Katharina Kunter, »Es gibt keinen Gott!« Kirchen und Kommunismus. Eine Konfliktgeschichte, Freiburg i.Br., Basel, Wien 2016, S. 68 f. Der zitierte Absatz endet mit den Worten »Diese Verbote blieben bis 1990 in Kraft.«

[34] Werth, Ein Staat gegen sein Volk (wie Anm. 18), S. 193.

[35] Ebd., S. 70.

[36] Ebd., S. 110.

[37] Ebd., S. 70.

in »Verband der Gottlosen« umbenannt, der neben zahlreichen Zeitschriften 40 antireligiöse Museen betrieb, religionsfeindliche Seminare veranstaltete und Aktivisten in die Dörfer schickte, die zum Teil echte Bildungsarbeit leisteten, zum anderen gegen die Religion, gegen Geistliche und Gläubige hetzten, für die Schließung von Gotteshäusern sorgten und Übergriffe aller Art verübten. Mit Vorliebe organisierten sie etwa karnevaleske Umzüge an Orten und in Zeiten von religiöser und liturgischer Bedeutung. Im Juni 1929 wurde ergänzend der Allunions-Kongress militanter Atheisten gegründet, um solche Kampagnen landesweit besser organisieren zu können.

Ende 1928 erklärte die »Prawda«, das publizistische Sprachrohr der Partei, die Phase der friedlichen Koexistenz von atheistischem Sozialismus und Religion für beendet, »nunmehr müsse die Gewalt über die Religion triumphieren.«[38] Die kommunistische Partei in Aserbeidschan las diese offizielle Aufkündigung eines ohnehin nicht existierenden Friedens als Startschuss für ein entschlossenes Vorgehen gegen die Muslime, angeführt durch Aktivisten des Gottlosenverbandes, Angehörige des Jugendverbandes der Partei (»Komsomolzen«) und Arbeiterbrigaden. Sie störten wie üblich vorzugsweise religiöse Feste oder sie konfiszierten Moscheen und rissen manche ab, vom Dezember 1928 bis Februar 1929 insgesamt 461.[39] Wie im Fall der Kirchen stand die Geistlichkeit im Zentrum der Angriffe: Mullahs drohten Tod, Haft oder Verbannung, sie wurden verunglimpft oder zu öffentlichen Bekundungen der Loyalität gegenüber dem Sowjetstaat gepresst. Letzten Endes jedoch zielten alle Maßnahmen darauf ab, die Landbevölkerung religiös zu entwurzeln. Allerdings scheiterten sie an ihrer eigenen Maßlosigkeit, die einen erbitterten Widerstand der Muslime provozierte. Die Bauern bedrohten ihrerseits die Kommunisten, eroberten Moscheen zurück und griffen schließlich zu den Waffen. Der Staat musste die Rote Armee einsetzen, um die bewaffneten Rebellionen niederzuwerfen. Trotzdem gelang es der Partei nicht, die Lage wirklich in den Griff zu bekommen. Im März 1929 entschied ein Parteitag der Kommunistischen Partei Aserbeidschans, den Furor der antireligiösen Aktionen einzudämmen, und im Juni riet das Präsidium des Zentralkomitees den lokalen Behörden, mindestens fünfzig Prozent der enteigneten Moscheen an die Muslime zurückzugeben. De facto wurden schließlich fast alle wiedereröffnet.[40]

Die Situation der Juden unterschied sich in mehrfacher Hinsicht von derjenigen der Christen und der Muslime. Sie hatten im Zarenreich mit einem in der Obrigkeit wie im Volk tief verwurzelten Antisemitismus zu kämpfen, der sie von politischer Macht völlig ausschloss und ihnen auch den Weg in viele gesellschaftliche Bereiche versperrte. Sie wurden also schwer diskriminiert und Opfer von Vertreibungen und Pogromen, aber der vorherrschende Antisemitismus war nicht rassisch inspiriert und hatte, anders als die nationalsozialistische Judenpolitik, keine planmäßige Verfolgung oder gar Vernichtung zur Konsequenz. Auch im Sowjetreich gab es das nicht, doch blieb der Status der Juden unsicher und ambivalent. Bei den meisten Juden löste die Revolution trotzdem vorwiegend Gefühle der Zustimmung, der Erleichterung und der Hoffnung aus. Schon die Provisorische Regierung sorgte 1917 für die rechtliche Gleichstellung der

---

38 Jörg Baberowski, Der Feind ist überall. Stalinismus im Kaukasus, München 2003, S. 599.
39 Vgl. ebd., S. 602.
40 Vgl. ebd., S. 606–608.

Juden, die befreiend wirkte und ihnen dank ihrer meist guten Ausbildung rasch Aufstiegsmöglichkeiten im Kulturwesen und vor allem der staatlichen Bürokratie einschließlich der Sicherheitsorgane eröffnete. Einige führende Bolschewiken waren jüdischer Abstammung, allen voran Leo Trotzki, Grigori Jewsejewitsch Sinowjew und Karl Radek. Doch das sollte sich ändern: Beim überraschenden Tod Stalins im Jahr 1953 lebte nur noch Lasar Moissejewitsch Kaganowitsch, »der letzte Jude in der sowjetischen Hierarchie und einer von Stalins schlimmsten Henkern.«[41] Ihre überdurchschnittliche Repräsentation in solchen Institutionen und ihr hohes Maß an Identifikation mit der bolschewistischen Revolution und dem Sowjetstaat ließen Juden in beträchtlichen Umfang zu Mitwirkenden im stalinistischen Unterdrückungsapparat werden.

> »Die Juden waren sicher nicht grausamer als die anderen von der Sowjetmacht beauftragten Diener der Weltrevolution. Das Problem bestand eher darin, dass es Juden waren, die erstmals in der russischen Geschichte Politik machten und zu Vertretern der Staatsgewalt wurden. Zum ersten Mal erschienen sie nicht als Opfer, sondern als Täter. Wie dem auch sei: die Schrecken von Revolution und Bürgerkrieg wie der späteren Repressionen sind fest mit der Gestalt des jüdischen Kommissars verbunden.«[42]

Die Nationalsozialisten hielten deshalb den Bolschewismus insgesamt für eine Erfindung der Juden, um die von ihnen seit alters heimlich angestrebte Weltherrschaft nunmehr offen und aggressiv durchzusetzen; einen Plan, den sie durch einen weltanschaulich fundierten Vernichtungskrieg durchkreuzen wollten. In der Bevölkerung der Sowjetunion dagegen verstärkte der jüdische Einfluss auf die kommunistische Politik den traditionellen Antisemitismus, der sich immer wieder Bahn brach. Die repressiven Maßnahmen, die von der Partei veranlasst oder beabsichtigt waren, richteten sich einerseits gegen eine Religion, die als besonders rückständig eingeschätzt wurde, zum anderen aber gegen den jüdischen Internationalismus, das heißt gegen die starken Bindungen an das internationale Judentum, das in den USA sein Zentrum hatte. Aus beiden Gründen sah sich die Judenheit einem mächtigen Assimilationsdruck ausgesetzt, in dessen Folge die Partei höchst allergisch auf alle jüdischen Bestrebungen reagierte, innerhalb der Sowjetunion für ein bestimmtes Gebiet einen Autonomiestatus zu erlangen. Einige dachten an ein »sowjetisches Palästina auf der Krim« und immerhin wurde den Juden ein eigenes Siedlungsgebiet zugewiesen, in dem einige Dörfer entstanden, »in denen nur Juden lebten und Jiddisch Amts- und Gerichtssprache war.«[43] Ab 1927 wurden auf der Krim und in der Ukraine jüdische Siedlungen in eigene Rayons gegliedert, ab Anfang der 1930er Jahre aber in Kolchosen umgewandelt, die kaum noch eine Grundlage für jüdisches Leben boten. Ab 1932 brach die Partei dieses Siedlungsprojekt ab und konzentrierte sich auf den seit 1927 ins Auge gefassten Plan, die Juden in Birobidschan im Osten nahe der chinesischen Grenze anzusiedeln. Dort wurde 1934 das Autonome Jüdische Gebiet eingerichtet, das trotz Assimilationsdruck zeitweise tatsächlich zum Ziel jüdischer

---

41 Louis Rapoport, Hammer, Sichel, Davidstern. Judenverfolgung in der Sowjetunion, Berlin 1992, S. 10.

42 Sonja Margolina, Das Ende der Lügen. Rußland und die Juden im 20. Jahrhundert, Berlin 1992, S. 47.

43 Arno Lustiger, Rotbuch: Stalin und die Juden. Die tragische Geschichte des Antijüdischen Komitees und der sowjetischen Juden, Berlin 2000, S. 82.

Umsiedler oder Einwanderer (sogar aus Palästina) wurde. »Sie sind fast alle während der Säuberungen von 1937/1938 umgekommen.«[44] Unter den Juden selbst war das politische Ziel, eigene Judengebiete zu schaffen, allerdings umstritten; es wurde von den kommunistisch orientierten Juden mehrheitlich abgelehnt. Dennoch wuchs auch der Druck auf sie, und jüdische Kommunisten wurden Schritt für Schritt aus gesellschaftlichen und politischen Positionen verdrängt:

> »Im Jahr 1945 bekleideten Juden noch ungefähr zwölf Prozent der Führungspositionen in der Verwaltung, der Wirtschaft, den Massenmedien und dem Bildungswesen; bis Ende 1951 ging dieser Anteil auf weniger als vier Prozent zurück. Im Jahr 1950 waren nur noch acht Prozent der mehr als 1100 Abgeordneten des Obersten Sowjets Juden, Ende 1951 gab es unter den mehr als 1000 Parteisekretären nur noch einen einzigen Juden.«[45]

Folgerichtig wuchs innerhalb der jüdischen Bevölkerung der Wunsch auszuwandern, vorzugsweise nach Israel, in die USA oder nach Deutschland. Alles in allem entsprach das Verhalten der Sowjetmacht gegenüber den Juden eher dem klassisch marxistischen Standpunkt, ihre Eingliederung in den Sowjetstaat werde ihre Assimilation befördern und das Jüdische zum Verschwinden bringen. In der Praxis lief das auf eine sanftere Variante der üblichen Religionspolitik hinaus, die jede Weitergabe jüdischer Tradition in Schule, Bildung und Öffentlichkeit unterbinden wollte, allenfalls einen beschränkten Spielraum in Literatur und Musik zuließ.

Den Religionsgemeinschaften insgesamt, voran der russischen Orthodoxie, verschaffte der Überfall der deutschen Wehrmacht auf die Sowjetunion eine gewisse Atempause, obgleich Stalin zu keinem Zeitpunkt des Krieges einen grundsätzlichen Kurswechsel verkündete. Zwar hörten die repressiven Maßnahmen keineswegs auf, sie gingen aber ein wenig zurück. Der Grund war taktischer Natur: Das Regime brauchte die Unterstützung der Kirche(n). Bekanntlich hatte der deutsche Einmarsch die Rote Armee gänzlich unvorbereitet getroffen, da Stalin sich weigerte, entsprechende Warnungen ernst zu nehmen. Das rasche Vordringen der Deutschen, ihre überwältigenden Siege sowie die furchtbaren Verluste der Roten Armee, die zusätzlich zu den Gefallenen und Verwundeten Millionen von Rotarmisten in die Gefangenschaft verlor, demoralisierten nicht nur die kämpfende Truppe, sie paralysierten auch die Regierung in Moskau und Stalin selbst, der tagelang unauffindbar war. Wie während der Hungerkatastrophe 1922 war es die russisch-orthodoxe Kirche, die zuerst den allgemeinen Schockzustand überwand. Bereits in den ersten Tagen nach dem Einmarsch der deutschen Truppen wandten sich Metropolit Sergi und mehrere Bischöfe an die Gläubigen, um den deutschen Angriff zu verurteilen und zur Verteidigung des russischen Vaterlandes aufzufordern. Die evangelische Kirchenleitung und die Baptisten taten es ihnen gleich.[46] Einmal mehr zog die Partei ihre Vorteile aus der Haltung der Kirchen, die dem Krieg gegen die Deutschen eine moralische Rückendeckung verschafften, doch an den Grundsätzen ihrer feindseligen Religions- und Kirchenpolitik rüttelten sie nicht. 1941 und 1942 ließ sie wieder Tausende von Geistlichen und Gläubigen hinrichten, zum Teil wegen des Verdachts der Kollaboration mit den

---

44 Ebd., S. 87.

45 Rayfiled, Stalin und seine Henker (wie Anm. 21), S. 518.

46 Vgl. Beljakowa/Bremer/Kunter, »Es gibt keinen Gott.« (wie Anm. 33), S. 110.

Deutschen. Nichts konnte den bloß taktischen und folglich vorübergehenden Charakter der kriegsbedingten Zurückhaltung besser entlarven.

Es wundert demzufolge nicht, die gleiche Kirchenfeindlichkeit am Werk zu sehen, als die Kommunisten nach dem Krieg in den ost- und mitteleuropäischen Staaten nach und nach an die Macht gelangten. Die Historikerin Anne Applebaum hat ihre Forschungsergebnisse über die Unterdrückung Osteuropas wie folgt zusammengefasst: »Von den ersten Tagen der sowjetischen Besatzung an waren die Kirchen Schikanen und Schlimmerem ausgesetzt gewesen. Religiöse Führer waren als prominente und einflussreiche Mitglieder der Zivilgesellschaft unter den frühen Opfern der ersten Gewaltwelle der Roten Armee gewesen.«[47] Die Zielstrebigkeit der kommunistischen Kirchenpolitik lässt sich gut am Grundmuster ihres Vorgehens in den osteuropäischen Staaten ablesen. Nach den Jahren der ›begrenzten Demokratie‹ putschen sich die Kommunisten an die Macht und schaffen sofort die institutionellen Voraussetzungen, um ihre strategische Absicht zu realisieren. Ein tschechischer Autor hat den Vorgang am Beispiel der katholischen Kirche in seinem Heimatland geschildert:

> »Der Angriff auf die katholische Kirche kam in mehreren Wellen und aus verschiedenen Richtungen. Um die katholische Kirche zu bekämpfen, wurde eine spezielle Kommission, die sogenannte ›kirchliche Sechs‹, von denen die meisten Minister der kommunistischen Regierung waren, gegründet. Anschließend wurde das Amt für kirchliche Angelegenheiten geschaffen. Der Angriff sollte gemeinsam von allen Machtkomponenten des kommunistischen Regimes geführt werden. Die wichtigsten Träger waren die Parteiorgane und natürlich die kommunistische Geheimpolizei.«[48]

Die Instrumentierung der Attacke zeigt die übliche Strangulierungsstrategie: gesetzliche Verbote, Verhaftungen, Anklagen und Schauprozesse, Gefängnis- oder Lagerstrafen, staatliche Kontrollen, Klosterschließungen und Enteignung von Kirchenbesitz, massive antikatholische Propaganda, und endlich auch Tötungen.[49]

Es gab vielfach örtliche Abweichungen vom Grundkonzept der kommunistischen Religionspolitik, die von der jeweiligen nationalen Geschichte und Kultur abhängig waren und auch von den internationalen Rahmenbedingungen, doch es handelte sich stets um notgedrungene Zugeständnisse, die andernorts überflüssig erschienen. Wo die kommunistischen Parteien keine oder kaum Zugeständnisse machen mussten, haben sie eine religiöse und kirchliche Wüste hinterlassen, umgeben von Verwüstungen mannigfacher Art, wie es schon im Jahr 1931 Papst Pius XI. in seinem Lehrschreiben »Quadragesimo anno« in unverblümter Klarheit festgehalten hat:

> »Dieser zum Kommunismus gewordene Sozialismus verfolgt in Theorie und Praxis seine beiden Hauptziele: schärfster Klassenkampf und äußerste Eigentumsfeindlichkeit. Nicht auf Schleich- und Umwegen, sondern mit offener und rücksichtsloser Gewalt geht er aufs Ziel. Vor nichts schreckt er zurück, nichts ist ihm heilig. Zur Macht gelangt, erweist er sich von unglaublicher

---

47 Anne Applebaum, Der Eiserne Vorhang. Die Unterdrückung Osteuropas 1944–1956, München 2013, S. 304.

48 Tomàs Petràček, Verfolgung von Christen in der Tschechoslowakei im 20. Jahrhundert. In: Gewalt gegen Christen. Formen, Gründe, Hintergründe. Hrsg. von Georg Plasger und Heinz-Günther Stobbe, Leipzig 2014, S. 135–168, S. 145.

49 Vgl. ebd., S. 148–151.

und unbeschreiblicher Härte und Unmenschlichkeit. Die unseligen Trümmer und Verwüstungen, die er in dem ungeheueren Ländergebiet von Osteuropa und Asien angerichtet, sprechen eine beredte Sprache. In welchem Maße dieser kommunistische Sozialismus offen kirchenfeindlich und gottfeindlich ist, das ist leider nur zu gut bekannt, nur zu sehr durch Tatsachen belegt!«[50]

3. Gebremste Vernichtung: Kirchenfeindlichkeit im Dritten Reich

Sechs Jahre später, im März 1937, veröffentlichte der gleiche Papst erneut ein Lehrschreiben, auf das viele Menschen, auch außerhalb der römisch-katholischen Kirche, sehnlich gewartet hatten, und das nicht wenige von ihnen enttäuschte. Der Titel lautete: »Mit brennender Sorge« (»Ardente cura«); das Thema war, wie erwartet, der Nationalsozialismus. Zu Beginn rechtfertigt er kurz das mit Hitlers Regierung abgeschlossene Reichskonkordat, das allerdings nicht den Frieden zwischen Staat und Kirche in Deutschland gebracht habe. Dann fährt Pius XI. fort:

> »Wenn der von uns in lauterer Absicht in die deutsche Erde gesenkte Friedensbaum nicht die Früchte gezeitigt hat, die Wir im Interesse Eures Volkes ersehnten, dann wird niemand in der weiten Welt, der Augen hat, zu sehen, und Ohren, zu hören, heute noch sagen können, die Schuld liege auf Seiten der Kirche und ihres Oberhirten. Der Anschauungsunterricht der vergangenen Jahre klärt die Verantwortlichkeiten. Er enthüllt Machenschaften, die von Anfang an kein anderes Ziel kannten als den Vernichtungskampf.«[51]

Einige Tage später wiederholte der Papst seine Kritik am Kommunismus und dessen brutaler Kirchenpolitik.[52] Im deutschen Kirchenvolk hat diese Kombination den Eindruck begünstigt, der Nationalsozialismus sei im Vergleich zum Kommunismus als das kleinere Übel zu werten und der Krieg im Osten als Abwehr der bolschewistischen Gefahr zu unterstützen. Auf der anderen Seite stand im Parteiprogramm der NSDAP vom Februar 1920 als Punkt 24 zu lesen: »Die Partei als solche vertritt den Standpunkt eines positiven Christentums.« Noch 1934 äußerte sich Hitler bei einer Kundgebung in Ehrenbreitstein zum Verhältnis von NS-Bewegung und Christentum: »Ich weiß, auch hier wird von einzelnen Stellen der Vorwurf erhoben: Ja, ihr entfernt euch vom Christentum. Nein, nicht wir, sondern die vor uns haben sich davon entfernt. – In jener Zeit war der Liberalismus antikirchlich, der Marxismus antireligiös. Diese Zeit ist heute vorbei. Der Nationalsozialismus ist weder antikirchlich noch antireligiös,

---

50 Zit. nach der deutschen Übersetzung in: Texte zur katholischen Soziallehre. Die sozialen Rundschreiben der Päpste und andere kirchliche Dokumente. Hrsg. vom Bundesverband der Katholischen Arbeitnehmer-Bewegung Deutschlands, 9., erw. Aufl., Köln, Kevelaer 2007, S. 61–120, S. 101.

51 Zit. nach der deutschen Übersetzung in: Pius XI. und Mussolini – Hitler – Stalin. Seine Weltrundschreiben gegen Faschismus – Nationalsozialismus – Kommunismus. Hrsg. von Alfons Fitzek, Eichstätt 1987, S. 113–137, S. 114.

52 Der Text von »Divino Redemptoris« in: Pius XI. und Mussolini (wie Anm. 50), S. 167–209, S. 175.

sondern im Gegenteil, er steht auf dem Boden eines wirklichen Christentums.«[53] Schließlich hatte Hitler öffentlich versichert: »Die Rechte der Kirchen werden nicht geschmälert und ihre Stellung zum Staat nicht geändert.«[54] Er beteuerte den religiösen Menschen gegenüber: »Auch ich bin religiös, und zwar tief innerlich religiös«.[55] Seine Rhetorik war von religiösen Phrasen durchsetzt, er redete oft vom »Allmächtigen« und der »Vorsehung« und vermittelte so den Eindruck, weniger radikal zu sein als der kompromisslose Atheismus der Bolschewiken. Diese Einschätzung verkannte fatal, wie Hitler das Verhältnis von Judentum, Bolschewismus und Christentum beurteilte. Im Juli 1941 äußerte er sich dazu folgendermaßen: »Der schwerste Schlag, der die Menschheit getroffen hat, ist das Christentum; der Bolschewismus ist der uneheliche Sohn des Christentums; beide sind eine Ausgeburt des Juden.«[56] Zwar habe Jesus, der nach Hitlers Überzeugung »sicher« kein Jude war, eine Religion der Liebe gepredigt und gegen den »verderblichen Materialismus seiner Zeit und damit gegen die Juden gekämpft, doch Paulus fälschte in raffinierte Weise die christliche Idee um«, mit einem fatalen Ergebnis: »Die Religion des Paulus und das von da an vertretene Christentum war nichts anderes als Kommunismus!«[57] Oder, noch unverblümter: »Das reine Christentum, das sogenannte Urchristentum, geht auf die Wahrmachung der christlichen Theorie aus: Es führt zur Vernichtung des Menschentums, es ist nackter Bolschewismus in metaphysischer Verbrämung.«[58] Eine Koexistenz zwischen Nationalsozialismus und Christentum war deshalb für Hitler auf Dauer ebenso undenkbar wie mit dem Kommunismus oder gar dem Judentum als dem Urheber allen Übels in der Welt. Während der Krieg gegen die Juden von Anbeginn an propagiert und praktiziert wurde und nun seit 1941 auch der Krieg gegen die Bolschewiken im Gange war, musste der gegen die Christen vorerst auf kleiner Flamme gehalten werden, weil, wie NS-Chefideologe Alfred Rosenberg am 11. August 1936 in sein Tagebuch notierte, »wir den Kampf gegen die Kirchen in absehbarer Zeit garnicht führen wollen.«[59] Es sei keine grundsätzliche, sondern eine rein taktische Entscheidung im Kampf gegen die Kirche, so der Führer im Januar 1937, »ob man ihr eine Ader nach der andern durchschneiden wolle oder offenen Kampf führe.«[60] Im Februar eröffnete der Chef der Reichskanzlei, Martin Bormann, der meist als Graue Eminenz im Hintergrund wirkte, die verdeckte Partie mit einem parteiinternen Erlass, der anordnete, die Geistlichen »Diener Gottes« zu nennen, den Gottesdienst als »Kirchendienst« zu bezeichnen und nicht länger von einer »christlichen Weltanschauung« zu sprechen. Ende 1938

---

53 Zit. nach: Ernst Hildebrand, Positives Christentum, Schwerin [o.J.] (= Deutsche Christen Mecklenburg. Schriftenreihe, 1).

54 Max Domarus, Hitler. Reden und Proklamationen 1932–1945. Kommentiert von einem deutschen Zeitgenossen, Bd 1: Triumph (1932–1938), Würzburg 1962, S. 237.

55 Max Domarus, Hitler. Reden und Proklamationen 1932–1945. Kommentiert von einem deutschen Zeitgenossen, Bd 2: Untergang (1939–1945), Würzburg 1963, S. 2057.

56 Adolf Hitler, Monologe im Führerhauptquartier 1941–1944. Hrsg. von Werner Jochmann, Hamburg 1980, S. 41.

57 Ebd., S. 412 f.

58 Ebd., S. 152.

59 Alfred Rosenberg, Die Tagebücher 1934–1944. Hrsg. von Jürgen Matthäus und Frank Bajohr, Frankfurt a.M. 2015, S. 189.

60 Ebd., S. 234.

legte er nach, indem er befahl, Geistliche in hoheitlichen Ämtern von diesen zu entbinden und sie auf den niederen Rängen allmählich zu ersetzen. Ergänzend wurde später eine Parteimitgliedschaft von Geistlichen grundsätzlich untersagt.[61] Hitler hingegen hatte anfangs NS-Führern empfohlen, die Kirche nicht zu verlassen; er war ja auch selbst nie ausgetreten. Nach der Machtergreifung war die Kirchenmitgliedschaft freigestellt.[62] Ähnlich verhielt sich der Reichsführer SS Heinrich Himmler in Bezug auf die SS: Obgleich in den verschiedenen SS-Organen sein Wunsch bekannt war, sie langfristig von gläubigen Christen frei zu halten, »untersagte Himmler seinen Einheitsführern, ihre Untergebenen zum Verlassen der Kirche zu zwingen, und wandte sich in aller Schärfe gegen gotteslästerliches Reden und Auftreten von SS-Männern.«[63] Gleichwohl machte sich die kirchenfeindliche Grundeinstellung nach anfänglichem Zögern von 1937 an immer stärker bemerkbar:

> »Die Zahl der Kirchenaustritte stieg [...] in den folgenden Jahren stetig an, besonders bei den Führungsgruppen von SS und Polizei, auch hatten von den frühen SD-Mitgliedern sowie den Angehörigen der SS-Verfügungstruppen und SS-Totenkopfverbände schon im Dezember 1937 zwischen vierzig und fünfzig Prozent die Kirche verlassen.«[64]

Im Gegensatz zum ständig propagandistisch erzeugten Bild des einheitlichen Führerstaates existierte im NS-Staat weder eine klare Hierarchie noch eine einheitliche Politik, auch nicht in religions- und kirchenpolitischer Hinsicht. In Wahrheit herrschte auf fast allen Gebieten ein fortwährendes Gerangel um Zuständigkeiten und Kompetenzen, das selbst die Judenpolitik bestimmte, die doch am ehesten auf einer gemeinsamen rassebiologisch-antisemitischen Basis beruhte. Auch das Verständnis von Religion und Christentum wich innerhalb der nationalsozialistischen Führungsriege voneinander ab. Himmler lehnte »Gottlosigkeit« leidenschaftlich ab und beschwor eine »Gottgläubigkeit«, die sich bei ihm in dem Bemühen konkretisierte, die durch das Christentum zerstörte oder in den Untergrund gezwungene heidnisch-germanische Religiosität wiederzubeleben. Hitler lobte Himmler als »völkische[n] Ignatius von Loyola im guten Sinne«[65], doch er fällte ein harsches Urteil über Himmlers Blut-und-Boden-Ideologie: »Die Theorie von Himmler ist außerordentlich korrekturbedürftig, die kann man nicht aufrechterhalten«[66]. Dessen Projekt einer religiösen Re-Germanisierung fand er verfehlt, weil völlig lebensfremd und wirklichkeitsfern. Das bedeutete im Klartext: Er hielt es für eine Abweichung vom Programm des Nationalsozialismus, denn:

> »Der Nationalsozialismus ist eine kühle Wirklichkeitslehre schärfster wissenschaftlicher Erkenntnisse und ihrer gedanklichen Ausprägung. Indem wir

61 Vgl. Jochen von Lang, Der Sekretär. Martin Bormann: Der Mann, der Hitler beherrschte, Stuttgart 1977, S. 137 f.

62 Vgl. die Tagebucheintragung Rosenbergs zum 17.9.1936 in: Rosenberg, Die Tagebücher (wie Anm. 58), S. 26.

63 Wolfgang Dierker, Himmlers Glaubenskrieger. Der Sicherheitsdienst der SS und seine Religionspolitik 1933–1941, Paderborn [u.a.] 2002 (= Veröffentlichungen der Kommission für Zeitgeschichte, B, 92), S. 87.

64 Ebd., S. 88.

65 Hitler, Monologe (wie Anm. 55), S. 169.

66 Ebd., S. 305.

für diese Lehre das Herz unseres Volkes erschlossen haben und erschließen, wünschen wir nicht, es mit einem Mystizismus zu erfüllen, der außerhalb des Zweckes und Zieles unserer Lehre liegt.«

Gegen Himmler, der die Wewelsburg bei Paderborn zu einer Kult- und Weihestätte der SS umbauen ließ, betonte Hitler, der Nationalsozialismus sei eine Volksbewegung, »aber unter keinen Umständen eine Kultbewegung.« Er sei eine »eine aus ausschließlich rassischen Erkenntnissen erwachsene völkisch-politische Lehre«, dessen Aufgabe in der »Pflege und Führung des blutbestimmten Volkes« bestehe. So folgerte Hitler: »Wir haben daher auch keine Kulträume, sondern ausschließlich Volkshallen, auch keine Kultplätze, sondern Versammlungs- und Aufmarschplätze. Wir haben keine Kulthaine, sondern Sportarenen und Spielwiesen.«[67] Martin Bormann hatte also seinen Herrn und Meister recht gut verstanden, als er 1941 in einer einschlägigen Geheimanweisung verlauten ließ, Nationalsozialismus und Christentum seien »unvereinbar«, denn die christlichen Kirchen könnten ihre Macht nur dank der Unwissenheit der Bevölkerung aufrechterhalten. Im Gegensatz dazu »beruht der Nationalsozialismus auf wissenschaftlichen Fundamenten. Das Christentum hat unveränderliche Grundsätze, die vor fast 2000 Jahren gesetzt und immer mehr zu wirklichkeitsfremden Dogmen erstarrt sind. Der Nationalsozialismus dagegen muss, wenn er seine Aufgabe auch weiterhin erfüllen soll, stets nach den neuesten Erkenntnissen der wissenschaftlichen Forschung ausgerichtet werden.«[68] Propagandaminister Joseph Goebbels wiederum hatte da eine etwas andere, ganz eigene Vorstellung: »Was ist uns heute das Christentum? Nationalsozialismus ist Religion. Es fehlt nur noch das religiöse Genie, das alte überlebte Formeln sprengt und neue bildet. Der Ritus fehlt uns. Nationalsozialismus muss einmal Staatsreligion der Deutschen werden. Meine Partei ist meine Kirche, und ich glaube, dem Herrn zum besten zu dienen, wenn ich seinen Willen erfülle und mein unterdrücktes Volk von den Sklavenketten befreie. Das ist mein Evangelium.«[69] Derartig religiöses Pathos war Hitler gänzlich fremd: »Die Partei soll kein Ersatz sein für die Kirche. Ihre Aufgabe ist wissenschaftlich-methodischer Art.«[70] Oder: »Niemals aber darf der Nationalsozialismus sich bemühen, in äffischer Weise kultisch eine Religion nachzuahmen, für ihn gilt immer nur, wissenschaftlich eine Lehre aufzubauen, die nichts weiter ist als ein Kultus der Vernunft.«[71] In der ideologischen Konkurrenz zwischen Christentum und Nationalsozialismus steht für Hitler mit Rücksicht auf dessen Wissenschaftlichkeit der Ausgang fest, und diese Überzeugung hat politische Konsequenzen: »Ich halte es deshalb nicht für richtig, sich jetzt in einen Kampf mit der Kirche zu stürzen. Am besten, man lässt das Christentum langsam verklingen; ein langsames Ausklingen hat auch etwas Versöhnendes an sich. Das Dogma des Christentums zerbricht vor der Wissenschaft.«[72] Allerdings sollte das Versöhnliche nur eine Episode bleiben: »Ich schrecke nicht vor dem Kampf zu-

---

67 Domarus, Hitler, Bd 1 (wie Anm. 53), S. 893 f.

68 Zit. nach: Volker Koop, Martin Bormann. Hitlers Vollstrecker, Wien [u.a.] 2012, S. 167.

69 Zit. nach: Michael Hesemann, Hitlers Religion. Die fatale Heilslehre des Nationalsozialismus, München 2004, S. 225.

70 Hitler, Monologe (wie Anm. 55), S. 84.

71 Ebd., S. 67.

72 Ebd., S. 83.

rück, den ich, wenn es darauf ankommt, werde auszufechten haben. Ich werde sofort handeln, falls die Prüfung ergibt, dass es geschehen kann.«[73]

Es war der Krieg, der Hitler davon abhielt, die Maske des wohlwollenden Förderers von Kirche und Christentum fallen und den Scharfmachern in der Partei freie Hand zu lassen. Anders als während der Französischen und der Russischen Revolution führte im Fall der nationalsozialistischen Revolution der Krieg nicht dazu, die Christenverfolgung anzuheizen, sondern dämmte sie im Gegenteil ein. In Hermann Rauschnings »Gespräche[n] mit Hitler« findet sich eine Äußerung Hitlers, die verdeutlicht, dass es sich um einen heuchlerischen und befristeten Scheinfrieden handelte:

> »Mit den Konfessionen, ob nun diese oder jene: Das ist alles gleich. Das hat keine Zukunft mehr. Für die Deutschen jedenfalls nicht. Der italienische Faschismus mag in Gottes Namen seinen Frieden mit der Kirche machen. Ich werde das auch tun. Warum nicht? Das wird mich nicht abhalten, mit Stumpf und Stiel, mit all seinen Wurzeln das Christentum in Deutschland auszurotten [...] Eine deutsche Kirche, ein deutsches Christentum ist Krampf. Man ist entweder Christ oder Deutscher. Beides kann man nicht sein.«[74]

Im gleichen Sinn stellte Hitler in vertrauter Runde im Führerhauptquartier klar:

> »Der größte Krebsschaden sind unsere Pfarrer beider Konfessionen. Ich kann ihnen jetzt die Antwort nicht geben, aber das kommt alles in mein großes Notizbuch. Es wird der Moment kommen, wo ich mit ihnen abrechne ohne langes Federlesen.«[75]

Der notgedrungen gewährte Aufschub der finalen Abrechnung mit Christentum und Kirche hinderte die NS-Organe keineswegs daran, in der Zwischenzeit die gesamte Klaviatur von Unterdrückungs- und Gewaltmaßnahmen zu nutzen, die einem totalitären Staat zu Gebote stehen. Anders als im Sowjetimperium galt den Nazis die römisch-katholische Kirche nach dem Judentum als vorläufig noch geschonter Hauptgegner, wie dort aber zielten die Angriffe zuerst auf die Geistlichkeit und kirchliche Organisationen, die zum Teil sofort gleichgeschaltet oder verboten wurden. Die Gestapo plante des Weiteren, den katholischen Klerus in Schauprozessen nach sowjetischem Vorbild wegen sexueller Vergehen zu verurteilen und dadurch ihr Ansehen zu diskreditieren, doch reichte das Beweismaterial für ein groß angelegtes öffentliches Schauspiel nicht aus.[76] Die Orden wurden vornehmlich wegen Devisenvergehen angeklagt, zahlreiche Klöster geschlossen, ebenso Verlage, kirchliche Publikationen untersagt. Christen wurden willkürlich verhaftet, in Konzentrationslager verschleppt, ermordet.

Im sogenannten Warthegau, in dem das Regime nicht einmal dem äußeren Anschein nach die vom Reichskonkordat auferlegten Schranken zu respektieren genötigt war und zugleich seine polenfeindliche Politik realisierte, setzte es in Reinform um, was den Strategen in der SS kirchenpolitisch vorschwebte. Im März 1940 legte Gauleiter Arthur Geiser, ein fanatischer Nazi, in einem 13-Punkte-

---

73 Ebd., S. 234.
74 Hermann Rauschning, Gespräche mit Hitler, Zürich 1940, S. 50.
75 Ebd., S. 272.
76 Vgl. dazu Hans Günter Hockerts, Die Sittlichkeitsprozesse gegen katholische Ordensangehörige und Priester 1936/1937. Eine Studie zur nationalsozialistischen Herrschaftstechnik und zum Kirchenkampf, Mainz 1971 (= Veröffentlichungen der Kommission für Zeitgeschichte, B, 6).

Plan die Leitlinien seines kirchenpolitischen Konzepts fest, dessen Verwirklichung seinen Amtsbereich zum »Vorbild für andere Gaue« machen sollte.[77] Der erste Schritt bestand darin, die katholische Kirche von einer Körperschaft öffentlichen Rechts in einen rein deutschen privatrechtlichen Verein umzuwandeln. In der Folge war es Deutschen und Polen verboten,

> »dieselben Kirchen zu besuchen. Die Teilnahme am religiösen Leben war nur Erwachsenen erlaubt. Religiösen Vereinigungen wurde es verboten, finanzielle Aktivitäten zu entfalten, Immobilien zu besitzen – außer den für den Gottesdienst bestimmten – und sich auf sozialem Gebiet einzusetzen, was allein den Sektionen der Partei vorbehalten blieb. Die Konvente wurden geschlossen und die Priester (ausschließlich Bürger des Warthegaus) zur Arbeit verpflichtet. Analog wurde auch mit den evangelischen Kirchen verfahren. Nahezu 94 % der katholischen Kultstätten wurden geschlossen, von den im Jahr 1939 über tausend offenen Kirchen blieben nur sechzig in Betrieb [...] Von den ungefähr 1800 Weltpriestern, die vor dem September 1939 in der Region arbeiteten, waren im Oktober desselben Jahres nur noch 73 übrig. Über 90 % waren verhaftet und deportiert worden. Die Nazis schlossen die Universität Pozań (Posen), alle Diözesan-Seminare, die Noviziate und die Schulen; sie lösten sämtliche katholischen Organisationen und Institutionen auf und räumten alle Ordenshäuser.«[78]

Im Protektorat Böhmen und Mähren folgte der Besetzung durch die Wehrmacht umgehend die Verhaftung von 500 Priestern, von denen 76 umkamen. Allein in das KZ Dachau wurden 143 katholische und 16 evangelische Geistliche verbracht.

Das alles war kein versöhnliches Ausklingen, von dem Hitler zynisch orakelt hatte, sondern der Erfolg rücksichtsloser Gewalt eines totalitären Staates, der die Existenz einer von ihm unabhängigen Kirche nicht dulden konnte: »Dieses Reptil erhebt sich immer wieder, wenn die Staatsgewalt schwach wird. Deshalb muss man es zertreten.«[79] Deren zerstörerische Konfrontation mit der Kirche lag bereits in ihrer totalitären Natur eingeschlossen, die darauf hindrängte, alles zu kontrollieren. Sie ergab sich aber zugleich aus der weltanschaulichen Grundlage des NS-Staates, die in einem unauflösbaren Widerspruch zum christlichen Glauben stand. Die meisten Nationalsozialisten erkannten das viel früher als die meisten Christen, die sich durch deren pseudoreligiöse Maskerade täuschen ließen, oft geblendet durch die übermächtige und durchaus begründete Angst vor dem Bolschewismus. Hitler log allerdings nicht nur, wenn er seine Religiosität beschwor, und so nachdrücklich er die Wissenschaftlichkeit des Nationalsozialismus unterstrich, frönte er letzten Endes auch keiner strikten Wissenschaftsgläubigkeit. Die Wissenschaft, für Hitler im Grunde identisch mit Naturwissenschaft, führt letzten Endes gleichsam von selbst hinüber zur Gottgläubigkeit:

> »Es ist die große Tragik, dass wir die Dinge begreifen in ihrer Existenz, dass diese aber für uns ein Rätsel bleibt. Wir können sagen, dass ein Element sich aus soundsoviel viel Atomkernen aufbaut, aber: Warum ist das alles? Warum ist die Sonne da, warum Sterne? In dem Moment, wo man zu der

---

77 Olaf Blaschke, Die Kirchen und der Nationalsozialismus, Stuttgart 2014, S. 211.
78 Riccardi, Salz der Erde (wie Anm. 19), S. 108.
79 Hitler, Monologe (wie Anm. 55), S. 78.

letzten Frage, zu dem Warum? kommt, mündet das in die Vorstellung einer Allgewalt, in der Welten da sind. Wenn ich in Linz eine Sternwarte baue, dann setze ich das Wort hinauf: Die Himmel rühmen des Ewigen Ehre! Es ist etwas Wunderbares, dass der Mensch dafür einen Begriff – Gott! – gefunden hat. Zum Atheismus wollen wir nicht erziehen.«[80]

Den mitnichten rätselhaften Kern dieser »pantheistischen Verschwommenheit« (Pius XI.) bildete allerdings ein rassebiologisches Grundgesetz, das einzige göttliche Gebot, das Hitler anerkannte: »die Art zu erhalten.«[81] Ein Staat, gegründet auf dieses ideologische Fundament, musste die gedankliche Welt des jüdischen und christlichen Glaubens als verachtenswerte Verirrung, als »Gipfel der Torheit«[82], bewerten, deren Vertreter und Träger es als Todfeinde zu bekämpfen galt. Dem Massenmord an den Juden konnten die Nationalsozialisten die Vernichtung der Kirchen nicht mehr folgen lassen, doch an ihrer Entschlossenheit fehlte es nie.

4. Schlussbemerkung

Der Soziologe Hans Joas schrieb in einem 2010 publizierten Aufsatz über seinen Widerwillen, sich zum Verhältnis von Religion und Gewalt zu äußern, weil ihm die stillschweigende Unterstellung in diesem Thema Unbehagen bereitete:

> »Mir leuchtete (und leuchtet) nicht ein, wie man nach dem Ende eines Jahrhunderts, in dem die größten Menschheitsverbrechen aller Zeiten von säkular-utopistischen kommunistischen Regimes und von den Nationalsozialisten verübt wurden, […] wie man es nach diesen Verbrechen überhaupt naheliegend finden kann, die größte Friedensgefahr im religiösen Glauben zu sehen.«

Im Kontrast zu diesem Pauschalverdacht, der den Glauben als »etwas gefährlich Irrationales« behandelt, werden »der säkularen Vernunft erstaunlicherweise ebenso pauschal friedlich-aufklärerische Züge attestiert«.[83] Diese Pauschalurteile haben wenig mit Naivität zu tun, sie sind vielmehr Ausdruck einer recht verzerrten Wahrnehmung der Geschichte. Nicht nur im Namen der Religion wurden Ströme von Blut vergossen, sondern auch im Namen von Vernunft, Wissenschaft und Fortschritt. Spätestens seit der Französischen Revolution haben diese Begriffe und noch viele andere Leitbegriffe neuzeitlicher Politik unwiderruflich ihre politische Unschuld verloren. Es wäre absurd, Opferzahlen gegeneinander aufrechnen zu wollen, doch wenn Religionskritiker gelegentlich mit horrenden Zahlen aufwarten, um den Blutdurst vor allem der christlichen Religion zu veranschaulichen, dann muss es erlaubt sein, im Gegenzug auf die breite Blutspur zu verweisen, die von den hier dargelegten Revolutionen in den Religionen gezogen wurden. Wer das vergisst, macht sich doppelt schuldig: Er pflegt eine Aufgeklärtheit, die auf einer Unwissenheit aufbaut, die leicht zu ändern wäre, wenn man denn

---

80 Ebd., S. 157 f.

81 Ebd., S. 149.

82 Ebd., S. 84.

83 Hans Joas, Welche Gestalt von Religion für welche Moderne? Bedingungen für die Friedensfähigkeit von Religionen angesichts globaler Herausforderungen. In: Religion und die umstrittene Moderne. Hrsg. von Michael Reder und Matthias Rugel, Stuttgart 2010 (= Globale Solidarität – Schritte zu einer neuen Weltkultur, 19), S. 210–230, S. 210 f.

wissen wollte. Und dieser selbstverschuldete Mangel an Kenntnissen mindert die Fähigkeit, aus der Geschichte zu lernen. Vernunft und Wissenschaft können nach den Erfahrungen des neuzeitlichen Kampfes gegen die Religion nur dann noch der Humanität dienen, wenn sie dessen grauenhafte Folgen in ihr Bewusstsein und Selbstverständnis aufnehmen. Diese lehren in erster Linie, den heiligsten Pflichten und den hehrsten Idealen zu misstrauen, wenn sie fordern, bedenkenlos Menschen zu töten. Vielleicht ist das die bitterste und erschreckendste Lehre aus den Revolutionen der Neuzeit: Gerade auch das Versprechen, die Welt werde ohne Religion menschlicher werden, hat Menschen oft verleitet, barbarische Unmenschlichkeiten zu begehen. Der »Kult der Vernunft« (Hitler) hat Abermillionen Opfer gefordert – und ganz bestimmt nicht weniger als in der Vergangenheit die Religionen.

Corinna Hauswedell

Die politisch-religiöse Ambivalenz der (nord-)irischen Konfliktgeschichte

Die ausgeprägte politisch-religiöse Ambivalenz, die tief in der Historie des irisch-britischen Konfliktes begründet ist, gibt den Ausschlag dafür, heute nicht von einem primär religiös determinierten Gewaltkonflikt zu sprechen. Die politischen Konfliktwurzeln werden in der nach-westfälischen politischen Ordnung des 17. Jahrhundert verortet: Der Konflikt konstituierte sich mit der »Battle of the Boyne« im Juli 1690, als das englische Königshaus die Regelung seiner Thronfolge auf irischem Boden austrug: Der protestantische Wilhelm III. von Oranien focht gegen den katholischen König Jakob II.*

1. Die politischen Wurzeln des Konfliktes seit der Battle of the Boyne 1690

Die Schlacht am Fluss Boyne, nördlich von Dublin, mit der die britische Thronfolge auf irischem Boden zugunsten des protestantischen Niederländers Wilhelm III. von Oranien entschieden wurde, hat nachhaltige historische Wunden hinterlassen. Die vernichtende Niederlage, die Wilhelm seinem Schwiegervater, dem 1688 abgesetzten katholischen König Jakob II. aus dem Hause der Stuarts, beibrachte, wird bis heute jedes Jahr im Juli in Belfast von dem radikalen protestantischen Oranier-Orden zum Anlass genommen, um eine längst vergangene, ethnisch-religiöse Überlegenheit der vorwiegend britisch orientierten Protestanten über die irisch verwurzelten Katholiken zu zelebrieren. Es war aber vor allem ein Zufall der Geschichte, der das religiöse Bekenntnis den beiden damaligen (und heutigen) Konfliktparteien zugeteilt hatte.

---

* Der Beitrag basiert auf einem Aufsatz der Autorin, der für den vorliegenden Sammelband überarbeitet wurde: Von der Battle of the Boyne (1690) zu einer ›nordirischen Identität‹? Die lange Tradition politisch-religiöser Konfliktgeschichte in Irland. In: Jahrbuch des Bundesinstituts für Kultur und Geschichte der Deutschen im östlichen Europa, Oldenburg 2015 (= Religion und Erinnerung, 23), S. 73–90. Vgl. auch Corinna Hauswedell, Reverend Ian Paisley in Nordirland. Vom Konflikttreiber zum Friedensermöglicher. In: Machtfaktor Religion. Formen religiöser Einflussnahme auf Politik und Gesellschaft. Hrsg. von Bernd Oberdorfer und Peter Waldmann, Köln, Weimar, Wien 2012, S. 201–220.

Nordirland, das zwischen 1968 und 1998 durch einen Bürgerkrieg mit mehr als dreitausend Toten erschüttert wurde und nach Meinung vieler Beobachter seit dem Belfaster Abkommen (1998) eine Periode des »Kalten Friedens« durchlebt, bietet gerade deshalb einen geeigneten Referenzrahmen für das Thema des vorliegenden Sammelbandes: Die Konflikthaftigkeit (bis zur Gewaltanwendung) religiöser und politischer Identitätsbildung und eine damit verbundene Erinnerungskultur spannen einen langen Bogen vom 17. Jahrhundert bis in die Gegenwart. Der Blick in die Geschichte kann zeigen, wie sich ein bis heute an der Oberfläche als religiös konnotierter Konflikt aus der frühen europäischen Neuzeit von Beginn an aus dem Spannungsverhältnis von politischer Herrschaftsausübung und ethnisch-religiösen Zugehörigkeiten speiste. Nach wie vor existieren mindestens zwei Erzählungen aus den unterschiedlichen Perspektiven der am Konflikt um die »Irish Question« Beteiligten. Langlebige Narrative von Macht und Ohnmacht ließen sich immer wieder neu instrumentalisieren. Zugehörigkeitsgefühle und Identitäten waren und sind dabei zwar einem steten Wandel unterworfen, dies geschieht aber nicht gradlinig entlang realer politischer Veränderungen. So sind der Verlust von Hegemonie und eine friedensgerichtete Streitbeilegung noch kein Garant für die Anerkennung einer neuen Pluralität oder gar gedeihlicher Koexistenz. Im Gegenteil, die Sieger von gestern fühlen sich in Nordirland heute zum Teil als Betrogene, während die ehemals Ausgegrenzten mit der Erfahrung politischer Teilhabe an Selbstbewusstsein gewonnen haben.

Die Schlacht auf beiden Seiten des Flusses Boyne in der Nähe der Stadt Drogheda am 1. Juli 1690 (bzw. am 11. Juli nach dem gregorianischen Kalender) war mit insgesamt etwa 60 000 beteiligten Soldaten (36 000 auf Wilhelms Seite, 25 000 bei Jakob) nicht nur der größte Waffengang auf irischem Boden, Irland geriet auch für einen Moment der Geschichte in den Fokus strategischer Kämpfe in Europa.[1] Wie schon bei Oliver Cromwells Siegeszug gegen die aufständischen Iren 1649/50 wurde Irland im »Krieg der zwei Könige« (auf irisch: Cogadh an Dá Rí) erneut zum Austragungsort für die englischen Machtkämpfe um die Krone bzw. zwischen König und Parlament. Der protestantisch-niederländische Wilhelm III. von Oranien, verheiratet mit seiner Cousine Maria II. aus dem Hause Stuart, war im Zuge der Glorious Revolution 1688 auf den Thron gekommen, nachdem das englische Parlament seinen amtierenden König Jakob II. (im Englischen: James II.), den Vater von Maria II., wegen seiner Bemühungen um eine Rekatholisierung Englands abgesetzt hatte. Jakob andererseits hatte den Kampf zur Rückeroberung der Krone nur wagen können, weil er sich der Loyalität von Richard Talbot, Lord von Tyrconnell, des ersten katholisch-irischen Statthalters (Viceroy) seit der Reformation, sicher sein konnte, der ein von Protestanten weitgehend gesäubertes irisches Heer befehligte.[2] Zusätzlich unterstützt wurde Jakob von etwa 7000 französischen Söldnern, von deren Entsendung

1 Die Darstellung der Schlacht in dem infolge des nordirischen Friedensprozesses 2008 eröffneten Besucherzentrum am Originalschauplatz auf dem Landsitz Oldbridge House nahe der Stadt Drogheda betont, dass es sich auch um die truppenstärkste Militäraktion auf englischem Boden gehandelt habe: siehe <https://www.discoverire and.ie/Arts-Culture-Heritage/battle-of-the-boyne-visitor-centre/11168> (abgerufen am 26.4.2018).

2 Zur Bedeutung des königlichen Statthalters Lord Tyrconnell für die Konfliktkonstellation der Boyne-Schlacht vgl. u.a. Michael McNally, The Battle of the Boyne 1690. The Irish Campaign for the English Crown, Oxford 2005, S. 9 f.

sich Ludwig XIV. abseits des kontinentalen Schlachtfeldes der Großen Allianz einen erfolgreichen Schlag gegen den verhassten Niederländer Wilhelm versprach.[3] Wilhelm dagegen – Ironie der Geschichte – erhielt, neben einem Kontingent französischer Hugenotten, unter anderem auch wertvolle materielle und ideelle Verstärkung ausgerechnet aus dem Vatikan.

Die Hoffnungen Jakobs (und Ludwigs) gingen nicht auf; mit einer militärischen Übermacht von fast 3:1 besiegte Wilhelm seinen Schwiegervater in nur einem Tag. Während jedoch in der Schlacht selbst militärische Stärke und kluge Taktik aufseiten des Oraniers zu obwalten schienen, nahm die Geschichte danach ein politisch unkluges Ende. Mit der Unterwerfungsdeklaration von Finglas erreichte Wilhelm keine »Befriedung« der jakobitischen Truppenführer, wie es ein Teile-und-Herrsche-Konzept vielleicht ermöglicht hätte, sondern er provozierte eine Fortsetzung der Kämpfe, die erst im Frieden von Limerick 1691 ihren Abschluss fanden;[4] dessen Ergebnisse wurden zwar von beiden Konfliktparteien aus unterschiedlichen Gründen kritisiert, de facto aber leitete Limerick die Unterordnung der irischen Katholiken unter anglikanisch-britisches Recht ein.[5]

Die Niederlage Jakobs am Boyne besiegelte in England das Ende der katholischen Thronfolge und befestigte den Status der Anglikanischen Kirche als Staatskirche. Mit dem eindeutigen anglikanischen Bekenntnis versicherte sich die britische Krone fortan der Loyalität ihrer Adelsfamilien; Religionsfreiheit wurde als Gefahr für die staatliche Einheit gesehen. Die enge Koppelung von religiösem Bekenntnis und politischer Ordnung war für die Staatenwelt des 17. Jahrhunderts prägend. Das besondere irische Problem habe allerdings darin bestanden, wie Thomas Noetzel pointiert ausführt, »dass sich gegenüber dem Katholizismus und dem Presbyterianismus Ulsters eine anglikanische Minderheit als Herrschaftsinstanz durchsetzen konnte, während in anderen Staaten, wie Frankreich oder Spanien, die Bevölkerungsmehrheit die religiösen Minderheiten gleichzuschalten oder gar zu vernichten suchte«.[6]

Der Westfälische Frieden von 1648, der vor allem im Zentrum Europas Geltung als normatives Vertragswerk zwischen den Nationen – einschließlich einer Anerkennung konfessioneller Gleichberechtigung – beanspruchte, bedeutete nicht das Ende der sowohl zwischen- als auch innerstaatlich kriegerisch ausgetragenen Machtkämpfe der europäischen Nationalstaaten. Auf irischem Boden wurden in der zweiten Hälfte des 17. Jahrhunderts die Voraussetzungen für einen auch künftig höchst gewalthaltigen Konflikt gelegt, in dem koloniale Herrschaft, ethnisch-kulturelle Ausgrenzung und religiöses Dominanzstreben eine explosive Mischung eingingen. Das »Mutterland der modernen Demokratie« zog auf diese Weise in Irland schon früh die Grenzen einer möglichen Pluralisierung. Die staatstheoretische Schrift »Leviathan« des Engländers Thomas Hobbes liefer-

---

3 Die Mächtedichotomie zwischen Ludwig XIV. und Wilhelm III. und die zugrundeliegenden konkurrierenden Modelle frühneuzeitlicher Herrschaft in Europa werden untersucht in: Bourbon, Habsburg, Oranien. Konkurrierende Modelle im dynastischen Europa um 1700. Hrsg. von Christoph Kampmann [u.a.], Köln, Weimar, Wien 2008.

4 Vgl. John Childs, The Williamite Wars in Ireland, London 2007.

5 McNally, The Battle of the Boyne (wie Anm. 2), S. 92; zum ambivalenten Inhalt des Friedens von Limerick vgl. auch A New History of Ireland, vol. 3: Early Modern Ireland 1534–1691. Ed. by Theodore W. Moody [u.a.], Oxford 1976, S. 478–508.

6 Thomas Noetzel, Geschichte Irlands, Darmstadt 2003, S. 25.

te die Legitimationsfigur, um in Irland im 18. Jahrhundert eine frühbürgerliche Herrschaftsausübung zu etablieren, die vor allem die katholischen Keltiren, auch »Altengländer« genannt, aber auch Teile der sogenannten Dissenter, der schottisch-presbyterianischen Siedler, von politischer und ökonomischer Partizipation ausschloss.

Die zu diesem Zwecke erlassenen und zu Beginn des 18. Jahrhunderts verschärften »Penal Laws« verboten die katholische Religionsausübung und den Kirchenbau, interkonfessionelle Eheschließungen, Waffenbesitz für Katholiken, Zugang zur Universität und zu juristischen Berufen und öffentlichen Ämtern; sie erschwerten Landbesitz, -pacht und -vererbung und dienten insofern auch der Ausgrenzung der Presbyterianer.[7] Auch wenn Reichweite und Wirkungsgrad dieser Zwangsgesetzgebung für Irland als Ganzes schwierig zu ermitteln und zu bewerten waren und die katholische Kirche als Institution als Ganze in Irland nicht gefährdet wurde, gilt heute als unbestritten, dass mit den Penal Laws im Namen der Religion für nahezu ein Jahrhundert die bürgerrechtliche, politische und ökonomische Teilhabe, die das Londoner Parlament seinen Untertanen garantierte, für eine große Mehrheit der damals etwa drei Millionen Iren unterbunden wurde.

2. Politische Emanzipation, Konfessionalisierung und Radikalisierung

Das Streben nach politischer Emanzipation, Autonomie und Herausbildung einer irischen nationalen Identität begann nach einem Jahrhundert politischer und religiöser Diskriminierung und artikulierte sich am Ende des 18. Jahrhunderts, unter dem Einfluss der amerikanischen Unabhängigkeit und der Französischen Revolution, zunächst vorwiegend republikanisch und überkonfessionell. Eine Konfessionalisierung des Konflikts erfolgte erst im Resultat zahlreicher politischer Niederlagen der Iren und ging im Verlaufe des 19. Jahrhunderts mit der Etablierung von politischer Radikalisierung und Militanz einher.

Die Etablierung der englischen Suprematie als Ausdruck der nachjakobitischen Ordnung provozierte unterschiedliche Akteure dazu, ihre Interessen an größerer Autonomie und der Herausbildung einer irischen Identität zu artikulieren; die anglo-irischen Verhältnisse sollten aus sehr verschiedenen, widerstreitenden Perspektiven einer Revision unterzogen werden. Mit dem Aufstieg der »Protestant Ascendancy« schickte sich zunächst eine kleine, aus Klerikalen und Landbesitzern bestehende Oberschicht an, die Herrschaftsgeschicke in Dublin unter Ausschluss der katholischen Mehrheitsbevölkerung, aber in Abgrenzung zur Londoner Machtzentrale in die Hände zu nehmen.[8] Zu den Wegbereitern

---

7 Eine sparsam kommentierte, aber recht vollständige Übersicht über die Quellen der Penal Laws hat M. Patricia Schaffer zusammengestellt: Laws in Ireland for the Suppression of Popery Commonly Known as the Penal Laws, University of Minnesota, Law School, 2000, <http://library.law.umn.edu/irishlaw/index.html> (abgerufen am 28.2.2018); vgl. auch Joachim Bürgschwentner, Die Penal Laws in Irland, 1691-1778. Gesetzestexte, Auswirkungen, Debatten (ungedruckte Magisterarbeit), Innsbruck 2006. Eine partielle Aufhebung der Penal Laws erfolgte in den Catholic Relief Acts von 1778 und 1793.

8 Vgl. Jürgen Elvert, Geschichte Irlands, 3., akt. Aufl., München 1999, S. 259–269.

einer solchen partiellen, stark von wirtschaftlichen Interessen geprägten Selbstverwaltungsidee, deren ideologische Grundlegung John Gerald Simms als »colonial nationalism«[9] bezeichnete, kann der Sekretär der Dublin Philosophical Society und Abgeordnete des Dubliner Unterhauses William Molyneux gerechnet werden. Mit der Übertragung von Kerngedanken der »Two Treatises of Government« von John Locke wurde ein bemerkenswertes legitimatorisches Paradox angelegt: Die irische Nation wurde zunächst als protestantische Nation gedacht; die »Englishmen of Ireland« kreierten mit den Reformbestrebungen des Dubliner Parlaments, die eng mit dem Namen Henry Grattan und seiner Partei der »Patriots« verbunden waren,[10] eine anglikanisch fundierte, nationale Identität auf irischem Boden, die zunächst andere ethnisch-religiöse Gruppen der Mehrheitsbevölkerung ausschloss.

Radikaler und konfrontativer in ihren Unabhängigkeitsbestrebungen traten seit den 1770er Jahren außerparlamentarische Bewegungen unterschiedlicher Herkunft in Gestalt der sogenannten »Volunteers« auf: Mit diesen zunächst vorwiegend protestantischen Freiwilligenverbänden, die um 1780 geschätzt bereits über 100 000 bewaffnete Mitglieder zählten,[11] etablierte sich ein für die irische Gesellschaft in der Folge typisches, aus ihren widerstreitenden Identitäten und der Fragilität des staatlichen Gewaltmonopol erklärbares Handlungsmuster des Vigilantismus: Politischer Dissens wurde bevorzugt auch mit (para-)militärischen Mitteln ausgetragen.[12] Dass mit Wolfe Tone[13] ein protestantischer Anwalt aus Dublin an die Spitze der 1791 gegründeten Belfast Society of United Irishmen, treten konnte, um mit radikalen Katholiken und Ulster-Presbyterianern gemeinsam ein Programm der republikanischen Emanzipation zu formulieren, zeigt zugleich, wie unter dem Einfluss des amerikanischen Unabhängigkeitskrieges und mehr noch der Französischen Revolution die »Vision eines irischen Nationalismus jenseits religiöser Separierungen«[14] Gestalt gewinnen konnte. Mit dem Scheitern der Rebellion der United Irishmen von 1798 – die erhoffte Unterstützung durch Napoleon blieb aus und Wolfe Tone nahm sich im Gefängnis das Leben – entstand ein transkonfessionelles Narrativ vom Helden und Märtyrer Wolfe Tone, das dem Protestanten bis heute einen Ehrenplatz im Ranking des (katholisch-)republikanischen Erinnerungskultes garantiert.[15]

---

9 Vgl. John Gerald Simms, The Establishment of the Protestant Ascendancy, 1691–1714. In: A New History of Ireland, vol. 4: Eighteenth-Century Ireland 1691–1800. Ed. by Theodore W. Moody William E. Vaughan and Francis X. Martin, Oxford 1986, S. 5.

10 Elvert, Geschichte Irlands (wie Anm. 8), S. 282 ff.; Noetzel, Geschichte Irlands (wie Anm. 6), S. 29.

11 Elvert, Geschichte Irlands (wie Anm. 8), S. 285.

12 Diese Tendenz eines allgegenwärtigen Vigilantismus der »Bürgerwehr« verstärkte sich im 19. Jahrhundert und bereitete den Boden für die Militanz des (nord-)irischen Bürgerkrieges im 20. Jahrhundert. Vgl. Corinna Hauswedell, Geheimgesellschaften gegen *law and order* – Radikalisierung und Militarisierung nationaler, sozialer und konfessioneller Gegensätze in Irland im 19. Jahrhundert. In: Der Bürger als Soldat. Die Militarisierung europäischer Gesellschaften im langen 19. Jahrhundert. Ein internationaler Vergleich. Hrsg. von Christian Jansen, Essen 2004, S. 214–29.

13 Vgl. Life of Theobald Wolfe Tone. Ed. by Thomas Bartlett, Dublin 1998.

14 Noetzel, Geschichte Irlands (wie Anm. 6), S. 37.

15 So ehren die republikanischen Gedenksteine und -zeremonien der Sinn Féin und der IRA, z.B. auf dem Milltown Cemetery in Belfast, Wolfe Tone in vorderster Reihe. Es gibt in

Fast zur gleichen Zeit wie die United Irishmen und in klarer Entgegensetzung formierte sich 1795 im Norden Irlands der »Orange Order«, präziser die »Loyal Orange Institution«.[16] Gewalttätige Zusammenstöße zwischen katholischen und protestantischen Pächtern um den Zugang zu Land- und Marktflächen, wobei es immer auch um die Handhabung der Penal Laws ging, waren an der Tagesordnung und wurden von den Volunteers verschiedener Richtungen militant ausgetragen. Der als geheime Bruderschaft in Logen organisierte Orange Order bekannte sich zur sieghaften Tradition von König Wilhelm III., schwor seine Mitglieder auf ein Bekenntnis zu den protestantischen Werten und zur Vorherrschaft in Irland ein und zelebrierte dies auf alljährlichen Triumphzügen, den sogenannten Parades, die – bis heute – immer Anfang Juli durch katholische Wohnviertel Belfasts und anderer Orte geführt werden. Politisch verstanden sich die Orangemen als konservative unionistische Organisation mit einer entschiedenen Gegnerschaft gegen jede Form irischer nationaler Unabhängigkeit. Ihre Loyalität zur englischen Krone entsprang allerdings weniger einem nationalen Verbundenheitsgefühl als dem Eigeninteresse, das in der Erwartung lag, London habe die protestantische Vorherrschaft in Irland zu unterstützen.[17]

a) Verhindertes »nation building« in Irland

Die »Acts of the Union« (1800/01),[18] mit denen England, Schottland und Irland zum »United Kingdom of Great Britain and Ireland« erklärt, das Dubliner Parlament aufgehoben und die legislative Vertretung der Iren nach Westminster transferiert wurde, stellten eine Antwort auf die Rebellion der United Irishmen dar. Vom Orange Order, aber auch von anderen gemäßigten Protestanten, wurde diese Maßnahme der englischen Herrschaftssicherung aber nicht willkommen geheißen, da man mit dem Ende der Teilautonomie auch die eigenen Verfassungsvorstellungen für Irland bedroht sah.[19] Die Union besiegelte ein Jahrhundert politischer Hegemonie und wirtschaftlicher Ausbeutung der irischen Insel durch die Engländer und vereinnahmte die irischen Angelegenheiten nunmehr vollständig unter die hoheitliche Administration Londons. Für die radikalen Republikaner in der Nachfolge Wolfe Tones bestätigte und verstärkte diese Entwicklung ihre tiefsitzenden antibritischen Ressentiments und den Wunsch nach vollständiger Unabhängigkeit; lokale Proteste z.B. gegen das Abführen des Zehnten (*tithe*) an die anglikanische Kirche wurden erneut zum Ausgangspunkt

Irland mehrere Wolf-Tone-Statuen, u.a. in Dublin und Bantry, Cork. Eine irische Band »The Wolfe Tones« im Genre der Irish Rebel Music gründete sich in den 1960er Jahren und tourte bis 2007.

16 Vgl. Eric Kaufmann, The Orange Order. A Contemporary Northern Irish History, Oxford 2007.

17 Vgl. Noetzel, Geschichte Irlands(wie Anm. 6), S. 37. Dort Hinweise auf diese Bewertung bei Robert F. Foster, Modern Ireland 1600–1972, London 1989.

18 Die Gesetzestexte im Wortlaut: <http://www.rahbarnes.co.uk/Union/Union1800.php> (abgerufen am 26.4.2018).

19 Vgl. Jonathan Bardon, A History of Ulster, new, updated Ed., Belfast 2005.

zahlreicher Unruhen, die auch von republikanischen Freiwilligencorps wie den »Whiteboys« oder den »Ribbonmen« angeheizt wurden.[20]

Ein größerer, gemäßigter Teil der katholischen Bevölkerung, der sich in einer wachsenden städtischen Mittelschicht artikulierte, sah in der Union und in dem Rahmen, den der britische Parlamentarismus bereitstellte, zunächst aber auch eine Chance, um ihrem Ziel nach Emanzipation, d.h. einer religiösen, politischen und ökonomischen Gleichstellung als Bürger, endlich näher zu kommen. Dafür trat mit dem ersten in Dublin zugelassenen katholischen Anwalt Daniel O'Connell – bis heute die Ikone des gemäßigten irischen Nationalismus[21] – ein höchst geeigneter Akteur auf den Plan. Mit Unterstützung des Klerus gelang es O'Connell nach der Gründung der »Catholic Association« 1823, eine mächtige Volksbewegung für die Bürgerrechte der Katholiken in Gang zu setzen, die 1829 im »Roman Catholic Relief Act« wichtige Teilerfolge verbuchen konnte, wie das Recht, öffentliche Ämter zu bekleiden und ins Parlament gewählt zu werden; der in Westminster obligatorische Eid gegen die katholische Kirche wurde abgeschafft. Die nun von katholischer Seite betriebene Konfessionalisierung des irischen Nationalismus und seine Politisierung gingen Hand in Hand: O'Connell begann das Projekt einer irisch-nationalistischen Parteigründung und arbeitete dabei eng mit den britischen Liberalen (Whigs) zusammen; in den gewaltfreien Massenversammlungen der Catholic Association für die Aufhebung des »Act of the Union« (Repeal Campaign), die 1843 ihren Höhepunkt erreichten, wurden – einmalig im Europa des 19. Jahrhunderts – Hunderttausende mobilisiert.[22]

Man muss Noetzel in seiner Einschätzung nicht vollständig folgen, der »die Engführung von katholischer Emanzipation und Staatsbildung als verhängnisvoll« bezeichnet,[23] aber das Dilemma des gemäßigten irischen Nationalismus wurde offensichtlich: Parallel zur Beteiligung an britischer Reformpolitik wuchs auch das Interesse an weiterreichender Unabhängigkeit von England; die konfrontative Politik der konservativen britischen Regierung in den 1840er Jahren, in deren Folge O'Connell wegen angeblich konspirativer Tätigkeit verhaftet wurde, verstärkte diesen Trend.[24]

Die Geister, die O'Connell gerufen hatte, fanden eine neue Heimat bei der überkonfessionellen Vereinigung »Young Ireland« um die katholischen und protestantischen Trinity-College-Absolventen Thomas Davis, Charles Gavan Duffy und John Blake Dillon, die die Zeitung »The Nation«[25] herausgaben. Sie verbanden ihre Teilnahme an der Repeal-Kampagne mit radikaleren Vorstellungen einer irischen (Kultur-)Revolution. Der Streit mit O'Connell über den Einsatz militanter Mittel führte 1846 zur Abspaltung der Young Irelanders von der Kampagne. O'Connell starb 1847 an Herzversagen. Young Ireland plante, inspiriert durch die Pariser Februar-Revolution 1848, einen Aufstand für den Herbst des gleichen

---

20 Vgl. Noetzel, Geschichte Irlands (wie Anm. 6), S. 47.

21 Nach dem auch als »Liberator« Gefeierten ist seit 1924 die Hauptstraße im Zentrum Dublins benannt, deren Südende eine monumentale Statue O'Connells ziert.

22 Vgl. Elvert, Geschichte Irlands (wie Anm. 8), S. 323–340; The Course of Irish History. Ed. by Theodore W. Moody and Francis X. Martin, Dublin 1994.

23 Noetzel, Geschichte Irlands (wie Anm. 6), S. 47.

24 Hauswedell, Geheimgesellschaften (wie Anm. 12), S. 217.

25 Das vollständige Archiv der Wochenzeitung The Nation ist heute elektronisch verfügbar: <https://www.irishnewsarchive.com/> (abgerufen am 28.2.2018).

Jahres. Wie schon fünfzig Jahre zuvor bei den United Irishmen blieb aber die erhoffte französische Waffenhilfe aus. Britische Regierungsspitzel bekamen Wind von der Sache und die Rebellion ging als gescheiterte, tragikomische »Miniature« in die Literatur ein.[26]

Inzwischen hatte das Desaster der Großen Hungersnot (Great Famine, 1845–1849),[27] die durch eine mehrjährige Kartoffelfäule ausgelöst worden war und in deren Folge die irische Bevölkerung von inzwischen ca. 8,5 Millionen um ca. 2 Millionen dezimiert wurde – etwa eine Million Menschen kam ums Leben, eine weitere Million wanderte aus – als nahezu genozidales Trauma in der irischen Gesellschaft Platz gegriffen.[28] Verzweiflung und Hass auf England erreichten angesichts des Versagens der Londoner Regierung, diese tiefe Versorgungskrise zu meistern, eine neue Dimension.

b) Home Rule und Gaelic Revival

Das Ziel einer Selbstbestimmung über das irische Territorium bzw. »Land« erhielt nun für immer mehr Menschen Priorität, und zwar im Sinne einer doppelten, politischen und ökonomischen, Konnotation. Paradigmatisch kam dies in den beiden großen Reformbewegungen zum Ausdruck, die sich seit der Mitte des 19. Jahrhunderts etablierten: dem Kampf um politische Unabhängigkeit von Großbritannien, zunächst als Bewegung für eine parlamentarische Teilautonomie (»Home Rule«), sowie der Bewegung für eine Verbesserung der ökonomischen und sozialen Lage der ländlichen Bevölkerung, die schließlich im »Land War« (1879–1882), dem »Krieg auf dem Land um das Land«[29] eskalierte. Beide Bewegungen entwickelten im Laufe der 1870er und 1880er Jahre gemeinsame politische Plattformen und Strukturen; gleichzeitig verschwammen zusehends die Grenzen zwischen gemäßigten Politikkonzepten und militanten Formen des Protestes.[30] Während die soziale Spaltung der nach wie vor agrarisch geprägten irischen Gesellschaft weiterhin vorwiegend entlang konfessioneller Trennlinien verlief – hier protestantische Grundherren, dort katholische Kleinpächter – gab es im politischen Raum (wie bereits im ausgehenden 18. Jahrhundert) einzelne kulturelle Grenzüberschreitungen, die vor allem das Führungspersonal der neuen irischen Parteienlandschaft betrafen: Sowohl Isaac Butt, Begründer der »Home Rule League« (1870), als auch Charles Stewart Parnell, Gründer der »Irish National Land League« (1879) und ein Jahr später auch Vorsitzender der jetzt »Irish Parliamentary Party« genannten Home-Rule-Partei, hatten beide einen protestantischen Hintergrund: Butt hegte schon früh Sympathien für die kulturrevolutionären Ideen der Young Irelanders, und Parnell war in einer für die Protestant Ascendancy nicht untypischen, langen antibritischen Familientradition

---

26 Charles Townshend, Political Violence in Ireland, Oxford 1983, S. 24.

27 Vgl. E.R.R. Green, The Great Famine, 1845–50. In: The Course of Irish History (wie Anm. 22), S. 263–274.

28 Vgl. Oonagh Walsh, Ireland's Independence, 1880–1923, London 2002, S. 5 ff. Neueste Forschungsergebnisse präsentiert das beeindruckende Werk: Atlas of the Great Irish Famine 1845–52. Ed. by John Crowley [u.a.], Cork 2012.

29 Elvert, Geschichte Irlands (wie Anm. 8), S. 366.

30 Ausführlicher vgl. Hauswedell, Geheimgesellschaften (wie Anm. 12), S. 218 ff.

verwurzelt.[31] Als Verbündete für Parnell boten sich die Führer des in der irisch-amerikanischen Diaspora gegründeten »Fenian Movement«[32] an, das durch die Emigrationswelle der Opfer der Hungersnot stark angewachsenen war: 1858 wurde gleichzeitig in Dublin und New York die Irish Republican Brotherhood (IRB)[33] aus der Taufe gehoben; die Gründer der IRB, die später in der Vorbereitung des Osteraufstandes 1916 eine zentrale Rolle spielen sollte, stammten fast alle aus dem Umfeld des fehlgeschlagenen Aufstandes von 1848. Ihr Hauptcredo, dass England sich die irische Unabhängigkeit nur mit militärischer Gewalt abtrotzen lassen werde, musste jedoch zunächst nach einer weiteren gescheiterten Revolte 1867 einen Dämpfer hinnehmen.[34]

Nichtsdestoweniger wurde die Radikalisierung der Politik, die auch in den zeitweiligen Allianzen der Fenians mit Parnell und der neuen Home-Rule-Partei zum Ausdruck kam, von der britischen Regierung mit Sorge um den Fortbestand des Vereinigten Königreichs beobachtet. Um den konfessionellen Kern der irischen Frage zu entschärfen, hatte William Gladstone, 1868 an der Spitze eines liberalen Kabinetts zum Premierminister gewählt, zunächst zwei große Reformvorhaben durchgesetzt: die Aufhebung der Staatskirchenfunktion der anglikanischen Church of Ireland und die De-facto-Gleichstellung der Konfessionen (1869) sowie das Landgesetz von 1870, das die Beziehungen zwischen Grundherren und Pächtern neu ordnen sollte – nicht ohne Widerstand in den eigenen Reihen der Whigs.[35] Das zunehmend explosive Klima der 1880er Jahre provozierte weitere Verschärfungen der Sicherheitsgesetze, veranlasste Gladstone aber auch, endlich eine Gesetzgebung für Home Rule in Angriff zu nehmen: Sein erster Entwurf scheiterte jedoch 1886 mit 341 gegen 311 Stimmen im Unterhaus.[36] Die Gegner des Gesetzes, einige in Gladstones eigener Partei, vor allem aber die Tories und die Unionisten, sammelten ihre Kräfte; sieben Jahre später sollte auch der zweite Entwurf scheitern, diesmal im House of Lords.[37] Bereits 1891 war Parnell, der Held der Home-Rule-Bewegung, gestorben und hatte ein unvollendetes Erbe und eine führungslose Bewegung hinterlassen.

Unter dem Motto eines »Celtic Revival« oder »Gaelic Revival« bemühten sich in den 1890er Jahren zahlreiche Initiativen, Zirkel und Organisationen,

---

31 Eine gute Einführung in Parnell's Haltungen und Wirken findet sich bei Paul Bew, C.S. Parnell, Dublin 1980.

32 Vgl. The Fenian Movement. Ed. by Theodore W. Moody, Cork 1968. Der Name »Fenian« stammt aus der irischen und schottischen Mythologie (Fian) und beschreibt Gruppen sehr kleiner, landloser, in Wäldern beheimateter Kämpfer des Mittelalters.

33 Zur Geschichte der Bruderschaft, deren geheimer Schwur lautete: »Irish Republic now virtually established«, vgl. Leon O'Broin, Revolutionary Underground. The Story of the Irish Republican Brotherhood, 1858–1924, Dublin 1976.

34 Die Fenians machten vor allem durch ihre militaristische, aggressiv-antibritische Rhetorik von sich reden, von der zahlreiche Beispiele in den zeitgenössischen Polizeiberichten dokumentiert sind; zitiert u.a. bei Townshend, Political Violence (wie Anm. 27), S. 28 f. Es fällt auch auf, dass, anders als bei den protestantischen Geheimbünden wie dem Orange Order, die republikanische Rhetorik des IRB fast ausschließlich politisch gefasst war und kaum Bezüge zu einer religiösen Semantik enthielt.

35 Vgl. David George Boyce, The Irish Question and British Politics, 1868–1996, Basingstoke, London 1996, S. 19 f.

36 Ebd., S. 30 ff.

37 Ebd., S. 40 f.

die irische Kultur, Sprache, Literatur und Sport mit neuem Leben zu erfüllen und so das aus Enttäuschung über die erfolglose Politik entstandene Vakuum zu füllen: Eine Mischung aus Mythos und Moderne sollte der irischen Identität neue Stärke verleihen.[38] Die Gaelic Athletic Association (GAA) baute in bewusster Entgegensetzung zu den typisch englischen Sportarten Kricket, Hockey und Tennis ein landesweites Netz von Gaelic Football und Hurling Teams und entsprechende Meisterschaften auf. Die bedeutsamste dieser Organisationen, die Gaelic League mit einem strikt unpolitischen und überkonfessionellen Selbstverständnis, machte sich unter ihrem Präsidenten Douglas Hyde das in mancher Hinsicht unrealistische Projekt einer Renaissance der irischen Sprache und Verdrängung des Englischen zum Programm. Berühmte Autoren wie William Butler Yeats, Lady Augusta Gregory, John Millington Synge und später auch James Joyce veröffentlichten zwar nur wenig in irischer Sprache. Sie bildeten aber in der Gaelic League einen intellektuellen Kern für viele Debatten, aus denen eine Art politisch-kulturelle Schule für eine neue Generation des irischen Republikanismus hervorging: Arthur Griffith beispielsweise, der 1905 die Partei »Sinn Féin« (irisch für »Wir selbst«) gründete, oder auch Patrick Pearse, einer der Anführer des Osteraufstandes von 1916, kamen aus dieser Schule.

Auch im langen 19. Jahrhundert hatte das britische Herrschaftssystem durch die Konstruktion der Union kein irisches »nation building« zugelassen. Als die Home-Rule-Bewegung, die lediglich eine Teilautonomie anstrebte, nach mehr als vierzig Jahren 1912 kurz vor dem Erfolg durch die Verabschiedung einer dritten Gesetzesvorlage im Londoner Unterhaus stand,[39] gründete sich zur Abwehr der parlamentarischen Entscheidung die Ulster Volunteer Force (UVF), geführt von Sir Edward Carson, dem profiliertesten unionistischen Politiker der Zeit.[40] Die Protestanten im Norden Irlands, die in den Jahrzehnten der wachsenden Konfrontation zwischen irischen Nationalisten und Londoner Regierung in deren Windschatten gesegelt waren, trauten sich nun aus der Deckung. Die UVF wurde, unter anderem ausgestattet mit einer erfolgreichen Waffenlieferung aus Deutschland (Larne gun-running), zu einer machtvollen loyalistischen Privatarmee ausgebaut. Die Republikaner ihrerseits antworteten mit der Gründung der Irish Volunteer Force (IVF),[41] die einen weniger erfolgreichen Versuch unternahm, sich aus den gleichen Quellen am Vorabend des Ersten Weltkrieges zu bewaffnen (Howth gun-running). Der in beiden politisch-religiösen Kulturen verankerte irische Vigilantismus bzw. die Tendenz zur Privatisierung militärischer Gewalt erreichte einen neuen institutionellen Höhepunkt.

1914 existierten in Irland fünf Armeen: die regulären britischen Streitkräfte, auf republikanischer Seite die IVF, die IRB und die von James Connolly gegrün-

---

38 Walsh, Independence (wie Anm. 28), S. 18 ff.

39 Vgl. The Course of Irish History (wie Anm. 22), S. 305 f.

40 Edward Carson, zugleich angesehener protestantischer Anwalt und Parlamentarier in London, kommentierte den Vorgang der Gründung seiner gegen die Regierungspolitik gerichteten Privatarmee: »I am told it will be illegal. Of course it will. Drilling is illegal [...] the Volunteers are illegal and the government know they are illegal, and the government dare not interfere with them [...] Don't be afraid of illegalities.« Zit. nach: The Course of Irish History (wie Anm. 22), S. 305. Man geht davon aus, dass die UVF 1914 über ca. 100 000 Mann, unter ihnen zahlreiche ehemalige britische Offiziere, verfügte.

41 The Course of Irish History (wie Anm. 22), S. 304 ff.

dete kleinere, sozialistisch orientierte Citizen Army, sowie auf unionistischer Seite die UVF. Vertrauliche Pläne der UVF für eine Entwaffnung der irischen Polizei, der Royal Irish Constabulary, machten die Runde.[42] Aufgrund des zugänglichen Quellenmaterials gibt es in der britischen und irischen Geschichtsschreibung wenig Zweifel, dass es im Falle der Verabschiedung des Home-Rule-Gesetzes spätestens 1914 zum offenen Bürgerkrieg gekommen wäre.[43]

c) Der Osteraufstand 1916 und die Teilung der Insel

Home Rule wurde jedoch erneut vertagt. Der Beginn des Ersten Weltkrieges militarisierte das internationale Klima, nicht ohne Rückwirkungen auch auf Irland. Die Nationalisten spalteten sich an der Frage der Konskription, der Kriegsteilnahme irischer Soldaten aufseiten der britischen Armee: Einige gemäßigte Katholiken reihten sich wie große Teile der loyalistischen Protestanten in die legendäre 36th (Ulster) Division ein, die am 1. Juli 1916 in der Schlacht an der Somme die verlustreichste Niederlage der britischen Militärgeschichte erlitt und bei den nordirischen Protestanten ein nachhaltiges Opfer-Narrativ generierte. Die radikalen Republikaner lehnten die Kriegsteilnahme ab und sahen die Stunde für die Gründung der Republik gekommen.

Der Osteraufstand 1916 in Dublin unter Führung der IRB, der nach wenigen Tagen heroischer Kampfszenen von der britischen Armee niedergeschlagen wurde, stellte den entscheidenden Wendepunkt für die republikanische Bewegung dar:[44] Eine martialische Hinrichtung der fünfzehn Anführer des Easter Rising und die folgenden Repressionen gegen die Rebellen seitens der englischen Regierung beförderten starke Sympathiebekundungen und eine bisher nicht erreichte Unterstützung in der irischen Bevölkerung. Sinn Féin löste die alte Home-Rule-Partei ab und wurde bei den Unterhaus-Wahlen 1918 stärkste irische Partei (73 der 106 irischen Sitze). Im Januar 1919 traten die irischen Abgeordneten in Dublin zu einem Nationalparlament (Dáil Éireann) zusammen und richteten eine Regierung unter Führung von Éamon de Valera ein, die aber von Großbritannien nicht anerkannt wurde. Zwischen 1919 und 1921 kam es daraufhin zum irischen Unabhängigkeitskrieg (Anglo-Irish War), ausgetragen zwischen der Irish Republican Army (IRA), die aus IRB und IVF hervorgegangen war, und der britischen Armee. Am Ende besiegelte der Anglo-Irische Vertrag vom 6. Dezember 1921 die politische Teilung der Insel: Im Süden entstand 1922 der »Irische Freistaat« (als Teil des Commonwealth), der erst 1949 als »Republik Irland« vollständige Unabhängigkeit von Großbritannien erhielt. Den sechs mehrheitlich protestantischen Grafschaften im Norden Irlands (Ulster) wurde – Ironie der Geschichte – Home Rule zugestanden. Ulster verblieb im Vereinigten Königreich und erhielt 1972, als den Unionisten infolge der 1968 beginnenden bürgerkriegsähnlichen Unruhen die Regierungs- und Polizeigewalt in der Provinz zu entgleiten drohte, wieder Direct Rule aus London.

---

42 Townshend, Political Violence (wie Anm. 26), S. 251 ff.

43 Vgl. Alvin Jackson, British Ireland. What if Home Rule Had Been Enacted in 1912? In: Virtual History. Ed. by Niall Ferguson, New York 1997, S. 218 ff.

44 Eine neuere, ausgewogene Darstellung und Analyse des Osteraufstandes und seiner Folgen findet sich bei Charles Townshend, Easter 1916. The Irish Rebellion, Chicago 2006.

3. Der »Protestant State« und der Bürgerkrieg

Mit der Gründung des »Protestant State« Nordirland 1921 kam es zu einer paradoxen Koppelung von politisch, ethnisch und religiös legitimierter Herrschaft und in deren Namen auch zum Missbrauch des staatlichen Gewaltmonopols sowie zum Aufbrechen paramilitärischer (Un-)Kultur. Im nordirischen Bürgerkrieg von 1969 bis 1998 (der im Englischen euphemistisch »The Troubles« genannt wird) amalgamierten religiöse und politische Herrschaftsansprüche (vor allem in der Person des Reverend Ian Paisley) auf protestantisch-unionistischer Seite; die vorwiegend politisch agierenden katholisch-republikanischen Konfliktparteien suchten nur zeitweilig Rückhalt in religiöser Symbolik (Märtyrermythos der IRA).

In Nordirland wurde 1921 das Erbe der irischen Konfliktgeschichte angetreten. Mit seinem Credo, einem »Protestant Parliament« bzw. einem »Protestant State« vorzustehen,[45] bekannte sich der erste Premierminister der nordirischen Provinz Sir James Craig als überzeugter Anti-Katholik. Er war aktiver Anhänger des Oranier-Ordens und hatte gemeinsam mit Edward Carson den illegalen Aufbau der Ulster Volunteers gegen Home Rule betrieben. Seine Regierung errichtete in Nordirland in relativ kurzer Zeit ein effektives Regime der politischen und sozialen Diskriminierung der katholischen Minderheit (ca. 32–35 % Katholiken in Ulster) in allen relevanten Lebensbereichen: Den Penal Laws des 18. Jahrhunderts nicht ganz unähnlich, sicherte die protestantisch-unionistische Elite ihrer Klientel mittels gesetzlich garantierter Disparitäten und Wahlrechtsmanipulationen (Gerrymandering) und gestützt auf einen fast ausschließlich protestantisch rekrutierten Sicherheits- und Polizeiapparat einen privilegierten Zugang zum Arbeits- und Wohnungsmarkt sowie zu den Bildungseinrichtungen; sie installierte so den für Nordirland paradigmatischen »Sectarianism«, eine auf Konfrontation und Ausgrenzung basierende institutionelle Spaltung der Gesellschaft, die wesentlich entlang ethnisch-religiöser Grenzen verlief.[46]

Thomas Noetzel ist im Grundsatz zuzustimmen, »dass die Nationenbildung in Irland bis ins 20. Jahrhundert hinein als Dominanzprojekt angelegt worden ist und – von Strömungen des durch die Französische Revolution inspirierten Republikanismus der United Irishmen abgesehen – nie als Integrationsprojekt der Kulturen.«[47] Präzisierungen sind jedoch angebracht hinsichtlich der Frage, wer dieses Dominanzprojekt zu welchem Zeitpunkt und mit welchen Narrativen betrieben hat. Noetzels Schluss, die Definitionsmacht für die (jeweilige) nationale Leitkultur habe sich schließlich im 20. Jahrhundert vollständig auf die »Konstruktion eines ausschließlich gälisch-katholischen Irischseins«[48] verscho-

---

[45] Zit. nach Bardon, A History of Ulster (wie Anm.19), S. 538.

[46] Zur Etablierung der nordirischen Herrschaft vor den Troubles vgl. u.a. Northern Ireland. The Background to the Conflict. Ed. by John Darby, Belfast 1983; zum System des Sectarianism, der für Nordirland typischen, konfessionell begründeten gesellschaftlichen Spaltung einschließlich der damit verbundenen feindseligen politischen Haltungen zwischen den beiden Gemeinschaften, vgl. u.a. Moving Beyond Sectarianism. Religion, Conflict and Reconciliation in Northern Ireland. Ed. by Joseph Liechty and Cecilia Clegg, Dublin 2001.

[47] Noetzel, Geschichte Irlands (wie Anm. 6), S. 30.

[48] Ebd.

ben, greift für den politischen Republikanismus zu kurz und lässt auch die Entwicklung in Nordirland außen vor. Ein (konflikt-)treibender Akteur blieb bis in die zweite Hälfte des 20. Jahrhunderts der britische Staat. Er definierte Umfang und Qualität irischer (Nicht-)Staatlichkeit in doppelten Sinne mit, hinsichtlich der erst späten vollständigen Zulassung einer Republik im Süden (1949) und noch elementarer bei der Rücknahme der unionistischen Home Rule im Norden im Januar 1972. Deshalb konnte sich dort, manifest in der Gewaltaustragung während der Troubles mit seinen mehr als 3000 Toten, ein höchst komplexes Konfliktdreieck[49] zwischen irisch orientierten Republikanern, loyalistischen Unionisten und britischer Administration etablieren, das wesentlich stärker und im Verlauf der Troubles zunehmend mehr von (sicherheits-)politischen als von religiösen oder gar kulturell-integrativen Konnotationen bzw. Bildern geprägt wurde.[50]

Die britische Dominanz stellte einen relevanten Bezugspunkt für die Narrative der beiden lokalen Konfliktparteien dar, wenn auch in entgegengesetzter, konfliktiver Weise. Während die Unionisten, die politisch Gemäßigteren ebenso wie die radikaleren Loyalisten, einen identitätsstiftenden Marker durchaus in der religiösen Zugehörigkeit zum Protestantismus suchten und dies mit den Erinnerungszeremonien des Orange Order für »King Billy«[51] (Wilhelm von Oranien) und seine Schlacht am Boyne auch historisch-politisch verstärken konnten, findet sich weder bei den gemäßigten Nationalisten noch bei den radikaleren Republikanern ein vergleichbar proklamatorisches Verhältnis zum Katholizismus; er fungierte eher als soziales Reservoir etwa im Kampf um Gerechtigkeit – als eine Art weltanschaulicher Grundlegung mit auch aufklärerischen Wurzeln wie bei den United Irishmen oder wie es auch die Befassung mit dem Marxismus war, die vor dem Ausbruch der Troubles 1967/1968 in der Bürgerrechtsbewegung[52] en vogue war. Während auf unionistischer Seite die Radikalisierung in den Troubles einen evangelikalen Fundamentalisten wie den presbyterianischen Reverend Ian Paisley, zugleich Parteiführer der Democratic Unionist Party (DUP), hervorbringen konnte, der zunächst religiöser Eiferer und größter Scharfmacher im Konflikt und am Ende überraschender Friedensermöglicher wurde,[53] steht auf republikanischer

---

49 Die Dynamik innerhalb des Konfliktdreiecks wird näher illustriert bei Corinna Hauswedell, Das protestantisch-loyalistische Milieu in Nordirland. Reaktionäre Radikalisierung und ethno-sozialer Identitätsverlust. In: Radikale Milieus. Das soziale Umfeld terroristischer Gruppen. Hrsg. von Stefan Malthaner und Peter Waldmann, Frankfurt a.M., New York 2012, S. 321.

50 Es können hier nicht Genese und Verlauf der Konfliktkonstellation der Troubles nachgezeichnet, sondern lediglich einige für den hier interessierenden Kontext relevante Eckpunkte und Ergebnisse reflektiert werden.

51 Jahrzehntelang zierten zahlreiche Wandgemälde (Murals) mit »King Billy« auf seiner Schimmelstute die Häuser der protestantischen Shankill Road in Belfast – eine symbolisch überhöhte Ehre, die dem englischen protestantischen König in dessen Heimatland nirgendwo vergleichbar zuteil wurde.

52 Die Bewegung wurde organisiert von der Northern Ireland Civil Rights Association (NICRA), der zunächst auch einige Protestanten angehörten; die Ereignisse auf dem Londonderry Marsch der NICRA von 5.10.1968 gelten als Auslöser der Troubles.

53 Vgl. Corinna Hauswedell, Reverend Ian Paisley in Nordirland. Vom Konflikttreiber zum Friedensermöglicher. In: Machtfaktor Religion. Formen religiöser Einflussnahme auf Politik und Gesellschaft. Hrsg. von Bernd Oberdorfer und Peter Waldmann, Köln,

Seite der junge IRA-Aktivist Bobby Sands, Anführer des legendären Hungerstreiks von 1980/81 gegen die britische Internierungspolitik Margaret Thatchers, dessen politische Märtyrer-Ikonographie allerdings auch religiös gelesen werden konnte.

Im europäischen Vergleich gilt Nordirland bis heute als weniger nachhaltig säkularisiert und modernisiert. Jüngere Studien zeigen, warum Religion für Teile der nordirischen Gesellschaft nach wie vor mehr ist als ein ethnischer Marker und immer noch politisch-kulturelle Identitäten, Zugehörigkeit und ein abgrenzendes Konfliktpotenzial definiert. Claire Mitchell verweist auch auf Unterschiede: Für die Katholiken konstituiere Religion eher ein sozial-institutionelles Gefüge und sie scheint insgesamt weniger gewichtig zu sein; für viele Protestanten dagegen liege die insgesamt größere Bedeutung der Religion eher in ihren theologisch-moralischen Dimensionen.[54] Insgesamt scheint es allerdings, als habe die Dynamik der Troubles eher die politischen als die religiösen Dimensionen der Gegensätze an die Oberfläche gebracht. Der Bürgerkrieg trat als Beschleuniger der Geschichte auf und betrieb – teilweise auch hinter dem Rücken der Akteure – die Säkularisierung in Nordirland mit. Am Ende der Troubles und während des zähen Friedensprozesses, der 1994 mit einem Waffenstillstand der IRA und dann der loyalistischen Paramilitärs einsetzte, begannen aus den ethno-politischen und religiösen Gräben immer deutlicher die sozialen und klassenmäßigen Dimensionen aufzuscheinen, die den Konflikt eben auch immer schon mit konstituiert haben.[55]

Es gibt ebenfalls gewichtige Unterschiede, wie katholische Republikaner und protestantische Unionisten die Veränderungen wahrnehmen, die sich im Verlauf der Troubles und erst Recht im Kontext des Belfaster Friedensabkommens (1998) für ihre Identitätsgeschichten abzeichneten: Während erstere den Friedensprozess – trotz der höchst schwierigen Entwaffnungsfrage für die IRA – wesentlich als Erfolgsstory sehen (und es politischen Führern der Sinn Féin wie Gerry Adams auch weitgehend gelang, die IRA-Gefolgsleute auf diesem Weg mitzunehmen), zeichnete sich vor allem bei den loyalistischen Gruppierungen eine Enttäuschung und ein Gefühl des Verlustes an Identität ab, das sich im Zuge der industriellen Krise der Belfaster Werften in den 1970er und 1980er Jahren im Sinne einer sozialen Abstiegs schon angekündigt hatte.[56]

Es gehört zu den Paradoxien des international gefeierten Belfaster Friedensabkommens von 1998,[57] dass eine Übereinkunft zur konstitutionellen Kernfrage des Konflikts, ob der Norden künftig zu Irland oder zu Großbritannien gehören sollte, relativ leicht erzielt werden konnte. Man einigte sich auf ein konsensuales

---

Weimar, Wien 2012, S. 201–220. Die jüngere Forschung über den Evangelikalismus in Nordirland betont, dass zahlreiche andere Strömungen und Organisationen, die neben Paisleys Kirche existierten und sich zum Beispiel im Rahmen der ökumenischen Bewegung engagierten, eher eine konstruktive Rolle während der Troubles und im Friedensprozess spielten. Vgl. Gladys Ganiel, Evangelicalism and Conflict in Northern Ireland, New York, Basingstoke 2008.

54 Vgl. z.B. Claire Mitchell, Religion, Identity and Politics in Northern Ireland. Boundaries of Belonging and Belief, Farnham, Burlington, VT 2006.

55 Hauswedell, Reverend Ian Paisley (wie Anm. 53), S. 213.

56 Hauswedell, Das protestantisch-loyalistische Milieu (wie Anm. 49), S. 334 f.

57 Das Abkommen im Wortlaut: <http://peacemaker.un.org/uk-ireland-good-friday98> (abgerufen am 28.2.2018).

Verfahren (*principle of consent*), das festlegte, diese Frage in der Zukunft einem Meinungsbildungsprozess in der nordirischen Bevölkerung selbst (Referendum) zu übertragen. Zunächst aber wurde allen nordirischen Bürgern ein bi-nationales Identitätsangebot gemacht: die Möglichkeit einer parallelen, irischen oder britischen bzw. einer doppelten Staatsangehörigkeit. Dieser politische Kompromiss, der den Republikanern einiges abverlangte (Dublin hatte inzwischen den Alleinvertretungsanspruch aus der Verfassung gestrichen), hätte als Bestätigung der verfassungsmäßigen Position der Unionisten gelesen werden können, geeignet, auch das radikale loyalistische Lager zufriedenzustellen. Ian Paisleys DUP jedoch lehnte als einzige Partei das Abkommen ab. Der notorische Neinsager leitete mit dieser psychologischen Volte, die das radikale Milieu der paramilitärischen loyalistischen Gruppen (UVF und UDA) mental zu Verlierern des Prozesses machte, eine weitere krisenhafte Dekade eines »Kalten Friedens« in Nordirland ein, in der sich die Ratio des Abkommens nur mühsam Bahn brechen konnte. Erst im Mai 2007, zwei Jahre nach der offiziell verifizierten Abrüstung der IRA – UVF und UDA haben bis heute kein vollständiges Äquivalent erbracht – konnte der zweite Kerngedanke des Friedensabkommens Platz greifen: das Power-Sharing-Modell zwischen den beiden radikalen Konfliktparteien in Gestalt einer gemeinsamen Regionalregierung, geführt von dem im März 2017 verstorbenen Martin McGuinness (Sinn Féin) und von Ian Paisley (DUP), die damit schließlich Direct Rule aus London ablösten.[58]

Diese in aller Ambivalenz bemerkenswerte Konstruktion (nach dem Tod Paisleys 2014 mit neuer Besetzung auf protestantischer Seite) bleibt bis heute fragil. In der Umsetzung des Abkommens sind – neben der zentralen Polizeireform, die nun eine 50/50 Rekrutierung mit katholischen und protestantischen Offizieren implementiert – zahlreiche weitere Vorkehrungen getroffen worden, um die konflikthaltige Erinnerungskultur, insbesondere die jährlichen Märsche der Orangemen durch die katholischen Viertel, beispielsweise durch eine Parade Commission zu zähmen.

4. Erosion der alten Identitäten

Als relevante Langzeitfolgen des Belfaster Friedensabkommens von 1998 kann nicht nur der evidente Rückgang der Gewalt gelten, sondern auch der Befund, dass die jahrzehntelang weitgehend homogenen Selbstzuordnungen der Nordiren zwischen religiöser Zugehörigkeit und nationaler Identität – katholisch/irisch einerseits und protestantisch/britisch andererseits – heute bei Weitem nicht mehr so eindeutig ausfallen, sondern beginnen zu erodieren.

Eine lebhafte sozialwissenschaftliche Forschung versucht inzwischen, durch innovative Analysen der sich verändernden Realität die zahlreichen zivilgesellschaftlichen Initiativen in der katholischen und protestantischen Bevölkerung

---

58 Hauswedell, Reverend Ian Paisley (wie Anm. 53), S. 213 ff. Zu den Problemen der nordirischen Konkordanzdemokratie, die häufig eher die Partikularinteressen der Konfliktparteien als integrative plurale Lösungen befördert, vgl. aktuell Bernhard Moltmann, Ein verquerer Frieden. Nordirland fünfzehn Jahre nach dem Belfast-Abkommen von 1998, Frankfurt a.M. 2013 (= HSFK-Report 5/2013).

Nordirlands für eine Versöhnung an der Basis zu unterstützen. So erscheint seit nunmehr fünf Jahren ein Peace Monitoring Report (PMR),[59] der 2013 pointierte Beobachtungen zum demografischen Wandel vornahm: Nordirland sei jetzt eine Gesellschaft, die »nur noch aus Minderheiten bestehe«[60]. Interessanterweise sind die Selbstzuordnungen zwischen religiöser Zugehörigkeit und nationaler Identität, die der Zensus 2011 erstmals explizit erlaubte, bei Weitem nicht mehr so eindeutig, wie dies aus den früheren Untersuchungen über Haltungen und Einstellungen aus den Jahrzehnten zwischen 1970 und 2000 abzulesen war. Trotz eines Gesamtanteils von 48 % Protestanten bezeichnen sich weniger als 40 % heute als britisch; bei einem Katholikenanteil von 45 % beanspruchen sogar nur 25 % eine irische Identität, und weniger als 20 % favorisierten 2013 ein vereinigtes Irland. Erstmals taucht eine neue Kategorie auf: 21 % der Bevölkerung bezeichnen sich als »Northern Irish«[61] und befürworten eine umfassendere nordirische Selbstverwaltung bzw. Autonomie.

Auch wenn diese Zahlen nicht stabil sind, werden hier Trends veränderter Selbstbilder erkennbar, die auch vorsichtige Hoffnungen auf eine künftige Pluralisierung der nordirischen Gesellschaft jenseits des verwurzelten *sectarianism* erlauben. Dass dessen Gräben andererseits immer noch tief sind, davon zeugten nicht nur die Zusammenstöße bei den Oranier-Märschen der letzten Jahre, sondern auch der »Flaggenprotest« im Dezember 2013, bei dem wochenlang loyalistische Gruppierungen gewaltsam gegen die von den Parteien beschlossene Einschränkung der Beflaggung mit dem Union Jack auf dem Belfaster Rathaus zu Felde zogen. Die nordirischen Protestanten konfrontieren sich selbst, so Paul Nolan, mit einer Art kulturellem »Zwei-Fronten-Krieg«[62]: Einerseits wollen sie die zunehmenden Anteile irischer Kultur im öffentlichen Leben (Sprache, Straßenschilder, Kunst- und Musikszene usw.), die im Sinne des Gleichheitsgebots des Friedensabkommens vorgesehen sind, eindämmen. Andererseits grenzen sie sich mindestens ebenso heftig von einem modernen britischen Gesellschaftsentwurf ab, der Anti-Diskriminierung und Minderheitenschutz heute in vielen Lebensbereichen der britischen Insel proklamiert und praktiziert. Daran reibt sich das loyal-konservative Verständnis der Unionisten von »Britishness« so sehr, dass von einem doppelten Identitätsverlust gesprochen werden kann: Man fühlt sich weder im englischen Mainland noch in der eigenen Provinz länger zuhause – eine *self-fulfilling prophecy*.

In eine ähnliche Richtung weisen die Beobachtungen von Dominic Bryan. Er beschreibt das Verschwinden von »Billy the King«-Wandbildern (Murals) zugunsten von Darstellungen der Schlacht an der Somme, z.B. in den protestantischen Wohngebieten der Belfaster Shankill Road, beginnend in den späten 1990er Jahren und erklärt den seit den Friedensgesprächen sichtbaren Wechsel in der Ikonisierung von der Schlacht am Boyne zur Schlacht an der Somme vor allem so:

---

59 Paul Nolan, Northern Ireland Peace Monitoring Report, Number One, Two, Three. Community Relations Council, Belfast 2012, 2013, 2014, <https://www.community-relations.org.uk/publications/northern-ireland-peace-monitoring-report> (abgerufen 28.2.2018).

60 Nolan, Northern Ireland Peace Monitoring Report 2013, S. 5 und S. 34 f.

61 Vgl. hierzu: Nolan, Northern Ireland Peace Monitoring Report 2013.

62 Nolan, Northern Ireland Peace Monitoring Report 2014, S. 160.

Die neue Ulster Volunteer Force (UVF)[63] erhoffe sich mit der Heldenverehrung der Somme-Teilnehmer, einem zentralen positiven Narrativ für britische Identität, eine leichtere Akzeptanz ihrer paramilitärischen Existenz. Sie könne sich so (auch gegenüber der Konkurrenz von der Ulster Defense Association, UDA) besser platzieren als mit dem relativ eng an der Orange-Order-Tradition orientierten Battle-of-the-Boyne-Narrativ.[64] Mindestens ebenso relevant als Erklärungshintergrund erscheint jedoch, dass die Zeit, in dem dieser Übergang stattfindet, wie oben gezeigt, insgesamt durch eine Verabschiedung des protestantisch-unionistischen Siegermythos und durch das Eintauchen in eine loyalistische Opferhaltung gekennzeichnet war und ist, in der man sich als »Verlierer des Friedensprozesses« fühlen kann.

Mediale Diskurse aus Belfast und Dublin seit dem Sommer 2016 lassen darüber hinaus befürchten, dass viele alte, nur mühsam zugeschüttete Gräben des Konfliktes erneut aufbrechen, wenn es nicht gelingt, die Folgen des Brexit abzuwenden, die möglicherweise zu einer Wiedererrichtung der Grenze zwischen dem Norden und dem Süden der Insel (diesmal in Gestalt der EU-Außengrenze) führen. Die allseits begrüßte Nord-Süd-Dimension des Belfaster Abkommens von 1998, die »Entsicherung« des Grenzverkehrs, eine intensivierte Wirtschaftskooperation zwischen beiden Teilen der Insel, neue Arbeitsplätze und freizügige Nachbarschaft in den angrenzenden Gemeinden – all das könnte in Frage stehen.

Es wäre eine in der Tat hässliche Paradoxie der Geschichte, wenn der politisch-kulturelle Kern des Konfliktes, die nationale britische Dominanz gegenüber irischer Autonomie, der im Gefolge der *Troubles* im 20. Jahrhundert über die auch ethnisch-religiös konnotierten Fragen obsiegte und im Belfaster Friedensabkommen ein Auflösungsangebot erhielt, noch einmal in Gestalt anti-europäischer Abgrenzung zurückkehren würde.

---

63 Die alte UVF war zu Beginn des Ersten Weltkrieges maßgebliches Rekrutierungspotenzial für die British 36th (Ulster) Division gewesen, die 1916 bei der Schlacht an der Somme nahezu aufgerieben wurde; die jährlichen Erinnerungsfeiern, die seit 2002 übrigens als Versöhnungsgeste von den Republikanern mitgetragen werden, verkörpern bis heute im kollektiven loyalistischen Gedächtnis den Platz, an dem militärische und paramilitärische Traditionen in eins fallen.

64 Dominic Bryan, Forget 1690, Remember the Somme. Ulster Loyalist Battles in the Twenty-first Century. In: Memory Ireland, vol. 3: The Famine and the Troubles. Ed. by Oona Frowley, Syracuse 2014, S. 293–309.

Bernd Lemke

Religion als entscheidende Ursache für Gewaltkonflikte? Die Rolle der Selbstmordattentate im Nahen und Mittleren Osten seit 1979

Im Juni 1836, etwa zehn Monate vor seinem Tod, schrieb Georg Büchner an seinen Förderer Karl Gutzkow:

> »Ich habe mich überzeugt, die gebildete und wohlhabende Minorität, so viel Concessionen sie auch von der Gewalt für sich begehrt, wird nie ihr spitzes Verhältniß zur großen Klasse aufgeben wollen. Und die große Klasse selbst? Für die gibt es nur zwei Hebel, *materielles Elend und religiöser Fanatismus*. Jede Parthei, welche dieße Hebel anzusetzen versteht, wird siegen.«[1]

Dieses Statement ist zunächst einmal im Rahmen der politisch-sozialen Verhältnisse in Deutschland in der ersten Hälfte des 19. Jahrhunderts zu verstehen. Doch haben diese Worte mutatis mutandis auch Gültigkeit für heute und gerade auch für den globalen Rahmen. Die Kunst ist nur, herauszufinden, ob und wie sie für konkrete Fälle gelten. Im Folgenden soll versucht werden, die Rolle der Religion in den Gewaltkonflikten im Nahen und Mittleren Osten zwischen 1979 und heute auszuloten.[2]

Beim Thema Religion besteht immer die Gefahr der Pauschalierung und Vereinfachung. Dies fängt bereits bei grundlegenden Aspekten an. Es ist wohl kaum möglich, einen exakt »messbaren« Anteil der Religion als Faktor bzw. als Auslöser von Gewalt zu bestimmen. Das geht allein schon auf die Tatsache zurück, dass es »die« Religion als von anderen Phänomenen klar abgrenzbares Phänomen gar nicht gibt. Dieser Begriff ist wie alle Begriffe nur ein allgemeines Instrument zur ungefähren Definition, um (auch wissenschaftliche) Kommunikation überhaupt erst einmal möglich zu machen. Je tiefer in die Materie eingedrungen wird, desto unschärfer wird die Definition, desto besser fallen umgekehrt die Erkenntnismöglichkeiten aus.

Der nachstehende Beitrag wird sich schwerpunktmäßig auf den Islam konzentrieren, der in politischen und öffentlichen Debatten in Europa und den USA im

---

1 Georg-Büchner-Portal, Brief von Georg Büchner an Karl Gutzkow, Straßburg, »etwa« 1. Juni 1836, <http://buechnerportal.de/werke/briefe/etwa-1-juni-1836-an-karl-gutzkow-in-frankfurt-am-main>. Hervorhebung Bernd Lemke.

2 Im Folgenden wird vor allem der historisch-politische Stellenwert der Selbstmordattentate im Gesamtrahmen analysiert. Eine Darstellung der religiösen Hintergründe, insbesondere auch im Zusammenhang mit den Vorstellungen vom »Heiligen Krieg« (Kleiner bzw. Großer Dschihad) ist nicht möglich.

Zentrum steht, wobei die Analyse im Folgenden eher aus historisch-politischer Perspektive erfolgt, und weniger aus theologischer. Die Thematik ist mehr als komplex, daher können hier nur Grundzüge und -elemente beleuchtet und kritisch gegeneinander abgewogen werden. Abschließend soll, auf vergleichsweise hohem Abstraktionsniveau, dennoch ein Vergleich zwischen den drei Religionen gezogen werden.

Es gibt viele Formen der Gewalt: militärische Gewalt, verbale Gewalt, sexuelle Gewalt, Terrorismus usw. In der Frage der religiös motivierten Gewalt spielt eine besondere Form eine Rolle: die Selbstmordattentate. Diese standen und stehen in der öffentlichen Debatte ganz oben auf der Agenda. Sowohl im Westen als auch im Orient und nicht zuletzt bei den islamistischen Terrororganisationen selbst gelten die »suicide killers« als Speerspitze in den Konflikten und als äußerstes Kampf- und Kriegsmittel. Dieses Phänomen ist bereits gut erforscht, doch darf nicht vergessen werden, dass es auch andere Formen religiös motivierter Gewalt gibt.

1979, im Jahr der Revolution im Iran, kam es zur Besetzung der Großen Moschee in Mekka durch 500 radikalislamische Fanatiker unter der Führung von Dschuhaiman bin Seif al-Utaibi, einem fundamentalistisch und eschatologisch ausgerichteten Schriftsteller und Prediger.[3] Dieser behauptete, das Ende der Welt sei gekommen, und verlangte den vollständigen Rückzug aller westlichen Vertreter und Botschaften sowie die Einstellung der Erdöllieferungen an den Westen. Die meisten der Angreifer wurden während der Erstürmung getötet, der Rest wurde danach in Saudi-Arabien hingerichtet. Dass dabei eine französische Antiterroreinheit zentralen Anteil hatte, führte rasch zu massiver Empörung, da Mekka für Ungläubige verbotenes Terrain ist. Im Nachhinein wurde behauptet, dass die französischen Einsatzkräfte vorher noch zum Islam übergetreten seien. Ob dies den Tatsachen entspricht, muss offen bleiben. Dieser Angriff war kein genuiner Selbstmordanschlag, auch wenn praktisch alle Angreifer getötet wurden. Dennoch enthält er davon bereits wesentliche Elemente.

Der bis heute als »klassisch« definierte Fall ereignete sich 1983 in Beirut.[4] Ein Selbstmordattentäter zündete über fünf Tonnen Sprengstoff (TNT) bei der Unterkunft der US-Marines in Beirut, fast gleichzeitig ein weiterer einen ähnlichen Sprengsatz am Gebäude der französischen Fallschirmjäger. Es kamen 243 Marines und über 80 französische Fallschirmjäger ums Leben – die höchsten Verluste dieser Truppen seit der Schlacht um Iwojima (1945) und dem Algerienkrieg (1954–1962). Der Schock war so groß, dass sich Frankreich und die USA nach einigen Vergeltungsangriffen aus dem Libanon zurückzogen. Dieser

---

[3] Zu den primären Fakten und Zusammenhängen dieses Terrorangriffs vgl. die eher journalistische, aber dennoch kenntnisreiche Publikation von Yaroslaw Trofimov, The Siege of Mecca, 2. ed., London, New York 2009.

[4] Zum Ablauf und den primären Fakten vgl. die offizielle Darstellung des U.S. Marine Corps: Benis M. Frank, Marine in Lebanon 1982-1984, Washington, DC 1987, <https://permanent.access.gpo.gov/lps98826/US%20Marines%20In%20Lebanon%201982-1984%20PCN%2019000309800.pdf> (aufgerufen am 28.2.2018); sowie Patrice Pivetta, Beyrouth 1983. La 3e compagnie du 1er RCP dans l'attentat du Drakkar. In: Militaria Magazine 342, Januar 2014, S. 34–45. Zur Bewertung aus heutiger Sicht der Terrorbekämpfung vgl. Agostino von Hassell, Beirut 1983. Have We Learned This Lesson? In: Maria R. Haberfeld und Agostino von Hassell, A New Understanding of Terrorism. Case Studies, Trajectories and Lessons Learned, Dordrecht 2009, S. 271–282.

»Erfolg« ließ das Attentat von Beirut zum Vorbild und zur Folie für alle folgenden Selbstmordattentate werden. Obwohl bis heute nicht geklärt ist, wer hinter dem Anschlag steckte, wurde Beirut zum Symbol islamistischen Terrors und der Verknüpfung von Religion und Gewalt. Die Amerikaner und Franzosen hatten die libanesische Armee im Bürgerkrieg unterstützt und standen im Verdacht, die maronitischen Christen gegenüber Drusen und Palästinensern zu bevorzugen. In den letzten 30 Jahren kam es immer wieder zu ähnlich gestalteten oder motivierten Attentaten.

Die grundlegende Arbeit zu den Hintergründen und zur Statistik über Selbstmordattentate stammt aus dem Jahre 2005, die folgende Zahlen für die Zeit von 1980 bis 2003 nennt: In insgesamt 18 Kampagnen erfolgten insgesamt 315 Selbstmordattentate.[5] Das heißt also, Selbstmordattentate entstanden als Kampfmittel nicht erst im Gefolge der US-Interventionen im Irak nach 1990, sondern schon viel früher.

Noch interessanter wird es, wenn man betrachtet, wer die Attentate ausgeführt hat. Bis 2005 waren die »Spitzenreiter« nicht etwa islamistische Organisationen, sondern die tamilischen Freiheitskämpfer, die Tamil Tigers.[6] Sie verübten insgesamt 76 Selbstmordattentate, mehr als die Hamas. Daneben bedienten sich aber auch die kurdische Arbeiterpartei PKK und radikale Sikhs nach dem Angriff auf ihren Goldenen Tempel in Amritsar, dem zentralen Heiligtum der Religionsgemeinschaft, dieses Mittels.

Inzwischen befinden sich islamistische Terrororganisationen auf den Spitzenplätzen dieser Statistik, nach 2005 nicht zuletzt wegen der Situation in den am meisten umkämpften islamischen Ländern des Mittleren Ostens. Die Anzahl der Selbstmordattentate dort stieg, während sie in Sri Lanka radikal zurückgingen, da der Bürgerkrieg dort 2009 endete. Im Jahre 2015 beliefen sich die entsprechenden Anschläge im Irak auf 237, in Afghanistan auf 80 und in Syrien auf mindestens 60.[7]

Wie sind nun diese Zahlen einzuordnen und was sagen sie über das Verhältnis von Religion und Gewalt aus? Die Bewertung der Selbstmordattentate gehört zum Kern einer seit Jahrzehnten stattfindenden, heftigen Debatte um die Bedeutung des Islam in der Konfrontation mit dem Westen und seine Rolle bei der Gewaltanwendung.

Die Diskussion, die teilweise in politische Medienkämpfe einmündete, kann hier nicht bis in die letzten Details nachgezeichnet werden. Es geht u.a. um die Debatte um das »Ende der Geschichte«, das im Hochgefühl nach dem Ende des Kalten Krieges von Francis Fukuyama ausgerufen wurde.[8] Fukuyama konstatierte, nach dem Untergang des Warschauer Paktes sei die Demokratie nicht mehr aufzuhalten und die Pax Americana werde die ganze Welt erfassen. Fukuyama wurde deswegen insbesondere von Samuel Huntington, einem der wichtigsten Vordenker der amerikanischen Neokonservativen, stark kritisiert.

---

5 Robert A. Pape, Dying to Win. The Strategic Logic of Suicide Terrorism, New York 2005, Kap. 2 und Appendix I.

6 Ebd., Kap. I.

7 University of Chicago, Suicide Attack Database, <http://cpostdata.uchicago.edu/search_results_new.php>. Die Zahlen anderer Statistiken variieren leicht im Einzelnen (für Syrien höhere Zahlen), aber nicht im Gesamtbild.

8 Francis Fukuyama, The End of History and the Last Man, 3. ed., New York 2012.

Huntington konstatierte stattdessen einen »Clash of Civilizations« zwischen dem Westen und der islamischen Welt.[9] Huntington und mit ihm die Mehrheit der Konservativen, darunter auch die Regierung Bush, brachten und bringen den Islam direkt mit Gewalt in Verbindung. Sie behaupten, u.a. mit Berufung auf die gewalttätige Frühgeschichte des Islam, hier vor allem auf das Vorgehen des Propheten Mohammed, dass der Islam per se gewalttätig sei und Gewalt ein integrales Grundmerkmal des Islam darstelle. Daraus folgerte man, dass eine flexible Kooperation oder eine friedliche Kooexistenz vor allem auch in politischer Hinsicht im Grunde nicht möglich sei, zumindest nicht auf Dauer.

Hieraus speisten sich dann die Interventionspläne nach 9/11, die u.a. zur Beseitigung des Regimes von Saddam Hussein führten. »Failed states«, wie in diesem Falle der Irak, waren nach Auffassung der Amerikaner demnach nicht in der Lage, selbstständig die Probleme zu lösen. Eine wie auch immer geartete indirekte Herrschaft nach dem Vorbild des britischen Empire schien ebenfalls nicht möglich. Es musste eine vollständige, notfalls mit Gewalt erzwungene Veränderung eintreten, d.h. der betreffende Staat musste nach westlichem Vorbild komplett neu aufgebaut werden. Das Laboratorium für diesen Ansatz bildete der Irak, der mit militärischer Gewalt erobert wurde und dann in eine parlamentarische Demokratie westlichen Zuschnitts umgewandelt werden sollte. Die US-Regierung propagierte dazu eine Umkehrung der Dominotheorie; dem Präsidentenberater Paul Wolfowitz wurde in diesem Zusammenhang die Formulierung »erecting dominoes« zugeschrieben.[10] Die Dominotheorie wurde im Jahre 1954 von US-Präsident Eisenhower aufgestellt. Sie besagte, dass Gesellschaften in direkter Nachbarschaft zu kommunistischen Staaten durch die nachbarstaatlichen Mobilisierungs- und Infiltrationskräfte in großer Gefahr standen, ebenfalls kommunistisch unterwandert und dann entsprechend regiert zu werden, d.h. für den Westen verloren zu gehen drohten. Dies wurde dann in den Sechziger- und Siebzigerjahren insbesondere auf Südostasien angewandt. Vietnam wurde als der entscheidende Dominostein in Südostasien bezeichnet. Fiele Vietnam, fielen auch alle anderen Staaten dort in die Hände der Kommunisten.

Die beiden Golfkriege 1991 und 2003, die militärisch von den USA und ihren Verbündeten zumindest militärisch rasch gewonnen wurden, sollten nun das Gegenteil bewirken: Der Irak sollte als leuchtendes demokratisches Vorbild neu erschaffen werden und auf die arabische Welt ausstrahlen. Damit sollte auch die

---

9 Samuel P. Huntington, The Clash of Civilizations and the Remaking of World Order, 2. ed., New York 2002. Vgl. dazu mit Bezug auf die heutige Situation: The Clash of Civilizations? The Debate: Twentieth Anniversary, New York 2013; ferner: Der Prozess der Zivilisationen: 20 Jahre nach Huntington. Analysen für das 21. Jahrhundert. Hrsg. von Peter Nitschke, Berlin 2014, insbesondere den Beitrag von Rüdiger Voigt zum Verhältnis Fukuyama – Huntington. Vgl. ferner Shannon Latkin Anderson, Immigration, Assimilation, and the Cultural Construction of American National Identity, New York, Milton Park 2016, v.a. Part III.

10 Aus den vielfältigen Medienberichten aus dem Jahre 2003 hier nur ein Beispiel: Uwe Schmitt, USA machen sich Gedanken über den Irak nach dem Krieg (25.02.2003), <https://www.welt.de/print-welt/article417509/USA-machen-sich-Gedanken-ueber-den-Irak-nach-dem-Krieg.html> (aufgerufen am 28.2.2018). Zu den historisch-politischen Hintergründen: John Dumbrell and David Ryan, Vietnam in Iraq. Tactics, Lessons, Legacies and Ghosts, London New York 2007.

Niederlage in Vietnam überwunden werden. Dabei wurde von den Amerikanern, aber ebenso von den Briten immer wieder das »Erfolgsmodell« Deutschland nach 1945 zitiert. Dass dies reichlich optimistisch war, wissen wir heute. Aber dazu brauchte es nicht einmal die Retrospektive. Wolfowitz bekam die harte Realität recht rasch am eigenen Leibe zu spüren. Im Oktober 2003 erfolgte ein schwerer Raketenangriff auf das Hotel Rashid in Bagdad, in dem Wolfowitz logierte.[11] Er überlebte zwar unverletzt, wurde aber nachhaltig erschüttert.

Vor dem Hintergrund dieser Geschehnisse und der bis heute durch diesen Krieg andauernden Probleme im Irak wäre zu diskutieren, ob nicht ein anderer Ansatz der richtige gewesen wäre. In Frage käme etwa ein Modell, das eher auf der Erkenntnis der Bedingtheit aller menschlichen Fährnisse beruht, eben auch der Religion, weniger auf der konfrontativen Vermittlung des westlichen Demokratieverständnisses. Nach dieser Leseart gibt es keine grundlegenden unveränderbaren Eigenschaften, auch hinsichtlich der Religion. Im Gegenteil, alles menschliche Handeln und Denken ist immer von den Umständen bestimmt und daher wandelbar. Das gilt nicht für die einzelnen Phänomene, sondern auch für den Betrachter, d.h. auch für die Wissenschaft.

Einen zentralen Ausgangspunkt bildet hier die Arbeit von Edward Said, die 1978 unter dem Titel »Orientalism« erschien und bis heute prägend wirkt.[12] Demnach ist gerade das westliche Bild vom Orient keineswegs »objektiv«, sondern geprägt von Stereotypen und Vorurteilen, die insbesondere im Zuge des Imperialismus entstanden sind. Orient und Islam galten nach diesem Bild nicht nur als unzivilisiert, sexuell entartet und rückständig, sondern vor allem auch als gewalttätig. Diese Grundhaltung blieb keineswegs Privatsache, sondern wurde in der Öffentlichkeit als moralische Legitimation für Vorherrschhaft und Machtgestaltung verwendet. Hier sei etwa die Legitimation für imperiale Ausdehnung bzw. Intervention genannt. Die Orientalen seien zu wahrem Aufbau nicht fähig, sondern müssten angeleitet werden. Ein bekanntes Stereotyp in der britischen Öffentlichkeit bis zum Ersten Weltkrieg war zum Beispiel die Figur des »Unsäglichen Türken« (»The Unspeakable Turk«), die auch von dem liberalen britischen Premierminister William Ewart Gladstone verwendet wurde.[13]

Said wurde nach Veröffentlichung seines Buches in der Wissenschaft vielfältig und lange Zeit kritisiert, blieb aber vor allem auch methodisch der Vorreiter.[14] Infolgedessen setzte eine eingehende Beschäftigung mit westlichem Denken

---

[11] Dieser Angriff erzeugte erhebliches Medienecho, hier nur ein Beispiel: The Guardian vom 27.10.2003, »US hawk escapes Baghdad rocket attack«, <https://www.theguardian.com/world/2003/oct/27/iraq.michaelhoward>.

[12] Edward Said, Orientalism. Western Conceptions of the Orient, 5. ed., London, New York 2003.

[13] Bernd Lemke, Der Irak und Arabien aus der Sicht deutscher Kriegsteilnehmer und Orientreisender 1918 bis 1945. Aufstandsfantasien, Kriegserfahrungen, Zukunftshoffnungen, Enttäuschungen, Distanz, Frankfurt a.M. 2012 (= Militärhistorische Untersuchungen, 12), S. 195.

[14] Die Debatte um Edward Said ist derart vielfältig, dass sie bereits selbst Gegenstand umfangreicher Publikationen wurde. An dieser Stelle würde allein schon ein Literaturbericht den Rahmen sprengen, daher nur einige Überblickswerke: Daniel Martin Varisco, Reading Orientalism. Said and the Unsaid, Seattle 2007; Debating Orientalism. Ed. by Ziad Elmarsafy [u.a.], London, New York 2013; Maria do Mar Castro und Nikita Dhawan, Postkoloniale Theorie. Eine kritische Einführung, 2. Aufl., Bielefeld 2015; Floris Biskamp,

und Handeln ein, die mit der Kritik an dem ersten Standpunkt nicht sparte. Insbesondere wurde Kritik am »Essentialismus« geübt, d.h. der Stereotypenbildung und der Haltung, gerade der Orient sei auf einen Katalog von unveränderlichen Grundmerkmalen reduzierbar.[15]

Dementsprechend verweisen die Vertreter dieser wissenschaftlichen Haltung, die sich als Postkolonialismus bezeichnen lässt, darauf, dass die jeweiligen Rahmenbedingungen ganz entscheidend seien und nicht nur die Lehre oder die Religion, also etwa die sozialen, wirtschaftlichen und politischen Grundlagen und insbesondere auch die Position und das Handeln des Westens selbst. Diese Debatten sind für die Selbstmordattentate sehr wichtig, da ein Verständnis ohne diese Kontextualisierung bruchstückhaft bleibt. Die Hintergründe für die Selbstmordattentate sind teils gut erforscht, also kann man auch hier durchaus einige belastbare Aussagen treffen.

Zunächst einmal ist zu konstatieren, dass es keine einheitliche gesamtislamische Terrorfront gibt. Stattdessen existieren zahlreiche, teils verfeindete Organisationen, die ganz unterschiedliche Programme und Ziele haben.[16] Es muss genau differenziert werden, was in der Öffentlichkeit verbreitet wird und was im Inneren abläuft bzw. was die wirklichen Ziele sind. So verfolgten etwa die Organisation »Islamischer Heiliger Krieg« und die Hamas im Libanon und in den Palästinensergebieten zumindest in ihrer Frühphase vornehmlich »nationale« Ziele, d.h. die Befreiung von der israelischen Besatzungsherrschaft. Die Religion spielte entgegen öffentlicher Betonung nur eine Teilrolle, auch wenn Religion und Politik in Ideologie und Handeln ein untrennbares Ganzes bilden.[17] Selbst al-Qaida, die explizit transnational agiert und auch diesen Anspruch erhebt, ar-

Orientalismus und demokratische Öffentlichkeit. Antimuslimischer Rassismus aus Sicht postkolonialer und neuerer kritischer Theorie, Bielefeld 2016.

15 Auch hier nur ein Überblickswerk: Wolfgang Streit, Einführung in die Postkolonialismus-Forschung. Theorien, Methoden und Praxis in den Geisteswissenschaften, Norderstedt 2014. Der »Essentialismus«-Vorwurf wurde von vielen unterschiedlichen Vertretern erhoben – nicht zuletzt auch gegen Said und die »Orientalismus«-Kritiker selbst. Die Argumentations- und Streitlinien sind häufig nicht leicht auseinander zu halten.

16 Den aktuellen Forschungsstand markiert am besten Kevin Horbach, Der Islamische Staat – Zwischen Terrorismus, Guerilla und Staatlichkeit. Eine systematisch-kritische Studie zum Forschungsstand, Frankfurt a.M. 2016. Als allgemeines Überblickswerk: Conflict and Insurgency in the Contemporary Middle East. Ed. by Barry Rubin, Milton Park, New York 2009. Als praktisches Beispiel: Miriam M. Müller, Staatlicher Zerfall und Bürgerkrieg in Syrien seit 1990. In: Wegweiser zur Geschichte. Irak und Syrien. Hrsg. von Bernd Lemke, Paderborn 2015, S. 179–188. Als allererster Überblick kann auch dienen: Shaul Shay, Global Jihad & the Tactic of Terror Abduction: A Comprehensive Review of Islamic Terrorist Organizations, Eastbourne 2014 (mit Konzentration auf das Thema Entführungen).

17 Vgl. auch zum Folgenden Jeroen Gunning, Rethinking Religion and Violence in the Middle East. In: The Blackwell Companion to Religion and Violence. Ed. by Andrew R. Murphy, Chichester 2011, S. 518–521; sowie David Cook, Jihad and Matyrdom. In: ebd., S. 287–290; Karen Armstrong, Fields of Blood. Religion and the History of Violence, 2. ed., London 2015, S. 328–333, sowie Kap. 13, insbesondere S. 343 f. Armstrongs Position ist, wie praktisch alle Wortmeldungen zum Thema, entlang der skizzierten Debatte vehement kritisiert worden. Dazu: Beverly Milton-Edwards, Islam and Violence. In: The Blackwell Companion to Religion and Violence, S. 183–196.

beitet gleichwohl in erster Linie zunächst auf die »Befreiung« der Region von der Fremdherrschaft hin. Die Errichtung der islamischen Weltherrschaft unter den Vorzeichen der Gewalt ist hier eher ein Fernziel. Der Islamische Staat (IS) seinerseits propagierte demgegenüber derlei als Nahziel und trachtete danach, ein transnationales Kalifat zu errichten. Nach seinem Untergang als territoriale Einheit ist er aber realistischerweise auch hiervon abgerückt und empfiehlt seinen Anhängern inzwischen wieder eine Subversions- und Guerillastrategie.

Das Verhältnis zwischen den »normalen« Kämpfern des IS und den Selbstmordattentätern, insbesondere deren Konditionierung und Grundhaltung muss im Vergleich noch weiter erforscht werden und ist, zumindest auf seriöser Basis, nicht leicht zu bestimmen.

Zumindest bei einem Teil der IS-Kämpfer steht weniger »wahrhafter« Glaube als vielmehr Ausbrechen aus den zivilisatorischen Zwängen, Suche nach einem eigendefinierten Lebensrahmen, Abenteuerlust und Frust im Vordergrund.[18] Viele der »normalen« Kämpfer gerade aus dem Westen sind keineswegs mit islamischen Glaubensinhalten vertraut, sondern müssen sich diese erst aneignen, was sie keineswegs automatisch tun. Das bekannteste Bild hier sind die beiden Freiwilligen aus Birmingham, die sich offenbar vor ihrem Abflug in den Orient noch schnell ein Exemplar »Islam für Dummies« besorgt hatten.[19] Zumindest für einen Teil der Sympathisanten und der Kämpfer ist der Islam damit nicht das Kernglaubenselement, sondern eher emotionales Vehikel für das Rebellieren.

Inwieweit dies für die Selbstmordattentäter zutrifft, kann noch nicht abschließend geklärt werden. Immerhin gibt es inzwischen neuere Forschungsergebnisse, die ältere Erkenntnisse bzw. Stereotype abgelöst haben.[20] In den Jahren nach Entstehen von al-Qaida bzw. des IS ging man eher davon aus, dass man es mit pauperisierten und von den Segnungen der Zivilisation isolierten Menschen zu tun habe, die anfällig für Gewalt und Religion seien; eben das, was Büchner unter »materielles Elend und religiösen Fanatismus« verbucht.

Allein, das entspricht nicht unbedingt den Tatsachen. Soweit bisher nachgewiesen werden kann, besteht die Masse der Selbstmordattentäter eher weniger aus solchen Menschen. Indes muss vorsichtig analysiert und geurteilt werden, da es ein handfestes Quellenproblem gibt. Seriöse Informationen aus dem Umfeld sind nicht einfach zu erlangen. Ferner stellt sich das Problem, dass Selbstmordattentäter nach ihrer Tat nicht mehr befragt werden können – ein gewichtiges Thema auch in strafrechtlicher und ethischer Hinsicht.

Sehr wohl gibt es aber Informationen über die gesellschaftliche Stellung prominenter Akteure. Nach Lage der Dinge stammten etliche der Selbstmordattentäter aus gut situierten Familien, hatten einen vergleichsweise guten Bildungshinter-

---

18 Marc Sageman, Leaderless Jihad: Terror Networks in the Twenty-First Century, Philadelphia 2008, S. 156–159.

19 Dazu Sami Moubayed, Under the Black Flag, At the Frontier of the New Jihad, London 2015, S. 180 f. Auch in der Presse, darunter seriöse Zeitungen wie »The Guardian« und »The Independent«, wird mit Berufung auf veröffentlichte Geheimdokumente des IS selbst darauf verwiesen. Eine nähere Prüfung ist hier nicht möglich.

20 Zeitweise wurde auch in der deutschen Presse, etwa in »Die Zeit«, davon berichtet, dass die Selbstmordattentäter von geschickten Manipulatoren in Elendsvierteln und Flüchtlingslagern angeworben wurden.

grund und waren nicht verarmt,[21] wie es etwa für Mohammed Atta gilt, einen der Attentäter des 9. Septembers 2001; aber auch Saeed Hotari sei hier angeführt, der sich im Juni 2001 in Tel Aviv in die Luft sprengte und dabei 21 Menschen tötete. Als Beispiel außerhalb der islamischen Welt kann der Tamile Thenmozhi Rajaratnam, auch Dhanu genannt, gelten. Dieser tötete am 21. Mai 1991 den indischen Premierminister Rajiv Gandhi und mindestens 14 weitere Personen.

Für die Motivation dieser Täter spielt nicht die Isolation von der Gesellschaft eine entscheidende Rolle, sondern – im Gegenteil – deren Anerkennung. Zentrale Bedeutung kommt dabei den Vorstellungen vom »Märtyrer« zu. Der Begriff »Märtyrer« hat im Islam immer auch mit passiver oder aktiver Gewalt zu tun. Es ist klar, dass die Religion hier eine zentrale und integrative Rolle spielt. Doch muss erst abgewogen werden, ob ihr tatsächlich auch die *entscheidende* Rolle zukommt.

Nach Lage der Dinge kann davon nicht ohne Weiteres ausgegangen werden. Die Selbstmordattentäter schreiten nach ihrem eigenen Selbstverständnis als »Märtyrer« zur Tat, betrachten ihr Vorgehen als besonderes »Opfer« für die Gemeinschaft. Dabei geht es ihnen eher um »Aufopferung« als um »Opferkult«. Sie betrachten sich als Helden, »Heroes of the last stand« – ein Motiv, das im Westen und auch im Christentum in unterschiedlicher Ausprägung ebenfalls bekannt ist.[22] In der psychologischen Fachdebatte wird das als »altruistischer« Selbstmord im Gegensatz zum »egoistischen« definiert.[23] Letzteres wird von den statistischen Daten doch weitgehend ausgeschlossen – u.a. weil gerade im Islam Selbstmord etwa aus Verzweiflung geächtet wird. Die Selbstmordattentäter sind demnach in ihrer Mehrheit auch keine verzweifelten oder lebensmüden Menschen.

Von maßgeblicher Bedeutung ist vor allem auch die Lage im Heimatland bzw. der Region – ein Aspekt, der gerade für die islamistischen Terrororganisationen, Bewegungen und deren Vordenker einen unverzichtbaren Legitimationsfaktor darstellt. In der überwiegenden Zahl der Fälle spielt die als überaus demütigend empfundene Besetzung durch Ungläubige die zentrale Rolle, wobei »Besetzung« teils recht großzügig definiert wird, d.h. außer der physischen Besetzung eines Landes oder einer Region auch indirekte Herrschaftsmethoden des Westens als Begründung herangezogen werden[24]. Die hierfür verwendeten Argumente verweisen ebenso auf die strategisch-politische Lage. Immer wieder wird betont, dass man gegen die Militärmaschinerie des Westens und deren Abstützung durch Diplomatie und Wirtschaft nichts entgegenzusetzen habe und jeden offenen Krieg gnadenlos verlieren würde. Daher müsse man zu diesen Mitteln greifen. Das wird dann entsprechend ausgeschmückt, als moralisch integres Vorgehen propagiert und vor allem als Stärke interpretiert. Damit einhergehend werden die westlichen Demokratien als verweichlicht und dekadent dargestellt. Diesen vorgeblich verdorbenen Systemen und dem insgesamt heute für Muslime düsteren Zeitalter

---

21 Pape, Dying to Win (wie Anm. 5), Kap. 11.

22 Vgl. dazu auch Philippe Buc, Heiliger Krieg. Gewalt im Namen des Christentums, Darmstadt 2015, v.a. Kap. IV.

23 Pape, Dying to Win (wie Anm. 5), Kap. 9.

24 Zum Folgenden vgl. grundsätzlich Armstrong, Fields of Blood (wie Anm. 17), S. 315–322.

(»jahiliyyah«[25]) wird eine glänzende Vergangenheit gegenübergestellt, allen voran die Zeit Mohammeds und der ersten muslimischen Großreiche, der Kalifate. Zumindest in diesem Punkt treffen sich die Islamisten mit den »Orientalisten« westlicher Prägung. Beide gehen vom Verfall und Ruin der islamischen Staaten und Gesellschaften heute bzw. mindestens der letzten 150 Jahre aus. Festgemacht wird dies an den angeblich zivilisatorischen Höchstleistungen vergangener Zeiten. Hingegen konzentrieren sich die »westlichen« »Orientalisten« an den frühen, vorislamischen Hochkulturen, während die Islamisten die Zeit nach Mohammed anführen.

Aus diesen Befindlichkeiten speist sich in wesentlichem Maße die Kalifatsidee, d.h. die Errichtung eines überregionalen und letztlich dann auch weltumspannenden Gottesstaates. Dabei ist zweitrangig, ob dieser Staat wirklich den Ideen des historischen Kalifats entspricht. Entsprechende Auslegungen können von radikalen Geistlichen und Interpreten geliefert und mit dem passenden sprachlichen Argumentationsgerüst begründet werden. Da dabei nicht kritisch-rationale Kriterien angelegt werden, sondern allen voran die Berufung auf Gott und den Propheten, besteht ein großer Argumentationsspielraum. Dieser wird insbesondere für die Rekrutierung und Motivierung von Selbstmordattentätern ausgenutzt.

Letztere können dann aufgrund des von ihnen gebrachten Opfers eine Spitzenstellung für sich reklamieren. In ethischer Hinsicht wäre zu diskutieren, inwieweit es sich weniger um idealistische »Helden« handelt, sondern mehr um brutal vorgehende, inhuman denkende Terroristen, die sich nicht um Menschenleben scheren. Diese ethische Frage gehört zu den entscheidenden Kernpunkten der ganzen Debatte, da der jeweilige Standpunkt des Betrachters eine große Rolle spielt. Hier müsste eine vertiefte interkulturelle Diskussion stattfinden, die aller Voraussicht nach rasch erheblich voneinander abweichende Anschauungen zutage fördern dürfte.

Selbstmordattentäter waren und sind keine reinen Killermaschinen. Aus dem vorliegenden Material, etwa Handlungsanweisungen von Terrororganisationen, wird ersichtlich, dass regelrechte mentale Mechanismen entwickelt werden müssen, beispielsweise Gebetszyklen, um die durchaus vorhandenen Ängste und Skrupel der Attentäter systematisch auszuschalten. Der Terroranschlag selbst wurde von den Attentätern, soweit ersichtlich und nachweisbar, wie etwa die Forschungen zu den Attentätern von 9/11 zeigen, als religiöser Akt empfunden und vollzogen.[26]

Die dahinter stehenden Organisationen, ohne die sich die Anschläge allein schon organisatorisch und finanziell gar nicht bewerkstelligen lassen könnten, wurden und werden von überaus rational denkenden Strategen gesteuert, die begriffen haben, dass planmäßiges Vorgehen für den Erfolg ihrer Vorhaben nötig

---

25 Dieser Begriff taucht im Koran an einigen Stellen auf und bedeutet dort »Zeitalter der Unwissenheit« bzw. »Zeitalter der Barbarei«, wird in wörtlicherer Auslegung auch auf »Kräfte des Hochmuts« bezogen. Zur Auslegung dieses Begriffes durch einen der bedeutendsten islamistischen Vordenker, Sayyid Qutb, vgl. William E. Shepard, Sayyid Qutb's Doctrince of Jahiliyya. In: International Journal of Middle East Studies, 35 (2003), S. 521–545.

26 Dazu James W. Jones, The Psychology of Contemporary Religious Terrorism. In: The Blackwell Companion to Religion and Violence (wie Anm. 17), S. 298–302. Dies kann auch für »normale« Terroristen, also etwa Entführer usw., gelten.

ist.[27] Fast alle Selbstmordattentate sind keine Einzelaktionen, sondern meist Teil einer Gesamtstrategie und meist auch Element regelrechter Angriffskampagnen, die mit Sondierungen innerhalb der islamischen Bevölkerung einhergehen und von entsprechender Propaganda begleitet werden. Das Ziel ist in erster Linie, die westlichen Demokratien zu terrorisieren und deren vollständigen, nicht nur militärischen Rückzug aus dem Orient zu erreichen. Dabei können die islamistischen Terrorführer keineswegs davon ausgehen, dass sie von den Staaten und Gesellschaften automatisch Sympathie und Unterstützung erfahren. Im Gegenteil, Selbstmordattentate sind keineswegs anerkannt, sondern werden weitgehend abgelehnt, auch von der Mehrheit der Theologen und Rechtsgelehrten. Nur wenn der Leidensdruck ein bestimmtes Maß überschreitet, werden Selbstmordattentate für die breite Masse akzeptabel. Und selbst dann müssen sie immer gesondert und öffentlich legitimiert werden.

Umgekehrt ist es möglich, dass Selbstmordattentate eingestellt werden, wenn es die politische Lage erfordert, wie es die Hamas im Jahre 2006 praktizierte, da sie im Zuge der Autonomieverhandlungen internationale Unterstützung benötigte.[28] Ausschlaggebend hierfür war auch die Haltung der palästinensischen Bevölkerung. Keine Terrororganisation kann es sich leisten, gegen die Meinung der überwiegenden Mehrheit der islamischen Bevölkerung zu bomben. Das gilt auch für Terrororganisationen wie den »Islamischen Staat«, der seine Aktionen nicht wahllos, sondern durchaus mit politischem und psychologischem Kalkül durchführt.Verhandlungen mit dem IS sind trotzdem kaum möglich. Anders verhält sich dies mit den politischen und gesellschaftlichen Führern der Heimatgesellschaften, die allein schon aus Eigeninteresse eher für Gespräche zu gewinnen sind. Dementsprechend muss der Westen handeln, wenn er zur Konfliktlösung beitragen will – ein schwieriges Unterfangen.

Die Rolle der Religion in Bezug auf die Anwendung von Gewalt kann nicht generell bestimmt oder festgelegt, sondern muss jeweils individuell untersucht werden. Im Falle der Selbstmordattentäter liefert die Religion zwar eine wesentliche, wenn auch nicht die alleinige Motivation. Da der Islam integraler Bestandteil des öffentlichen und privaten Lebens ist, und zwar viel stärker als im Westen, bleibt er im Zentrum der Problematik. Indes ist es verfehlt, ihn ungeprüft stets als entscheidenden Beweggrund zu betrachten. Die Motivation ist selbst von Terrorist zu Terrorist unterschiedlich.

Umgekehrt gibt es auch viele Fälle, in denen die Religion als Machtmittel politischer Führer und Systeme ohne speziellen Bezug auf Selbstmordattentäter benutzt wurde und immer noch wird. Dies reicht bis zu ihrer Funktionalisierung als zynischer Deckmantel brutaler Machthaber für Terror und Krieg. Fast schon als klassisch zu bezeichnende Beispiele sind der Irak und Syrien; hier das weitverzweigte Machtsystem der Familie Assad und dort die Rolle der Klientel um Saddam Hussein. Der Irak und Syrien waren von Beginn an laizistische Diktaturen, die bestenfalls ein gespaltenes Verhältnis zum Islam hatten und viele Glaubensvertreter aus diesem Grunde auch verhaften, foltern und töten ließen. Saddam Hussein ist von diesem Kurs erst abgekommen, als ihm infolge des de-

27 Zum Folgenden David Cook, Jihad and Martyrdom in Classical and Contemporary Islam. In: The Blackwell Companion to Religion and Violence (wie Anm. 17), S. 287–290.

28 Armstrong, Fields of Blood (wie Anm. 17), S. 330.

saströsen Verlaufs des Golfkrieges ab Mitte der Achtzigerjahre klar wurde, dass er sich entgegen seinen Machtphantasien nicht zum Hegemon der Region aufschwingen würde, sondern in Gefahr stand, alle Macht zu verlieren. Zunehmend auf seine sunnitischen Herkunftsgebiete zurückgeworfen, begann der Diktator die Religion und die Stammesclans für sich zu entdecken.[29] Das hatte nichts mit religiöser Umkehr zu tun, sondern vielmehr mit kühler Berechnung.

Man muss hier vorsichtig sein, dass man nicht auf das Kalkül von Diktatoren hereinfällt. Das Paradebeispiel hierfür ist der Völkermord an den Kurden zwischen 1988 und 1990. Als die Kurden im Nordirak gegen das Regime rebellierten, entschloss sich Saddam, nicht mehr nur »normale« Aufstandsbekämpfung zu betreiben, sondern das Problem ein für alle Mal zu lösen. Die folgende Aktion, die Abertausenden von Kurden das Leben kostete, bezeichnete das Regime als »Operation Anfal«. Mit diesem Wort, das übersetzt soviel heißt wie »Beute« oder »Kriegsbeute«,ist auch die 8. Sure des Koran überschrieben. Letztlich war dieses Label eine religiöse Legimitation, darüber hinaus aber auch der zynische und brutalistische Versuch, Hohn und Spott gegenüber den Opfern auszudrücken. Es ist richtig, dass der Koran und die entsprechenden Urtexte viele Anklänge an Gewalt bereitstellen. Es ist nur die Frage, ob man den Interpretationen totalitärer Diktatoren nachgeben oder genauer hinschauen will.

Insgesamt können keine allgemeingültigen Aussagen zum Verhältnis von Islam und Gewalt getroffen werden. Die traditionellen Schriften als auch die Rechtsgelehrten äußern sich diesbezüglich zweideutig. Gewalt wird legitimiert, aber auch abgelehnt. Für beide Haltungen gibt es genügend Belegstellen. Radikale Islamisten bedienen sich bei Bedarf wie aus einem Setzkasten, etwa Abdullah Yusuf Azzam (1941–1989), einer der Vordenker al-Qaidas, und Mohammed Hussein Fadlallah (1935–2010), der Gründer der Hisbollah.

Das gilt aber ebenso für das Christentum und das Judentum. Die moderne Bestimmung des Verhältnisses von Religion und Gewalt ist auch hier keineswegs automatisch und grundsätzlich friedlich verlaufen. Die Rhetorik gerade aus den USA ist voller entsprechender Zitate, angefangen von Ronald Reagan, der in den Achtzigerjahren die Sowjetunion mehr als einmal als »Empire of Evil« bezeichnet hatte. Auch später, etwa unter George W. Bush, kam es zu regelrechter Kreuzzugspropaganda, was sich mit der entsprechenden Hasspropaganda islamistischer Organisationen deckte.[30] Bis heute ist der »Kreuzritter« eines der Hauptfeindbilder des Islam; es wird täglich in unterschiedlichen Ausprägungen immer wieder zitiert.

Zu erwähnen sind des Weiteren die Anschläge jüdischer Terroristen, so etwa von Baruch Goldstein, der am 25. Februar 1994 in Hebron 29 palästinensische Pilger erschoss. Goldstein mordete so lange weiter, bis er selbst erschossen wurde.[31]

Die historische Erfahrung in ihrer ganzen Tiefe lässt keine dichotomischen Urteile oder Schwarz-Weiß-Raster zu. Beispiele sind etwa der Übergang der

---

29 Amatzia Baram, Neo-Tribalism in Iraq. Saddam Hussein's Tribal Policies 1991–96. In: International Journal of Middle East Studies, 29 (1997), S. 1–31, <http://www.jstor.org/stable/163849> (aufgerufen am 28.2.2018).

30 Vgl. dazu sehr gut am praktischen Beispiel Mohammed Shareef, The United States, Iraq and the Kurds: Shock, Awe and Aftermath, Milton Park, New York 2014, v.a. Kap. 2 und 3.

31 Dazu und zu fanatischem Terror jüdischer Couleur vgl. Armstrong, Fields of Blood (wie Anm. 17), S. 323–326.

byzantinischen Herrschaft auf islamische Reiche im 7. Jahrhundert und die Herrschaftspraktiken des Osmanischen Reiches ab dem 16. Jahrhundert. So wurde vor allem die Eroberung Jerusalems im Jahre 637 immer wieder als große Katastrophe dargestellt. Die Ergebnisse der Forschung hingegen zeigen, dass die christlichen Bewohner sich nach dem ersten Schreck im Laufe der Zeit recht gut arrangierten. Sie waren zwar von nun an Untertanen zweiter Klasse, hatten aber als Angehörige einer »Religion des Buches«, d.h. infolge der Glaubensähnlichkeiten mit dem Koran (»dhimma«), ähnlich wie die Juden letztlich weniger Steuern und Tribute zu entrichten als unter byzantinischer Herrschaft.[32] Auch garantierten die neuen Herrscher im Wesentlichen trotz Benachteiligung und gelegentlichen Ausschreitungen die Ausübung der Religion, ein Aspekt, der nicht unbedingt einer altruistischen Grundhaltung entsprang, sondern der Tatsache geschuldet war, dass die Muslime für längere Zeit auch nach der Eroberung der Gebiete gegenüber Christen und Juden in der Minderheit waren. Auch dies nahm sich insgesamt eher besser aus, als die Situation unter byzantinischer Herrschaft. Infolge der zentralen Schismen hatte sich die christliche Religion in der Glaubensauslegung im Laufe der Jahrhunderte immer stärker aufgespalten, und die Herrscher in Konstantinopel waren gegen Christengemeinden mit abweichender Auffassung vorgegangen.

Das osmanische Reich seinerseits war allein schon aus Gründen des pragmatischen Machterhalts an der Mitarbeit der Christen und Juden interessiert und garantierte deren Status in den gezogenen Grenzen. Auch hier spielte nicht humanitäre Toleranz die entscheidende Rolle, sondern Machtpolitik.[33] Auch sollte nicht, bei allem sicher notwendigen Bestreben, das Verständnis zwischen den Religionen zu fördern, zu schnell ein harmonisches Miteinander konstruiert werden, wie dies historisch immer wieder geschah, insbesondere mittels des stereotypen Bildes des angeblich toleranten und edlen »Heiden«[34], das auf einzelne herausragende Gestalten unkritisch angewandt wurde. Als Beispiel kann hier Saladin und dessen Verklärung dienen (siehe Lessings Nathan der Weise).[35] Auch in den islamischen Reichen kam es zu Ausplünderung, Ausbeutung und Pogromen gegen Andersgläubige (so das Christenpogrom in Syrien 1860). Es gilt, jeden individuellen Fall genau zu prüfen und zu analysieren. Dabei kann von vornherein schon nicht einfach von »der« Religion als der entscheidenden Ursache für Gewalt ausgegangen werden, sondern es müssen die essenziellen Rahmenbedingungen, vor allem sozioökonomische, politische und militärische Gegebenheiten, deren integraler Bestandteil der religiöse Aspekt ist, stets als Ganzes zugrunde gelegt werden.[36]

---

32 Dazu und zum Folgenden grundsätzlich Edward N. Luttwark, The Grand Strategy of the Byzantine Empire, 2. ed., Cambridge, MA, London 2011, S. 201–211. Ferner, wenn auch mit primärem Bezug auf Spanien, Timothy H. Parsons, The Rule of Empires. Those Who Built Them, Those Who Endured Them, and Why They Always Fall, Oxford 2010, Kap. 2.

33 Vgl. dazu ausführlich Karen Barkey, Empire of Difference. The Ottomans in Comparative Perspective, Cambridge 2008.

34 Dieser Begriff wird hier rein historisch verwendet. Eine nähere Definition im religionswissenschaftlichen Sinne ist nicht möglich und auch nicht beabsichtigt.

35 Dazu Hannes Möhring, Saladin. Der Sultan und seine Zeit 1138–1193, 2. Aufl., München 2012, Kap. 7.

36 Beverly Milton-Edwards, Islam and Violence. In: The Blackwell Companion to Religion and Violence (wie Anm. 17), S. 192 f.

Dritter Teil

Sozialwissenschaftliche und friedensethische Positionierungen

Johannes Vüllers

Religion als Brandbeschleuniger? Ergebnisse der empirischen Forschung zum Zusammenhang von Religion und Gewalt

In der öffentlichen Wahrnehmung spielt Religion eine große Rolle in Gewaltkonflikten. Seit den verheerenden Anschlägen vom 11. September 2001 in den USA ist das Thema Religion ein fester Bestandteil der Sicherheitsdebatten. Religiöse Konflikte sind ein relevanter Bestandteil vieler Bürgerkriege, wie etwa in den Kämpfen zwischen sunnitischen und schiitischen Gruppen im Irak oder in Afghanistan. Darüber hinaus ist die terroristische Bedrohung durch religiöse Fundamentalisten in den letzten Jahren nicht nur im Nahen Osten, sondern auch in Europa angestiegen. Während es vergleichsweise ruhig um al-Qaida geworden ist, hat sich der Aktivitätsradius des Islamischen Staates über den Nahen Osten hinaus vergrößert. Die Politik hat darauf reagiert und der Bedeutung von Religion als mögliche Ursache für Gewalt vermehrt Aufmerksamkeit gewidmet. Das US-amerikanische Außenministerium hat hierzu eine eigene Abteilung geschaffen, das Office of Religion and Global Affairs, die sich mit den unterschiedlichsten Aspekten von Religion weltweit beschäftigen soll.

Die öffentliche Wahrnehmung von Religion als ein mögliches Risiko für den gesellschaftlichen Frieden spiegelt sich in der zunehmenden Zahl von wissenschaftlichen Studien zu diesem Thema wider. Das Interesse für die Rolle von Religionen begann in der Friedens- und Konfliktforschung mit dem Ende des Kalten Krieges und mit Samuel Huntingtons berühmten Thesen zum Kampf der Kulturen.[1] Diese waren Gegenstand kontroverser Diskussionen und fanden darüber hinaus einen breiten Niederschlag im Diskurs außerhalb der Wissenschaft. In der akademischen Auseinandersetzung war die These der Ambivalenz von Religion Ende der 1990er Jahre vergleichbar einflussreich.[2] Sie stellt heraus, dass Religion neben ihrer potenziellen Bedeutung für Konflikte auch eine Rolle in Friedensprozessen spielen kann. Die Forschung hat den Friedensaspekt von

---

1 Samuel Huntington, The clash of civilization? In: Foreign Affairs, 72 (1993), S. 22–49; Samuel Huntington, The clash of civilization and the remaking of world order, New York 1996; Martin Riesebrodt, Die Rückkehr der Religionen. Fundamentalismus und der »Kampf der Kulturen«, München 2000.

2 Scott Appleby, The ambivalence of the sacred: Religion, violence, and reconciliation, New York 1999; Daniel Philpott, Explaining the political ambivalence of religion. In: American Political Science Review, 101 (2007), S. 505–523; Monica Toft, Daniel Philpott and Timothy Samuel, God's century: Resurgent religion and global politics, New York 2011.

Religion seitdem nicht aus den Augen verloren, jedoch liegt der Fokus nach wie vor auf der Bedeutung von Religion als Konfliktfaktor.[3]

Das Ziel meines Beitrags ist daher eine Bestandsaufnahme der aktuellen empirischen Friedens- und Konfliktforschung zu Religion und Gewalt. Ich beschäftige mich mit der Frage nach der Bedeutung von Religion in Gewaltkonflikten auf der internationalen, nationalen und lokalen Ebene. Hierzu fasse ich die Ergebnisse quantitativer Studien zusammen, die die Forschung über Religion und Gewalt um wichtige Aspekte erweitert haben.[4] Im Mittelpunkt des Beitrags stehen Gewaltkonflikte seit Ende des Kalten Krieges. Folgende Fragen leiten meinen Beitrag: Wie kann Religion in Gewaltkonflikten empirisch erfasst werden? Inwieweit erhöhen religiöse Faktoren das Risiko eines Konfliktausbruchs? Wie beeinflusst Religion den Verlauf eines Konflikts?

Zur Beantwortung dieser Fragen diskutiere ich zunächst (1.) die unterschiedlichen Ansätze zur Operationalisierung des Faktors Religion in der Forschung. Die darauf folgenden Kapitel (2.–4.) beschäftigen sich jeweils mit Religion als Konfliktfaktor in zwischenstaatlichen, innerstaatlichen und lokalen Gewaltkonflikten. In jedem Kapitel wird in einem ersten Schritt ein deskriptiver Überblick über die Rolle von Religion gegeben, bevor verschiedene Erklärungsansätze und deren empirische Befunde diskutiert werden. Zum Schluss (5.) bringe ich die Erkenntnisse zusammen und gebe einen Ausblick auf zukünftige Herausforderungen in der empirischen Forschung zu Religion als Konfliktfaktor.

1. Empirische Erfassung von Religion

Am Anfang der Erforschung eines jeden empirischen Phänomens steht die Frage, wie man es möglichst genau erfassen kann.[5] Für die empirische Erhebung von Religion müssen Annahmen getroffen werden, die zwangsläufig nicht allen lokalen und kulturellen Besonderheiten von Religion gerecht werden können. Dies erfordert eine Abwägung zwischen der Genauigkeit und Generalisierbarkeit der

---

[3] Siehe zum Beispiel Johannes Vüllers, Religiöses Friedensengagement in innerstaatlichen Gewaltkonflikten, Baden-Baden 2013; Jacob Bercovitch and Ayse Kadayifci-Oreallana, Religion and mediation: The role of faith-based actors in international conflict resolution. In: International Negotations, 14 (2009), S. 175–204; Alexander De Juan, Jan Pierskalla and Johannes Vüllers, The pacifying effects of local religious institutions: An analysis of communal violence in Indonesia. In: Political Research Quarterly, 68 (2015), S. 211–224.

[4] Einen Überblick dieser Literatur bietet Heather Greeg, Three theories of religious activism and violence: Social movements, fundamentalists, and apocalyptic warriors. In: Terrorism and Political Violence, 28 (2016), S. 338–360.

[5] Siehe zum Religionsbegriff in der Friedens- und Konfliktforschung Claudia Baumgart-Ochse, Substanziell, funktional oder gar nicht? Der Religionsbegriff in der Friedens- und Konfliktforschung. In: Religion in der Friedens- und Konfliktforschung: Interdisziplinäre Zugänge zu einem multidimensionalen Begriff. Hrsg. von Ines-Jacqueline Werkner, Baden-Baden 2016, S. 29–59. Während sich der Unterschied zwischen christlichen und islamischen Strömungen noch erschließen lässt, stellen die traditionalen afrikanischen Religionen eine große Herausforderung für die empirische Erhebung und existierende Theorien dar. Siehe zum Beispiel Stephen Ellis and Gerrie Ter Haar, Religion and politics in sub-Saharan Africa. In: Journal of Modern African Studies, 36 (1998), S. 175–201.

Operationalisierung von Religion, die in einem Spannungsverhältnis zueinander stehen.[6]

Eine sehr genaue Messung von Religion hat den Vorteil, dass eine valide Aussage über ihren möglichen Einfluss in diesem bestimmten Fall gemacht werden kann. Shane Barter und Ian Zatkin-Osburn schlagen hierzu die ethnografische Analyse von Beerdigungsritualen vor, um sicherzustellen, dass der Gewaltkonflikt als religiös von den Menschen wahrgenommen wird.[7] Die Beerdigungsrituale unterscheiden sich zum Beispiel im Islam, je nachdem, ob der Tote als Kämpfer für die Religion angesehen wird oder nicht. Während Gefallene in religiösen Konflikten im Islam als Märtyrer verehrt und daher nicht der rituellen Waschung unterzogen werden, findet eine Waschung von Toten in nichtreligiösen Konflikten der Tradition folgend statt. Anhand von ethnografischer Forschung zeigen die Autoren, dass Waschungen von Gefallenen im Zuge des Aceh-Konflikts (Indonesien) vollzogen wurden, während die Gefallenen in Patani (Thailand) und Mindanao (Philippinen) als Märtyrer galten und daher direkt beerdigt wurden.[8]

Anhand der Betrachtung von Beerdigungsritualen können Aussagen darüber getroffen werden, ob der Konflikt als religiös von den Menschen vor Ort wahrgenommen wird. Dies ist eine wichtige Information, wenn man zum Beispiel an der Wahrnehmung des Konflikts in der Bevölkerung und den religiösen Gruppen interessiert ist. Das Vorgehen ist jedoch nicht hilfreich, wenn die Versuche einer religiösen Mobilisierung der Konfliktparteien in der Studie untersucht werden sollen.

Insbesondere für Studien mit dem Ziel, eine vergleichende Aussage über den Einfluss von Religion über verschiedene Länder hinweg zu treffen, ist eine so genaue Messung der Rolle von Religion nicht möglich. Sie setzt ein großes Detailwissen lokaler Praktiken voraus, die sich in verschiedenen Regionen eines Landes sowie zwischen verschiedenen Ländern und Religionen stark unterscheiden.[9] Die Ergebnisse von Barter und Zatkin-Osburns Untersuchung sind das Ergebnis sehr zeitintensiver Feldforschung in unterschiedlichen Ländern, wobei die gesammelten Informationen nur als valide für die tatsächlich untersuchten Gebiete in den Ländern gelten.[10] Die länderübergreifende Forschung erreicht hier die Kapazitätsgrenzen hinsichtlich der vorhandenen Ressourcen, Zeit und Informationen für die einzelnen Fälle. Die quantitative Friedens- und

---

6 Siehe zu einer kritischen Auseinandersetzung Robert Adcock and David Collier, Measurement validity: A shared standard for qualitative and quantitative research. In: American Political Science Review, 95 (2001), S. 529–549.

7 Shane Barter and Ian Zatkin-Osburn, Shrouded: Islam, war, and holy war in Southeast Asia. In: Journal for the Scientific Study of Religion, 53 (2014), S. 187–201.

8 Ebd., S. 188.

9 Eine kritische Auseinandersetzung mit diesem Ansatz bietet Isak Svensson, Conceptualizing the religious dimensions of armed conflicts: A response to »Shrouded: Islam, war, and holy war in Southeast Asia«. In: Journal for the Scientific Study of Religion, 55 (2016), S. 185–189. Die Antwort auf die Kritik von Svensson findet sich in Shane Barter and Ian Zatkin-Osburn, Measuring religion in war: A response. In: Journal for the Scientific Study of Religion, 55 (2016), S. 190–193.

10 Siehe Barter/Zatkin-Osburn, Shrouded (wie Anm. 7); Svensson, Conceptualizing the religious dimensions (wie Anm. 9).

Konfliktforschung, die das Ziel verfolgt, den Einfluss von Religion für und in Gewaltkonflikten zu untersuchen, hat daher in der Regel einen vereinfachenden Ansatz gewählt. Die Operationalisierung von Religion erfolgt entlang von zwei Konfliktkategorien: religiöser Identitätskonflikte und religiöser Zielkonflikte.[11]

Eine erste Möglichkeit ist die *Erfassung der religiösen Identitäten* von Konfliktparteien, das heißt jener der zwei Staaten in zwischenstaatlichen, der Regierung und Rebellen in innerstaatlichen, und der zwei kämpfenden Gruppen in lokalen Gewaltkonflikten. Ein religiöser Identitätskonflikt liegt laut diesem Ansatz vor, wenn die Mehrheit der jeweiligen Konfliktparteien unterschiedlichen Religionen angehört. Beispiele für einen solchen religiösen Identitätskonflikt sind die Bürgerkriege zwischen den mehrheitlich muslimischen Rebellen und der christlich dominierten Regierung in Aserbaidschan und der Elfenbeinküste.[12]

Dieses Vorgehen hat Vorteile gegenüber dem zuvor diskutierten Ansatz der Beerdigungsrituale. Studien zu den einzelnen Konflikten bieten eine relativ valide und umfassende weltweite Datengrundlage in Bezug auf eine Einschätzung der religiösen Identität der verschiedenen Konfliktparteien. Dies gilt vor allem für zwischen- und innerstaatliche Gewaltkonflikte, während es nicht immer einfach ist, die notwendigen Informationen für lokale Konflikte zu bekommen. Mit Hilfe der fallspezifischen Literatur können so auch die notwendigen Informationen zu zeitlich weit zurückliegenden Konflikten erfasst werden. Die Identifizierung der religiösen Identitäten erlaubt daher, eine vergleichende Aussage zur Rolle von Religion weltweit zu treffen.

Bei der Erfassung von religiösen Identitätskonflikten treten jedoch Probleme auf, die bei der Analyse und Interpretation der Ergebnisse zu berücksichtigen sind. Problematisch ist zunächst die Feststellung der religiösen Identität der Konfliktparteien, was in den meisten Fällen keineswegs banal ist.[13] Die Datensätze beziehen sich vereinfachend auf Religionstraditionen (zum Beispiel Buddhismus, Christentum, Hinduismus, Islam) und ihre größten Untergruppen (zum Beispiel Schiiten und Sunniten im Islam oder Katholiken, Protestanten und Orthodoxe im Christentum). Die Kodierung der Identitäten der Konfliktparteien ist daher an die zugrunde liegenden religiösen Identitätskategorien (nur die Religionstraditionen oder auch Untergruppen) des Datensatzes gebunden.[14] Die Verwendung von

---

11 Johannes Vüllers, Matthias Basedau and Birte Pfeiffer, Measuring the ambivalence of religion: Introducing the Religion and Conflict in Developing Countries (RCDC) dataset. In: International Interactions, 41 (2015), S. 857–881; Isak Svensson, Fighting with faith: Religion and conflict resolution in civil wars. In: Journal of Conflict Resolution, 51 (2007), S. 930–946; Jonathan Fox, The salience of religious issues in ethnic conflicts: A large-N study. In: Nationalism and Ethnic Politics, 3 (1997), S. 1–19; Monica Toft, Getting religion? The puzzling case of Islam and civil war. In: International Security, 31 (2007), S. 97–131.

12 Matthias Basedau, Birte Pfeiffer and Johannes Vüllers, Bad religion? Religion, collective action, and the onset of armed conflict in developing countries. In: Journal of Conflict Resolution, 60 (2016), S. 237.

13 Ebd., S. 237; Svensson, Fighting with faith (wie Anm. 11), S. 936 f.

14 Die Datensätze unterscheiden meistens zwischen den verschiedenen religiösen Untergruppen, wenn dies möglich ist. Dies ist abhängig von den vorhandenen Informationen zur religiösen Demografie in den jeweiligen Ländern. Letztendlich werden so für manche Länder die Informationen zu den Religionstraditionen und in anderen zu den Untergruppen verwendet. Dies kann zu weiteren Verzerrungen in den Datensätzen führen.

Religionstraditionen führt beispielsweise dazu, dass Konflikte innerhalb einer Religionstradition (etwa Schiiten vs. Sunniten) oder Untergruppe (Protestanten vs. Protestanten) nicht als religiöse Identitätskonflikte erfasst werden. Dies hat Auswirkungen auf die Anzahl religiöser Identitätskonflikte in den Datensätzen und so letztlich auch auf die Aussagekraft der Analysen.

Ein zweites Problem ist, dass die formale Zugehörigkeit zu einer bestimmten Religionsgruppe ausschlaggebend ist und nicht der praktizierte Glaube.[15] Die religiöse Identität des Akteurs wird identifiziert, ohne dass eine Aussage über seine Glaubenspraxis und die Relevanz der Religion für sein Handeln getroffen werden kann. Für eine Erhebung des praktizierten Glaubens, wie es zum Beispiel durch die Anzahl von Gottesdienstbesuchen möglich wäre, fehlt es an vergleichbaren Daten von mehreren Ländern.[16]

Neben der religiösen Identitätsdimension wird in der quantitativen Forschung auch *die religiöse Zieldimension von Gewaltkonflikten* erhoben. Hierzu wird auf die Selbstauskunft der Akteure bezüglich ihrer Ziele zurückgegriffen. Wenn eines der Ziele religiös motiviert war, liegt demnach ein religiöser Zielkonflikt vor. Als religiöse Ziele werden zum Beispiel die Etablierung eines theokratischen Staats, die Implementierung religiöser Gesetze in einer Region, oder die Zuerkennung einer herausragenden Rolle einer bestimmten Religion im Staat angesehen.[17] Die innerstaatlichen Gewaltkonflikte in Afghanistan, Sudan oder Nigeria werden als religiöse Zielkonflikte kodiert, da die Rebellen die Einführung einer islamischen Gesetzgebung forderten. Im Gegensatz zu religiösen Identitätskonflikten wird die Rolle von Religion bei religiösen Zielkonflikten genauer erfasst. Die Feststellung eines religiösen Ziels zeigt an, dass zumindest für eine der Konfliktparteien Religion eine Rolle in dem Konflikt gespielt hat.

Kritiker sehen jedoch die Identifizierung religiöser Ziele anhand öffentlicher Aussagen von Konfliktparteien als problematisch an. Die Gefahr besteht, dass Konfliktparteien religiöse Ziele nur vorschieben, um ihre eigentlichen Ziele zu verschleiern. Es wird daher oft argumentiert, dass die propagierten religiösen Ziele in vielen Fällen unwichtig für die Konfliktparteien und somit den Konflikt seien.[18] Die Erhebung religiöser Ziele erfasst die Absicht der Konfliktakteure und trifft daher keine Aussage über die Bedeutung des religiösen Ziels im Vergleich zu den weiteren Zielen der Konfliktparteien.[19] Die Bevölkerung und vor allem die eigenen Unterstützer werden den Konfliktakteur mit den religiösen Zielen in Zusammenhang bringen, selbst wenn diese letztlich nicht angestrebt und nur vorgeschoben wurden.[20]

Ein weiterer Kritikpunkt ist, dass die Erfassung religiöser Ziele nur einmal während des Konflikts erfolgt und dann auf den gesamten Konfliktzeitraum über-

---

15 Svensson, Fighting with faith (wie Anm. 11), S. 936.

16 Ein weiteres Problem ist, dass die Daten kurz vor beziehungsweise während des Gewaltkonflikts benötigt werden. Für einzelne Fälle stehen solche Daten zur Verfügung, jedoch nicht für die Untersuchung von mehreren Ländern.

17 Svensson, Fighting with faith (wie Anm. 11), S. 936; Basedau/Pfeiffer/Vüllers, Bad religion? (wie Anm. 12), S. 237; Toft, Getting religion? (wie Anm. 11), S. 97.

18 Barter/Zatkin-Osburn, Shrouded (wie Anm. 7), S. 190.

19 Siehe zum Beispiel Christopher Blattman and Edward Miguel, Civil war. In: Journal of Economic Literature, 48 (2010), S. 3–57.

20 Svensson, Conceptualizing the religious dimensions (wie Anm. 9).

tragen wird.[21] Die Datensätze erfassen also nicht, dass die Akteure erst im Verlauf des Konflikts religiöse Ziele ausgeben, und dass diese sukzessive an Bedeutung verlieren oder zunehmen können. Dies kann ein Problem darstellen, wenn das Untersuchungsinteresse auf der Gewaltintensität oder der Konfliktbeilegung liegt. Eine mögliche Lösung dieses Problems bestünde darin, die Kodierung religiöser Ziele in zukünftigen Erhebungen auf jährlicher Basis vorzunehmen.

Die empirische Erfassung von Religion in Gewaltkonflikten ist nicht unproblematisch, wie die Diskussion hierüber zeigt, sondern sieht sich zahlreichen Herausforderungen gegenüber. Es müssen bei der Generalisierbarkeit der Ergebnisse oder bei der Genauigkeit der Erfassung von Religion Abstriche vorgenommen werden. Hier ist keine der Seiten der anderen vorzuziehen, da das Forschungsinteresse die entsprechende Entscheidung leiten sollte. Mein Beitrag soll einen möglichst breiten Überblick der Rolle von Religion in Gewaltkonflikten liefern. Ich werde daher allein auf die Unterscheidung zwischen religiösen Identitäten und Zielen in Gewaltkonflikten eingehen, die der überwiegenden Mehrzahl der quantitativen Studien zugrunde liegt.

2. Religion in zwischenstaatlichen Gewaltkonflikten

Kriege zwischen Staaten waren die größte Bedrohung der internationalen Sicherheit in den letzten Jahrhunderten, aber ihre Zahl ist seit dem Ende des Kalten Krieges zurückgegangen. Laut dem Correlates of War Project gab es im Zeitraum von 1989 bis 2004 nur neun Kriege zwischen Staaten,[22] während das »Uppsala Conflict Data Program« im selben Zeitraum 121 innerstaatliche Gewaltkonflikte zählt.[23] Die Forschung zur Bedeutung von Religion in zwischenstaatlichen Gewaltkonflikten wird von der Auseinandersetzung mit Huntingtons Thesen zum Kampf der Kulturen geprägt, auf die ich zunächst eingehen werde. Hiernach diskutiere ich die Ergebnisse von zwei weiteren Erklärungsansätzen – dem Verhältnis von Religion und Staat und dem Einfluss religiöser Normen auf staatliches Handeln.

Huntington geht von einem Bedeutungszuwachs grenzüberschreitender Zivilisationen zulasten des klassischen Nationalstaats nach dem Ende des Kalten Kriegs aus. Die Zivilisationen setzt er zumeist mit einer Religionstradition gleich und baut hierauf ein deterministisches Argument auf, nach welchem die Koexistenz unterschiedlicher Religionen automatisch zu Kriegen führen werde. Ausschlaggebend hierfür seien die unüberbrückbaren Unterschiede zwischen den Zivilisationen und den ihnen zugehörigen Ländern.[24] Die Ausführungen von

---

21 Svensson, Fighting with faith (wie Anm. 11), S. 936; Basedau/Pfeiffer/Vüllers, Bad religion? (wie Anm. 12), S. 237; Toft, Getting religion? (wie Anm. 11), S. 97.

22 Meredith Sarkees and Frank Wayman, Resort to war: 1816–2007, Washington 2010, <http://www.correlatesofwar.org/data-sets/COW-war> (aufgerufen am 8.3.2018).

23 Erik Melander, Therése Pettersson and Lotta Themnér, Organized violence, 1989–2015. In: Journal of Peace Research, 53 (2016), S. 727–742.

24 Huntington, The clash of civilization? (wie Anm. 1), S. 29. Huntington kann der Schule der Primordialisten zugeordnet werden. Laut Hasenclever und Rittberger kann neben den Primordialisten noch zwischen instrumentalistischen und konstruktivistischen

Huntington hatten (und haben teilweise immer noch) einen großen Einfluss in der wissenschaftlichen Debatte und bei politischen Entscheidungsträgern. So ist es wenig verwunderlich, dass sich die empirische Forschung zur Rolle von Religion in zwischenstaatlichen Gewaltkonflikten zuvorderst mit dem vermeintlichen Kampf der Kulturen auseinandersetzt.

Die Mehrzahl der quantitativen Studien kann die Thesen von Huntington nicht bestätigen. Seine erste These, dass das Ende des Kalten Kriegs zu einem Anstieg zivilisatorischer Konflikte führen wird, findet keine Bestätigung in den Studien. Es gibt keine Evidenz für ein erhöhtes Konfliktrisiko zwischen Staaten der verschiedenen zivilisatorischen Gruppen und auch nicht für eine Zunahme zwischenstaatlicher Gewaltkonflikte.[25] Es scheint vielmehr der Fall zu sein, dass das Konfliktrisiko zwischen Staaten mit demselben kulturellen Hintergrund größer ist.[26] Auch sind Kriege zwischen Staaten aus unterschiedlichen Zivilisationen nicht gewalttätiger geworden und dauern im Vergleich nicht länger als zur Zeit des Kalten Krieges.[27] Die Mehrzahl der Studien liefert für diesen Befund durchweg die gleichen aussagekräftigen Ergebnisse.

Erik Gartzke und Kristian Gleditsch berücksichtigen die Vielfalt der Religionen in den einzelnen Ländern in ihrer Studie zu zwischenstaatlichen Gewaltkonflikten (1950–2001). Sie kommen zu dem Ergebnis, dass das Konfliktrisiko zwischen Staaten besonders hoch ist, wenn die größte religiöse, ethnische oder sprachliche Gruppe in Staat A die zweitgrößte Gruppe im Staat B ist.[28] Dieser Befund könne

---

Ansätzen in der Analyse von Religion und Gewalt unterschieden werden. Aus Sicht der Instrumentalisten führen die in den Religionen angelegten Unterschiede nicht von selbst zu Konflikten. Die Konfliktparteien werden von wirtschaftlichen und politischen Verteilungskämpfen zur Gewalt angetrieben und nicht aufgrund religiöser Normen. Die Religion dient den Konflikteliten demnach allein zur Mobilisierung der Gläubigen. Aus Sicht der Konstruktivisten sind soziale Konflikte bereits in dem Konzept von Religion angelegt. Die Religion gibt den Gläubigen eine Identität vor, die auf einer Identifizierung mit der eigenen Gruppe und der Abgrenzung zu anderen Religionsgruppen beruht. Ob Religion letztlich für Gewalt oder Verständigung mobilisiert wird, hängt von den Interessen der jeweiligen Eliten ab. Siehe Andreas Hasenclever and Volker Rittberger, Does religion make a difference? Theoretical approaches to the impact of faith on political conflict. In: Millennium: Journal of International Studies, 29 (2000), S. 641–674.

25 Bruce Russett, John Oneal and Michaelene Cox, Clash of civilizations, or realism and liberalism déjà vu? Some evidence. In: Journal of Peace Research, 37 (2000), S. 583–608; Giacomo Chiozza, Is there a clash of civilizations? Evidences from patterns of international conflict involvements, 1946–97. In: Journal of Peace Research, 39 (2002), S. 711–734; Errol Henderson and Richard Tucker, Clear and present strangers: The clash of civilizations and international conflict. In: International Studies Quarterly, 45 (2001), S. 317–338; Sean Bolks and Richard Stoll, Examining conflict escalation within the civilizations context. In: Conflict Management and Peace Science, 20 (2003), S. 85–110. Siehe zu einem empirischen Test der Annahmen Huntingtons zu innerstaatlichen Gewaltkonflikten, mit vergleichbaren negativen Resultaten, Jonathan Fox, Ethnic minorities and the Clash of Civilizations: A quantitative analysis of Huntington's thesis. In: British Journal of Political Science, 32 (2002), S. 415–434.

26 Erik Gartzke and Kristian Gleditsch, Identity and conflict: Ties that bind and differences that divide. In: European Journal of International Relations, 12 (2006), S. 53–87.

27 Andrej Tusicinsy, Civilizational conflicts: More frequent, longer, and bloodier? In: Journal of Peace Research, 41 (2004), S. 485–498.

28 Gartzke/Gleditsch, Identity and conflict (wie Anm. 26).

mit den transnationalen Beziehungen zwischen den beiden Religionsgruppen erklärt werden, wobei sich die dominante Gruppe im Staat A als Schutzpatron der religiösen Gruppe im Staat B begreift.[29]

Andere Studien sehen die institutionell verankerte Stellung von Religion im politischen System als wichtige Determinante für das Konfliktrisiko zwischen Staaten.[30] Insbesondere kommt dabei der Beziehung zwischen Staat und Religion im Innern der Staaten eine besondere Bedeutung zu. Die beiden Extreme der Beziehungen sind eine klare, teils von Feindseligkeit geprägte Abgrenzung zwischen Staat und Religion oder aber eine Symbiose zwischen einer religiösen Gruppe und dem Staat. Die Literatur unterscheidet zwischen religiösen Staaten (Saudi-Arabien, Sri Lanka), zivilreligiösen Staaten (Indonesien, Spanien), passiv säkularen Staaten (USA) und aggressiv säkularen Staaten (China).[31] Ausschlaggebend ist, ob der Staat eine offizielle Staatsreligion besitzt und seine Gesetze auf dieser Religion beruhen, eine Religion gegenüber anderen bevorzugt wird oder der Staat die Freiheiten aller Religionen gleichermaßen einschränkt.[32]

Eine enge Verbindung zwischen einer Religion und dem Staat kann einen Einfluss auf das zwischenstaatliche Konfliktrisiko haben. Eine Niederlage in einem zwischenstaatlichen Gewaltkonflikt hat Auswirkungen auf die Religion, welche den Staat legitimiert und somit auch eine Niederlage zu verantworten hat.[33] Peter Henne zeigt in seiner Studie, dass religiöse Staaten in Konflikten mit säkularen Staaten eher zu Gewalt greifen. Sie werden angetrieben durch die Furcht, ihre religiöse Legitimation bei einer möglichen Niederlage einzubüßen, was bei Konflikten zwischen religiösen Staaten nicht der Fall ist.[34] Gleichwohl weist dieser Ansatz ein deutliches Defizit auf: Die institutionelle Beziehung zwischen Staat und Religion kann nicht den Ausbruch eines Konflikts erklären, sondern nur die Anwendung von Gewalt.[35]

Der Einfluss religiöser Werte und Normen steht im Mittelpunkt weiterer Ansätze zu zwischenstaatlichen Konflikten. Davis Brown versteht Religion als politische Ideologie, die Motivations- und Rechtfertigungsgrundlage zugleich

---

[29] Siehe zum Beispiel Lars-Erik Cederman, Luc Girardin and Kristian Gleditsch, Ethnonationalist triads: Assessing the influence of kin groups on civil wars. In: World Politics, 61 (2009), S. 403–437.

[30] Siehe zur Bedeutung staatlicher Regulierung für religiöse Gruppen Laurence Iannaccone, Roger Finke and Rodney Stark, Deregulating religion: The economics of church and state. In: Economic Inquiry, 35 (1997), S. 350–364; Laurence Iannaccone, Introduction to the Economics of Religion. In: Journal of Economic Literature, 36 (1998), S. 1465–1495.

[31] Peter Henne, The two-swords: Religion-state connections and interstate disputes. In: Journal of Peace Research, 49 (2012), S. 755 f.; Ahmet Kuru, Passive and assertive secularism: Historical conditions, ideological struggles, and state policies towards religion. In: World Politics, 59 (2007), S. 568–594.

[32] Brian Grim and Roger Finke, The price of freedom denied: Persecution and conflict in the twenty-first century, New York 2011; Jonathan Fox. A world survey of religion and the state, New York 2008.

[33] Bruce Lincoln, Notes toward a theory of religion and revolution. In: Religion, rebellion, revolution: An interdisciplinary and cross-cultural collection of essays. Ed. by Bruce Lincoln, New York 1985, S. 266–292.

[34] Peter Henne, The two-swords (wie Anm. 31).

[35] Ebd.

sein kann.[36] Hieraus schlussfolgert er, dass die ethischen Rechtfertigungen der Religionen im Hinblick auf Krieg und Frieden die Entscheidungen religiöser Politiker beeinflussen. Restriktive ethische Richtlinien machten zwischenstaatliche Konflikte unwahrscheinlicher, während tolerantere Richtlinien das Konfliktrisiko erhöhten.[37] Dieser Ansatz ist eine interessante theoretische Weiterentwicklung, jedoch ist die empirische Analyse wenig überzeugend, da zahlreiche Aspekte mit den vorhandenen Daten nicht erfasst werden können. So misst Brown in seiner empirischen Analyse die Bedeutung ethisch-religiöser Richtlinien für das staatliche Handeln über Indikatoren, die das Verhältnis von Staat und Religion, aber nicht den Inhalt der religiösen Normen oder deren Bedeutung für den Staat erfassen.[38]

Zusammenfassend lässt sich festhalten, dass die empirischen Befunde eine klare Sprache sprechen und keine Bestätigung für die Thesen Huntingtons sehen. Darüber hinaus sind die Ergebnisse weniger eindeutig, was mit der unzureichenden Ausdifferenzierung kausaler Mechanismen und der vorhandenen Datenlage auf der internationalen Ebene zusammenhängt.

3. Religion in innerstaatlichen Gewaltkonflikten

Der Fokus der Konfliktforschung liegt auf innerstaatlichen Gewaltkonflikten, die in den letzten Jahrzehnten die Mehrheit aller Gewaltkonflikte ausgemacht haben. Innerstaatliche Gewaltkonflikte sind gewaltsame Auseinandersetzungen zwischen einer Regierung und einer Rebellengruppe, wobei beide Seiten einen hohen Organisationsgrad aufweisen und Gefallene im Rahmen der Kämpfe auf beiden Seiten zu beklagen sind.[39] Die Grafik »Innerstaatliche Gewaltausbrüche« zeigt die Anzahl aller Konfliktausbrüche sowie den Anteil religiöser Identitäts- und Zielkonflikte an den Konfliktausbrüchen. Die Daten beruhen auf dem Datensatz »Religion and Conflict in Developing Countries« (RCDC), der Informationen von 138 Ländern in Afrika, Asien, Lateinamerika und dem Nahen Osten von 1990 bis 2010 umfasst.[40] Die Identifizierung von innerstaatlichen Gewaltkonflikten beruht auf der Definition des »Uppsala Conflict Data Program«.[41]

36 Davis Brown, The influence of religion on interstate armed conflict: Government religious preference to first use of force, 1946–2002. In: Journal for the Scientific Study of Religion, 55 (2016), 4, S. 800–820; online first 23.3.2017, hier S. 3.

37 Ebd., S. 6.

38 Brown (ebd.) nimmt die ethisch-religiösen Richtlinien als Indikatoren für das Verhältnis von Religion und Staat. Eine genauere Messung der Bedeutung und Inhalte der ethisch-religiösen Richtlinien wäre jedoch notwendig.

39 Aufbauend auf diese allgemeinen definitorischen Merkmale wird in der Forschung zwischen Gewaltkonflikten und Bürgerkriegen unterschieden. Gewaltkonflikte (*armed conflicts*) müssen mindestens 25 Gefechtstote im Jahr aufweisen (UCDP; siehe Melander/Pettersson/Themnér, Organized violence [wie Anm. 23]), während Bürgerkriege mindestens 1000 Gefechtstote aufweisen müssen.

40 Der Datensatz beruht auf der Auswertung der International Religious Freedom Reports, EIU Country Reports, und der Human Rights Reports. Vüllers/Basedau/Pfeiffer, Measuring religion (wie Anm. 11).

41 Melander/Pettersson/Themnér, Organized violence (wie Anm. 23).

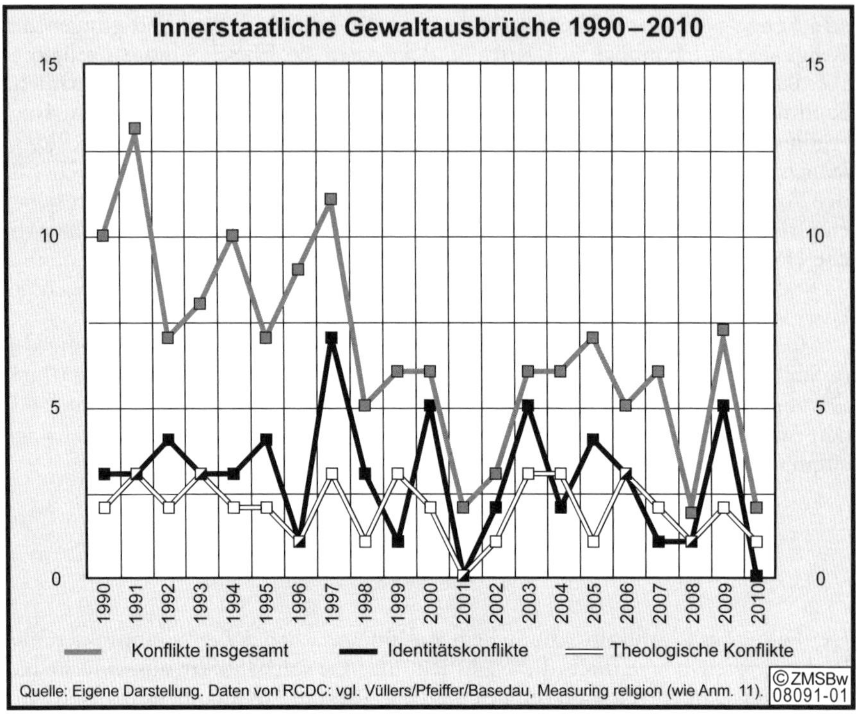

Insgesamt sind 138 innerstaatliche Gewaltkonflikte im Untersuchungszeitraum ausgebrochen. In 51 % dieser Konflikte spielte Religion eine Rolle, wobei 60 religiöse Identitätskonflikte (44 % aller Konfliktausbrüche) und 41 religiöse Zielkonflikte (30 % aller Konfliktausbrüche) waren. Interessanterweise haben in 11 Konflikten beide Konfliktparteien dieselbe religiöse Identität, jedoch unterschiedliche religiöse Ziele. Beispiele hierfür sind die innerstaatlichen Gewaltkonflikte in Tadschikistan, Somalia und Usbekistan. Die Anzahl neuer Konfliktausbrüche ist in den 1990er Jahren gesunken, stieg jedoch nach 2001 zwischenzeitlich wieder an. Große Unterschiede hinsichtlich des Ausbruchs von religiösen Identitäts- und Zielkonflikten lassen sich nicht erkennen. Ab Mitte der 1990er Jahre spielte Religion in etwa der Hälfte aller neu ausgebrochenen innerstaatlichen Gewaltkonflikte eine Rolle (siehe die Grafik).

Im Folgenden gehe ich auf Erklärungen bezüglich religiöser Identitäten, Glaubenssysteme und der Beziehung zum Staat für das Risiko eines innerstaatlichen Gewaltkonfliktausbruchs ein. Die nächsten Abschnitte diskutieren jeweils die Erklärungsansätze und empirischen Befunde. Anschließend daran diskutiere ich Erklärungen für den möglichen Einfluss von Religion auf die Dauer und Intensität innerstaatlicher Gewaltkonflikte.

a) Religiöse Identitäten

Konfliktparteien müssen Unterstützung mobilisieren, wobei Religion ihnen helfen kann, die Herausforderungen eines jeden kollektiven Handelns zu meistern.[42] Potenzielle Unterstützer müssen von der Richtigkeit und Unausweichlichkeit des Kampfes überzeugt werden, damit sie bereit sind, die möglichen Kosten, wie den eigenen Tod, in Kauf zu nehmen. Die Mobilisierung mit Verweis auf Religion ist eine vielversprechende Möglichkeit, da religiöse Gruppen aus engen sozialen Netzwerken bestehen und eigene Ressourcen zum Kampf beitragen können. Die Adressierung von religiösen Identitäten kann daher ein geeigneter Weg für die Konfliktparteien sein, um Unterstützung für ihren Kampf in der Bevölkerung zu mobilisieren. Religiöse Identitäten haben oft eine große Bedeutung für die Menschen und können zu einer starken Abgrenzung zu Andersgläubigen benutzt werden. Eine transzendente Heilserwartung und Belohnungen im Jenseits senken die individuelle Hemmschwelle, sich für das Ziel zu opfern.[43]

Ein konfliktverschärfender Faktor kann das Zusammenleben unterschiedlicher religiöser Gruppen sein, da Unterschiede zwischen der eigenen und einer anderen Religion an Bedeutung für die Gläubigen gewinnen können. Dies kann zu einer starken Identifizierung mit der eigenen Gruppe führen, während die Unterschiede zu der anderen religiösen Gruppe immer größer erscheinen.[44] Die Abgrenzung der eigenen religiösen Identitätsgruppe kann schließlich in einen Konflikt mit anderen religiösen Gruppen münden, der auch gewaltsam ausgetragen werden kann. Ein innerstaatlicher Gewaltkonflikt zwischen religiösen Gruppen, der zuvor diskutierte religiöse Identitätskonflikt, ist unter diesen Umständen wahrscheinlich.

Zur empirischen Überprüfung dieser Annahme wird in der Regel die demografische Konstellation der unterschiedlichen Religionsgruppen untersucht. Die Forschung unterscheidet zwischen drei verschiedenen religiösen Konstellationen. Eine polarisierte demografische Konstellation, in der zwei religiöse Gruppen in einem Land etwa gleich viele Gläubige haben, erhöht das Konfliktrisiko. Unter diesen Umständen ist die Identifizierung mit der eigenen Gruppe stark ausgeprägt, da es eine klare Gegenüberstellung mit nur einer anderen religiösen Gruppe gibt.[45] Als Dominanz wird hingegen eine demografische Konstellation bezeichnet, in der die absolute Mehrheit aller Gläubigen einer Religion angehört.[46] Neben einer starken Identifizierung mit der eigenen Gruppe birgt die Dominanz einer Religion das Risiko, dass diese sich negativ auf die Freiheiten der anderen

---

42 Siehe zu Strategien zum kollektiven Handeln in Gewaltkonflikten Mark Lichbach, The rebel's dilemma, Ann Arbor 1998.

43 Hasenclever/Rittberger, Does religion make a difference? (wie Anm. 24), S. 655–657.

44 Jeffrey Seul, »Ours is the way of God«: Religion, identity, and intergroup conflict. In: Journal of Peace Research, 36 (1999), S. 553–569; Basedau/Pfeiffer/Vüllers, Bad religion? (wie Anm. 12).

45 Marta Reynal-Querol, Ethnicity, political systems, and civil wars. In: Journal of Conflict Resolution, 46 (2002), S. 29–54; José Montalvo and Marta Reynal-Querol, Ethnic polarization, potential conflict and civil war. In: American Economic Review, 95 (2005), S. 796–816.

46 Reynal-Querol, Ethnicity (wie Anm. 45); Montalvo/Reynal-Querol, Ethnic polarization (wie Anm. 45).

Religionen im Land auswirken kann. Beides führt dazu, dass das Konfliktrisiko als hoch eingeschätzt wird. Im Gegensatz hierzu bedeutet eine fragmentierte religiöse Demografie – d.h. die Gläubigen verteilen sich auf zahlreiche Religionen zu mehr oder weniger gleichen Teilen – ein geringes Risiko eines Konfliktausbruchs.[47]

Die Ergebnisse sind nicht robust über die verschiedenen Arbeiten hinweg, das heißt, die Studien kommen zu unterschiedlichen Ergebnissen mit Blick auf ein mögliches Konfliktrisiko im Zusammenhang mit den einzelnen demografischen Konstellationen.[48] Es kann daher keine belastbare Aussage über die angenommenen Wirkungszusammenhänge gemacht werden. Mögliche Erklärungen liegen in den Daten selbst begründet, die zur Messung der religiösen Identitäten gewählt werden. Die demografischen Daten zu den unterschiedlichen Religionen sind oft ungenau, da viele Länder die Erhebung der Zugehörigkeit zu einer Religion verbieten oder die Erhebung nur in großen zeitlichen Abständen erfolgt. Ein anderes Problem besteht darin, dass die Daten auf der Landesebene vorliegen, aber nicht für die verschiedenen Regionen innerhalb eines Landes. Aus diesen Daten können daher keine Rückschlüsse auf das Verhalten von Gläubigen oder religiösen Gruppen in einer bestimmten Region eines Landes gezogen werden.

Andere Autoren gehen hingegen davon aus, dass sich überlappende soziale Gruppenidentitäten das Konfliktrisiko erhöhen, da sich soziale Identitäten gegenseitig verstärken und die Unterschiede zwischen den Gruppen noch deutlicher werden.[49] Dies ist der Fall, wenn sich zum Beispiel die ethnischen Gruppen gleichzeitig hinsichtlich ihrer Religionszugehörigkeit unterscheiden. Die soziale Trennung der Gruppen verläuft nicht mehr allein entlang der ethnischen, sondern zusätzlich entlang der religiösen Identität. Ein Beispiel ist die Situation in der Elfenbeinküste, wo die ethnischen Gruppen der Mande und Voltaic in der Mehrheit Muslime sind, während die Akan-Gruppen vor allem Katholiken sind.

Empirische Studien konnten zeigen, dass überlappende ethnische und religiöse Identitäten das Konfliktrisiko in der Tat erhöhen.[50] Matthias Basedau, Birte Pfeiffer und Johannes Vüllers kommen darüber hinaus zu dem Ergebnis, dass religiöse Identitäten, die sich mit regionalen und ökonomischen Gruppen überlap-

---

47 Paul Collier and Anke Hoeffler, Greed and grievance in civil war. In: Oxford Economic Papers, 56 (2004), S. 563–595.

48 Reynal-Querol, Ethnicity (wie Anm. 45); Montalvo/Reynal-Queral, Ethnic polarization (wie Anm. 45); Basedau/Pfeiffer/Vüllers, Bad religion? (wie Anm. 12); Rudolph Rummel, Is collective violence correlated with social pluralism? In: Journal of Peace Research, 34 (1997), S. 163–175; Tanja Ellingsen, Colourful community or ethnic witches' brew? Multiethnicity and domestic conflict during and after the Cold War. In: Journal of Conflict Resolution, 44 (2000), S. 228–249; Susanna Pearce, Religious rage: A quantitative analysis of the intensity of armed conflicts. In: Terrorism and Political Violence, 17 (2005), S. 333–352.

49 Joshua Gubler and Joel Selway, Horizontal inequality, crosscutting cleavages, and civil war. In: Journal of Conflict Resolution, 56 (2012), S. 206–232; Seul, »Ours is the way of God« (wie Anm. 44); Frances Stewart, Horizontal inequalities and conflict: Understanding group conflict in multiethnic societies, Basingstoke 2008; Basedau/Pfeiffer/Vüllers, Bad religion? (wie Anm. 12), S. 232 f.

50 Matthias Basedau, Georg Strüver, Johannes Vüllers and Tim Wegenast, Do religious factors impact armed conflict? Empirical evidence from Sub-Saharan Africa. In: Terrorism and Political Violence, 23 (2011), S. 752–779; Joel Selway, Cross-cuttingness, cleavage structures and civil war onset. In: British Journal of Political Science, 41 (2011), S. 111–138.

pen, das Risiko eines innerstaatlichen Gewaltkonflikts erhöhen. Interessanterweise gilt dies nicht für innerstaatliche Gewaltkonflikte im Allgemeinen, sondern für religiöse Identitätskonflikte. In diesen Konflikten sind die sozialen Identitäten von besonders großer Bedeutung, da die Identitäten die Konfliktparteien eindeutig unterscheidbar machen.[51]

b) Glaubenssysteme

Neben der religiösen Demografie und religiösen Identitäten ist das Glaubenssystem der Religion ein möglicher Faktor, der das Risiko für einen innerstaatlichen Gewaltkonflikt erhöht. Religion wird aufgrund der jenseitigen Heilsversprechen als geeignetes Mobilisierungsmittel für kollektives Handeln angesehen. Gläubige sind bereit, sehr hohe Kosten im Kampf in Kauf zu nehmen, da ihnen nachweltliche Gewinne in Aussicht gestellt werden, die nur auf diesem Weg zu erlangen sind.[52] Für diese Annahme gibt es bislang vor allem anekdotische Evidenz, aber keine systematische empirische Untersuchung.

Ein eigenes Forschungsfeld ist in Bezug auf die Bedeutung religiöser Gebiete entstanden. Religiöse Gebiete können ein einzelnes Gotteshaus sein oder ganze Landstriche umfassen. In Sri Lanka wurde die gesamte Insel von vielen Buddhisten als integraler Bestandteil ihres Glaubens verstanden, ganz dem Leitbild »Religion, Land, Nation« folgend.[53] Hintergrund ist ein angenommener Besuch Buddhas im Norden der Insel, der von den Tamilen in ihrem Unabhängigkeitskampf beansprucht wurde. Weite Teile der Buddhisten lehnten daher eine Verhandlungslösung mit den tamilischen Rebellen ab, da sie den Norden der Insel aufgrund der heiligen Stätten als integralen Bestandteil eines buddhistischen Staats ansahen.[54]

Konflikte über solche Gebiete erhöhen das Gewaltrisiko, da der Streit zum Kampf um die Identität der Religion werden kann. Die Gläubigen sind unter diesen Bedingungen leicht zu mobilisieren, um die eigene Religion zu schützen.[55] So erhöht ein Streit über den Zugang zu einem heiligen Ort innerhalb einer Religionsgruppe das Konfliktrisiko, da Kompromisse nur schwer möglich sind. Es kann infolge historischer Eroberungszüge oder eines Religionswandels auch dazu kommen, dass verschiedene Religionen Besitzansprüche auf die heiligen Stätten geltend machen.[56] Streit über den Zugang zu heiligen Stätten, der mit einer weitreichenden Kontrolle der religiösen Gruppe einhergehen kann, kann auch zu Konflikten zwischen politischen und religiösen Akteuren führen. Die Verwehrung des Zugangs zu den Stätten kann zum Beispiel die Stellung der Person innerhalb

---

51 Basedau/Pfeiffer/Vüllers, Bad religion? (wie Anm. 12).

52 Toft, Getting religion? (wie Anm. 11), S. 101; Hasenclever/Rittberger, Does religion make a difference? (wie Anm. 24), S. 656.

53 H.L. Seneviratne, Buddhist monks and ethnic politics: A war zone in an island paradise. In: Anthropology Today, 17 (2001), 2, S. 15–21.

54 Sarath Amunugama, Buddhaputra as Bhumiputra? Dilemmas of modern Sinhala Buddhist monks in relation to ethnic and political conflict. In: Religion, 21 (1991), S. 117 f.

55 Ron Hassner, »To halve and to hold«: Conflicts over sacred space and the problem of indivisibility. In: Security Studies, 12 (2003), S. 1–33.

56 Ebd., S. 16–18.

der Religionsgemeinschaft schwächen.[57] Ein weiterer Konfliktgrund ist die Auseinandersetzung zwischen religiösen und säkularen Gruppen über die Nutzung heiliger Stätten, wenn diese mit der Zeit an ökonomischer Bedeutung gewinnen. Zwar werden diese Konflikte zumeist gewaltfrei auf dem Rechtsweg ausgetragen, jedoch erhöhen sie grundsätzlich das Konfliktrisiko und können zusammen mit weiteren Faktoren in Gewalt münden.[58]

Friederike Kelle untersucht die Bedeutung symbolischer Regionen für das Entstehen ethnischer Sezessionsbewegungen. Die religiöse Bedeutung dieser Regionen ist jedoch nur ein Faktor unter mehreren, welche die Symbolkraft der Gebiete ausmacht. Im Vergleich zur materiellen und strategischen Bedeutung erhöht der symbolische Wert eines Gebiets die Wahrscheinlichkeit für eine Sezessionsbewegung und damit letztlich das Konfliktrisiko. Kelle führt dies auf eine verstärkte Gruppenkohäsion durch den hohen symbolischen Wert des Konfliktgegenstands für die Gruppenidentität zurück.[59]

Andere Ansätze beschäftigen sich mit der Bedeutung religiöser Gewaltaufrufe für innerstaatliche Gewaltkonflikte. Damit strukturelle Faktoren, wie etwa die Unterschiede zwischen religiösen Identitätsgruppen, handlungsleitend werden, müssen diese als Problem von den Gläubigen angesehen werden. Religiöse und politische Akteure können diese Interpretationsaufgabe übernehmen. Basedau, Pfeiffer und Vüllers argumentieren, dass die Aufforderung religiöser Eliten zur Gewalt das innerstaatliche Gewaltrisiko erhöht. Sie belegen dies anhand einer quantitativen Untersuchung von 130 Ländern. Interessanterweise gilt dies in erster Linie für den Ausbruch religiöser Zielkonflikte.[60] Eine Erklärung hierfür ist, dass religiöse Zielkonflikte auf die Legitimierung der Gewalt durch religiöse Eliten angewiesen sind, um Glaubwürdigkeit zu gewinnen.

Matthew Isaacs zeigt in einer quantitativen Studie von 495 politischen Organisationen im Zeitraum von 1970 bis 2012, dass Gewalt nur selten mit dem vorherigen Gebrauch religiöser Rhetorik dieser Organisationen zusammenhängt. Politische Organisationen greifen hingegen vermehrt auf religiöse Rhetorik zurück, wenn ein Gewaltkonflikt bereits ausgebrochen ist, sowie die Gewaltintensität und Konfliktdauer hoch sind. Religiöse Rhetorik wird unter diesen Umständen strategisch von den politischen Akteuren eingesetzt, um neue Kämpfer zu rekrutieren und Ressourcen zu generieren.[61]

c) Religion und Staat

Auch das Verhältnis von Staat und Religion kann Einfluss auf das Konfliktrisiko haben. Die staatliche Diskriminierung religiöser Gruppen wird mit einem erhöhten Konfliktrisiko in Zusammenhang gebracht, wie es für ethnische Gruppen bereits

---

57 Ebd., S. 19–24.

58 Ebd., S. 18 f.

59 Friederike Kelle, To claim or not to claim? How territorial value shapes demands for self-determination. In: Comparative Political Studies, 50 (2017), S. 992–1020.

60 Basedau/Pfeiffer/Vüllers, Bad religion? (wie Anm. 12).

61 Matthew Isaacs, Sacred violence or strategic faith? Disentangling the relationship between religion and violence in armed conflict. In: Journal of Peace Research, 53 (2016), S. 211–225.

festgestellt wurde.[62] Jeder Staat reguliert zu einem gewissen Grad die Freiheit der einzelnen Religionsgemeinschaften, wobei die Regulierungen von der Erlaubnis, Gotteshäuser zu bauen, über die Zulassung von Religionsgemeinschaften, bis hin zum Zugang zu öffentlichen Bildungssystemen reicht.[63] Bestimmte staatliche Regulierungen werden als Diskriminierung von Gläubigen wahrgenommen, was ein erhöhtes Konfliktrisiko birgt.[64]

Die meisten empirischen Studien verwenden den Datensatz »Religion and State« von Jonathan Fox, der einen umfassenden Überblick über staatliche Gesetze und Regulierungen von Religionen gibt.[65] Empirische Studien haben mit Hilfe dieser Daten gezeigt, dass die staatliche Diskriminierung von Religion das Konfliktrisiko erhöht. Yasemin Akbaba und Zeynep Taydas zum Beispiel weisen diesen Zusammenhang in einer Studie über ethnisch-religiöse Minderheiten im Zeitraum von 1990 bis 2003 nach.[66]

Einen anderen Ansatz wählen Basedau, Pfeiffer und Vüllers, der nicht die (objektive) staatliche, sondern die subjektiv empfundene Diskriminierung religiöser Gruppen erfasst. Grundlage der Kodierung des subjektiven Diskriminierungsgefühls sind öffentliche Äußerungen von Vertretern der einzelnen Religionsgruppen. Sie kommen in ihrer Studie zu dem Schluss, dass das subjektive Diskriminierungsgefühl die Wahrscheinlichkeit von innerstaatlichen religiösen Identitäts- und Zielkonflikten erhöht.[67] Interessanterweise erweist sich dieser Zusammenhang dann nicht mehr als robust, wenn die religiösen Gruppen selbst und nicht mehr die Länder, aus denen sie kommen, die Untersuchungseinheit bilden. So zeigt eine statistische Studie religiöser Minderheiten in 128 Ländern, dass staatliche Diskriminierung zu einem subjektiven Diskriminierungsgefühl führt. Dieses Ungerechtigkeitsgefühl erhöht jedoch nicht das Konfliktrisiko.[68] Es scheinen also noch weitere Faktoren notwendig zu sein, damit eine Religionsgemeinschaft tatsächlich zu den Waffen greift, als allein das Gefühl, vom Staat diskriminiert zu werden.

Eine enge Verbindung zwischen Religion und Staat kann ebenfalls das Gewaltrisiko erhöhen, da die gemeinsamen Interessen politischer und religiöser Eliten eine Zusammenarbeit erleichtern. Politische und religiöse Akteure können Allianzen bilden, die von gegenseitigem Nutzen sind. Während religiöse Eliten

---

62 Siehe zum Beispiel Lars-Erik Cederman, Nils Weidmann and Kristian Gleditsch, Horizontal inequalities and ethnonationalist civil war: A global comparison. In: American Political Science Review, 105 (2011), S. 478–495.

63 Jonathan Fox, A world survey of religion and the state, Cambridge 2008.

64 Siehe zu religiösem Terrorismus Nilay Saiya and Anthony Scime, Explaining religious terrorism: A data-minded analysis. In: Conflict Management and Peace Science, 32 (2015), S. 487–512.

65 <http://www.thearda.com/ras/> (aufgerufen am 8.3.2018).

66 Yasemin Akbaba and Zeynep Taydas, Does religious discrimination promote dissent? A quantitative analysis. In: Ethnopolitics, 10 (2011), S. 271–295; Siehe auch Jonathan Fox, Religious causes of discrimination against ethno-religious minorities. In: International Studies Quarterly, 44 (2000), S. 423–450.

67 Basedau/Pfeiffer/Vüllers, Bad religion? (wie Anm. 12).

68 Matthias Basedau, Jonathan Fox, Jan Pierskalla, Georg Strüver and Johannes Vüllers, Does discrimination breed grievances – and do griveances breed violence? New evidence from an analysis of religious minorities in developing countries. In: Conflict Management and Peace Science, 34 (2017), 3, S. 217–239; online first 21.7.2015.

die Legitimierung des Kampfes und den Zugang zu den religiösen Netzwerken bereitstellen, gewähren die politischen Akteure der Religionsgruppe politische Einflussnahme.[69]

Monica Toft sieht dies mit als einen Grund für den hohen Anteil von muslimischen Gruppen in innerstaatlichen Gewaltkonflikten. Sie führt dies auf einen religiösen Überbietungsprozess (*religious outbidding*) zurück. Eliten befinden sich in einem Wettstreit miteinander, wobei jeder versucht, sich als der glaubwürdigste Verteidiger seiner Religion darzustellen, um so Unterstützung und Ressourcen zu mobilisieren.[70] Dieser Wettstreit kann in der Anwendung von Gewalt münden, wenn sich die Überbietungsspirale immer weiter fortsetzt. Laut Toft neigt insbesondere der Islam dazu, Unterstützung für die Kämpfer zu generieren, was den Ausschlag in lokalen innerstaatlichen Gewaltkonflikten geben kann.[71] Sie zeigt mit einer deskriptiven Studie, dass in 81 % aller Bürgerkriege (1940–2000) mindestens eine der Konfliktparteien muslimisch war (religiöse Identitätskonflikte) und der Islam in 26 % aller Kriege eine tragende Rolle gespielt hat (religiöse Zielkonflikte).[72] Die empirischen Ergebnisse sind jedoch mit Vorsicht zu genießen, da keinerlei alternative Faktoren einbezogen worden sind.[73]

d) Dauer und Intensität von innerstaatlichen Gewaltkonflikten

Im Folgenden diskutiere ich Studien, welche die Rolle von Religion mit Blick auf die Dauer und Intensität von innerstaatlichen Gewaltkonflikten untersuchen. Die Grafik »Innerstaatliche Gewaltkonflikte« zeigt die Anzahl von aktiven innerstaatlichen Gewaltkonflikten von 1990 bis 2010 und den Anteil von religiösen Identitäts- und Zielkonflikten.

Der abnehmende Trend innerstaatlicher Gewaltkonflikte in den 1990er Jahren wird im Jahr 2004 umgekehrt. Interessant ist die zeitliche Entwicklung der religiöskonnotierten Gewaltkonflikte. Im ersten Jahrzehnt des Untersuchungszeitraums gab es in jedem Jahr mehr religiöse Identitäts- als religiöse Zielkonflikte. Seit 2007 hat sich diese Tendenz jedoch umgekehrt und die Anzahl religiöser Zielkonflikte hat stetig zugenommen, während religiöse Identitätskonflikte gleichzeitig weniger geworden sind. Ob dies ein langfristiger Trend ist, kann aufgrund der zur Verfügung stehenden Daten nicht mit Sicherheit gesagt werden.

Die religiöse Aufladung eines innerstaatlichen Gewaltkonflikts erschwert die Suche nach Kompromissen und senkt daher die Wahrscheinlichkeit einer friedlichen Konfliktbeilegung. Transnationale Netzwerke der Religionen werden für die höhere Gewalteskalation und Konfliktdauer von religiös-konnotierten Konflikten verantwortlich gemacht. Diese Netzwerke können durch eine religiöse Legitimierung des Konflikts mobilisiert werden und für einen Nachschub an Kämpfern und Ressourcen sorgen, wenn die lokale Unterstützung bereits er-

---

69 Alexander De Juan, A pact with the devil? Elite alliances as bases of violent religious conflicts. In: Studies in Conflict and Terrorism, 31 (2009), S. 1120–1135.

70 Toft, Getting religion? (wie Anm. 11), S. 102 f.

71 Ebd., S. 105.

72 Ebd., S. 113.

73 Nils Petter Gleditsch and Ida Rudolfsen, Are Muslim countries more conflict prone? In: Research and Politics, 3 (2016), S. 1–9.

Quelle: Eigene Darstellung. Daten von RCDC: vgl. Vüllers/Pfeiffer/Basedau, Measuring religion (wie Anm. 11).

schöpft ist.[74] Eine solche transnationale Dimension wird vor allem dem Islam zugesprochen. Eine Analyse von salafistischen Extremistengruppen im Nord-Kaukasus zeigt, dass ein alleiniger Blick auf die religiöse Motivation der lokalen Bevölkerung eine unzureichende Erklärung für die Dauer des Gewaltkonflikts ist. Trotz geringer lokaler Unterstützung konnten die Rebellengruppen die notwendigen Ressourcen für die Fortführung des Kampfs aufgrund ihrer transnationalen Netzwerke mobilisieren.[75]

Die Dauer religiös-konnotierter innerstaatlicher Gewaltkonflikte wird auch mit den großen Schwierigkeiten erklärt, Kompromisse in diesen Konflikten zu erzielen. Religiöse Konfliktgegenstände gelten als unteilbar, das heißt, die Konfliktparteien haben eine Alles-oder-Nichts-Perspektive, was eine Verhandlungslösung erschwert.[76] Eine weitere Erklärung verweist auf die veränderten Zeithorizonte, in denen religiöse Akteure ihre Kosten und Nutzen abwägen. Religiöse

74 Siehe zu islamistischen transnationalen Netzwerken Thomas Hegghammer, The rise of Muslim foreign fighters: Islam and the globalization of Jihad. In: International Security, 35 (2010/11), S. 53–94; Toft, Getting religion? (wie Anm. 11).

75 Monica Duffy Toft and Yuri Zhukov, Islamists and nationalists: Rebel motivation and counterinsurgency in Russia's North Caucasus. In: American Political Science Review, 109 (2015), S. 222–238.

76 Isak Svensson, Ending holy wars: Religion and conflict resolution in civil wars, Queensland 2012; Toft, Getting religion? (wie Anm. 11).

Fundamentalisten könnten bereit sein, sehr hohe Kosten zu tragen, da sie mögliche »jenseitige Gewinne« in ihre Kosten-Nutzen-Rechnung miteinbeziehen.[77]

Laut Isak Svensson sind religiös-konnotierte innerstaatliche Gewaltkonflikte zwar schwer lösbar, aber eben nicht unlösbar.[78] Andreas Hasenclever und Volker Rittberger schlagen drei Strategien der Deeskalation von religiösen Konflikten vor. Die ersten beiden Strategien – Abschreckung und Unterdrückung sowie Entwicklung und Demokratisierung – sind mögliche Deeskalationsstrategien, die Anwendung in allen innerstaatlichen Gewaltkonflikten finden.[79] Die dritte Strategie, die auf Dialog setzt, steht hingegen in einem direkten Zusammenhang mit der religiösen Konnotation des Gewaltkonfliktes. Die Idee ist, dass religiöse Eliten Gewaltaufrufe mit Verweis auf Religionen öffentlich in Frage stellen und so die Bereitschaft zur Gewalt bei den Gläubigen gesenkt wird.[80] Es fehlen bislang jedoch systematische empirische Analysen dieser dritten Lösungsstrategie, die über eine anekdotische Zusammenstellung einiger vielversprechender Beispiele hinausgehen.

Die vermeintliche Unlösbarkeit religiös-konnotierter Konflikte führt zu einer Alles-oder-Nichts-Einstellung vieler Kämpfer, die daher bereit sind, sehr hohe Kosten in Kauf zu nehmen, um ihr Ziel zu erreichen. Hieraus folgt, dass religiös-konnotierte Gewaltkonflikte eine besonders hohe Opferzahl aufweisen sollten im Vergleich zu säkularen Konflikten. In der Tat zeigen zahlreiche empirische Studien, dass innerstaatliche Gewaltkonflikte mit einer religiösen Dimension eine vergleichsweise hohe Opferzahl haben.[81] Dies gilt für eine religiöse Dimension sowohl in ethnischen[82] als auch territorialen[83] Gewaltkonflikten.

4. Religion in lokalen Gewaltkonflikten

Das vorherige Kapitel hat sich mit innerstaatlichen Gewaltkonflikten beschäftigt, die glücklicherweise ein vergleichsweise seltenes Ereignis sind. Gewaltsame Auseinandersetzungen auf der lokalen Ebene, wie zum Beispiel Unruhen oder Zusammenstöße zwischen zwei Gruppen, treten hingegen häufiger auf. Religion spielt in diesen lokalen Gewaltkonflikten jedoch nur eine geringe Rolle, wie ich im Folgenden zeigen werde. Die empirische Forschung hat nicht zuletzt aufgrund

---

77 Monica Duffy Toft, Issue indivisibility and time horizons as rationalist explanations for war. In: Security Studies, 15 (2006), S. 34–69; Mark Juergensmeyer, The new cold war? Religious nationalism confronts the secular state, Berkeley 1993.

78 Svensson, Ending holy wars (wie Anm. 76), Kapitel 4 und 5.

79 Hasenclever/Rittberger, Does religion make a difference? (wie Anm. 24), S. 662–665.

80 Ebd., S. 665–670.

81 Susanna Pearce, Religious rage: A quantitative analysis of the intensity of religious conflicts. In: Terrorism & Political Violence, 17 (2005), S. 333–352; Tanja Ellingsen, Toward a revival of religion and religious clashes? In: Terrorism & Political Violence, 17 (2005), S. 305–332.

82 Jonathan Fox, Religion and state failure: An examination of the extent and magnitude of religious conflict from 1950 to 1996. In: International Political Science Review, 25 (2004), S. 55–76.

83 Pearce, Religious rage (wie Anm. 81).

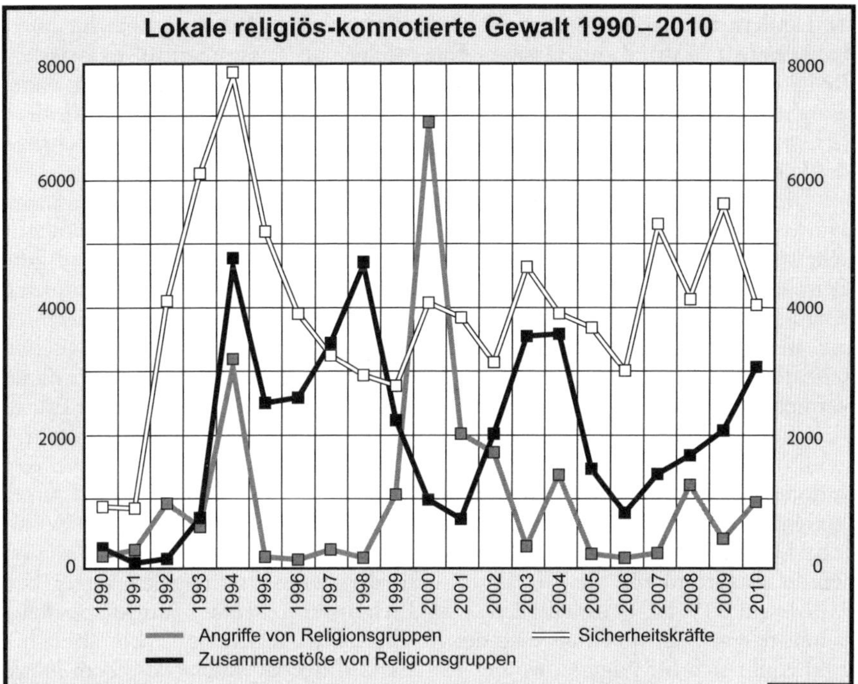

Quelle: Eigene Darstellung, basierend auf der konservativsten Schätzung. Daten von RCDC: vgl. Vüllers/Pfeiffer/Basedau, Measuring religion (wie Anm. 11).

der hohen Opferzahlen in innerstaatlichen Gewaltkonflikten ihren Fokus auf eben diese Konflikte und nicht auf lokale Gewaltkonflikte gelegt.

Allein RCDC bietet einen Überblick über verschiedene Formen religiöser Gewalt für mehrere Länder über einen längeren Zeitraum. Die Grafik »Lokale religiös-konnotierte Gewalt« zeigt die Anzahl der Toten infolge von Angriffen religiöser Akteure auf säkulare Ziele, Zusammenstöße religiöser Akteure mit staatlichen Sicherheitskräften und Gewalt zwischen verschiedenen Religionsgruppen. Die Identifizierung dieser religiösen lokalen Gewalt beruht in diesem Fall allein auf der Identität der Akteure und nicht auf möglichen religiösen Zielen.[84]

Als zeitlicher Trend ist ein starker Anstieg der Totenzahlen aller drei Gewalttypen bis 1994 festzustellen, während hiernach zumeist die Zusammenstöße von Religionsgruppen mit staatlichen Sicherheitskräften die höchsten Opferzahlen aufweisen. Nur Ende der 1990er Jahre sind kurzzeitig mehr Tote aufgrund von Angriffen religiöser Gruppen und durch Zusammenstöße zwischen Religionsgruppen zu beklagen. Die hohe Anzahl von Toten beruht oft auf Einzelfällen, die eine weit überdurchschnittliche Todesrate aufweisen. Zu diesen Ländern gehören Afghanistan, Indonesien und Nigeria. Ein differenzierteres Bild entsteht, wenn man sich anstatt der Opferzahlen die Zahl der Länder anschaut, die von der jeweiligen Gewaltform betroffen waren. Angriffe von religiösen Akteuren waren in

---

[84] Siehe Vüllers/Basedau/Pfeiffer, Measuring religion (wie Anm. 11), zu einer genaueren Diskussion der verwendeten Quellen in dem Datensatz.

48 Ländern tödlich, was knapp 37 % der untersuchten Länder ausmacht. In 51 Ländern (40 % aller Länder) gab es Tote infolge von Zusammenstößen zwischen Religionsgemeinschaften und staatlichen Sicherheitskräften. Schließlich endeten Zusammenstöße zwischen verschiedenen religiösen Gruppen in 36 Ländern (27 % aller Länder) mit Todesopfern. Diese Zahlen zeigen, dass in der Mehrheit der Länder lokale religiöse Gewalt nicht tödlich endete.

Diese Daten, die Aussagen auf globaler Ebene treffen, geben einen ersten Hinweis darauf, dass religiöse Gewalt kein globales Phänomen ist, sondern sich sehr stark auf einzelne Länder konzentriert. Indonesien und Nigeria sind gute Beispiele, gelten sie doch allgemein als Fälle, in denen religiöse Gewalt notorisch vorzukommen scheint; sie weisen gemäß RCDC eine der höchsten Totenzahlen auf. In beiden Ländern gibt es zahlreiche Beispiele für Zusammenstöße zwischen Christen und Muslimen, die mit mehreren Tausend Toten endeten. Trotz dieser vermeintlich großen Bedeutung von Religion für lokale Gewalt scheint der Faktor Religion in Vergleich zu anderen Gewalttypen von moderater Relevanz zu sein.

Im Fall von Indonesien bietet das »Sistem Nasional Pemantauan Kekerasan Indonesia« (SNPKI) monatliche Informationen zur Anzahl gewaltsamer Ereignisse in mehreren indonesischen Provinzen, worunter zum Beispiel politische Konflikte, häusliche Gewalt und Kriminalität verstanden werden. Religion wurde als Grund für die Gewalt in 1 % aller erfassten Ereignisse angegeben (1361 von 119 107). In lediglich 1285 Ereignissen (ebenfalls nur knapp 1 %) waren religiöse Gruppen als eine der Konfliktparteien beteiligt.[85] Ein ähnliches Bild ergibt sich für Nigeria, wo der Datensatz »Nigeria Watch« vor allem lokale Tageszeitungen und NGO-Reporte auswertet. Die Anzahl der Toten aufgrund religiöser Auseinandersetzungen im Verhältnis zu anderen Gewaltformen ist erstaunlich gering. Während der Anteil von 2006 bis 2012 bei unter 1 % lag, stieg er 2013 auf 2,5 % und 2014 schließlich auf 7,3 % an. Hiernach ging der Anteil von Toten aufgrund religiöser Gewalt im Vergleich zu anderen Gewaltformen auf 1,9 % im Jahr 2016 zurück. Selbst die 7,3 % aller Toten im Jahr 2014 erscheinen weit geringer, als es die mediale Aufmerksamkeit suggeriert.[86]

Die meisten empirischen Studien untersuchen die lokalen Gewaltformen über mehrere Länder oder mit Hilfe von Umfragen in einzelnen Ländern. Die Forschung beschäftigt sich vor allem mit zwei Erklärungsfaktoren für die Bedeutung von Religion in lokalen Gewaltformen: dem Islam als religiöse Tradition und religiösen Netzwerken.

Wie in der Forschung zu zwischen- und innerstaatlichen Gewaltkonflikten, haben Huntingtons Thesen zum Kampf der Kulturen ihre Spuren auch in der Forschung zu lokaler Gewalt hinterlassen. Laut Huntington ist vor allem der Islam mit einem erhöhten Gewaltrisiko konfrontiert. Eric Neumayer und Thomas Plümper testen die Aussagekraft von Huntington in Bezug auf Terrorismus. Sie zeigen für ihren Untersuchungszeitraum (1969–2005), dass das Ende des Kalten Kriegs nicht zu einer gravierenden Veränderung des international agierenden Terrorismus geführt hat. Auch ist es nicht der Fall, dass islamistische

---

85 De Juan/Pierskalla/Vüllers, The pacifying effects (wie Anm. 3).

86 <http://www.nigeriawatch.org> (aufgerufen am 8.3.2018).

Terrorgruppen vermehrt Anschläge gegen Länder anderer Zivilisationen durchführen.[87]

Ein anderes Argument lautet, dass islamische Staaten die Freiheitsrechte ihrer Bevölkerungen stark einschränken, was mit einem ausgeprägten Wettbewerb säkularer und religiöser Politikverständnisse erklärt wird. Politische Eliten können durch die Beschränkung von Freiheitsrechten selektiv jenen Akteuren Zugang zum politischen System gewähren, die das Regime unterstützen.[88] Das Konfliktrisiko ist in diesen Fällen hoch, da unterdrückte Gruppen – wie vor allem islamistische Bewegungen – zu den Waffen greifen können, um sich im Land Gehör zu verschaffen.[89]

Laut einer Studie von Indra de Soysa und Ragnhild Nordås ist jedoch das Gegenteil der Fall. Operationalisiert man die Einschränkung politischer Freiheiten mit der Anzahl von willkürlichen Verhaftungen, politischen Morden oder exzessiver staatlicher Gewalt gegen Andersdenkende, so weisen Länder mit einem hohen muslimischen Bevölkerungsanteil weniger Einschränkungen politischer Freiheiten auf als vergleichbare Länder mit einem geringen muslimischen Bevölkerungsanteil.[90] Der Islam ist also keine Erklärung für die Einschränkung politischer Freiheitsrechte.

Pippa Norris und Ronald Inglehart kommen in ihrer Studie zur Einstellung der Bevölkerung gegenüber demokratischen Werten zu einem ähnlichem Ergebnis. Die Auswertung von Umfragen in islamischen und nicht-islamischen Gesellschaften (1995–2001) zeigt, dass es viele Gemeinsamkeiten in den politischen Werten zwischen den Gesellschaften gibt. Ein großer Unterschied existiert jedoch hinsichtlich der akzeptierten und gewünschten Rolle religiöser Eliten in der Politik, was jedoch nicht im direkten Zusammenhang mit der Frage nach der demokratischen Einstellung steht.[91]

Zur Mobilisierung von Gläubigen bedarf es einer Interpretationsleistung von Dritten, die das jeweilige Ungerechtigkeitsgefühl mit der Religion und schließlich der Anwendung von Gewalt zusammenbringt.[92] Religiöse Netzwerke können diese Interpretationsleistung übernehmen und so die Wahrscheinlichkeit lokaler Gewaltkonflikte erhöhen. So macht Paul Brass institutionalisierte Netzwerke für die immer wiederkehrenden Unruhen zwischen Hindus und Muslimen in Indien verantwortlich. »Spezialisten« initiieren demnach bewusst lokale Konflikte zwischen den religiösen Gruppen, die im Auftrag von Hindu-Nationalisten oder

---

87 Eric Neumayer and Thomas Plümper, International Terrorism and the clash of civilizations. In: British Journal of Political Science, 39 (2009), S. 711–734.

88 Daniel Price, Islamic political culture, democracy and human rights: A comparative study, Westwood 1999; John Esposito, The Islamic threat: Myth or reality?, New York 1999.

89 Mohammed Hafez, Why Muslims rebel: Repression and resistance in the Islamic World, London 2003; Indra De Soysa and Ragnhild Nordas, Islam's bloody innards? Religion and political terror, 1980–2000. In: International Studies Quarterly, 51 (2007), S. 927–943.

90 De Soysa/Nordas, Islam's bloody innards? (wie Anm. 89).

91 Pippa Norris and Ronald Inglehart, Islamic culture and democracy: Testing the ›clash of civilizations‹ thesis. In: Comparative Sociology, 1 (2002), S. 235–263.

92 Basedau/Fox/Pierskalla/Strüver/Vüllers, Does discrimination breed grievances (wie Anm. 68).

auch Muslim-Minderheitenvertretern religiöse Gefühle bedienen, um Spaltungen in den lokalen Gemeinschaften zu erzeugen.[93]

Auch eine Studie von Alexandra Scacco mit Umfragedaten aus Nigeria weist auf eine ähnlich große Bedeutung religiöser Netzwerke für den Ausbruch lokaler Gewalt hin, da die ökonomische Marginalisierung allein nicht die Beteiligung einer Person an religiösen Unruhen erklären kann. Die Mitgliedschaft in einem religiösen Netzwerk bei gleichzeitiger ökonomischer Marginalisierung erhöht im Gegensatz dazu die Gewaltbereitschaft.[94] Eine Studie zu religiöser Radikalisierung in Nairobi (Kenia) kommt zu ähnlichen Ergebnissen. Radikalisierung wird hierbei als Prozess verstanden, an dessen Ende die Legitimierung von Gewalt zur Erreichung der eigenen Ziele steht.[95] Die Studie zeigt, dass die Mitgliedschaft in religiösen Netzwerken sowie die Religiosität der Person und vorangegangene konfliktreiche soziale Beziehungen die Wahrscheinlichkeit einer Radikalisierung erhöhen.[96] Auch in dieser Studie sind die in der Literatur genannten Diskriminierungsfaktoren allein nicht erklärungskräftig.

Netzwerke können jedoch auch einen moderierenden Effekt ausüben und die Wahrscheinlichkeit von lokalen Gewaltkonflikten senken helfen. Ashutosh Varshney veranschaulicht in seiner Untersuchung von unterschiedlichen indischen Städten, dass die Existenz zivilgesellschaftlicher Netzwerke von verschiedenen ethnisch-religiösen Gruppen eine geringere Gewaltwahrscheinlichkeit in einer Stadt bedingt.[97] Dies kann eine Erklärung dafür sein, dass Religion zwar in einigen Fällen das Konfliktrisiko auf der lokalen Ebene erhöht, während gleichzeitig in den meisten Gesellschaften die unterschiedlichen religiösen Gruppen friedlich miteinander leben.

Das Gefühl als religiöse Gruppe diskriminiert zu werden, reicht für eine Mobilisierung zur Gewalt also nicht aus.[98] Die Literatur führt daher politische Interessen als einen wichtigen Erklärungsfaktor für eine Mobilisierung religiöser Netzwerke zur Gewalt an.[99] So zeigen unterschiedliche Studien zu Unruhen zwischen Hindus und Muslimen in Indien, dass ein Zusammenhang zwischen elektoralen Anreizen und der lokalen Gewalt besteht. Lokale Politiker und Parteien versuchen durch die Betonung der Unterschiede zwischen den Identitätsgruppen die Unterstützung bei ihrer Zielwählerschaft, die sich mehrheitlich aus einer

---

93 Paul Brass, The production of Hindu-Muslim violence in contemporary India, Seattle 2003.

94 Alexandra Scacco, Who riots? Explaining individual participation in ethnic violence, Working Paper (2008).

95 Anselm Rink and Kunaal Sharma, The determinants of religious radicalization: Evidence from Kenya. In: Journal of Conflict Resolution, online first, 9.12.2016, S. 4 f., <https://doi.org/10.1177/0022002716678986> (aufgerufen am 8.3.2018).

96 Ebd.

97 Ashutosh Varshney, Ethnic conflict and civic life: Hindus and Muslims in India, New Haven 2002; siehe zu einem ähnlichen Argument De Juan/Pierskalla/Vüllers, The pacifying effects (wie Anm. 3).

98 Basedau/Fox/Pierskalla/Strüver/Vüllers, Does discrimination breed grievances – and do grievances breed violence? (wie Anm. 68).

99 Hasenclever/Rittberger, Does religion make a difference? (wie Anm. 24); De Juan, A pact with the devil? (wie Anm. 69).

der Identitätsgruppen zusammensetzt, zu erhöhen.[100] So zeigt eine statistische Untersuchung, dass lokale Gewalt zwischen Hindus und Muslimen in Indien vor allem in Wahljahren oder nach einem knappen Wahlausgang wahrscheinlich ist.[101]

Zur Vertiefung der Gräben zwischen den Identitätsgruppen instrumentalisieren Eliten religiöse Symbole für ihre politischen Zwecke. Hierzu diskutieren sie öffentlich Themen, die zwischen den verschiedenen Religionen umstritten sind. Beispiele hierfür sind die Debatte über das Schlachten von Kühen oder die Einführung neuer Dorfnamen, die mit der eigenen Religion in Zusammenhang stehen. Ein anderes Beispiel sind religiöse Paraden, die durch die Wohngebiete der anderen Religionsgruppen führen.[102]

Weitere Studien betonen, dass nicht nur politische, sondern auch sozio-ökonomische Faktoren den Ausbruch religiös-konnotierter lokaler Gewalt erklären können. So zählen das Wirtschaftswachstum[103], die Urbanisierung, die Bevölkerungsgröße, sowie eine große Anzahl von jungen Männern zu jenen Faktoren, die die Wahrscheinlichkeit lokaler Gewalt erhöhen.[104] Ferner spielt die Bereitschaft und Befähigung der staatlichen Sicherheitskräfte, im Fall von Unruhen einzuschreiten oder diese aus Eigeninteresse laufen zu lassen, eine Rolle für das Ausmaß lokaler Gewalt.[105] All diese Faktoren sind keine genuin religiöse Faktoren, sie gewinnen erst an Bedeutung für die Gläubigen dadurch, dass religiöse Eliten ihnen eine Bedeutung für die Religion selbst zuweisen.

5. Diskussion und Fazit

Die vorangegangenen Kapitel haben einen Überblick über die empirisch-quantitative Forschung zur Rolle von Religion in unterschiedlichen Gewaltkonflikten gegeben. Die empirische Forschung hat in den letzten Jahren einen großen Beitrag

---

100 Brass, The production of Hindu-Muslim violence (wie Anm. 93); Varshney, Ethnic conflict and civil life (wie Anm. 97).

101 Steven Wilkinson, Votes and violence: Electoral competition and ethnic riots in India, Cambridge 2004.

102 Ebd., S. 23; Roger Mac Ginty, The political use of symbols of accord and discord: Northern Ireland and South Africa. In: Civil Wars, 4 (2001), S. 1–21.

103 Die empirischen Ergebnisse zum Zusammenhang von Wirtschaftswachstum und der Wahrscheinlichkeit lokaler Gewalt in Indien ist etwas komplizierter. Bohlen und Sergenti finden, dass das Wirtschaftswachstum die Wahrscheinlichkeit lokaler Gewalt senkt. Ein etwas differenzierteres Bild zeigt die Studie von Mitra und Ray, die zu dem Schluss kommt, dass ein Anstieg des Pro-Kopf-Einkommens bei Muslimen die Wahrscheinlichkeit zu lokaler Gewalt erhöht, während ein Anstieg des Pro-Kopf-Einkommens bei Hindus einen gegenteiligen Effekt hat (S. 743). Siehe Anjali Bohlen and Ernest Sergenti, Economic growth and ethnic violence. An empirical investigation of Hindu-Muslim riots in India. In: Journal of Peace Research, 47 (2010), S. 589–600; Anirban Mitra and Debra Rai, Implications of an economic theory of conflict: Hindu-Muslim violence in India. In: Journal of Political Economy, 122 (2014), S. 719–765.

104 Henrik Urdal, Population, resources, and political violence: A subnational study of India, 1956–2002. In: Journal of Conflict Resolution, 52 (2008), S. 590–617.

105 Donald Horowitz, The Deadly Ethnic riot, Berkeley 2001.

zu einem besseren Verständnis des Faktors Religion für Gewalt geleistet, sodass die Perspektive auf Religion in Gewaltkonflikten differenzierter ausfällt als zu Beginn der 1990er Jahre. Die Forschung zu zwischenstaatlichen Gewaltkonflikten hat zum Beispiel Huntingtons vereinfachende Thesen widerlegt und angefangen, ein komplexeres Bild der Bedeutung von Religion zu entwerfen. Dies gilt ebenfalls für Studien zur lokalen Gewalt, die die Bedeutung religiöser Netzwerke für die Mobilisierung von Gläubigen betont haben. Für die Forschung wird es in der nächsten Zeit eine Herausforderung sein, die religiösen Netzwerke theoretisch und empirisch besser zu erfassen. Eine interessante Frage ist zum Beispiel, ob die religiösen Organisationen (wie zum Beispiel Kirchen oder Moscheen) entscheidend für die Mobilisierung sind oder aber dezentrale informelle Netzwerke von Gläubigen, die nur wenige Berührungspunkte mit der offiziellen Religion haben.

Die Forschung zur Rolle von Religion in innerstaatlichen Gewaltkonflikten ist im Vergleich zu den beiden anderen Forschungszweigen weiter fortgeschritten. Die Bedeutung von religiösen Identitäten, der staatlichen Diskriminierung von religiösen Gruppen und die Bedeutung der Glaubenssysteme werden als wichtig hinsichtlich eines möglichen Einflusses von Religion auf Gewalt angesehen.

Religiöse Identitäten führen nicht aufgrund einer bestimmten demografischen Konstellation zu Gewalt, wie die meisten empirischen Studien zeigen. Die Forschung hat stattdessen zwei alternative Wege aufgezeigt, durch die religiöse Identitäten das Konfliktrisiko beeinflussen können. Erstens stehen religiöse Identitäten in einem komplexen Wechselverhältnis mit anderen sozialen Identitäten. Jeder Mensch besitzt eine Vielzahl von unterschiedlichen sozialen Identitäten, die unter bestimmten Bedingungen an Bedeutung gewinnen und somit handlungsleitend werden. Studien haben gezeigt, dass sich überlappende religiöse und vor allem ethnische Identitäten das Konfliktrisiko erhöhen.

Es gibt nur wenige Studien, die die Unterschiede zwischen den verschiedenen sozialen Identitäten empirisch untersuchen und hierbei über demografische Daten hinausgehen.[106] So zeigt John McCauley, dass die verschiedenen Identitäten mit unterschiedlichen Politikpräferenzen zusammenhängen. Während die Betonung der ethnischen Identität vor allem materielle Güter und lokale Entwicklung wichtig erscheinen lässt, sind dies für religiöse Identitäten primär moralgeleitete Sozialpolitiken.[107] Dies ist ein wichtiger Schritt, um die Bedeutung der unterschiedlichen sozialen Identitäten für die politischen Präferenzen zu verstehen, und kann zu einem besseren Verständnis beitragen, ob eine hohe Relevanz der religiösen Identität zu einer anderen Politikpräferenz führt als im Fall von anderen Identitäten. Politikpräferenzen können dabei auch die Diskriminierung von anderen Gruppen oder die Anwendung von Gewalt bedeuten.

Religiöse Identitäten allein haben nur einen geringen Einfluss auf das Konfliktrisiko, aber sie können gemeinsam mit staatlicher Diskriminierung von Eliten zur Mobilisierung der Gläubigen angesprochen werden. Religiösen Eliten und Netzwerken kommt hier, ähnlich wie im Fall lokaler Gewalt, eine besondere

---

[106] Eine weitere Studie zeigt, dass sprachliche Unterschiede zwischen ethnischen Gruppen ein höheres Konfliktrisiko aufweisen als religiöse Unterschiede. Nils-Christian Bormann, Lars-Erik Cederman and Manuel Vogt, Language, religion, and ethnic civil war. In: Journal of Conflict Resolution, 61 (2017), S. 744–771.

[107] John McCauley, The political mobilization of ethnic and religious identities in Africa. In: American Political Science Review, 108 (2014), S. 801–816.

Bedeutung zu, da sie Gewalt in diesen Fällen als erfolgversprechende Antwort auf die Diskriminierung der religiösen Gruppe darstellen werden. Es bleiben jedoch zahlreiche Fragen hinsichtlich der genauen Zusammenhänge offen, die es in der zukünftigen Forschung zu beantworten gilt, etwa die folgenden: Wer ist glaubwürdig in den Augen der Gläubigen? Können politische Eliten gegen den Willen religiöser Eliten zur Gewalt aufrufen?

Die Religion kann die Konfliktdauer verlängern und zu einer höheren Gewaltintensität führen. Das Glaubenssystem erschwert oft Kompromisse im Konfliktfall, da die umstrittenen Werte als unteilbar gelten. Religiöse Gruppen können darüber hinaus eigene Ressourcen und ihre sozialen (transnationalen) Netzwerke mobilisieren und so einen Konflikt künstlich verlängern. Zu diesen beiden Aspekten gibt es bislang jedoch nur wenig gesicherte Erkenntnisse. Religiös-konnotierte Gewaltkonflikte sind intensiver und schwieriger lösbar, wobei die genauen Mechanismen hinter diesen Ergebnissen noch besser ausgeführt und empirisch getestet werden müssen. Die empirische Erklärungskraft der Verlängerung von Konflikten aufgrund transnationaler Netzwerke beruht allein auf der Analyse von muslimischen Rebellengruppen.[108] Es ist eine offene Frage, ob dieser Mechanismus bei allen muslimischen Gruppen zutrifft oder gar übertragbar auf andere Religionen ist. Einzig zur Problematik heiliger Stätten gibt es erste empirische Befunde, die auf eine höhere Konfliktwahrscheinlichkeit zumindest von ethnischen Sezessionsbewegungen hindeuten.[109] Wir wissen aber noch nicht, wie die Mechanismen genau funktionieren. So stellt sich die Frage, welche politischen und/oder religiösen Akteure unter welchen Bedingungen die Gläubigen überzeugen können, dass ein Gebiet relevant für ihre Religion sei.

Religion hat einen Einfluss auf einige Gewaltkonflikte, jedoch spielt sie in den meisten der Gewaltkonflikte keine Rolle. Einige neuere Studien versuchen zu erklären, warum Religion in vielen Fällen letztlich nicht zu Gewalt führt. Es wird davon ausgegangen, dass institutionalisierte Interaktionen zwischen den verschiedenen religiösen Gruppen, zum Beispiel in gemeinsamen Wirtschaftsorganisationen, die Gewaltwahrscheinlichkeit zu senken helfen. Die regelmäßige Interaktion führt zu einem Vertrauensverhältnis, zur Identifizierung gemeinsamer Interessen und hilft Kommunikationskanäle zwischen Mitgliedern der verschiedenen Religionen aufzubauen. So werden die religiösen Gruppen in die Lage versetzt, bereits Spannungen zwischen den verschiedenen Gruppen zu erkennen und gegebenenfalls einzuschreiten. Die bessere Kommunikation und das gemeinsame Interesse machen es wahrscheinlicher, dass die religiösen Gruppen im Falle von Gewalt gemeinsam deeskalierend auf ihre Gläubigen einwirken.[110] Die vermehrte Interaktion von verschiedenen religiösen Gruppen kann ebenfalls den Respekt für Religionsfreiheit erhöhen.[111]

Ich möchte meinen Beitrag mit der Skizzierung von zwei Herausforderungen abschließen, die ich innerhalb der empirischen Konfliktforschung zu Religion für zentral halte. Die empirischen Daten zu Religion sind in den letzten Jahren genauer geworden, jedoch fehlen Informationen zum Verhalten der religiösen

---

108 Toft, Getting religion? (wie Anm. 1); Toft/Zhukov, Islamists and nationalists (wie Anm. 7).

109 Kelle, To claim or not to claim? (wie Anm. 59).

110 De Juan/Pierskalla/Vüllers, The pacifying effects (wie Anm. 3).

111 Robert Dowd, Religious diversity and religious tolerance: Lessons from Nigeria. In: Journal of Conflict Resolution, 60 (2016), S. 617–644.

Organisationen (zum Beispiel Kirchen, Mönchsorden, Moscheen), um viele der theoretischen Annahmen zu testen. Informationen zu den religiösen Organisationen sind wichtig, da zum Beispiel die Evangelikalen Kirchen in vielen Ländern in einem ausgeprägten Konkurrenzverhältnis zueinander stehen.[112] Aus der Forschung zu ethnischen Organisationen wissen wir, dass eine ausgeprägte Konkurrenzsituation das Konflikt- und Gewaltrisiko erhöht.[113] Die Analyse religiöser Organisationen verspricht daher neue Erkenntnisse bezüglich der Rolle von Religion und des Konfliktrisikos.

Ein zweiter Faktor ist der Effekt von Gewalt auf Religion, der in der empirischen Forschung bislang unberücksichtigt geblieben ist. Alle Religionen unterliegen einer permanenten Veränderung, in der die religiösen Normen angepasst werden und neue Interpretationen religiöser Schriften verbreitet werden.[114] Es ist daher davon auszugehen, dass Gewalterfahrungen einen Einfluss auf die Religion selbst haben. Wie dieser Einfluss genau aussieht und welche Auswirkungen solche Veränderungen auf das Konfliktrisiko haben, sind vielversprechende zukünftige Forschungsfelder.

Der Beitrag hat die Entwicklung nachgezeichnet, die die empirische Untersuchung der Rolle von Religion in Gewaltkonflikten im letzten Jahrzehnt gemacht hat. Es scheint, dass Religion unter bestimmten Bedingungen ein einflussreicher Faktor für Gewalt ist, doch deutet vieles darauf hin, dass der Anteil religiös-konnotierter Gewalt weitaus geringer ist, als allgemein angenommen. Trotz der Bedeutung, der ein besseres Verständnis der Rolle von Religion in Gewaltkonflikten zukommt, sollte daher nicht vergessen werden, dass Religion in vielen Gewaltkonflikten keine oder nur eine sehr geringe Rolle spielt.

---

112 Siehe zum Beispiel Gwyneth McClendon and Rachel Riedl, Individualism and empowerment in Pentecostal sermons: New evidence from Nairobi, Kenya. In: African Affairs, 115 (2016), S. 119–144.

113 Siehe zum Beispiel Kathleen Cunningham, Kristin Bakke and Lee Seymour, Shirts today, skins tomorrow: Dual contests and the effects of fragmentation in self-determination disputes. In: Journal of Conflict Resolution, 56 (2012), S. 67–93.

114 Alexander De Juan, Auswirkungen von Gewalt auf Religion: Eine alternative Perspektive auf innerstaatliche »religiöse Konflikte«. In: Religion in der Friedens- und Konfliktforschung (wie Anm. 5), S. 266–293.

Walter Homolka

Krieg vermeiden, Frieden suchen – Gewalt und Gewaltfreiheit in der jüdischen Tradition

Das Friedensideal des Judentums und die Sehnsucht nach einem umfassenden Frieden unterlagen im Rahmen der geschichtlichen Erfahrungen des jüdischen Volkes vielfältigen Wandlungen. Naheliegend rücken dabei heute zwei Spannungsfelder in den Blick: die Bewältigung des unglaublichen Völkermordes in den Konzentrationslagern des Dritten Reiches und die Selbstbehauptung des Staates Israel gegenüber seinen Nachbarn im Nahen Osten. Beides hat eine wesentliche existenzielle Bedeutung für den Glauben und das Denken des jüdischen Volkes erlangt.[1]

Im gesamthistorischen Kontext lassen sich drei große Bedeutungsveränderungen unterscheiden:

1. Der religiöse Nationalismus der frühen Israeliten wich einem menschheitsumfassenden Universalismus des Judentums. Unterbrochen wurde diese Tendenz durch die Rivalität zwischen dem Judentum und dem heraufkommenden Christentum wie auch dem paulinischen Universalismus, wurde aber nach der Aufklärung auf der Grundlage der Philosophie Hegels und des Neo-Kantianismus wieder aufgenommen.
2. Der altisraelitische Kriegsgott »Adonai Zebaoth« hat sich zum Gott des Friedens und der Gerechtigkeit gewandelt – eine Entwicklung, die sich nicht nur auf das Judentum beschränkte.
3. Das Judentum sieht auch im sogenannten Feind das Ebenbild Gottes und verwehrt das, was in Alt-Israel sanktioniert gewesen war: seine Ausrottung.

Das Friedenspostulat, das sich im Wort »Schalom« manifestiert, beinhaltet nicht nur einen politischen Zustand, sondern geht von Frieden als Grunderfahrung und Sehnsucht des einzelnen Subjekts aus, woraus sich die Konsequenz ergibt, Frieden mit dem Gegenüber zu schließen, was letztlich zum Frieden im Gemeinwesen führen soll und in einem universalen Friedenszustand der gesamten Schöpfung enden wird. Nach jüdischem Verständnis orientiert sich das gesamte Leben und Handeln jedes Einzelnen an der Verwirklichung dieses großen Ziels als Teil der Verwirklichung des Messianischen Zeitalters.

---

[1] Dieser Text ist eine überarbeitete Fassung meines Beitrags: Krieg und Frieden im jüdischen Kontext. In: Handbuch Friedensethik. Hrsg. von Ines-Jacqueline Werkner und Klaus Ebeling, Mainz 2016, S. 565–581.

Die historische Verortung sowie die gesellschaftliche und politische Situierung sollen zeigen, mit wie viel Idealismus, Engagement, Freude und auch Schmerz jüdische Denker bis in die Gegenwart um dieses Friedenspostulat gerungen haben und dies heute noch tun. Nicht immer waren ihre Mahnungen im Judentum mehrheitsfähig. Die Darstellung von Schalom in der Tradition kann jedoch die zentrale Bedeutung des Friedens für das jüdische Denken belegen. Angestrebt wird ein differenziertes Bild, das die aktuellen Kontroversen zwischen einem prophetisch geprägten Pazifismus und der Sehnsucht nach Geborgenheit vor allen Feinden verständlich macht. Aus der Historie ergeben sich Anregungen für aktuelle Problemlagen, aus denen heraus sich Tendenzen und Reflexionsschwerpunkte für künftige Debatten ergeben.[2]

1. Biblische Zeit

Die Geschichte Israels nimmt ihren Anfang an der Wende zum 13. Jahrhundert vor der christlichen Ära. Mit dem Auszug aus Ägypten und der, wie die Bibel berichtet, vierzig Jahre währenden Wüstenwanderung ging eine schrittweise Vereinigung der verschiedenen Stämme oder Geschlechtergruppen Israels zu einem Volksganzen einher.

Im Verständnis des alten Israels bestand ein enger Zusammenhang zwischen Gott und seinem Bundesvolk (Dtn 14,2), gewissermaßen also ein Trutz- und Schutzbündnis mit dem Himmel, das vonseiten Israels durch die Erfüllung der göttlichen Gebote aufrechtzuerhalten war (Ex 18,23). Bedeutsam ist in diesem Zusammenhang, dass die Bundeslade, das Behältnis für die Gesetzestafeln und Symbol für das Band Gottes mit seinem Volk, zugleich Israels Feldzeichen war – während der Wüstenwanderung (Num 10,35) ebenso wie bei Schlachten in kanaanitischer Zeit (1 Sam 4,3 f.).

Bereits das Buch Deuteronomium macht für die Kriegführung mehrere Vorgaben: Kriegerische Handlungen dürfen keinesfalls Personen ausüben, die ein neu gebautes und noch nicht eingeweihtes Haus besitzen, die einen frisch angepflanzten und noch nicht geernteten Weinberg haben oder die verlobt, aber noch nicht verheiratet sind; denn durch deren Tod im Krieg würden andere Männer den Nutzen aus deren Arbeit ziehen (Dtn 20,1–10). Vor aller kriegerischen Auseinandersetzung muss ein Friedensangebot gemacht werden, wonach bei einer Annahme die angegriffene Stadt dem Kriegsherren dienen soll, andernfalls die Männer durch das Schwert fallen, die Frauen und kleinen Kinder gefangen genommen und die Stadt geplündert werden soll. Die fruchttragenden Bäume vor einer belagerten Stadt sollen verschont bleiben (Dtn 20,19 f.).[3] Diese Regelungen deuten bereits an, dass dieser »Herr der Heerscharen« nicht nur als ungestümer Gott der Schlachtreihen Israels gelten kann, der mächtig im Streit sein Schwert trunken macht mit dem Blut der Erschlagenen, wie wir im fünften Buch Mose lesen (Dtn 32,41 f.).

---

2 Vgl. hierzu: Walter Homolka und Albert H. Friedlander, Von der Sintflut ins Paradies. Der Friede als Schlüsselbegriff jüdischer Theologie, Darmstadt 1993, S. 1 f.

3 Vgl. Norman Solomon, Judaism and the Ethics of War. In: International Review of the Red Cross, 87 (2005), S. 295–309, S. 296.

Es haben sich auch ältere Vorstellungen behaupten können, die ihn als Gott des wahren Friedens, der Gerechtigkeit und der gegenseitigen Verpflichtung zeigen. Besonders bedeutsam ist hierbei das Buch Genesis, das erste Buch Mose. Für die Patriarchen, die Stammväter Israels, ist Friede von herausragender Bedeutung. Abraham führt nur ein einziges Mal Krieg, um seinen Neffen Lot aus der Hand von Feinden zu befreien (Gen 14). Auch Isaak und Jakob leben friedlich und um Ausgleich mit dem Nachbarn bemüht. Isaak wehrt sich nicht gegen die Philister, die ihm mehrmals seine Wasserlöcher streitig machen, obwohl doch für einen Nomaden und seine Herden solche Brunnen lebensnotwendig sind (Gen 26,18–22). Und Jakob verflucht sogar seine Söhne Simeon und Levi wegen ihres Angriffs auf die Schechemiten (Gen 34,30) trotz der Tatsache, dass der Sohn eines ihrer Fürsten ihre Schwester Dina vergewaltigt hatte. Jakobs Worte aus diesem Anlass mögen als Beispiel der Friedfertigkeit der gottesfürchtigen Männer im 2. Jahrhundert vor der Zeitwende dienen, einer Friedfertigkeit und Ausgleichsbereitschaft, die noch zahlreiche Beispiele finden könnte.

Mit dem Besitz eines eigenen Landes wächst fast natürlich der Wunsch nach Frieden, um das gewonnene Areal in Ruhe besiedeln und bearbeiten zu können (Dtn 12,10). Die Basis für solche Überlegungen bietet der Begriff »Schalom« (Friede). Mit seiner Eingrenzung gewinnt man aufschlussreichen Einblick in die Vorstellungen des alten Israel. Inhaltlich erfasst Schalom einen Zustand allseitigen, umfassenden Wohlergehens, der Leben ermöglicht und fördert. Die Grundbedeutung dieses hebräischen Begriffes ist Ganzheit, Unversehrtheit, Vollendung, ja sogar Heilsein.[4]

Der weitgefasste Bedeutungshorizont tritt besonders dann zutage, wenn man sich vorstellt, wie man mit einem Kamel in der Wüste weit und breit alleine zu sein scheint. Auf einmal sieht man in der Ferne einen Punkt. Dieser Punkt nähert sich und damit wächst auch der Zweifel: Was erwartet mich? Wer kommt da auf mich zu? Muss ich mich wappnen? Bin ich gefährdet? Und so erwarte ich den immer näher kommenden Punkt, der langsam zu einer Person wird, zu einem Mann, der auf mich zureitet. Nun gilt es, das Verhältnis zwischen beiden Personen zu beschreiben. Wie entlädt sich die Spannung in Freude, ja, in Brüderlichkeit, wenn mir das Gegenüber sagt: »Schalom!«. Das heißt: »Zwischen uns ist ein ganz besonderes Verhältnis. Ich lasse dich unversehrt. Wir haben eine Beziehung, die heil ist.« Das ist die eigentliche Bedeutung von Schalom.

Man kann mit diesem Bild zeigen, von welcher zentralen Bedeutung dieses Wort, das ja auch eine Begrüßungsformel ist, für die jüdische Theologie ist. Schalom steht als Segen über der Einhaltung des Gesetzes. Aber er ist eingebettet in einen umfassenderen Friedenszustand, der v.a. auch die Natur und den Frieden mit der Tierwelt einbezieht. Insgesamt umfasst Schalom vier Bereiche:

- Erstens den sozialen Bereich: Man erhofft eine lebensgewährende Ordnung und ein lebensförderndes Recht, die auch das Wohlergehen sozialgefährdeter Schichten gewährleisten. So gehört dem Armen Recht zu schaffen, zum Schalom.[5]

---

4 Vgl. Benjamin Davidson, The Analytical Hebrew and Chaldee Lexicon, London 1970 [1919], S. 720.

5 Odil Hannes Steck, Friedensvorstellungen im alten Jerusalem, Zürich 1972, S. 29.

- Zweitens wird die Politik angesprochen: Das Fehlen kriegerischer Bedrängnis und die Sicherheit, gegen Angriffe geschützt zu sein, sind zwei wichtige Bestandteile der israelitischen Friedenshoffnung. Dies meint Frieden durch die Bändigung der Völkerwelt, deren Waffengewalt Grenzen gesetzt sind und deren Machtmissbrauch beschränkt wird. Dies können wir erheben, wenn wir die entsprechenden Psalmen heranziehen, z.B. Ps 2; 37,14–15; 46 oder 76,13.[6]
- Drittens begegnet uns die Natur: Friede wird als chaosbändigende Einrichtung begriffen, die die Welt im kosmisch naturhaften Sinne dauerhaft bewahrt und für das Lebendige, Mensch und Tier, Leben erst ermöglicht (Ps 104).[7] Über all dem aber steht Gott als Urquell dieses Friedens, als Garant für einen solchen Idealzustand, den sich sein Volk von ihm erhofft und erwartet (Ps 29,11).
- Als Bindeglied zwischen den Menschen und ihrem Gott steht viertens der Kultus, der in altisraelitischer Zeit vorrangig als »Opferkultus« begriffen wurde.

Zusammenfassend können wir Schalom also definieren als dem göttlichen Friedenswillen entspringendes Heil und Vollendetsein der Kreaturen und ihr friedvolles Zusammenwirken in einer auf Gottes Gesetzen gegründeten Lebensordnung (Ps 14; 15,37–40; 34,15; 37,11).[8] Und doch ist diese Friedensvorstellung, dieses Friedensreich sehr begrenzt. Im dritten Buch Moses (Lev 26,7) wird offengelegt, dass die Verwirklichung des Friedens politisch nicht wesentlich anders bewerkstelligt werden sollte, als dies im alten Orient auch sonst durchaus Brauch und Usus war. »Den Frieden annehmen« bedeutete so viel wie Selbstauslieferung, Unterwerfung und Fronpflicht für die Belagerten, die sich andernfalls Plünderung und Vernichtung ausgesetzt sahen. Frieden wird also nicht zuletzt durch eine kriegerische Unternehmung erreicht.

In jener Zeit wurde das Gebot »Du sollst nicht töten«, wie es in Exodus 20,13 und Deuteronomium 5,17 zu finden ist, keineswegs auf den Krieg bezogen. Das Gebot untersagte ursprünglich lediglich das Blutvergießen im eigenen Staat, im eigenen Volk[9] – unter damaligen Umständen ein bemerkenswerter Fortschritt. Und so ist verständlich, dass die Bibel eine bestimmte Art von Krieg unmissverständlich ächtet, nämlich den Bürgerkrieg, das Blutvergießen innerhalb des eigenen Volkes.[10]

Der Friede der Welt war zunächst einmal der Friede der israelitischen Welt, ebenso wie Gott ausschließlich der Gott Israels war. Das Zentrum der Welt blieb Israel, speziell der Zion, der Gottesberg, bei dem irdischer und himmlischer Bereich ineinander übergehen (Ps 48,2) und der der Thronsessel Gottes als Weltkönig ist.[11] Die Stadt Jerusalem auf diesem Berg ist somit die Stadt Gottes

---

6 Ebd., S. 28.

7 Ebd., S. 27 f.

8 Heinrich Fries, Handbuch theologischer Grundbegriffe, Bd 2, München 1970, S. 45.

9 Hans Heinrich Schmid, Šalôm. »Frieden« im Alten Orient und im Alten Testament, Stuttgart 1971, S. 61.

10 Vgl Gustav Marx, Die Tötung Ungläubiger nach talmudisch-rabbinischem Recht, Leipzig 1885. Zur jüdischen Vorstellung vom Krieg siehe detailliert Daniel Krochmalnik, Krieg und Frieden in der hebräischen Bibel und der rabbinischen Tradition. In: Handbuch Friedensethik (wie Anm. 1), S. 183–196.

11 Steck, Friedensvorstellungen (wie Anm. 5), S. 14 f.

schlechthin, übrigens eines Gottes, der dort schon in jebusitischer Zeit saß, mit dem Namen »Schalem«, und wir hören deutlich den Anklang an das Wort »Schalom«.

Ein entscheidender Wendepunkt ist in der vorexilischen Prophetie zu bemerken: Mit dem 8. Jahrhundert vor der Zeitenwende nahm nämlich eine Periode ihren Anfang, die einschneidende Wandlungen im Gottesbegriff Israels zur Folge haben sollte. Die zunehmende Bedrängnis des inzwischen zweigeteilten Landes durch die umliegenden Großreiche gipfelte in der Zerschlagung der Eigenstaatlichkeit Israels 721 vor der Zeitenwende und Judas 686 vor der Zeitenwende.

Für uns ist gerade das letzte Datum von herausragender Bedeutung, da Jerusalem die Hauptstadt Judas gewesen war, das wichtigste Zentrum des jüdischen Kultus. Die Verwüstung des Zion, die Zerstörung von Tempel und Stadt, das Ende des Königtums und letztlich die Deportation von Geburts- und Geistesaristokratie nach Babylon bedeutete eine unvorstellbare Katastrophe sowohl für das Volk als auch für die Religion Israels. In dieser Phase war das Auftreten von Propheten zunächst neben dem Tempel ein entscheidender Faktor für das Überleben der israelitischen Religion (vgl. Dtn 18,16–22; Einsetzen des Prophetenamts).

Eine Neuorientierung lässt sich durch diese prophetische Richtung durchaus beobachten, und ich beschränke mich hier auf Jesaja. Beim Auftreten Jesajas in der zweiten Hälfte des 8. Jahrhunderts haben die weltpolitischen Vorgänge, in die Juda und Israel geraten waren, die alten Vorstellungen seiner Jerusalemer Heimat bereits infrage gestellt. Die vorexilischen Propheten sind v.a. Ankläger, Mahner und Ankündiger des Gerichts. Israel hat sich nicht an die göttlichen Gebote gehalten und somit Schuld auf sich geladen, der nicht Heil, Frieden und Wohlergehen entsprechen können, sondern höchstens Umkehr und Rettung. Jesaja verkündet für die Gegenwart nicht einen Gott des Friedens, sondern einen Gott, der durch das Schwert anderer Völker die Sünden Israels ahndet. Wenn das Volk Gottes gegen den Frieden handelt, lässt Gott den Unfrieden über sie kommen.

Eine solche Erweiterung erscheint ganz wesentlich, wird hier doch erstmals der strenge Bezug der Friedens- und Heilserwartung auf Israel überwunden. Gott richtet zwischen den Völkern (Jes 2,2–4), weist den Weg zu seiner Lehre und eint damit die gesamte Menschheit unter seinem Banner. Absolute Voraussetzung ist allerdings die Bekehrung zu dem einen Gott und die Bereitschaft zu sittlichem Handeln. Jesaja wendet sich hier nicht allein an das Volk Israel. Das ist der entscheidende Kernpunkt. Er bezieht alle Nationen mit ein und macht deutlich, welchen Sinn der Begriff von der Auserwähltheit Israels eigentlich hat: das erwählte Volk als Mittler zwischen den Völkern der Welt und dem Verkünder der monotheistischen Botschaft. Denn wie Jesaja formuliert: »Von Zion wird ausgehen die Lehre und das Wort des Ewigen von Jeruschalajim.« Eine solche Vereinigung der Völker führt zu einem Ende des Streits, einem Ende des Krieges als solchem und schenkt, so ist die Hoffnung, der Welt den immerwährenden Frieden von Gott. Dies allein wird nur durch ein Machtmittel geboten, dem seines Wortes, seines Mundes, seiner Lippen, dem seines Geistes, seiner Gerechtigkeit und Treue.[12] Auf diese Weise sieht Jesaja ein universales, dauerhaftes Friedensreich anbrechen,

---

[12] Fritz Bammel, Die Religionen der Welt und der Friede auf Erden – eine religionsphänomenologische Studie, München 1957, S. 154.

ohne Gewalttätigkeit, mit alles umschließender Harmonie, ausdrücklich auch das Tierreich umfassend (Jes 11,6-9; 29,17-21; 32,15 ff.). Jesajas Ankündigung gilt nicht dem endzeitlichen König im Sinne eines Gottesreiches, sondern einem durchaus geschichtlichem Herrscher (Ez 37,25-28; Micha 5,1 ff.; Sach 9,9). Dann aber, losgelöst von diesem Ursprung, wird diese Vorstellung zum israelitischen Ideal.

Zusammenfassend bleibt also festzuhalten, dass im Zentrum der biblischen Friedenshoffnung nicht der Ausblick auf einen Weltfrieden steht, an dem alle gemeinsam teilhaben werden, sondern vielmehr die Macht Gottes und seine Durchsetzung als Weltautorität. Dieses Anliegen hat unverkennbare, wesentliche Konsequenzen für die Frage nach dem Frieden, ist es doch mit dem Gebot sittlichen Lebenswandels eng verbunden. Die Forderung nach Sittlichkeit, nach Heiligkeit (Lev 19,2), besonders aber die Betonung der Gemeinschaftstugenden »Recht« und »Gerechtigkeit« stehen in direkter Beziehung zum Frieden bzw. zur Endzeiterwartung, da durch die sittliche Vervollkommnung der Menschen eine innere Befriedung erreicht wird, die als Voraussetzung für Frieden notwendig ist.[13] Dies gilt besonders für den Frieden im Endzeitalter, der sich durch eine totale Harmonie der Welt auf der Grundlage von Waffenruhe und Waffenvernichtung auszeichnen soll. In diesem Zustand der Harmonie zwischen den Menschen und der Menschen mit Gott ist der göttliche Heilsplan erfüllt. Der Mensch hat sich dann zum vollkommenen Wesen, zum Ebenbild Gottes entwickelt, dem das Einhalten der gesamten sittlichen Ordnung selbstverständlich ist.

2. Die rabbinischen Quellen

Aus dem israelitischen Glaubensbestand hat später das rabbinische Judentum geschöpft. Spätestens mit der Zerstörung des Zweiten Tempels in Jerusalem im Jahre 70 unserer Zeitrechnung setzt im Judentum die Sammlung und spätere Kodifizierung weiteren Traditionsmaterials ein, die zur Friedenshoffnung Erhebliches beizusteuern hat. Es entstehen z.B. Mischna[14] und Talmud[15] als große heilige Texte der »mündlichen Tora«[16].

---

13 Heinrich Gross, Die Idee des ewigen und allgemeinen Weltfriedens im Alten Orient und im Alten Testament, Trier 1956, S. 169 f.

14 Mischna (hebr.: »Wiederholung«, »Lehre«), Kern der mündlichen Lehre des Judentums; kanonische Sammlung des Gesetzesschrifttums im 2. Jh., die von Jehuda ha-Nassi redigiert wurde: Gesetz und Religionsgesetz in sachlicher Anordnung von sechs Hauptteilen und 63 Traktaten, auf Hebräisch geschrieben.

15 Talmud (hebr.: »Belehrung«, »Studium«), neben der Hebräischen Bibel das Hauptwerk des Judentums, in dem die Mischna diskutiert wird. Der Talmud liegt in zwei großen Ausgaben vor: Nach Umfang und inhaltlichem Gewicht ist der *Talmud Bavli*, der Babylonische Talmud, das bedeutendere Werk. Er entstand in Sura und Pumbedita im persischen Exil und gilt als Kanon schlechthin, anders als der weniger umfangreiche *Talmud Jeruschalmi*, der in Palästina entstand und daher Palästinischer oder Jerusalemer Talmud genannt wird. Der Talmud wurde zwischen dem 5. und 8. Jh. abgeschlossen.

16 Tora (hebr.: »Lehre«), Bezeichnung für den Pentateuch, die fünf Bücher Mose. Für den gottesdienstlichen Gebrauch auf einer Pergamentrolle geschrieben und im Toraschrein (*aharon*

»Groß ist der Friede, denn Gottes Name ist Frieden. Der Messias wird Frieden genannt und Israels Name ist Frieden.« Diese Zeilen aus dem Talmud, *Perek ha Schalom,* enthalten alles Wichtige. Gott, einst Herrscher über die Kriegsdämonen, erhält nun den Namen »Frieden«, er selbst ist der Friede (Lev Rabba 9,9), weshalb ein Verstoß gegen den Frieden einem Angriff auf Gott selbst gleichkommt.

Der Abschnitt über den Messias aber verweist auf den endzeitlichen Frieden. Wenn dieser kommen wird, hat aller Krieg ein Ende; am Beginn seiner Herrschaft wird der Frieden stehen. So heißt es im Talmud-Traktat Schabbat 63a: »Waffen werden so überflüssig werden, wie eine Kerze im Zenit der Sonne.« Aber auch Israel wird Frieden genannt. Das heißt also, dass auch in der Gegenwart der Friede das große Ziel für jeden sein muss. Denn der Friede als das Gute schlechthin (Num Rabba 11,16) wurde Israel geboten, dass »nicht die Welt verwüstet werde durch das Schwert und die wilden Tiere«, so im Midrasch[17] zum vierten Buch Mose, »denn die Welt kann ohne den Frieden nicht existieren«.

Die unbedingte Notwendigkeit des Friedens für Israel ist ebenfalls offensichtlich, denn, so im Kommentar zu Leviticus (Lev Rabba 9,9), »die Engel im Himmel oben brauchen den Frieden, obwohl sie weder Feindschaft noch Hass, Eifersucht, Missgunst und Bosheit kennen, um wie viel mehr bedürfen dann die Sterblichen des Friedens«. Berachot 64a beschreibt die Aufgabe der Gelehrten, den Frieden in der Welt zu mehren und durch ihre Schüler weiter zu verbreiten. Denn die gesamte Thora bestehe nur des Friedens wegen (Gittin 59b) und alle göttlichen Gebote seien mit ihm verknüpft. Darum empfiehlt Rabbi Hillel: »Sei von den Jüngern Aarons, den Frieden liebend und nach dem Frieden strebend, die Menschen liebend und sie hinführend zur Thora« (Mischna Avot 1,12). Denn die Thora ist bedeutender als Priester und Königtum und wird auch dadurch erworben, dass man »seinem Nächsten das Joch tragen hilft und ihn stets nach günstiger Seite beurteilt, ihn auf die Wahrheit bringt und ihm zum Frieden verhilft« (Perek Kinjan Tora 6). Wie aktuell ist diese Beschreibung!

Allein schon ein Blick in die Geschichte zeigt, dass sich das Israel des Altertums in zahlreiche Kriege verwickelte. Damit ging aber keine besondere Wertschätzung des Krieges einher: Er galt als ein notwendiges Übel und die Ausübung des Kriegshandwerks führte zum Ausschluss von Teilen des religiösen Kults. Nach dem Verlust der Eigenstaatlichkeit war das Judentum aber nicht mehr an gewaltsamen Konflikten zwischenstaatlicher Art beteiligt und die Frage nach der Rechtfertigung eines Krieges stellte für die Rechtsgelehrten eine vornehmlich akademische Frage dar. Dennoch ist die im Talmud entwickelte Position bemerkenswert: Demnach ist die Tötung des Feindes im Fall der Selbstverteidigung nicht als Mord einzustufen. Andere Stimmen meinen, die Tötung eines Feindes sei dann Mord, wenn auch eine Verstümmelung genügt hätte, diesen außer Gefecht zu setzen.

Aus dem Gesagten ist deutlich geworden, wie überragend die Friedensidee in talmudischer Zeit im jüdischen Denken verhaftet ist. Die Propheten scheinen

ha'kodesch) verwahrt. *Tora sche'be'alpe* ist die mündliche Tora, die sich mit der Auslegung der schriftlichen Tora befasst.

17 Midrasch: neben dem Talmud ein Hauptbestandteil der nachbiblischen anonymen jüdischen Literatur; Sammlung der Auslegungen, poetischen Erweiterungen und homiletischen Erklärungen zur Bibel. Man unterscheidet sogenannte halachische (religionsrechtliche) Midraschim zum Pentateuch von den eigentlichen aggadischen (erzählenden) Midraschim.

den Rabbinen nichts anderes verkündet zu haben als den Frieden (Num Rabba 11,16). Er ist zum höchsten Ideal sowohl im zwischenmenschlichen Bereich als auch unter den Nationen geworden. Und es ist bemerkenswert, wie die friedvolle Gegenwart gegenüber der messianischen Erwartung – ganz anders als in der christlichen Schwesterreligion – v.a. deshalb an Boden gewonnen hat, weil aus jüdischer Perspektive die Endzeit in eine weite und vage Entfernung gerückt schien. Gleichzeitig aber ist wichtig, dass im Judentum durch diese Sicht der persönlichen sittlichen Vervollkommnung das Individuum als wichtiger Schritt hin zum Frieden endgültig in den Mittelpunkt der Glaubensausübung gerückt ist.

Trotzdem muss man sich fragen, was denn die Beweggründe gewesen sind, die zu einer solchen Neuinterpretation auch der primären biblischen Textbefunde geführt haben. Warum sind auf einmal aus den Waffen, den Bogen und Schwertern, geistige Waffen geworden? Es dürfte wesentlich damit zusammenhängen, dass durch den Verlust des letzten Restes an Eigenstaatlichkeit im römisch-jüdischen Krieg die partikularistischen Strömungen in der jüdischen Theologie stark abgeschwächt wurden. Ohne Rücksicht auf die realpolitischen Ziele eines Staates oder einer Befreiungsbewegung nehmen zu müssen, war dem Judentum in der Geschichte seiner Zerstreuung die Chance eröffnet, die ihm eigenen Friedensideen zur Blüte zu bringen. Oder anders formuliert: Wer nicht regieren muss und wer nicht herrschen kann, der hat es in Bezug auf die Friedenssehnsucht einfacher.

3. Das Judentum und die bürgerliche Emanzipation

Diese Zeit der Beschränkung dauerte für das Judentum sehr lange. Die jüdischen Gemeinden in ihrer Friedenssehnsucht waren auf ein Ghettodasein zurückgeworfen, erduldeten vielfältige Benachteiligungen durch Staat und Kirche, und erst in der zweiten Hälfte des 18. Jahrhunderts brach, beginnend mit der Aufklärung, auch für die Juden mit Moses Mendelssohn die Neuzeit an.

Mendelssohn galt als berühmter Aufklärungsphilosoph, war Ästhetiker und Literaturkritiker, ein Freund Gotthold Ephraim Lessings, Wegbereiter der Emanzipation und der Reformbewegung. Er gab wesentliche Impulse, um das Judentum aus dem im Mittelalter aufgezwungenen Ghetto zu führen. Als eine Folge davon begann ein Kampf um Emanzipation, der schließlich auch eine gewisse Akkulturation mit sich brachte. Mit der Französischen Revolution wurden 1790/91 erstmals Juden gleichberechtigte Bürger eines europäischen Staates, in Deutschland wurde diese Entwicklung erst 1871 mit der Reichsgründung völlig abgeschlossen.[18] Eine Folge der gesellschaftlichen Öffnung waren Auseinandersetzungen um genuin religiöse Überzeugungen, die sich auf das Verständnis und den Zusammenhang von Offenbarung und rationalem Geist bezogen. Resultat war die Aufgliederung des Judentums in mehrere Strömungen: Alt-Orthodoxie, Neo-Orthodoxie, Chassidismus, liberales bzw.

---

[18] Damit einher ging auch der Wunsch nach Ableistung von Kriegsdienst als Zeichen bürgerlicher Gleichstellung (vgl. Rolf Vogel, Ein Stück von uns. Deutsche Juden in deutschen Armeen, 1813–1976, Mainz 1977).

Reformjudentum, Konservatives Judentum und im 20. Jahrhundert als neueste Strömung der Rekonstruktionismus.[19]

Das Ringen um den Frieden als höchstem Ideal blieb aber ein bedeutendes Anliegen jüdischer Denker wie Abraham Geiger, Samson Raphael Hirsch, Moritz Lazarus, Hermann Cohen und Leo Baeck. Das jüdische Volk nahm dabei an den grundlegenden Entwicklungen teil, die in weiten Teilen des westlichen Abendlandes in Bezug auf den Krieg stattfanden: In Reaktion auf die Religionskriege wurde es allgemeiner Konsens, dass Krieg nie mit dem Ziel der Verbreitung der einen wahren Religion geführt werden darf; die industrielle Revolution führte zu effektiveren Waffen und Kommunikationsmöglichkeiten, die die Ausweitung der Armeen auch über weite Landesflächen ermöglichten; die Vereinten Nationen legten als einzigen »zugelassenen« Kriegsgrund die Verteidigung fest und schließlich wurde auch dem Imperialismus eine Absage erteilt, wonach alle Nationen das Recht auf Selbstorganisation haben.[20] Diesen eher nach außen sichtbaren Entwicklungen lagen aufseiten des jüdischen Volkes ethische und religiöse Prinzipien zugrunde, die nun beispielhaft anhand oben genannter Vertreter verdeutlicht werden sollen:

Die Leistung von *Moritz Lazarus* (1824–1903) liegt insbesondere darin, das jüdische Ideal des Friedens als Ziel aller sittlichen Lebensführung seiner bis ins 19. Jahrhundert hinein verfestigten nationalen Beschränkungen zu entheben. Als Philosophieprofessor und Vertreter eines maßvollen religiösen Liberalismus macht er seinen Einfluss geltend, um für die Universalisierbarkeit von Frieden und Patriotismus innerhalb einer sittlichen Gemeinschaft einzutreten: Danach ist es die Aufgabe der Sittenlehre, die Grenzen der Berechtigung des Egoismus wie der Hingebung festzustellen. Freiheit als Ideal des Geistes und der Ethik rechtfertigt weder Vernichtung noch Ausbeutung des Schwachen, sondern impliziert als moralische Verpflichtung die Erhaltung, Förderung, Stärkung und Ausbildung relativer Vollkommenheit im Schwachen. So liegt der wahre Sinn von Frieden nicht im Frieden als zwischenmenschlicher Transaktion, sondern in der Gesinnung, welche allen sittlichen Handlungen zugrunde gelegt wird. Im 19. Jahrhundert versteht sich der Jude als Bürger, dessen Pflicht es ist, seine Ethik in das Weltgeschehen einzubringen. Bemerkenswert ist dabei das unnachgiebige Beharren auf der Friedensidee in einer Zeit aggressiv auftretender Nationalismen und heftiger Kriege.[21]

Hermann Cohen (1842–1918) steht mit seinem Denken am Ende der jüdischen Aufklärung. In der Tradition von Lazarus betont er ebenfalls die Universalisierbarkeit des Friedensgedankens im jüdischen Volk, geht aber dezidiert von der Sittlichkeit als anthropologischem Grundprinzip aus: Die Vollendung des Menschengeschlechts nimmt seinen Anfang im Seelenheil des einzelnen Subjekts, das dazu aufgerufen ist, sich von seiner Selbstsucht und dem Streben nach überzogenen materiellen Bedürfnissen zu befreien. Entgegen dem Chassidismus, der von der Erfahrung des einzelnen Glaubenden ausgeht, ohne zugleich die Notwendigkeit einer vernunftbasierten Reflexion einzufordern, beruht Cohen zufolge der Seelenfriede auf einem Frieden der Vernunft. Die Vernunft leitet auch

---

[19] Vgl. Homolka/Friedlander, Von der Sintflut ins Paradies (wie Anm. 2), S. 54.

[20] Vgl. Solomon, Judaism (wie Anm. 3), S. 302 f.

[21] Vgl. Moritz Lazarus, Die Ethik des Judenthums, Bd 1, Frankfurt a.M. 1904 [1898], S. 178 ff.; Moritz Lazarus, Die Ethik des Judenthums, Bd 2. Hrsg. von Jakob Winter und August Wünsche, Frankfurt a.M. 1911, S. 342 ff., 365.

dazu an, in der Vorstellung einer universalisierten Friedenstugend dem Hass keinen Raum mehr zu geben, da dieser dem Universalismus unweigerlich Grenzen setzen würde. Cohen stellt daher die Feindesliebe in den Vordergrund und bringt damit ein wichtiges Element konsequenten Friedensdenkens in die Diskussion.

Aus der Gewissheit über den Frieden als Grundkraft der Menschenseele erwächst die gleiche Gewissheit über den Frieden als Ziel der Menschengeschlechter. So basiert ihre Vervollkommnung auf derjenigen jedes Einzelnen – der Frieden wird zum Lebenssinn schlechthin. Cohens Lehre vervollkommnet die Jahrhunderte währende Wandlung des Judentums von der Verehrung eines »Adonai Zebaoth« im Ursinn des Wortes zu der eines absoluten Friedensgottes, einer Vorstellung, die wohl eher dem Denken der in der Genesis geschilderten Generation ähnelt. In gewisser Weise geht er also wieder auf das Urdenken zurück, das er im Gegensatz zur Geschichtsweisheit für natürlich hält, und versucht, auf philosophischem Wege eine Brücke in die Moderne zu schlagen.[22]

Neben den liberalen Friedensidealen vertritt *Samson Raphael Hirsch* (1815–1889) als Exponent der Orthodoxie die Überzeugung, dass Frieden allein auf Basis des göttlichen Segens und der Erfüllung des göttlichen Gesetzes verwirklicht werden kann. Friede meint für Hirsch nicht nur politischen und gesellschaftlichen Frieden im engeren Sinne, sondern bezieht sich in umfassenderer Weise auf das weltliche Beziehungsgeflecht. Kennzeichnend hierfür ist ein Zustand der Harmonie, der Ausgeglichenheit sowohl des Einzelnen als auch der ihn umgebenden Verhältnisse. Schöpfer und Spender dieses Friedens ist Gott, der allein in der Lage ist, die Reue des pflichtvergessenen Menschen anzunehmen und ihn wieder in Harmonie mit sich selbst, seiner Umwelt und Gott zu versetzen. Der Weg führt über die Lehre Gottes und das Religionsgesetz. Der Friedensbegriff ist bei Hirsch ein konsequenter Ausdruck seiner orthodoxen Religions- und Lebensauffassung.[23]

4. Das Judentum im 20. Jahrhundert

Die Betonung des Friedens als Ziel individueller und universaler Entwicklung und der kompromisslose Einsatz für die Friedensarbeit kulminieren im Wirken des religiös-liberalen Theologen *Leo Baeck* (1873–1956). Ähnlich wie bei Cohen erweist sich die Nächstenliebe, die sich ausdrücklich auch auf den Feind bezieht, als zentraler Begriff. Im Mann des Bösen muss das Menschentum anerkannt, im Feinde Gottes das Göttliche gefunden werden. Feindesliebe wird bei Baeck vorrangig als »nicht hassen« interpretiert. Auf dieser Grundlage basiert die Hoffnung, dass jeglicher Hass ausgerottet werden kann; ein Ziel, das im Judentum mit dem Begriff der »Messianität« umschrieben wird. Den Optimismus für die Erreichbarkeit dieses Zieles gewinnt das Judentum im Glauben an das Gute. Man kann vom Guten nichts wissen, ohne die Gewissheit zu hegen, dass ihm die Zukunft gehö-

---

22 Vgl. Hermann Cohen, Religion der Vernunft aus den Quellen des Judentums, Wiesbaden 1978 [1919], insb. S. 515–552.

23 Vgl. Israels Gebete. Übersetzt und erläutert von Samson Raphael Hirsch, 3. Aufl., Frankfurt a.M. 1921 [1895]; Die Psalmen. 2 Teile, übersetzt und erläutert von Samson Raphael Hirsch, Frankfurt a.M. 1924 [1882].

re, dass Gewalt und Krieg von der Erde verschwinden und allein Gottes Gebot und Gerechtigkeit die Menschen leiten und sie zu einer Menschheit zusammenführen. Dazu gehört der innere Friede, der Friede mit und in Gott und die Sehnsucht des seelischen Strebens und Ringens. Die Erfüllung dieser Sehnsucht bildet die Offenbarung des Ewigen im Menschlichen und die Versöhnung der Endlichkeit mit der Unendlichkeit, der Immanenz mit der Transzendenz. So wird eine Friedensvorstellung etabliert, die auf die Vergangenheit, den Ursprung verweist, für den in der Gegenwart gearbeitet werden muss, um ihn schließlich in der Zukunft zu erreichen. Dann wird das Reich Gottes angebrochen sein. Auch mit dieser Botschaft vom Frieden ist Leo Baeck zu einem Leitbild für die Theologie des 20. Jahrhunderts geworden.[24]

Die exemplarisch dargestellte breite jüdische Tradition der Friedensliebe hat in den religiösen Strömungen der Spätaufklärung volle Bestätigung erhalten. Ob auf Basis der jüdischen Spruchtradition oder religiös-philosophischer Überlegungen: Alle modernen Strömungen innerhalb des Judentums haben durch die Zeiten ein fast enthusiastisches Friedensideal entwickelt.

Deutlich wird diese Einstellung beispielhaft in den Beschlüssen der Central Conference of American Rabbis, die eindeutig Stellung zur Waffengewalt bezieht. 1935, kurz vor dem Zweiten Weltkrieg, befürwortete sie die Wehrdienstverweigerung. Darüber hinaus verabschiedete sie die Resolution: »that this conference declare that henceforth it stands opposed to all war, and that it recommend to all Jews that, for the sake of conscience, and in the name of God, they refuse to participate in the bearing of arms.«[25] Insbesondere der Krieg mit atomaren Waffen wird strikt verurteilt.

Damit steht das Judentum am Ende eines fast vier Jahrtausende währenden Prozesses, der immer noch nicht zum Stillstand gekommen ist.[26]

5. Gründung des Staates Israel

Im 20. Jahrhundert kam es mit der Wiedererstehung des Staates Israel auf dem heiligen Boden des verheißenen Landes und mit den fortwährenden Konflikten, die mit den umkämpften Gebieten heute und vermutlich auch noch in Zukunft auftreten, zu einem Paradigmenwechsel gegenüber der jahrhundertelangen Diasporaerfahrung des jüdischen Volkes. Eine Philosophie und Theologie des Friedens hatten sich im jüdischen Land schon entwickelt, noch ehe ein Staat entstanden war. Die entscheidenden Vertreter waren Martin Buber, Samuel Hugo Bergmann, Ernst (Akiva) Simon und Judah Magnes. Im gewissen Sinn waren sie alle Außenseiter, nicht an das System gebunden und zum größten Teil nicht orthodox. Magnes gründete die Nachfolgeorganisation des »Berit Schalom«, die »Ichud« (Einheit). Die Friedensarbeit dieser beiden Organisationen war stets ein Kampf gegen die herrschenden Strömungen der Zeit und hatte zumindest keinen sichtbaren Erfolg. Denn die Erfahrungen von Trauma und Traum – der

---

24 Vgl. Leo Baeck, Das Wesen des Judentums, Berlin 1905, passim.
25 The Universal Jewish Encyclopedia, vol. 8, New York 1948, S. 421.
26 Vgl. Homolka/Friedlander, Von der Sintflut ins Paradies (wie Anm. 2), S. 54–69.

Holocaust und das Wiederaufleben eines Staates in Israel – sind die grundlegenden Gegebenheiten des jüdischen Lebens bis heute. In einer Zeit der Gefahr, in der Leben und Land von den Nachbarn bedroht werden, ist die große Frage, nach welchen Werten die eigenen Streitkräfte verfahren. Die Grundwerte der israelischen Verteidigungsstreitkräfte beruhen auf drei Säulen:

> »Defense of the State, its Citizens and its Residents – The IDF's goal is to defend the existence of the State of Israel, its independence and the security of the citizens and residents of the state.
>
> Love of the Homeland and Loyalty to the Country – At the core of the service in the IDF stand the love of the homeland and the commitment and devotion to the State of Israel – a democratic state that serves as a national home for the Jewish People – its citizens and residents.
>
> Human Dignity – The IDF and its soldiers are obligated to protect human dignity. Every human being is of value regardless of his or her origin, religion, nationality, gender, status or position.«[27]

Aviad Kleinberg kommentierte die Situation durch die Staatsgründung wie folgt:

> »Jews were fighting the wars of the Lord in the synagogues and in the religious academies. All that had now changed. Like secular Zionists, religious Zionists were fascinated with physical power, but they added to it a religious aura. The IDF was an instrument of God and war [...] was a privileged expression of the Holy Nation's march through history.«[28]

Elliott N. Dorff legte 2012 eine glaubwürdige Theorie zu Krieg und Frieden aus heutiger jüdischer Perspektive vor, die auch einen Bewertungsmaßstab für die Operationen der israelischen Verteidigungskräfte bietet. In ihr heißt es:[29]

> »1) War sometimes must be fought [...]
> 2) Although conquest of territory justified war in the past, now only self-defense and avoidance of idolatry are acceptable reasons to go to war [...]
> 3) Self-defense may include pre-emptive strikes when the bellicose intention of the enemy is clear [...]
> 4) Jews should fight only in those wars that they are likely to win [...]
> 5) War should be avoided if at all possible; peace must be actively sought.«

Im Krieg solle laut Dorff Leben nach Möglichkeit geschont werden, wobei das eigene Leben und das der Kameraden Vorrang haben. Natur und Umwelt dürfen durch Kriegshandlungen nicht in Mitleidenschaft gezogen werden. Verbotene Kriegshandlungen seien Vergewaltigung und andere Formen des Terrors. Dem Feind müssen Erniedrigung oder unnötige Verletzung erspart werden.

Betrachten wir die Friedensinitiativen, die innerhalb des Staates Israel während der vergangenen Jahrzehnte immer wieder Fürsprecher hatten, liegt die Erkenntnis nahe, dass die israelische Bevölkerung geprägt ist von der jüdischen Hoffnung auf

---

27 Michal Fine, Mandatory War in the State of Israel & the IDF Code of Ethics. Seton Hall University Theses, Paper 232, South Orange, NJ 2012, , S. III, <http://scholarship.shu.edu/theses/232> (aufgerufen am 2.3.2018).

28 Aviad Kleinberg, The Enchantment of Judaism: Israeli Anxieties and Puzzles. In: Critical Inquiry, 35 (2009), 3, 611–628, S. 618.

29 Elliot N. Dorff, War and Peace: A Methodology to Formulate a Contemporary Jewish Approach. In: Philosophia – Philosophical Quarterly of Israel, 40 (2012), S. 643–661, S. 660, <http://link.springer.com/article/10.1007/s11406-012-9391-4/fulltext.html> (aufgerufen am 2.3.2018).

die Möglichkeit eines umfassenden Friedens, der mehr ist als nur die Abwesenheit von Krieg. Mordechai Bar-On, Oberst der israelischen Verteidigungsstreitkräfte und Nestor der außerparlamentarischen Friedensbewegung in Israel, hat die Entwicklung dieser Initiativen seit 1949 nachgezeichnet: vom Triumphalismus nach dem Sechs-Tage-Krieg 1967 bis zur Ernüchterung nach dem Jom-Kippur-Krieg 1973, als klar wurde, dass auch militärische Stärke das Land nicht unverwundbar machen würde. Diese Einsicht führte 1979 zum Friedensschluss mit Ägypten und erklärt die Proteste Tausender Israelis gegen den Libanonfeldzug 1982.

Wichtige Protagonisten der Friedensbewegung waren Uri Avneri, Abe Natan, Matti Peled und Schulamit Aloni. Im Ringen um einen Ausgleich mit der arabischen Seite standen diese Wortführer einem starken politischen Block gegenüber, der seit Golda Meir von Unnachgiebigkeit geprägt war. Diese Position ist verbunden mit Politikern wie Menachem Begin, Benjamin Netanjahu und Avigdor Lieberman. Nach Camp David 1978 und dem Friedensschluss mit Ägypten schien unter Jitzchak Rabin der Durchbruch zum Frieden zum Greifen nahe. In der Rede kurz vor seiner Ermordung sagte Rabin am 4. November 1995 in Tel Aviv:

> »I was a military man for 27 years. I fought so long as there was no chance for peace. I believe that there is now a chance for peace, a great chance. We must take advantage of it for the sake of those standing here, and for those who are not here – and they are many. I have always believed that the majority of the people want peace and are ready to take risks for peace. In coming here today, you demonstrate, together with many others who did not come, that the people truly desire peace and oppose violence. Violence erodes the basis of Israeli democracy. It must be condemned and isolated.«[30]

Mit Rabins Ermordung 1995 schloss sich ein Handlungsfenster, das erst mit dem langjährigen Hardliner Ariel Scharon acht Jahre später wieder aufzugehen schien. Dieser legte im Dezember 2003 den als »Scharon-Plan« bekannten einseitigen Abzugsplan aus dem Gazastreifen und Teilen des Westjordanlandes vor, wonach alle Siedlungen im Gazastreifen und vier im Westjordanland aufgelöst werden sollten. Durch seine Erkrankung im Dezember 2005, die ihn ins Koma fallen ließ, war einem Prozess des Ausgleichs mit den Palästinensern keine Nachhaltigkeit beschieden.

Nicht alle waren und sind der Meinung jener Gruppe, für die der Friedensgedanke so bestimmend für ihr Denken wurde. Da taucht ein Bild von einem der führenden Rabbiner in Israel auf, der sich mit der Tora in der einen und dem Maschinengewehr in der anderen Hand fotografieren ließ. Sicher kam ihm der Gedanke aus der Zeit Esras und Nehemias in den Sinn, wo die am Aufbau Jerusalems und des Tempels Beschäftigten Werkzeuge und Waffen zugleich ihren Händen trugen; auch die Schomrim, die Wächter der frühen Kibbutzim, waren auf dieselbe Weise geformt worden. Das sind die Lebensumstände in Israel; und trotzdem lässt sich darauf abheben, dass der Friedensgedanke im säkularen wie im religiösen Leben Israels weiterlebt und dass man sehnsüchtig auf den Frieden

---

30 Remarks by Late PM Rabin at Tel-Aviv Peace Rally, 4.11.1995, <http://mfa.gov.il/MFA/MFA-Archive/1995/Pages/Remarks%20by%20Late%20PM%20Rabin%20at%20Tel-Aviv%20Peace%20Rally.aspx> (aufgerufen am 2.3.2018).

wartet. So kann keine der extremen Positionen Gültigkeit für sich beanspruchen: weder der moderne Staat Israel als hochgerüsteter Kriegsapparat noch Israel als das große Land des Friedens in dieser Zeit.

6. Zusammenfassung

Vor dem Hintergrund der Entwicklungen, die das Judentum zu einer besonderen Wertschätzung des Friedensideals geführt haben, lässt sich feststellen: Heute geht es weniger darum, dass der Mensch in Berufung auf Gott den Feind besiegen will. Vielmehr will er im Sinne Gottes den Frieden schaffen – ein Ziel, das sich nur innerhalb einer gerechten Gesellschaft verwirklichen lässt. Mein kurzer Überblick zeigt die verschiedenen Entwicklungen auf, die die Friedensvorstellungen im jüdischen Glauben und Leben durchlaufen hat, und legt nahe, dass die Israelis von heute in der biblischen Situation der Hebräer und der Juden, die unter den Römern litten, leben, zusätzlich allerdings mit dem Schatten des Holocaust zu kämpfen haben.

Friedrich Lohmann

Gewalt und Gewaltverzicht im Christentum. Eine friedensethische Betrachtung

Sind religiöse Menschen im besonderen Maß zur Anwendung von Gewalt motiviert? Oder müsste nicht umgekehrt gerade friedliche Toleranz gegenüber Andersdenkenden die natürliche Konsequenz einer religiösen Lebenseinstellung sein? Diese Fragen stehen nicht erst neuerdings auf der Tagesordnung. Voltaire z.B. hat ihnen schon im 18. Jahrhundert in Reaktion auf die Gewaltanwendung gegen Hugenotten im nachreformatorischen Frankreich eine berühmte Abhandlung gewidmet.[1] Der religiös legitimierte Terrorismus unserer Tage hat das Interesse an der Klärung des Verhältnisses von Religion und Gewalt allerdings intensiviert. Ehrenrettungen der Religion(en)[2] stehen dabei unverhohlenen Schuldzuweisungen[3] gegenüber. Die meiste Zustimmung findet allerdings eine vermittelnde Deutung, die eine »Ambivalenz« des Religiösen in der Gewaltfrage attestiert.[4] Aktuelle Fallstudien[5] sprechen ebenso für diese Deutung wie eine unvoreingenommene Betrachtung der Religionsgeschichte.[6] Der definitorische Charakter von Religion als einer affektiven Beziehung zum Unbedingten kann, obwohl er eigentlich eine Haltung der Selbstrelativierung, Toleranz und Solidarität unter den Sterblichen befördern müsste, umschlagen in eine Haltung, die sich im Besitz des Unbedingten

---

1 Voltaire, Über die Toleranz (1763), Berlin 2015.

2 Markus A. Weingardt, Religion Macht Frieden. Das Friedenspotential von Religionen in politischen Gewaltkonflikten, Stuttgart 2007.

3 Jan Assmann, Die Mosaische Unterscheidung oder der Preis des Monotheismus, München 2003.

4 R. Scott Appleby, The Ambivalence of the Sacred. Religion, Violence, and Reconciliation, Lanham, MD 2000. Vgl. auch die groß angelegte, vierbändige Darstellung: The Destructive Power of Religion. Violence in Judaism, Christianity, and Islam. Ed. by J. Harold Ellens, Westport, CT, London 2004. So sehr in diesem Werk die gewaltfördernde Wirkung der monotheistischen Religionen hervorgehoben wird, so sehr wird doch, insbesondere im vierten Band, auf ihre friedensstiftende Kraft hingewiesen.

5 Unfriedliche Religionen? Das politische Gewalt- und Konfliktpotenzial von Religionen. Hrsg. von Mathias Hildebrandt und Manfred Brocker, Wiesbaden 2005; Friedensstiftende Religionen? Religion und die Deeskalation politischer Konflikte. Hrsg. von Manfred Brocker und Mathias Hildebrandt, Wiesbaden 2008.

6 Karen Armstrong, Fields of Blood. Religion and the History of Violence, London 2014 (dt.: Im Namen Gottes. Religion und Gewalt, München 2014). Vgl. das Fazit S. 362: »It is simply not true that ›religion‹ is always aggressive. Sometimes it has actually put a brake on violence.«

wähnt und daraus eine Abgrenzungsstrategie gegen Andersgläubige legitimiert, die auch vor Gewaltanwendung nicht zurückschreckt.[7]

Das Christentum hat an dieser Ambivalenz des Religiösen Anteil, ja es hat sie im Lauf seiner Geschichte auf die Spitze getrieben.[8] Eine Haltung absoluter Gewaltlosigkeit wurde und wird ebenso christlich begründet wie der limitierte Rückgriff auf Gewalt als *ultima ratio* zur Wiederherstellung des Friedens – so die klassische Lehre vom Gerechten Krieg – oder aber die religiöse Verbrämung von hemmungsloser Gewaltanwendung in einem Szenario des Heiligen Kriegs. Dass alle drei Alternativen bis heute in den christlichen Kirchen Anwendung finden, zeigt eine Untersuchung der verschiedenen Positionen, die international von Kirchen vertreten werden, wenn es um den rechten Umgang mit den Gewaltexzessen der Vertreter des sogenannten Islamischen Staats (IS) in Syrien und im Irak geht: Während die einen in der Nachfolge der historischen Friedenskirchen der Reformationszeit und des Pazifismus jede Gewalt gegen den IS verurteilen und bis zur Forderung gehen, eine Luftbrücke für die vom IS mit Genozid bedrohten religiösen Minderheiten zu installieren, um sie gewaltlos vor Gewalt zu schützen, segnet die Russisch-Orthodoxe Kirche die Waffen Putins im Kampf gegen das religiös Böse – und spricht sich die Mehrheit der Kirchen für eine so weit als möglich eingeschränkte Gewaltanwendung gegen den IS aus, was sie zwischen den beiden genannten Extremen platziert.[9]

Hinter dieser dritten Option lässt sich unschwer die Lehre vom Gerechten Krieg erkennen, die – strikt zu unterscheiden von dem aus religiösen Motiven geführten Heiligen Krieg – mit dem Pazifismus den Frieden zum obersten Ziel irdischer Politik bestimmt, dieses Ziel aber, nun gegen den Pazifismus, nicht ohne den nach bestimmten Prüfkriterien im Ausnahmefall legitimierten Rekurs auf Gewalt für realisierbar hält. Diese Lehre, die schon aus der klassischen Antike kommt und also keineswegs, wie oft behauptet, christlichen Ursprungs ist, hat 2000 Jahre Kirchengeschichte dominiert, wobei sie durchaus eine konzeptionelle Entwicklung durchgemacht hat.[10] Auch das Leitbild vom Gerechten Frieden, das gegenwärtig sowohl vom Ökumenischen Rat der Kirchen als auch von der Römisch-Katholischen und Evangelischen Kirche in Deutschland als Alternative zur Lehre vom Gerechten Krieg propagiert wird,[11] lässt sich, diesem

---

7 Friedrich Lohmann, Die Menschenrechte zwischen Universalismus und religiösem Partikularismus. In: Menschenrechte und inter-religiöse Bildung. Referate und Ergebnisse des Nürnberger Forums 2013. Hrsg. von Manfred L. Pirner, Johannes Lähnemann und Heiner Bielefeldt, Berlin 2015, S. 33–43.

8 Auch dies, die besondere Ambivalenz des Christentums in der Frage nach religiös begründeter Toleranz oder Gewalt, hat bereits Voltaire thematisiert: »Von allen Religionen ist es wohl die christliche, welche am meisten für die Toleranz begeistern muss, obwohl bis heute die Christen am intolerantesten von allen Menschen sind.« Voltaire, Art. Toleranz (1764). In: Voltaire, Über die Toleranz (wie Anm. 1), S. 31–39, S. 34.

9 Vgl. Friedrich Lohmann, Zwischen Gewaltverbot und Beistandspflicht. Der IS als Prüfstein für die kirchliche Friedensethik. Ein internationaler Überblick. In: zur sache bw. Evangelische Kommentare zu Fragen der Zeit, 29 (2016), S. 41–46.

10 From Just War to Modern Peace Ethics. Hrsg. von Heinz-Gerhard Justenhoven und William A. Barbieri, Jr., Berlin, Boston 2012 (= Arbeiten zur Kirchengeschichte, 120).

11 Gerechter Friede. Hrsg. vom Sekretariat der Deutschen Bischofskonferenz (2000), 4. Aufl., Bonn 2013; Aus Gottes Frieden leben – für gerechten Frieden sorgen. Eine Denkschrift des Rates der Evangelischen Kirche in Deutschland. Hrsg. vom Kirchenamt der EKD,

Alternativanspruch zum Trotz, durchaus als deren Fortschreibung interpretieren, sofern auch in diesem Leitbild der Gedanke einer zwar eingehegten, aber doch unter Umständen unvermeidbaren Strategie der »rechtserhaltenden Gewalt«[12] aufrecht erhalten wird. Die Fortschreibung und Differenz zur traditionellen Lehre vom Gerechten Krieg besteht nicht im Verzicht auf jegliche Gewaltoption, sondern in deren stärkerer Problematisierung. Wer sich für den Paradigmenwechsel vom »Gerechten Krieg« zum »Gerechten Frieden« ausspricht, möchte damit zum einen auf die allzu leicht missbräuchlich gewaltlegitimierend verwendete Applikation der Gerechtigkeitssemantik auf den Krieg verzichten und stattdessen die Verbindung zwischen Gerechtigkeit und Frieden sowie die grundsätzliche Friedensorientierung der Konzeption in den Vordergrund rücken. Zum anderen rezipiert das Leitbild vom Gerechten Frieden die in den letzten Jahrzehnten gereifte Einsicht, dass Gewaltzustände nicht erst dann gegeben sind, wenn physisch zu den Waffen gegriffen wird, sondern dass eine »strukturelle Gewalt« auch dann, wenn die Waffen schweigen, durch soziale Ungerechtigkeit – gedacht ist vor allem an die mangelhafte Verwirklichung menschenrechtlicher Freiheiten sowie an ökonomische Verwerfungen – die Gemüter negativ prägen und so der Anwendung physischer Gewalt Vorschub leisten kann.[13] Der präventiven Bekämpfung physischer Gewaltausbrüche durch die gewaltlose Arbeit an einem *gerechten* Frieden sieht sich das gleichnamige Leitbild verpflichtet und unterscheidet sich darin in der Tat von dem allein auf die Frage der Legitimität kriegerischer Gewalt beschränkten Paradigma des Gerechten Kriegs.

Auch wenn die Lehre vom Gerechten Krieg in ihren verschiedenen Spielarten die Kirchengeschichte geprägt hat, so waren doch die beiden anderen genannten Positionsbestimmungen hinsichtlich der Gewalt – absolute Gewaltlosigkeit oder aber religiöse Legitimierung der Gewalt – stets ebenso präsent. Dies soll nun in einem kurzen geschichtlichen Abriss unter Verweis auf einschlägige Literatur dargestellt werden.

1. Gewaltanwendung und ihre (De-)Legitimierung in Kirchen- und Theologiegeschichte[14]

Es ist ein gängiger Topos insbesondere der pazifistischen Geschichtsschreibung, dass das Christentum bis ins 4. Jahrhundert hinein strikt gewaltlos gewesen sei.

Gütersloh 2007; Gerechter Friede. Ein ökumenischer Aufruf zum Gerechten Frieden. Begleitdokument des Ökumenischen Rates der Kirchen. Mit Anhang. Hrsg. von Konrad Raiser und Ulrich Schmitthenner, Berlin 2012.

12 Vgl. Aus Gottes Frieden leben (wie Anm. 11), S. 65–70.

13 Johan Galtung, Gewalt, Frieden und Friedensforschung. In: Kritische Friedensforschung. Hrsg. von Dieter Senghaas, 5. Aufl., Frankfurt a.M. 1979, S. 55–104, S. 63: »Um das Wort Gewalt nicht zu sehr zu strapazieren, werden wir die Bedingung struktureller Gewalt zuweilen als *soziale Ungerechtigkeit* bezeichnen.«

14 Eine Gesamtgeschichte vom Alten Testament bis zum US-amerikanischen War on Terror der Gegenwart in Einzeldarstellungen bietet: Krieg und Christentum. Religiöse Gewalttheorien in der Kriegserfahrung des Westens. Hrsg. von Andreas Holzem, Paderborn [u.a.] 2009 (= Krieg in der Geschichte, 50).

Erst die sogenannte Konstantinische Wende und der Wandel von einer verfolgten Sekte zur Staatsreligion habe christliche Theologen nach und nach zur Rechtfertigung staatlicher Gewaltanwendung geführt, mit Augustinus und seiner ausgearbeiteten Lehre vom Gerechten Krieg als erstem Höhepunkt. So ist bei John Howard Yoder, der Ikone des US-amerikanischen christlichen Pazifismus in der zweiten Hälfte des 20. Jahrhunderts, vom »pacifism of Pre-Constantinian Christianity« die Rede, der erst durch den »Constantinian reversal« in einem Akt der Angleichung an den römisch-heidnischen Mainstream zur Gewalt legitimierenden Theorie des Gerechten Kriegs verkehrt worden sei, in einem Akt des Verrats an den ursprünglichen, biblisch-altkirchlichen pazifistischen Ideen: »Christians are no longer an alternative community; they are the ongoing mainstream of God's public culture. In this process, mainstream political standards are baptized along with the population as a whole.«[15]

Untersuchungen zur Geschichte der Alten Kirche bestätigen, dass die christliche Theologie erst mit den politischen Veränderungen im 4. Jahrhundert begann, *staatliche* Gewaltanwendung positiv in die christliche Ethik zu integrieren. Davon unbenommen bleibt aber eine verbale Gewalt gegenüber der heidnischen Religion, dem Judentum und Häretikern aus den eigenen Reihen, die schon in den ersten drei Jahrhunderten der Kirche dem pazifistischen Ideal der gewaltlosen Feindesliebe nicht entspricht.[16] Im Blick auf diese Tendenzen verbindet sich der Aufstieg des Christentums zur Staatsreligion weniger mit einer Wende als vielmehr mit einem Wechsel von der Gewaltfantasie zur realen Gewaltausübung. Yoder und seine Nachfolger müssen sich fragen lassen, ob sie nicht die freikirchlichen Ursprünge der eigenen Religiosität samt deren staats- und politikkritischen Implikationen zu einem Raster der eigenen Geschichtssicht machen, das die ersten Jahrhunderte der Kirche genauso pazifistisch idealisiert wie es die nach-konstantinische Staatstheologie dämonisiert.

Denn Yoders Behauptung, die letztere habe lediglich herrschende politische und militärische Standards »getauft«, greift deutlich zu kurz. Augustinus' Theorie des Gerechten Kriegs ist nicht als nachträgliche christlich-theologische Legitimation römischer Eroberungskriege zu lesen, sondern als Versuch, eine Friedenstheologie zu konzipieren, die den christlichen Idealen entspricht, ohne der irdischen Präsenz von Gewalt und der Notwendigkeit von deren Eindämmung aus dem Weg zu gehen.[17] Dabei bleibt unbenommen, dass Augustinus die Grundsätze

---

[15] John Howard Yoder, Christian Attitudes to War, Peace, and Revolution. Ed. by Theodore J. Koontz and Andy Alexis-Baker, Grand Rapids, MI 2009, S. 72. Nachweis der vorausgegangenen Zitate aus diesem Band: »pacifism of Pre-Constantine Christianity« S. 42, »Constantinian reversal« S. 73. Zu Yoders Friedenstheologie im Ganzen vgl. Hans-Jürgen Goertz, John Howard Yoder – radikaler Pazifismus im Gespräch, Göttingen 2013; Marco Hofheinz, »Er ist unser Friede«. Karl Barths christologische Grundlegung der Friedensethik im Gespräch mit John Howard Yoder, Göttingen 2014 (= Forschungen zur systematischen und ökumenischen Theologie, 144).

[16] Danny Praet, Violence against Christians and Violence by Christians in the First Three Centuries: Direct Violence, Cultural Violence and the Debate about Christian Exclusiveness. In: Violence in Ancient Christianity. Victims and Perpetrators. Ed. by Albert C. Geljon and Riemer Roukema, Leiden, Boston 2014 (= Supplements to Vigiliae Christianae, 125), S. 31–55.

[17] Timo J. Weissenberg, Die Friedenslehre des Augustinus. Theologische Grundlagen und ethische Entfaltung, Stuttgart 2005 (= Theologie und Frieden, 28).

der eigenen Zwei-Reiche-Lehre unterläuft, wenn er Gewaltanwendung auch aus Glaubensgründen rechtfertigt und mit seiner Interpretation des lukanischen »cogite intrare« (»nötigt sie, hereinzukommen«; Lk 14,23) die konzeptionelle Blaupause für eine lang andauernde Unrechtsgeschichte gewaltsamer Durchsetzung des christlichen Glaubens als einheitlicher Reichsreligion liefert.[18]

Die bei Augustinus sichtbare Ambivalenz von friedenstheologischer Eindämmung der Gewalt und deren konversionstheologischer Freigabe hat auch die weiteren christlich-theologischen Einlassungen zur Gewaltthematik auf lange Zeit bestimmt. Bis ins 18. Jahrhundert hinein stehen sich Appelle zum Frieden und Aufrufe zur Gewalt gegenüber, oft genug in der gleichen Epoche, ja der gleichen Person.[19] Erst die nach-westfälische politische Ordnung als nunmehr nationalstaatliche Ordnung mit einem souveränen Kriegführungsrecht der Staaten führt zu einem grundlegenden Paradigmenwechsel in der christlichen Theologie von Krieg und Frieden: Die Theologie des Politischen gibt den Gedanken eines einheitlichen *ordo* auf, der die zentralistische Ordnung des menschlichen Zusammenlebens aus dem Wesen und Willen des einen Gottes ableitete, und macht sich den Gedanken des Nationalstaats zu eigen, was zu einer neuartigen Form der Sakralisierung von Gewalt in christlichen Patriotismen führt. Die Vision eines weltumspannenden Friedens hingegen wandert während des langen 19. Jahrhunderts in die Philosophie aus.[20] In einer Epoche, in der das nationalstaatlich-kriegerische »Gott mit uns«[21] und die religiöse Verklärung von »Kriegserlebnissen«[22] staatenübergrei-

---

[18] Vgl. Rainer Forst, Toleranz im Konflikt. Geschichte, Gehalt und Gegenwart eines umstrittenen Begriffs, Frankfurt a.M. 2003, S. 69–82.

[19] Vgl. exemplarisch die folgenden Bände, in der Reihenfolge der behandelten Epoche: Friedensethik im frühen Mittelalter. Theologie zwischen Kritik und Legitimation von Gewalt. Hrsg. von Gerhard Beestermöller, Münster 2014 (= Studien zur Friedensethik, 46); Schwertmission. Gewalt und Christianisierung im Mittelalter. Hrsg. von Hermann Kamp und Martin Kroker, Paderborn [u.a.] 2013; Friedensethik im Spätmittelalter. Theologie im Ringen um die gottgegebene Ordnung. Hrsg. von Gerhard Beestermöller und Heinz-Gerhard Justenhoven, Stuttgart, Berlin, Köln 1999 (= Beiträge zur Friedensethik, 30); Heinz-Gerhard Justenhoven, Francisco de Vitoria zu Krieg und Frieden, Köln 1991 (= Theologie und Frieden, 5); Volker Stümke, Das Friedensverständnis Martin Luthers. Grundlagen und Anwendungsbereiche seiner politischen Ethik, Stuttgart 2007 (= Theologie und Frieden, 34); Marco Hofheinz, Johannes Calvins theologische Friedensethik, Stuttgart 2012 (= Theologie und Frieden, 41); Religion und Gewalt. Konflikte, Rituale, Deutungen (1500–1800). Hrsg. von Kaspar von Greyerz [u.a.], Göttingen 2006 (= Veröffentlichungen des Max-Planck-Instituts für Geschichte, 215).

[20] Immanuel Kant, Zum ewigen Frieden. Ein philosophischer Entwurf. In: Immanuel Kant, Werke in sechs Bänden. Hrsg. von Wilhelm Weischedel, Bd 6: Schriften zur Anthropologie, Geschichtsphilosophie, Politik und Pädagogik, 6. Aufl., Darmstadt 2005, S. 191–251.

[21] Wilhelm Pressel, Die Kriegspredigt 1914–1918 in der evangelischen Kirche Deutschlands, Göttingen 1967 (= Arbeiten zur Pastoraltheologie 5); »Gott mit uns«. Nation, Religion und Gewalt im 19. und frühen 20. Jahrhundert. Hrsg. von Gerd Krumeich und Hartmut Lehmann, Göttingen 2000 (= Veröffentlichungen des Max-Planck-Instituts für Geschichte, 162).

[22] Vgl. exemplarisch: Roland Liebenberg, Der Gott der feldgrauen Männer. Die theozentrische Erfahrungstheologie von Paul Althaus d.J. im Ersten Weltkrieg, Leipzig 2008 (= Arbeiten zur Kirchen- und Theologiegeschichte, 22).

fend[23] die Gemüter bestimmten, blieben Mahnungen zum Frieden wie die von Papst Benedikt XV. im Ersten Weltkrieg[24] seltene Ausnahmen in einem überwiegend die Anwendung von Gewalt zur Durchsetzung souveräner Interessen legitimierenden theologischen Diskurs.

Es war erst die Katastrophe des Zweiten Weltkriegs, die im Mainstream der christlichen Theologie zu einem Umdenken im Sinne eines Primats der Gewaltlosigkeit führte. Die Friedensbotschaften von Papst Pius XII.[25] unterstützten ebenso wie die Erste Vollversammlung des Ökumenischen Rats der Kirchen 1948 in Amsterdam – mit der zentralen Botschaft: »Krieg soll nach Gottes Willen nicht sein«, auch wenn diese von den Teilnehmenden uneinheitlich fokussiert wurde[26] – den in der Gründung der Vereinten Nationen und deren Charta manifesten Willen der Weltgemeinschaft nach einer primär gewaltfreien Lösung von Konflikten. Das Christentum lieferte in den folgenden Jahrzehnten einen markanten Beitrag zum »langen Frieden«, der die Zeit nach 1945 aus größerer Distanz betrachtet auszeichnet.[27] Dabei darf allerdings nicht unterschlagen werden, dass die christliche Botschaft in Einzelfällen auch nach 1945 zur Legitimation von Gewalt benutzt wurde. Auch wenn man von trotz ihres Anspruchs kaum als christlich zu bezeichnenden Sekten wie der »Lord's Resistance Army«[28] absieht, wären hier so unterschiedliche Gewaltbefürworter zu nennen wie die militanten Befreiungstheologien des globalen Südens und ihre Unterstützer in den Kirchen des Nordens,[29] christliche Fundamentalisten in ihrem Heiligen Krieg gegen Kommunismus[30] oder Islam, sowie die orthodoxen Nationalkirchen Ost- und Südosteuropas mit ihrem Programm eines »christlichen Patriotismus«[31], der mitunter – an erster Stelle wäre die Serbisch-Orthodoxe Kirche der 1990er Jahre zu nennen – die oben bereits hinsichtlich des Ersten Weltkriegs beschriebenen nationalreligiösen Legitimationen der Kriegführung im Sinne eines Heiligen Kriegs erneut aus sich heraussetzt.

23 Martin Greschat, Der Erste Weltkrieg und die Christenheit. Ein globaler Überblick, Stuttgart 2014.

24 Jörg Ernesti, Benedikt XV. Papst zwischen den Fronten, Freiburg (Breisgau) 2016.

25 Papst Pius XII., Gerechtigkeit schafft Frieden. Reden und Enzykliken des Heiligen Vaters Papst Pius XII. Hrsg. von P. Wilhelm Jussen S.J., Hamburg 1946.

26 Wilfried Härle, Ethik, Berlin, New York 2011, S. 392–395.

27 Steven Pinker, The Better Angels of Our Nature. Why Violence Has Declined, New York 2011 (dt.: Gewalt. Eine neue Geschichte der Menschheit, Frankfurt a.M. 2011).

28 The Lord's Resistance Army. Myth and Reality. Ed. by Tim Allen and Koen Vlassenroot, London, New York 2010.

29 Alexander Christian Widmann, Wandel mit Gewalt? Der deutsche Protestantismus und die politisch motivierte Gewaltanwendung in den 1960er und 1970er Jahren, Göttingen 2013 (= Arbeiten zur Kirchlichen Zeitgeschichte, B, 56).

30 Heinrich Schäfer: »... und erlöse uns von dem Bösen«. Zur politischen Funktion des Fundamentalismus in Mittelamerika. In: »Gottes einzige Antwort ...« Christlicher Fundamentalismus als Herausforderung an Kirche und Gesellschaft. Hrsg. von Uwe Birnstein, Wuppertal 1990, S. 118–139, S. 128–134.

31 Der Bischöfliche Jubiläumssynod der Russisch-Orthodoxen Kirche, Die Grundlagen der Sozialdoktrin der Russisch-Orthodoxen Kirche (2000), S. 7, <www.kas.de/wf/doc/kas_1369-1522-1-30.pdf?111012154759> (letzter Zugriff 2.3.2018).

2. Jesus oder Paulus? Die strittige neutestamentliche Basis der christlichen Friedensethik

Pazifismus, Gerechter Krieg, Gerechter Friede, Heiliger Krieg – all diese unterschiedlichen christlichen Optionen in der Gewaltfrage berufen sich auf das Neue Testament. Letztlich sind es zwei biblische Passagen, auf deren Auslegung die Debatten in der christlichen Friedensethik immer wieder zurückkommen, weil sie grundlegend sind und sich zugleich in ihrer Aussage zu widersprechen scheinen. Da ist einerseits Jesu Wort aus der Bergpredigt, wonach man dem Übel nicht widerstreben soll (Mt 5,39), andererseits der paulinische Traktat aus dem 13. Kapitel des Römerbriefs, wo Paulus genau das Gegenteil zu sagen scheint: dass nämlich die irdische Obrigkeit von Gott extra dazu eingesetzt sei, um dem Übel unter Anwendung von Gewalt zu widerstehen. Aus der Bergpredigt scheint sich ein konsequenter Pazifismus der Gewaltlosigkeit zu ergeben,[32] aus Römer 13 ein Recht auf Gewaltanwendung zumindest durch den Staat, das im Lauf der Kirchen- und Theologiegeschichte sogar als Rechtfertigung diktatorischer Unrechtsstaaten gelesen werden konnte.[33]

Beide Passagen standen seit den Anfängen der christlichen Bibelauslegung im Zentrum der Arbeit an der Interpretation des Neuen Testaments. Tausende von gelehrten Kommentaren haben sich ihrem Verhältnis gewidmet und waren in der Regel bemüht, den scheinbaren Widerspruch zu entschärfen, je nach theologischer Ausrichtung der Kommentatoren entweder in Richtung Paulus oder Jesus. So wurde und wird die Gewaltlosigkeitsforderung der Bergpredigt von denen, die mit Paulus die Notwendigkeit staatlicher Gewaltanwendung befürworten, als für den gewöhnlichen Christenmenschen unerfüllbare Utopie oder Vollkommenheitsethik und dadurch als für den individuellen und erst recht politischen Alltag wenig dienlich beiseite gewischt. Auch gibt es neuere bibelwissenschaftliche Beiträge, die die Gewaltlosigkeitsforderung aus dem unmittelbaren textlichen Kontext oder aus dem Kontext anderer Begebenheiten, die von Jesus berichtet werden, relativieren.[34] Andererseits gibt es von christlichen

---

32 Laut Christian Münch ist es Lev Tolstoj gewesen, »der das Jesuswort vom Nichtwiderstehen (Mt 5,39) zur pazifistischen Losung erhoben hat«. Christian Münch, Lev Nikolaevič Tolstoj (1828—1910). In: Christlich-theologischer Pazifismus im 20. Jahrhundert. Hrsg. von Marco Hofheinz und Frederike van Oorschot, Münster 2016 (= Studien zur Friedensethik, 56), S. 19–46, S. 19. Aber auch schon in Luthers Auseinandersetzung mit den pazifistischen »Schwärmern« seiner Zeit geht es maßgeblich um die Auslegung dieses Verses.

33 Werner Elert, Paulus und Nero (1946). In: Werner Elert, Zwischen Gnade und Ungnade. Abwandlungen des Themas Gesetz und Evangelium, München 1948, S. 38–71. Eine interessante Fallstudie zur Auslegung von Römer 13 in der jüngeren deutschen Geschichte hat Martin Greschat vorgelegt: Martin Greschat, Römer 13 und die DDR. Der Streit um das Verständnis der »Obrigkeit« (1957–1961). In: Zeitschrift für Theologie und Kirche, 105 (2008), S. 63–93.

34 Stefan Alkier, Jesus und seine Feinde. In: Feindschaft. Theologische und philosophische Perspektiven. Hrsg. von Michael Moxter und Markus Firchow, Leipzig 2013 (= Marburger theologische Studien, 117), S. 41–59, S. 50: »Jesus wird im Matthäusevangelium nicht als wehrloses Opfer dargestellt. Verkitschungen der ›Jesus-Christus-Geschichte‹ als Erzählung eines aggressionslosen Pazifisten entsprechen nicht den Evangelien.« Vgl. auch Andreas Lindemann, Gewaltfrei? Zum Jesusbild der Evangelien. In: Religion, Politik und Gewalt.

Anhängern der Gewaltlosigkeit seit jeher Versuche, die Relevanz von Römer 13 gegenüber der Bergpredigt herunterzuspielen. Im Kontext von staatskritischem Postkolonialismus und Empire Studies haben solche »resistant readings« von Römer 13 an Beliebtheit gewonnen.[35]

Gegenüber solchen radikalen und polemischen Versuchen, das spannungsvolle neutestamentliche Miteinander von Gewaltlosigkeit und (begrenzter) Gewaltanwendung einseitig aufzulösen, erscheint es vorzugswürdiger, beides positiv aufeinander zu beziehen. Die Forderung des Bergpredigers nach Gewaltlosigkeit wird in diesem Fall als allgemeine christliche Zielbestimmung beibehalten, ohne dass die Notwendigkeit, unter bestimmten, eng begrenzten Umständen von ihr abzuweichen, negiert wird.[36] Pazifistische Konzeptionen, die sich in Richtung eines »Just Policing«[37] für eine Legitimität begrenzter staatlicher Gewaltanwendung öffnen, scheinen die Bergpredigt entsprechend zu verstehen. Und Römer 13 kann so interpretiert werden, dass die politische Macht mit ihrer Autorisierung zur Androhung und Anwendung von Gewalt streng funktional zurückgebunden wird an den von Paulus genannten Auftrag, im Sinne Gottes – und nicht

---

Kongressband des XII. Europäischen Kongresses für Theologie, 18.–22. September 2005 in Berlin. Hrsg. von Friedrich Schweitzer, Gütersloh 2006 (= Veröffentlichungen der Wissenschaftlichen Gesellschaft für Theologie, 29), S. 440–469. Laut Pinchas Lapide liegt in Mt 5,39 ein Übersetzungsfehler aus dem Aramäischen vor; es könne im Kontext der Worte Jesu gerade *kein* Nicht-Widerstreben intendiert sein. Pinchas Lapide, Die Bergpredigt – Utopie oder Programm?, 2. Aufl., Mainz 1982, S. 133–137.

35 Bernard Lategan, Romans 13:1–7. A Review of Post-1989 Readings. In: Scriptura, 110 (2012), S. 259–272. Die verschiedenen Varianten von »resistant readings« werden auf S. 264 f. vorgestellt.

36 Vgl. Ulrich Luz, Das Evangelium nach Matthäus. 1. Teilbd: Mt 1–7 (1985), 5. Aufl., Düsseldorf, Zürich, Neukirchen-Vluyn 2002 (= Evangelisch-Katholischer Kommentar, I/1), S. 415: »Die Verwirklichung des ›Außerordentlichen‹ muss zumal auf der Ebene des Politischen im ›Komparativischen‹ bestehen: in einem Mehr an Gerechtigkeit, Frieden und wechselseitigem Respekt«; Lapide, Die Bergpredigt (wie Anm. 34), S. 12: »Im brennenden Bewusstsein der Mangelhaftigkeit aller Menschenwerke ergeht hier der Aufruf zur Weltverbesserung, zur Selbstüberwindung und zur Eroberung der verheißenen Zukunft, die das Ziel der ganzen Bibel ist und bleibt«; Matthias Konradt, »... damit ihr Söhne eures Vaters im Himmel werdet«. Erwägungen zur ›Logik‹ von Gewaltverzicht und Feindesliebe in Mt 5,38-48 (2004). In: Matthias Konradt, Studien zum Matthäusevangelium. Hrsg. von Alida Euler, Tübingen 2016 (= Wissenschaftliche Untersuchungen zum Neuen Testament, 358), S. 348–380, S. 379: »es bedeutet, Jesu Mahnungen zum Gewaltverzicht und zur Feindesliebe als Zielvorgabe zu entdecken, um das Handeln (nicht nur das politische!) auf Gewaltreduktion und – ausgehend vom Glauben an die Menschenliebe Gottes – auf das Wohl aller Menschen, also auch der Feinde, hin zu orientieren.«

37 Just Policing, Not War. An Alternative Response to World Violence. Ed. by Gerald W. Schlabach, Collegeville, MA 2007. In diese Richtung geht auch die gegenwärtig bekannteste deutsche Pazifistin, Margot Käßmann. Vgl. Margot Käßmann, Plädoyer für eine Prima Ratio. In: Entrüstet Euch! Warum Pazifismus für uns das Gebot der Stunde bleibt. Texte zum Frieden. Hrsg. von Margot Käßmann und Konstantin Wecker, 2. Aufl., Gütersloh 2015, S. 85–108, S. 103: »Wir können uns aber positiv für eine internationale Friedenstruppe einsetzen, die nur von den Vereinten Nationen legitimiert sein kann. So kann dieser schmale Korridor legitimierbarer Gewalt um des Aufbaus von Frieden und der Verteidigung der Menschenrechte willen im Sinne der Friedensdenkschrift der EKD aus dem Jahr 2007 aussehen.«

rechtswidrig und autokratisch – für Recht und Ordnung zu sorgen. Schon die Barmer Theologische Erklärung hat die Aussagen des Paulus in diesem Sinn eher als Begrenzung denn als Freibrief für staatliche Gewaltanwendung verstanden.[38]

Aber auch dieser letztere Versuch, Bergpredigt und Römer 13 aufeinander zu beziehen, bleibt eine Interpretation. Die Vielzahl an unterschiedlichen Deutungen der beiden Bibelstellen zeigt exemplarisch, wie stark von anderer Stelle kommende Vorverständnisse die Auslegung der Bibel bestimmen.[39] Vertreter eines radikalen Pazifismus, Anhänger der Lehre vom Gerechten Krieg, Heilige Krieger – sie alle finden in der Bibel diejenigen Belegstellen und Priorisierungen, die sie suchen, obwohl die biblische Botschaft von einem Gott der Liebe, an dessen Handeln sich das Tun der Menschen ausrichten soll, eigentlich eine klare Richtung weist.

3. Fazit

Die christliche Auffassung zur Gewalt und insbesondere staatlich autorisierten Gewaltanwendung – es gibt sie nicht. Was zu diesem Thema im Lauf der Kirchen- und Theologiegeschichte gesagt und aus der Bibel legitimiert wurde, zeigt eine große Bandbreite, die vom gewaltlosen Verzicht sogar auf die persönliche Selbstverteidigung bis zur christlichen Rechtfertigung von Expansionskriegen reicht. Insofern bleibt es auch für das Christentum bei der generellen religionswissenschaftlichen These, dass Gewalt aus der Religion sowohl legitimiert als auch bestritten werden kann. Das Christentum präsentiert sich in dieser Hinsicht nicht weniger ambivalent als andere Religionen.[40] Der generelle Trend in Kirche und Theologie nach 1945 geht allerdings dahin, Gewaltanwendung stets einer Begründungsforderung zu unterziehen und sie, wenn überhaupt, dann nur in engen Grenzen für gerechtfertigt zu halten. Das entspricht der Hauptstimme der biblischen Überlieferung in Altem und Neuem Testament. Die Gewalt ist dem Friedensprimat unterzuordnen. Was in der prophetischen Vision von den Schwertern, die zu Pflugscharen umgeschmiedet werden (Jes 2,4; Mi 4,3), sinnbildlich zum Ausdruck kommt, wurde in der Bergpredigt vom Begründer des Christentums ein für allemal als Wille Gottes formuliert: »Selig sind, die Frieden stiften« (Mt 5,9). Daran findet jede Gewaltanwendung ihr Maß und ihre eng gesteckte Grenze.

---

38 Vgl. Wolfgang Huber, Aufgaben und Grenzen des Staats. Politische Ethik im Anschluß an die 5. Barmer These. In: Wolfgang Huber, Folgen christlicher Freiheit. Ethik und Theorie der Kirche im Horizont der Barmer Theologischen Erklärung, Neukirchen-Vluyn 1983, S. 95–112.

39 Lategan, Romans (wie Anm. 35), S. 269: »If anything is clear from this brief overview it is that the situation in which the reader finds him- or herself and the experiences (s)he has had with authorities and the exercise of power are the real shapers of our engagement with this passage [Röm 13,1–7].«

40 Kirche und Krieg. Ambivalenzen in der Theologie. Hrsg. von Friedemann Stengel und Jörg Ulrich, Leipzig 2015.

Muhammad Sameer Murtaza

Frieden ist kein Geschenk

»Weltreligionen – Weltfrieden – Weltethos«, so lautet der Titel der Ausstellung der Stiftung Weltethos, die auf einer Tafel auch die Weltreligion Islam aufführt. Als Muslim, Islamwissenschaftler und Mitarbeiter der Stiftung Weltethos bin ich mir natürlich bewusst, dass in der heutigen Zeit die Darstellung des Islam in dieser Ausstellung Nichtmuslimen erklärungsbedürftig erscheint.

Seit den Terroranschlägen des 11. Septembers 2001 sind Akteure der islamischen Gemeinschaft (*umma*) die Architekten eines globalen Terrors geworden, der von Menschen muslimischen Glaubens mit Berufung auf eine selektive Auswahl von Versen des Koran, Aussprüchen des Propheten Muhammad (*ḥadīṯ*) und Positionen muslimischer Gelehrter wie Ibn Taimiyya (gest. 1328) oder Ideologen wie Sayyid Qutb (gest. 1966) ausgeführt wird. Zugleich gibt es für jeden Gewalttäter muslimischen Glaubens unzählige unbekannte und bekannte muslimische Friedensstifter, die durch ihre Taten der Nächstenliebe ihre Glaubensgeschwister und Mitmenschen inspirieren:

- Khan Abdul Ghaffar Khan (gest. 1988) begründete in der Nordwestprovinz des heutigen Pakistans eine 100 000 Mann starke gewaltlose Bewegung gegen die britische Fremdherrschaft.
- Der syrische Gelehrte Jawdat Said (geb. 1931), der indische Gelehrte Maulana Wahiduddin Khan (geb. 1925) und sein Landsmann, der Intellektuelle Asghar Ali Engineer (gest. 2013), verfassten zahlreiche Werke über die Selbsterziehung zur Gewaltlosigkeit aus den Quellen des Islam oder die Überwindung des strukturellen Sicherheitsdilemmas in der Welt durch den demokratischen Rechtsstaat und wirtschaftliche Interdependenz.
- Großayatollah Muhammad al-Hussaini al-Schirazi (gest. 2001), der Zeit seines Lebens für ein Ende der Rüstungsindustrie plädiert hatte.
- Über 36 Dörfer in der Westbank und im Gazastreifen, die seit 2002 Woche für Woche gewaltlos und kreativ gegen die israelische Besatzung protestieren.

Ihnen allen sind die Lebensmodelle der Propheten Vorbild, die der Prophet Muhammad in folgender Quintessenz zusammenfasste:

»Überliefert von Abu 'Abd ar-Rahman Abdullah ibn Masud – Gott habe Wohlgefallen an ihm –, der berichtete: ›Es ist mir, als ob ich Gottes Gesandten – Gott segne ihn und gebe ihm Heil – erblicke, wie er von einem der früheren Propheten – auf ihnen seien Gottes Segnungen und Heil – erzählt, den sein Volk schlug, bis er blutete. Während er sich das Blut aus dem Gesicht wischte, sagte er: O Gott, vergib meinem Volk, denn es weiß nicht, was es tut!‹« (al-Buḫārī u. Muslim, Riyāḍ aṣ-ṣāliḥīn Nr. 36)[1]

Es gibt zwar auf nichtmuslimischer Seite ein nachvollziehbares Unbehagen gegenüber dem Islam, aber selbst der größte Zyniker müsste sich die Frage stellen, was im Denken von Gewalttätern muslimischen Glaubens verkehrt läuft, wenn mehr als 1,5 Milliarden Muslime friedlebend sind. Es steht also die Frage im Raum, wie das Verhältnis des Islam zu Gewalt und Frieden ist.

Obwohl wir Muslime es leid sind, dass dieses Thema uns bald zwei Jahrzehnte einnimmt, so müssen wir zur Kenntnis nehmen, dass die derzeitige Krise der *umma* die Herausforderung unserer Zeit darstellt, der wir uns widmen müssen; schon allein deswegen, damit unsere verunsicherten und verängstigten Mitmenschen spüren, dass wir Muslime es ernst und ehrlich meinen, dass wir einen Beitrag zum Frieden in der Welt für alle leisten wollen – ganz im Sinne der Bedeutung des Wortes »Muslim«, der jener ist, *der sich Gott hingibt, um Frieden zu finden und Frieden zu machen.*

Um die Frage zu beantworten, wie es der Islam mit Frieden und Gewalt hält, müssen wir daher zunächst in Erfahrung bringen, welches Menschenbild Gott uns Muslimen im Koran vermittelt.

1. Der Mensch und sein Gewaltpotenzial

In der Urgeschichte, der Adam-Erzählung, erfährt der Muslim, dass der ewige Gott beschließt, den Menschen, ein Wesen mit Entscheidungsfreiheit, zu erschaffen und ihn zu seinem Statthalter über die Erde zu machen. Was dieser Mensch sein kann, erfahren wir aus einem Dialog zwischen den Engeln und Gott: »Willst Du auf ihr [der Erde] einen einsetzen, der auf ihr Verderben anrichtet und Blut vergießt? Wir verkünden doch Dein Lob und rühmen Dich« (2:30). In der Rede der Engel finden wir ein pessimistisches Menschenbild vor, wonach die entscheidungsfreien Menschen sich gegeneinander wenden werden und jeder seinem Nächsten ein Wolf sein wird.

In Gottes Antwort – »Siehe, Ich weiß, was ihr nicht wisst« (Sure 2, Vers 30, kurz: 2:30) – wird uns dagegen ein Menschenbild vermittelt, das den Menschen ganz ohne Illusion sieht. Viele Menschen werden stolpern, stürzen, liegen bleiben und einen Raubtiercharakter annehmen. Ihr Glück, so schreibt der Universalgelehrte al-Ghazali (gest. 1111), ist: »Schlagen und Töten und Rasen.«[2]

Aber es wird auch Menschen geben, die in ihrer Persönlichkeitsentwicklung eine edle Stufe erreichen und zu engelhaften oder vollkommenen Menschen (*ensān-e kāmel*) werden. Nach al-Ghazali kann der Mensch seine gewalttätige Seite weder verleugnen noch unterdrücken, da sie zu seinem Sein gehört. Es gilt jedoch, sie durch Erziehung und Selbstkontrolle zu bändigen. Al-Ghazali schreibt:

»Gehorchst du dem Hunde Zornmut, so entstehen in dir Unbesonnenheit, Großsprecherei, Hochmut, Großmannssucht, Geringschätzung und Verach-

---

1 Abū Zakariyyā Muḥyiddīn Yaḥya ibn Šaraf An-Nawawī, Die Gärten der Tugendhaften, Bd 1, Köln 2009, S. 65 f.

2 Al Ghasāli, Das Elixier der Glückseligkeit, München 1998, S. 36.

tung der Mitmenschen und Streitsucht. Hältst du aber den Hund in Zucht, so entstehen Geduld, Ausdauer, Nachsicht, Standhaftigkeit, Tapferkeit, Besonnenheit, Mut und Edelmut.«[3]

Die Adam-Erzählung besitzt zugleich eine psychologische Dimension. Die treuen Engel und der Verführer Iblis stellen zwei extreme Pole im Menschen dar: In Iblis finden wir zwei Aspekte vor, die zu den positiven Aspekten des Menschen gehören. Zum einen ist es Iblis' Selbstbestätigung, eine Person zu sein, wenn er »Ich« in Sure 38, Vers 77 sagt; zum anderen ist er jene treibende Kraft, die den Menschen dazu bringt, ein handelndes Wesen zu werden, das seine Potenziale ausschöpfen will und hierfür auch das Risiko des Scheiterns eingeht. Erst durch Iblis wird der unbewusste prälogische Mensch tatsächlich seines Selbstbewusstseins und seiner Freiheit zu entscheiden gewahr.[4] In der Dichtung des Philosophen Muhammad Iqbal (gest. 1938) spricht der Dschinn Iblis zu dem Engel Gabriel die folgenden Worte:

»Mein Wagnis gab dem Staub die Freude am Sichzeigen;
Aus meinem Aufruhr webt sich der Verstand sein Kleid [...]
Wenn du einmal mit Gott allein bist, frage Ihn –
Adams Geschichte: wer hat Farbe ihr verliehn?«[5]

Zugleich ist Iblis ein Feind des Menschen. Seine Aussage: »Ich bin besser als er! Mich hast du aus Feuer erschaffen, ihn aber nur aus Lehm« (38:77) veranschaulicht die Gefahr eines Ichs, das sich von der Liebe zu Gott trennt. In seiner Hybris sieht Iblis nicht die transzendente Würde des aus »Lehm« geschaffenen Adam, der wie alles Lebendige in einer ontologischen Verbindung zu Gott steht. Seine Weigerung, allem, was Gott geschaffen hat, mit Liebe zu begegnen, schafft zugleich Gewalt, wenn Iblis drohend und höhnisch verlauten lässt:

»Wie Du mich in die Irre gehen ließest, werde ich ihnen auf Deinem geraden Weg auflauern. Dann will ich von vorn und von hinten, von ihrer Rechten und von ihrer Linken über sie kommen, und Du wirst die Mehrzahl von ihnen undankbar finden.« (7:16–17)

Iblis' Selbstaffirmation ist getrübt durch sein Ressentiment. Sein Selbstverständnis wurzelt in diesem Moment nicht in der Liebe zu Gott, sondern in seiner Abgrenzung und der Herabsetzung eines anderen Geschöpfes. Zur Strafe wird Iblis nicht nur aus dem Paradies, also der Gottesnähe, verbannt, sondern er erhält zugleich einen neuen Namen: *šaiṭān* (der – von Gott – weit entfernte).

Um nicht der gleichen Hybris zu verfallen, dienen die Engel dem Menschen als Vorbild, da sie ein Leben in Hingabe und Gehorsam Gott gegenüber führen. Jedoch fällt ihnen dies auch nicht schwer, fehlt ihnen doch jeglicher freier Wille. Aus diesem Grunde ist der Mensch der Leitung durch Gott bedürftig, sodass dieser dem Menschen mit dem Verlassen des Paradieses sowohl eine Froh- als auch eine Warnbotschaft mit auf den Weg gibt:

»Fort mit euch von hier allesamt! Und wenn zu euch Rechtleitung von Mir kommt, wer dann Meiner Rechtleitung folgt, über die soll keine Furcht kommen, und sie sollen nicht traurig sein. Wer aber nicht glaubt und Unsere

---

3 Ebd., S. 47.

4 Vgl. Annemarie Schimmel, Islam und Europa. Kulturelle Brücken, Jena 2002, S. 58; und A. Bausani, Satan in Iqbal's Philosophical and Poetical Works (1968), <http://www.allamaiqbal.com/> (aufgerufen am 2.3.2018).

5 Muhammad Iqbal, Botschaft des Ostens, Tübingen 1977, S. 112.

Zeichen verleugnet, die sollen Bewohner des Feuers werden; darin sollen sie ewig verweilen!« (2:38–39)

Durch die *aktive Ergebung in Gott oder die aktive Hingabe an Gott, um hierdurch Frieden zu finden und Frieden zu machen* – das bedeutet auf Arabisch »Islam«, begrenzt der Mensch sein Ich und erhält hierdurch eine genauere Kenntnis über seine *nafs* (Selbst) – oder in der Dichtersprache Iqbals:

»Satan zu töten, ist ein schwerer Kampf,
Im tiefsten Herzen hält er sich verborgen.
Das Beste ist, zum Muslim ihn zu machen,
Und ihn mit des Korans Schwert so zu töten!«[6]

Es kann nicht darum gehen, das Iblis-Potenzial des Menschen zu verdammen, zu negieren oder auszulöschen, symbolisiert es doch den aufbäumenden menschlichen Willen, aber ihm müssen Grenzen gesetzt werden durch eine Verhaltensethik, damit der Mensch in Gemeinschaft mit anderen, aber auch sich selbst gegenüber nicht rücksichtslos handelt. Der Theologe Paul Maiberger (gest. 1992) schrieb prägnant: »Der Mensch darf nicht alles, was er kann; nicht alles, was machbar ist, ist erlaubt.«[7]

Die Rechtleitung ist »der steile Weg« (siehe Sure 90, Vers 12) der Gottesliebe; ein Katalysator, dass der unvollkommene Mensch sein in ihm verborgenes Potenzial ausschöpft, um zu einem vollkommenen, einem engelhaften Menschen zu werden, der aber niemals ein Fehlerloser sein wird. Im Prophetenwort heißt es: »Alle Söhne Adams sind Sünder, und die besten Sünder sind die Reumütigen« (At-Tirmiḏī).[8]

Auf den ersten Blick scheint es ein Widerspruch zu sein, dass der Mensch durch Grenzen ein genaueres Verständnis seines Selbst erfährt, aber die Entgrenzung, so der Psychoanalytiker Rainer Funk (geb. 1943), führt eben zu keiner genauen Definition unseres Selbst, sondern zu einer Ich-Auflösung,[9] da es in alle Richtungen hinstrebt und dabei zerreißt.

Was die Folgen dieser Ausdehnung und dieses Über-sich-hinaus-Gehens sein können, hiervon handelt der Dialog in der Urgeschichte zwischen Kain und Abel, den Söhnen Adams:

- Kain, dessen Opfer Gott ablehnt, spricht: »Wahrlich, ich schlage dich tot!« (5:27)
- Abel entgegnet: »Wahrlich, erhebst du auch deine Hand gegen mich, um mich totzuschlagen, so erhebe ich doch nicht meine Hand gegen dich, um dich zu erschlagen. Siehe, ich fürchte Gott, den Herrn der Welten.« (5:28)

Der entgrenzte Sohn Adams will über sich und seinen Nächsten verfügen, ihn beherrschen, bis hin zum Wunsch, Herr über Leben und Tod zu sein. Gott greift nicht ein. Der friedfertige, sich Grenzen setzende, engelhafte Mensch wird von seinem gewalttätigen Menschenbruder erschlagen. Letzterer wird somit ideengeschichtlich zum Vorfahren aller Menschen.

Der Psychoanalytiker und Philosoph Erich Fromm (gest. 1980) bezeichnet diese Art des Verfügenwollens als nekrophil, weil es über das Lebendige in einer

---

6 Ebd., S. 247.

7 Paul Maiberger, Das Alte Testament in seinen großen Gestalten, Mainz 1990, S. 19.

8 Ghazi Ahmad, Worte des Propheten, Lützelbach 1983, S. 11.

9 Vgl. Rainer Funk, Der entgrenzte Mensch. Warum ein Leben ohne Grenzen nicht frei, sondern abhängig macht, Gütersloh 2011, S. 35.

todbringenden Weise verfügen will.[10] Die gesamte Geschichte der Menschheit ist demnach ein Ausdruck des Kampfes der polaren Grundmächte im Menschen. Durch die Religion soll das Maßlose im Menschen gemäßigt werden.

Muslimische Friedensstifter wie Jawdat Said und Maulana Wahiduddin Khan insistieren darauf, dass es dem Menschen, trotz seiner ungeheuren Fortschritte in den Naturwissenschaften und der Technik, bis heute nicht gelungen ist, die Kultur der Gewalt, die sich die Menschheit seit dem ersten Mord umgehangen hat, durch eine Kultur des Friedens und der Gewaltlosigkeit zu ersetzen. Zugleich muss aber zugestanden werden, dass dies den Religionsgemeinschaften ebenso wenig gelungen ist. Rabbi Jonathan Magonet (geb. 1942) schreibt desillusioniert: »Könnte wenigstens einmal die Religion dazu beitragen, einen politischen Konflikt zu entschärfen, statt ihn weiter anzuheizen? Traurigerweise drückt schon die Frage die Unwahrscheinlichkeit dieser Möglichkeit aus.«[11]

Aber auch ein ausschließlich durch die Vernunft geleitetes Leben kann nicht verhindern, dass Menschen Böses denken. Vielmehr hat der Mensch durch die Religion seine Fähigkeit zu töten verfeinert, wovon die industrielle Tötung in den Konzentrationslagern der Nationalsozialisten, der Atombombenabwurf auf Hiroshima und Nagasaki oder der jüngste Giftgaseinsatz in Syrien Zeugnis geben, um nur einige wenige Beispiele zu nennen.

Nach Jan Philipp Reemtsma (geb. 1952), Begründer des Hamburger Institutes für Sozialforschung, scheinen Menschen, insbesondere Männer, global, völlig unabhängig von den jeweiligen sozialen Umständen, Gewalt als eine attraktive und selbstbestimmte Lebensform zu betrachten. Gewalt auszuüben empfinden Gewalttäter als eine Befreiung von der Selbstkontrolle, der Rücksichtnahme und dem Sichzurücknehmen. Gewalt auszuüben bedeutet für sie Selbstermächtigung, Grenzenlosigkeit und Entgrenzung,[12] die ihren extremen Ausdruck in der Zerstörung des anderen Körpers findet. In der Gruppe steigert sich dieses Gefühl der Willkürmacht. Die Gruppe verleiht dem Gewalttäter das cäsarische Privileg, Herr über Leben und Tod zu sein. Das Gewaltmilieu ist identitätsstiftend[13] und Krieg sinnstiftend. Es gibt ein *Wir* und es gibt ein *Die*. Keine Selbstkritik, keine Differenzierung, keine Kompromissbereitschaft, sondern das kollektive Wir ist eins gegen den Feind[14], so ergänzend die Religionswissenschaftlerin Karen Armstrong (geb. 1944).

Nach Rabbi Magonet steht unser Leben unter »dem Gesetz der ›Entropie‹ [...], das einfach bedeutet, dass alles irgendwann aus den Fugen gerät!«[15]

---

10 Vgl. Erich Fromm, Humanismus als reale Utopie. Der Glaube an den Menschen, Berlin 2005, S. 115.

11 Jonathan Magonet, Abraham – Jesus – Mohammed. Interreligiöser Dialog aus jüdischer Perspektive, Gütersloh 2000, S. 111.

12 Vgl. Thomas Schmid, Warum werden wir gewalttätig? Weil es grandios ist (2015), <https://www.welt.de/kultur/article142145299/Warum-werden-wir-gewalttaetig-Weil-es-grandios-ist.html> (aufgerufen am 2.3.2018).

13 Vgl. Jan Philipp Reemtsma, Gewalt als attraktive Lebensform betrachtet [Vortrag am 5. Juni 2015]. In: Jan Philipp Reemtsma, Gewalt als Lebensform. Zwei Reden, Stuttgart 2016, S. 7–28.

14 Vgl. Karen Armstrong, Fields of Blood. Religion and the History of Violence, London 2014, S. 7.

15 Jonathan Magonet, Einführung in das Judentum, Berlin 2003, S. 306.

Die Gewalttätigkeit des Menschen ist ein Faktum, das im Koran sehr nüchtern behandelt wird. Die Christenverfolgung im Jemen – eine Reaktion auf die Judenverfolgung in Äthiopien – durch den jüdischen Herrscher Ḏū Nawās, der von ca. 521 bis 530 regierte und Christen bei lebendigem Leib verbrennen ließ, wird in Sure 85, Vers 4 bis 9 beschrieben. Auch hier greift Gott nicht ein, sondern hinterlässt uns ein weiteres Wegzeichen in der Geschichte, das Zeugnis gibt für die Bestialität des Menschen. Doch Gleiches soll der muslimischen Gemeinschaft nicht widerfahren, wie nachstehend ausgeführt wird.

2. Nichtaggression – das islamische Verständnis von Gewaltlosigkeit

Nach Asghar Ali Engineer, Träger des »Alternativen Friedensnobelpreises«, plädiert die koranische Offenbarung für ein Leben in Gewaltlosigkeit im Sinne von Nichtaggression. Diese Lebensweise ist eine Haltung der Freiheit, da Aggression stets die Freiheit des anderen verletzt. Nichtaggression sei aber nicht mit absolutem ideologischem Gewaltverzicht gleichzusetzen, da der Einsatz von Gewalt in Fällen der Notwehr, der Selbstverteidigung und der Bestrafung zulässig sei. In diesem Sinne, so ist Engineer überzeugt, lassen sich auch die beiden Lebensphasen des Propheten Muhammad verstehen.[16]

Nach dem Großajatollah Muhammad al-Hussaini al-Schirazi hätte es sich die muslimische Frühgemeinde mit der Erlaubnis zur Selbstverteidigung nicht leicht gemacht (siehe Sure 2, Vers 216). Dreizehn lange und harte Jahre ertrug man Verächtlichmachung, Verunglimpfung und Verfolgung in Mekka, bis man beschloss, nach Medina auszuwandern. Diese Auswanderung war nicht nur ein Akt der Befreiung von den Peinigern, sie war zugleich eine Auswanderung *in* die Freiheit. Sie brachte aber *keinen* Frieden.[17]

Das Wort *hiǧra*, das im Deutschen mit *Auswanderung* wiedergegeben wird, drückt im Grunde nur schlecht aus, welche Bedeutung das Verlassen Mekkas für das Stammeswesen Arabiens hatte. Die Wortwurzel von *hiǧra*, die Konsonanten *h-ǧ-r* bringen *sich lossagen, sich trennen von* zum Ausdruck. Die *hiǧra* war also ein Bruch mit dem eigenen Stamm. In Medina schlossen sich die Auswanderer (*muhāǧirūn*) und die medinensischen Muslime (*anṣār*) zu einer Gemeinschaft vor Gott zusammen.[18] Was 622 auf der arabischen Halbinsel geschah, erschütterte das dortige soziale Gefüge. Die Mekkaner waren nicht bereit, diesen Affront und die damit empfundene Schande hinzunehmen. In diesem geschichtlichen Zusammenhang steht das Selbstverteidigungsrecht in der koranischen Offenbarung. In dem ersten hierzu offenbarten Vers heißt es:

> »Erlaubnis ist denen gegeben, die bekämpft werden – weil ihnen Unrecht angetan wurde –, und Gott hat gewiss die Macht, ihnen beizustehen; jenen,

---

[16] Vgl. Asghar Ali Engineer, The Prophet of Non-Violence. Spirit of Peace, Compassion & Universality in Islam, New Delhi 2011, S. 3–5.

[17] Vgl. Muhammad Schiraz, War, Peace & Non-Violence. An Islamic Perspective, o.O. 2001, S. 7.

[18] Vgl. Armstrong, Fields of Blood (wie Anm. 14), S. 163.

die schuldlos aus ihren Wohnungen vertrieben wurden, nur weil sie sagten: ›Unser Herr ist Gott!‹

Und hätte Gott nicht die einen Menschen durch die anderen abgewehrt, wären (viele) Klöster, Kirchen, Synagogen und Moscheen, in denen Gottes Name häufig gedacht wird, bestimmt zerstört worden.

Und wer Ihm helfen will, dem hilft gewiss auch Gott; denn Gott ist stark und mächtig.« (22:39–40)

Hieran zeigt sich auch deutlich das Dilemma der muslimischen Frühgemeinde, die in einer gewaltsamen Gesellschaft das Ideal der Nichtaggression anstrebte. Dieses Dilemma ist zugleich das Dilemma der Zivilisation schlechthin.

In Medina trug der Prophet mit einem Male Verantwortung für das Leben und die Sicherheit der Oasenbewohner. Zudem konnten die Muslime nicht unbegrenzt auswandern. Sie waren gezwungen, eine Linie zu ziehen und zu lernen, die Welt so zu nehmen, wie sie ist. Die Erlaubnis zur Selbstverteidigung war sowohl ein Akzeptieren der menschlichen Geschichte als auch der Unvollkommenheit des Menschen.

Dieses Widerstreben, sich ganz in den Kreislauf der Gewalt einzufügen, veranlasste den Propheten Muhammad dann, so al-Schirazi, den Muslimen eine für alle Zeiten geltende Kriegsethik aufzuerlegen – damals ein Novum auf der arabischen Halbinsel:

- Nichtkombattanten dürfen nicht geschädigt werden,[19]
- Geistliche dürfen nicht zu Schaden kommen,[20]
- Frauen müssen geschützt werden,[21]
- Kriegsgefangene und Botschafter der gegnerischen Seite dürfen nicht getötet werden,[22]
- es darf nicht geplündert werden,[23]
- auch dürfen Gefangene nicht misshandelt werden,[24]
- die Landwirtschaft und Infrastruktur der Gegenseite muss weitestgehend geschont werden,
- die Getöteten müssen geehrt und ihre Leichen dürfen nicht geschändet oder verstümmelt werden,
- Tiere dürfen nicht unnötigerweise getötet werden,[25]
- bei Friedensverhandlungen soll die muslimische Seite kompromissbereit und nachsichtig sein,[26]
- Friedensverträge sind einzuhalten,[27] und
- das Verteidigungsrecht darf nicht pervertiert werden, um Präventionskriege vorzubereiten.[28]

---

19 Vgl. Schiraz, War (wie Anm. 17), S. 36 und S. 45.
20 Vgl. ebd., S. 43.
21 Vgl. ebd., S. 63.
22 Vgl. ebd., S. 52 und S. 64.
23 Vgl. ebd., S. 43.
24 Vgl. ebd., S. 83 f.
25 Vgl. ebd., S. 43.
26 Vgl. ebd., S. 56–60.
27 Vgl. ebd., S. 8.
28 Vgl. ebd., S. 61 f.

Dieses Konzept der Selbstverteidigung wird im Koran mit dem Begriff *ǧihād* beschrieben.

Für eine Exegese jener Verse, die den *ǧihād* betreffen, gilt, so der Friedenslehrer und Gelehrte Maulana Wahiduddin Khan, dass der Griff nach den Waffen zur Selbstverteidigung das allerletzte Mittel, nicht das erste Mittel war, um sich vor einem Aggressor zu schützen. Alle Verse im Koran, bei denen es um Kampf geht, sind im Rahmen der Selbstverteidigung einer souveränen Gesellschaft und eines bereits in Gang befindlichen Krieges zu lesen. Eine Bedeutung darüber hinaus dürfen sie nicht erhalten, da ansonsten die ursprüngliche Bedeutung dieser Verse verfälscht wird.[29]

Engineer betont, dass der Prophet Muhammad sich nicht mit einem Male zum Kriegsfürsten gewandelt habe, sondern er lehrte weiterhin eine Ethik des Friedens für das Morgen,[30] wenn es in Prophetenworten aus der spät-medinensischen Zeit heißt:

> »Überliefert von Abu Huraira – Gott habe Wohlgefallen an ihm –, dass jemand zum Propheten – Gott segne ihn und gebe ihm Heil – sagte: ›Gib mir einen Rat!‹ Dieser erwiderte: ›Werde nicht zornig!‹ Als der Mann seine Bitte mehrmals wiederholte, sagte der Prophet nur: ›Werde nicht zornig!‹« (al-Buḫārī, Riyāḍ aṣ-ṣāliḥīn Nr. 48)[31]

In diesen Prophetenworten lautet es zudem wie folgt:

> »Überliefert von Abu Huraira – Gott habe Wohlgefallen an ihm –, dass Gottes Gesandter – Gott segne ihn und gebe ihm Heil – sagte: ›Der wahre Starke ist nicht der Sieger im Ringkampf, sondern der wahre Starke ist derjenige, der sich im Zorn beherrscht.‹« (al-Buḫārī u. Muslim, Riyāḍ aṣ-ṣāliḥīn Nr. 45)[32]

Ebenfalls aus der medinensischen Zeit stammt die Empfehlung des Propheten an seinen Gefährten Muhammad ibn Maslamah (gest. ca. 666), sein Schwert zu zerbrechen, wenn er aufgerufen wird, es zu einem anderen Zweck als dem *ǧihād*, also der Selbstverteidigung, einzusetzen.[33] Und genau dies tat der Prophetengefährte beim Ausbruch des politischen Bürgerkrieges 656 (er dauerte bis 661) zwischen Ali ibn Abi Talib (gest. 661) und Muawiya ibn Abi Sufyan (gest. 680). Und so kennt der muslimische Jahreszyklus mit seinen zeitlosen Wiederholungen keinen einzigen Gedenktag für eine Schlacht zur Zeit des Propheten Muhammad.

---

[29] Vgl. Maulana Wahiduddin Khan, The True Jihad. The Concepts of Peace, Tolerance and Non-Violence in Islam, New Delhi 2002, S. 42 und S. 44.

[30] Vgl. Engineer, Prophet of Non-Violence (wie Anm. 16), S. 57.

[31] An-Nawawī, Gärten der Tugendhaften (wie Anm. 1), S. 73.

[32] Ebd., S. 72.

[33] Nach dem genauen Wortlaut befahl der Prophet Muhammad seinem Gefährten, das Schwert zu zerbrechen, wenn er aufgerufen wird, es nicht mehr gegen die Glaubensverweigerer, sondern gegen Muslime einzusetzen. Um diese Anordnung *richtig* zu verstehen, muss der historische Kontext der medinensischen Zeit berücksichtigt werden, wo die Muslime sich in Medina gegen die wiederholten Angriffe der Mekkaner wehrten, die nun einmal Nichtmuslime waren. Kämpfe zwischen Muslimen selber haben nichts mit Selbstverteidigung zu tun, sondern sind Folge von Machtkämpfen in der *umma*. Hieran soll sich ein Gläubiger nicht beteiligen, sondern sein Schwert zerbrechen. Vgl. Muhammad ibn Saad, Kitab al-Tabaqat al-Kabir, vol. 3: The Companions of Badr, London 2013, S. 348 f.

Gewalt, so lehrt es die Schule des Philosophen Jamal al-Din al-Afghani (gest. 1897) und des Gelehrten Muhammad Abduh (gest. 1905), ist im Islam nur als letztes Mittel im Falle der Selbstverteidigung und möglichst minimalistisch im Falle einer humanitär begründeten Intervention gestattet.[34] Aber dies sollte niemanden täuschen, der Einsatz von Gewalt ist immer ein Zeichen menschlichen Versagens. An Krieg, selbst im Sinne der Selbstverteidigung, ist nichts Glorreiches. Als Muslime lehren uns unsere Quellen zwei scheinbar sich widersprechende Wahrheiten: dass Krieg manchmal notwendig ist, manchmal sogar moralisch gerechtfertigt, aber Krieg keinen Frieden bringt, ja sogar die Dinge verkompliziert. Und noch etwas ist an dieser Stelle zu sagen: Dass diese Episode aus dem Leben des Gesandten einen Platz in der Offenbarung des Koran gefunden hat, macht sie offen für jeden Gebrauch, also auch zum Missbrauch. Es sind diese Passagen, die dann durch ihre Pervertierung Bluttaten im Namen des Islam verursachen. Hierdurch stellen sie für die *umma* auch eine Bürde dar. Zugleich kann ich mich der Position des Theologen Walter Wink (gest. 2012) sowie der Gelehrten Said und Khan nicht anschließen, dass eine gewaltlose Bewegung imstande gewesen wäre, die Nationalsozialisten, Baschar Hafiz al-Assad oder den IS aufzuhalten.

Genauso nüchtern wie Gott das Gewaltpotenzial des Menschen in der Offenbarung des Koran anspricht, genauso direkt wird auch die Pervertierung des Wesens von Religion behandelt. Ḏū Nawās ist als Jude ein Monotheist, doch Gott weist dessen Glauben zurück, wenn er über die verfolgten Christen spricht: »Und sie rächten sich an ihnen allein deswegen, weil sie an Gott glaubten, den Erhabenen, den Rühmenswerten«. (85:8)

Man beachte: Ḏū Nawās' Glaube an Gott wird ihm durch Gott abgesprochen, weil er jene verfolgt, die an Gott glauben. Sowohl er als auch seine Schergen von Christenverfolgern werden im 4. Vers der 85. Sure verflucht.

Nicht Religion, aber die Idealisierung und Überhöhung der eigenen Religion und Gemeinschaft kann Religion zu einer Gewaltbotschaft pervertieren. Die Umwandlung von Religion in ein Idol kann mit dem Begriff *aṭ-ṭāġūt* umschrieben werden. Er »bezeichnet primär alles, was anstelle Gottes angebetet wird, und somit alles, was den Menschen von Gott abwenden und zu Übel führen kann [...] und wird daher am besten übertragen mit ›die Mächte des Übels‹«[35], so der Koran-Exeget Muhammad Asad (gest. 1992).

Eine Welt ohne Religion, wie es manch naive Religionskritiker fordern, löst nicht das Gewaltproblem, das *im* Menschen wurzelt. Im säkularen Westen sind lediglich politische Ideologien anstelle der Religionen getreten, die den Menschen neue Möglichkeiten zur Gruppenbildung und Selbstüberhöhung gegeben haben. Friedlicher ist der Westen nicht geworden.

Die muslimische Welt ist nicht säkular. Die Gruppenbildung geschieht dort noch immer über die Religion. Alles, was einen Menschen in einen höheren Bedeutungszusammenhang setzt, kann Gewalt oder Frieden befördern.

---

34 Siehe Muhammad Sameer Murtaza, Die Reformer im Islam. Jamal Al-Din Al-Afghani – Muhammad Abduh – Qasim Amin – Muhammad Raschid Rida, Norderstedt 2015.

35 Muhammad Asad, Die Botschaft des Koran, Düsseldorf 2009, S. 95.

3. »It's the economy, stupid«

Einer der Hauptgründe, weshalb bis heute effektiv nichts gegen den islamisch verbrämten Terror unternommen wurde, liegt in der falschen Fragestellung. Wir gehen von der stupiden Kausalverbindung aus, dass Menschen religiöse Texte lesen und dann gewalttätig werden. Folglich muss die Präventionsarbeit darin liegen, diese Texte zu entschärfen. Zugleich lesen mehr als eine Milliarde Muslime die gleichen Texte und verwandeln sich nicht in Meuchelmörder und Terroristen. Vielleicht weil es viel weniger um Exegese geht als um Eisegese. Und dann stellt sich die Frage, was die Ursachen für letzteres sind. Die Antwort hierauf findet sich bei dem Philosophen Karl Marx (gest. 1883), nämlich dass das gesellschaftliche Sein das Bewusstsein prägt.

Intellektueller, politischer und ökonomischer Niedergang ab dem 16. Jahrhundert, Einbruch der Moderne durch den Kolonialismus ab dem 18. Jahrhundert, Unterdrückung und Ausbeutung, Erneuerungsbewegungen verschiedener Couleur, Dekolonisation, post-koloniale säkulare und religiöse Diktaturen, Revolutionen, Kriege, gescheiterte Staaten, ausländische Interventionen und der Verfall der klassischen Institutionen des Islam: Die vergangenen 250 Jahre haben weite Teile der muslimischen Welt sozial und wirtschaftlich verwüstet. Die Menschen dort sind zu den Gefangenen dieser Misere geworden. Die alltägliche Herausforderung, Geld zu verdienen, um die eigene Familie zu ernähren, haben die klassischen religiösen Fragen in den Hintergrund treten lassen.

Mit ihrer konkreten Leidenssituation wenden sich Gläubige an die Offenbarung des Koran. Bei manchen geschieht es, dass sie sich nicht durch die Offenbarung verwandeln lassen, sondern stattdessen ihre Wut und ihre Verzweiflung in die Offenbarung projizieren und sie in etwas Destruktives verwandeln.

Wer sich als sinnlos und machtlos in der Welt empfindet, wer die Hoffnung auf ein besseres Leben aufgegeben hat, dem bleibt nur noch, sich an der als wertlos und sinnlos empfunden Welt in zerstörerischer Weise zu rächen.[36] Terroranschläge und Selbstmordattentate sind dann die höchsten Ausdrucksformen dieses Rachegeistes. Hierdurch konstruieren sich Extremisten die Wirklichkeit neu und anders.

Der entfesselte Extremismus hat für das Leben nichts übrig. Vielmehr fühlt er sich angezogen vom Töten und von Toten, von der Lust, anderen Leid zuzufügen oder sie leiden zu sehen, sie zu verletzen, ihnen gegenüber grausam zu sein, sie zu beschämen und zu demütigen, was an den Inszenierungen von Selbstmordanschlägen und dem Köpfen von Unschuldigen deutlich wird.[37] Erst durch diese nekrophile Charakterorientierung erleben sich Extremisten als wirklich frei, da sie mit ihrer Entscheidung, wer von uns leben darf und wer von uns sterben muss, sich eine gottgleiche Macht anmaßen.[38] Sie, die sich als machtlos empfunden haben, wollen nun über alle Lebensdinge verfügen, doch nicht auf eine konstruktive und schöpferische Weise, hierzu sind sie nicht mehr fähig, sondern auf eine todbringende Weise.[39]

---

36 Vgl. Funk, Der entgrenzte Mensch (wie Anm. 9), S. 195.

37 Vgl. Rainer Funk, Erich Fromms kleine Lebensschule, München 2007, S. 117 f.

38 Vgl. Navid Kermani, Dynamit des Geistes. Martyrium, Islam und Nihilismus, Göttingen 2006, S. 54 f.; und Funk, Erich Fromms kleine Lebensschule (wie Anm. 37), S. 113.

39 Vgl. Funk, Der entgrenzte Mensch (wie Anm. 9), S. 172.

In der Selbstzerstörung und der Zerstörung des anderen erfolgt im Denken des Extremisten eine Reinigung der Welt. Durch die Auslöschung des Selbst und der anderen erfolgt das Nichtsein und somit die eigene Erlösung. Das Ziel dieses nihilistischen Extremismus ist das Nichtsein, um auf diese Weise Erlösung in Gott zu erfahren. Zerstörung gibt für sie einen Sinn, Zerstörung ist für sie sinnstiftend.[40]

Die eigentliche Frage muss daher lauten: Wie kann den verwundeten Menschen in der muslimischen Welt geholfen werden, wieder ein menschenwürdiges Leben zu führen.

Eine umfassende Lösung für die politischen, sozialen und ökonomischen Probleme habe ich nicht im Gepäck. Der Religionswissenschaftler Zwi Werblowsky (gest. 2015) schrieb einmal: »Das Leben ist ein Kampf. Die Frage ist nur: Welche Arena wählt man?«[41]

4. Eine Architektur der *umma* für das 21. Jahrhundert

Als Islamwissenschaftler ist der Islam meine Arena. Ich erachte es als einen wichtigen Schritt, dass Muslime im Miteinander eine Architektur ihrer heute stark fragmentierten Gemeinschaft für das 21. Jahrhundert entwerfen, die die Deutungshoheit über den Islam extremistischen Gruppen entreißt und sie wieder der *umma* zurückgibt. Dieser neue Bau muss dem Friedenspotenzial des Islam wieder das Primat zurückgeben und das Gewaltpotenzial begrenzen, das in einer falschen Lesart der Verse keimt, die die Selbstverteidigung betreffen.

a) Akzeptanz von Einheit in der Vielfalt

Betritt ein Muslim die Moschee, so fragt ihn an der Tür niemand nach seiner Theologie, nach seiner Rechtsschule oder ob er sufisch angehaucht ist. In der Moschee kommen *alle* Muslime zusammen und tun eines: Sie vollziehen die gleichen kunstvollen Bewegungen zur Anbetung des einen und einzigen Gottes, wie sie der Prophet Muhammad vor mehr als 1400 Jahren lehrte.

Was bedeutet also *umma*? Anscheinend hat das nichts mit Theologie oder Rechtsauffassungen zu tun. Uns Muslime verbindet der Glaube an Gott, an seine Offenbarung, die er dem Menschen Muhammad zuteilwerden ließ, der uns das Gebet lehrte. Im Gebet konzentriert sich ein Muslim auf die Rezitation von Gottes Wort. Er lässt es auf sich einwirken. Der Philosoph Seyyed Hossein Nasr (geb. 1933) schrieb: »Der Muslim lebt in einem durch den Klang des Korans definierten Raum.«[42] Dieser Raum entfaltet sich durch die Rezitation im Gläubigen. Er reinszeniert die Erfahrung des Propheten und führt dazu die Gebetsbewegungen in der Imitation Muhammads aus, bei denen es sich um eine achtsame Bewegungsübung handelt.

---

[40] Vgl. Kermani, Dynamit des Geistes (wie Anm. 38), S. 54 f.

[41] Magonet, Einführung (wie Anm. 15), S. 286.

[42] Annemarie Schimmel, Die Zeichen Gottes. Die religiöse Welt des Islam, München 1995, S. 76.

Gott – Koran-Rezitation – Muhammad – Gebet: Sie schaffen ein Band zwischen fremden Individuen unterschiedlicher sozialer Schicht, Abstammung und Hautfarbe, sodass ein gemeinschaftliches Wir entsteht,[43] das bei aller Vielfalt zugleich *eine* Bestimmungs- und Erinnerungsgemeinschaft ist. Muslimische Einheit in der Gegenwart bedeutet Einheit in der Vielfalt und innerislamische Ökumene, insbesondere zwischen Sunniten und Schiiten, wie schon der Prophet Muhammad gesagt hat:

> »Wer unser Gebet verrichtet, sich mit dem Gesicht zu unserer *qibla* [Gebetsrichtung] wendet und unser Schlachttier isst, der ist Muslim, auf den (sich) der Schutz Gottes und der Schutz des Gesandten (erstreckt). So seid nicht vertragsbrüchig Gott gegenüber in Bezug auf Seinen Schutz (den erwähnten Menschen gegenüber)«.[44] (al-Buḫārī)

b) Die Grenzen der innerislamischen Vielfalt

Vielfalt darf nicht mit Relativismus verwechselt werden, denn dies würde auch destruktive Auslegungen legitimieren.

Bei allem Plädoyer zur innerislamischen Pluralität: Pluralismus stößt im Islam dort an seine Grenzen, wo zum einen das Humanum und die Nächstenliebe ignoriert werden und wo er zum anderen eine Gefahr für die Einheit und den Bestand der *umma* ist. Die plurale *umma* kann nicht im Namen islamischer Vielfalt aufgehoben werden.

c) Islam ist immer Interpretation

Die Erkenntniskritik der islamischen Philosophie verdeutlicht: Ein steriler Zugang zum Koran und zur *sunna* ist unmöglich. Es gilt daher nicht mit einer plumpen Hermeneutik des Findens, sondern mit einer anspruchsvollen Hermeneutik des Suchens an beide Quellen heranzugehen.

Seit seiner Offenbarung hat das Wort Gottes Denkräume eröffnet, die im Islam die Entstehung von Theologie, Recht, Ethik, Mystik und Philosophie gefördert haben. Sie alle gehören zur muslimischen Geistestradition, deren Wurzelgrund das Wort Gottes ist – selbst wenn man nicht mit allen diesen Richtungen einverstanden ist.

Der 14. *šaiḫ al-islām* des Osmanischen Reiches, Ebussuud Efendi (gest. 1574), erhielt seinerzeit eine Anfrage hinsichtlich Praktiken der Sufis. Dem Fragesteller schienen diese ein Dorn im Auge zu sein. Der Gelehrte antwortete ihm: »Das Wissen um Gottes Wahrheit ist ein grenzenloses Meer. Wir sind Leute der Küste. Die großen mystischen Meister des Islam hingegen durchtauchen diesen schrankenlosen Ozean. Wir streiten nicht mit ihnen.«[45]

---

43 Vgl. Michael Muhammad Knight, Why I am a Salafi, Berkeley 2015, S. 8.

44 Ahmad von Denffer, Allahs Gesandter hat gesagt ..., Islamabad o.J., S. 173.

45 Simon Wolfgang Fuchs, Stoßt das islamische Recht vom Thron (2017), <https://zenith.me/de/channel/magazine/culture/sto%C3%9Ft-das-islamische-recht-vom-thron> (aufgerufen am 2.3.2018).

Die Mystik kann hier ebenso als Platzhalter für andere Denkräume des Islam herhalten, wie eben der islamischen Philosophie. Wenn wir Muslime in der Moschee Vielfalt stillschweigend zur Kenntnis nehmen, warum dann nicht auch außerhalb der Moschee?

d) Keine subjektiven Auslegungen

Von Imam Malik (gest. 795) wird der wichtige Satz überliefert, dass diese Religion eine Wissenschaft ist, und man ein Auge auf jene haben soll, von der man sie hat. Somit braucht es eine wissenschaftliche Auseinandersetzung um das argumentative Fundament, auf dem Auslegungen beruhen. Theologische Reflexionen dürfen nicht zu Spekulation verkommen, da dies stets auch Auswirkungen auf das religiöse Wissen der Gläubigen hat. Jede theologische Reflexion findet am offenen Herzen im vollen Betrieb statt. Abdullah bin Mohammed al-Salmi, Gelehrter und Religionsminister des ibaditischen Oman, plädiert daher, dass Muslime eine kritische Prüfung der Arbeit ihrer Geistlichen und Gelehrten brauchen.[46] Verantwortungsbewusstes theologisches Nachdenken, will es denn wissenschaftlich sein, bedarf einer *Begründung*, einer *intersubjektiven Nachvollziehbarkeit* und einer *logischen Stringenz*. Andernfalls haben wir es lediglich mit einer subjektiven Erklärung zu tun, einer »Jedermann-Theorie«, die aber auf keinen Fall Ausgangspunkt einer Verordnung für die *umma* sein kann. Wissenschaftliches Arbeiten hat die Aufgabe, *meinen* von *wissen* zu trennen. Sonst droht im Islam aus der Exegese eine Eisegese zu werden.

Islamische Theologie, Rechtswissenschaft und Philosophie heute muss wissenschaftlich verantwortete Rechenschaft über den islamischen Glauben sein.

e) Wertschätzung der islamischen Tradition und Gelehrsamkeit

Da ein objektiver Zugang zur Offenbarung erkenntnistheoretisch unmöglich ist, hilft die Tradition muslimischen Denkens über den Koran und die Auseinandersetzung mit ihr, die Gefahr von Eisegese zu vermindern.

Es ist die *sunna*, die das Verständnis von Gottes Wort hermeneutisch stabilisiert, während die Tradition des muslimischen Denkens über Gottes- und Prophetenwort gleiches wiederum bei diesen beiden Quellen tut. Der Prophet Muhammad ist der Schlüssel zum Verständnis des Koran und die *umma* ist ihrerseits der Schlüssel zum Verständnis der beiden Hauptquellen des Islam.[47]

Die Tradition muslimischen Denkens in Theologie, Recht, Mystik und Philosophie ist als Teil des religiösen Wissens der Muslime vom Islam zu respektieren. Dieses Wissen verbindet uns Muslime von heute mit den Muslimen vergangener Zeitalter.

---

46 Vgl. Abdullah bin Mohammed Al Salami, Religiöse Toleranz. Eine Vision, Hildesheim 2015, S. 101.

47 Vgl. Knight, Why I am a Salafi (wie Anm. 43), S. 52 f.

f) Kein Traditionalismus

Aber die Anerkennung der Tradition darf nicht zu einem Traditionalismus führen, der die Tradition zu einem Götzen erhebt und jede Kritik an ihr verbietet.

Es braucht eine kritische Auseinandersetzung mit der muslimischen Tradition, denn es gibt gute und schlechte, wahre und falsche Interpretationen des Koran. So sollte unterschieden werden zwischen

a) einer dem Koran entsprechenden Entwicklung im Sinne der *maqāṣid al-Qur'ān* (Intention Gottes im Koran),
b) einer außerhalb des Textbeleges von Koran und *sunna* stehenden Entwicklung, die geduldet werden kann (z.B. die Verwendung einer Gebetskette, das Feiern des Geburtstages des Propheten), und
c) einer unislamischen Entwicklung, die abzulehnen ist (z.B. Heiligenverehrung, blinde Gelehrtenautorität, Einschaltung von Mittlern zwischen Gott und Mensch, Aberglaube in Form von Amuletten und Talismännern).

Durch dieses Kritikmuster wird die Tradition nicht geschwächt, sondern in gereinigter Form wieder neu zur Geltung gebracht. Sie entspricht der frühen sunnitischen Haltung, grundsätzlich nach allen Richtungen offen zu sein und den Koran von allen Seiten ernst zu nehmen.

g) *Umma* statt islamische Bewegungen

Der Islam ist keine Religion von Gruppen und Bewegungen, sondern er ist eine *umma*. Dieses Bewusstsein muss unter uns Muslimen wieder gestärkt werden, denn Gruppen entwickeln immer eine chauvinistische Eigendynamik. Als Muslim ist man nur ein Teil der *umma* und muss sich folglich mit ihr und in ihr für das Wohl der Muslime einsetzen.

In der *umma*, durch die *umma* und für die *umma* muss entschieden werden, wie Muslime den Islam verstehen, welche Interpretationsweite die Quellen haben, welche damit verbundenen Lebensweisen sie zulassen und wo die Grenzen dieser Weite sind.

h) Die Notwendigkeit einer islamischen Debattenkultur

Hierzu braucht es aber auch eine Debattenkultur in der *umma*, die ihr völlig abhanden gekommen ist. Die *umma* muss ein machtneutralisierter und herrschaftsemanzipierter Raum sein, in dem es in Diskussionen allein auf die Autorität des Argumentes ankommt. Die Macht des Staates, die Interessen der Wirtschaft und das Popularitätsversprechen der Medien müssen hier suspendiert sein. Auf diese Weise werden Strukturen für die Bildung von Ideologien innerhalb der *umma* erst gar nicht ermöglicht. Die *umma* wird somit zu einer eigenen Institution, in der in Freiheit diskutiert wird. Die hierarchiefreie *umma* bleibt unabgeschlossen, sprich: jeder Muslim kann an den Diskussionen partizipieren. Er muss aber anerkennen, dass seine Wahrheit in jenem Moment, indem er sie in die Öffentlichkeit der *umma* trägt, zu einer Meinung unter Meinungen wird, die evaluiert werden muss. Das heißt, wir äußern unsere Meinung in einer Debatte, die auch als Diskursmeinung anerkannt werden muss. Wir formulieren Gegenargumente, die auch ernstgenommen werden müssen. Es ist eine Auseinandersetzung unter Gleichen. Die *umma* selber ist ein Raum der Meinungsvielfalt, der diesen Rahmen voraussetzt.

Die selbstevidente Macht des besseren Argumentes nimmt dann innerhalb der Institution *umma* die Funktion ein, auf der einen Seite Kontinuität zu gewährleisten, aber auf der anderen Seite auch Veränderungen zu bewirken, sofern ihre Mitglieder offen für Veränderungen durch Kommunikation sind.

Das begründete Argument erzeugt in der *umma* legitime Macht, die auf die *umma* einwirkt. Neue Interpretationen werden dann nicht via Befehl, sondern durch Diskussion und Überzeugungsarbeit von den Gläubigen angenommen. Sie gelten auch nicht als absolute Wahrheiten, sondern als das, was diese *umma* nach einem wahrhaftigen Reflexionsprozess als augenblicklich richtig versteht.

Die kommunikative Macht kann somit die *umma* in eine bestimmte Richtung lenken, sofern die Gläubigen das Argument annehmen. Auf diese Weise finden Muslime in der Gegenwart zu einem neuen Konsens (*iǧmāʿ*) und erlangen die Deutungshoheit über ihre Religion zurück.

Hierüber darf aber nicht vergessen werden, dass islamische Debatten nicht nach dem Prinzip »entweder – oder« verlaufen, sondern dass oftmals mehrere Auslegungen nebeneinander bestehen bleiben – und sei es nur in Form einer legitimen Mehrheits- und einer legitimen Minderheitenmeinung. Der Versuch, innerislamischen Debatten das Prinzip: »Entweder so wie ich es sehe oder gar nicht« überzuwerfen, macht jede Form von Debatte sinnlos. Ein solcher Diskutant geht davon aus, dass nur seine Hermeneutik und sein Wille zählen. Damit erhebt er sich über die anderen Diskutanten und eine Debatte unter Gleichen ist nicht mehr möglich. Die Verabsolutierung der eigenen Position macht es einem Diskutanten nicht nur unmöglich zu differenzieren und zu unterscheiden, sondern mit seiner Haltung spaltet er die *umma* und löst innerislamische Konflikte aus, die Gewalt befördern können.

Um nicht in eine solche Situation zu geraten, muss für alle in der *umma* gelten: Mäßigung der eigenen Ansprüche, ohne sie durchzustreichen. Konkret bedeutet dies zu akzeptieren, dass man selber im Unrecht und der andere im Recht sein kann, oder dass man selber im Recht ist, aber es weitere Positionen gibt, die ebenso im Recht sind. Nur so bleibt man offen für andere Sichtweisen und für die eigene Offenheit.

Diese Debattenkultur setzt voraus, dass die Muslime bei all ihren Unterschieden stets etwas fundamentales gemeinsam haben, wenn sie miteinander sprechen, nämlich ihren Glauben an den einen Gott, an eine abschließende Offenbarung, an einen abschließenden Propheten und eine Gebetsrichtung. So bleibt die Gemeinschaft gewahrt, deren Mitglieder durch ihre Vergangenheit in der Gegenwart für die Zukunft miteinander verbunden sind.

i) *Šūrā* oder die Notwendigkeit eines Debattenforums

Jede Diskussion braucht einen Rahmen, eine Form. Der erste Versammlungsort der Muslime ist und bleibt die Moschee. Dort sitzen die Gläubigen mit dem Imam zusammen, um sich im Gespräch mit ihm den Islam zu erschließen. Hierzu muss ein Imam aber klug instruieren und zugleich das eigenverantwortliche Denken der Gläubigen fördern können. Er sollte in der Lage sein, die Inhalte des Islam zu präsentieren, zu erklären und Zusammenhänge zu stiften, zwischendurch aber auch die Gemeinde unter seiner Moderation debattieren zu lassen.

Die lokale Moscheegemeinde ist somit der erste Anhaltspunkt, an dem der einzelne Muslim sein Islamverständnis mit anderen abgleicht und bespricht. Im Diskurs wird der Einzelne hinterfragt und mit anderen Auslegungen konfrontiert. Diese Rückmeldung aus der Gemeinde ist wichtig, weil sie auch ein Korrektiv für einen selber sein kann.

Die Moschee ist aber nicht nur für den durchschnittlichen Muslim wichtig, sondern ebenso für die Gelehrten. Universitäten dürfen nicht zu Elfenbeintürmen verkommen. Die gute Theologie, so lehrte mich der evangelische Theologe Bertold Klappert (geb. 1939), kommt aus der guten Predigt.

Darüber hinaus braucht es aber natürlich auch ein Forum für Fachleute, von den Muslimen gewählte Gelehrte, Männer *und* Frauen, aus den theologischen, mystischen und philosophischen Schulen und Rechtsschulen.

Die Komplexität unseres heutigen Wissensstands erfordert es, dass die Interpretation des Islam nicht länger ausschließlich in den Händen der Gelehrten liegt, sondern dass man Natur- und Geisteswissenschaftler hinzuzieht. Hier greift daher der Vorschlag Muhammad Abduhs, eine Art islamisches Konzil bzw. eine *šūrā* auf lokaler Ebene zu gründen, dessen Beschlüsse auf die *umma* und die Lebenswelt der Muslime einwirkt,[48] da die *šūrā-Mitglieder* wiederum Knotenpunkte in der Netzwerkkommunikation der *umma* darstellen. Auch der Sozialwissenschaftler Sohail Hashim schreibt in diesem Geiste:

> »Ich denke, einer der wichtigsten Schritte für Muslime ist die Gründung eigener juristischer Institutionen [...] Im Islam gibt es weder eine Kirche noch einen allgemein anerkannten Führer. Das ist sicher eine gute Sache. Ich würde mir aber Institutionen wünschen, die eine Interpretation übernehmen, einen Konsens entwickeln [...] Aber darum geht es, um die Schaffung eines verbindlichen Rechtsorgans, dass Terrorgruppen wie dem ›IS‹ klarmachen kann, dass ihre Taten in deutlichem Gegensatz zu den islamischen Gesetzen von Krieg und Frieden stehen.«[49]

j) Die Lebensrealität der Muslime von heute

Eine *šūrā* bzw. ein muslimischer Gelehrtenrat muss zum einen nach vorne schauen. Es geht nicht um einen modernen oder einen zeitgenössischen Islam. Religion passt sich keinen Moden und keinen Trends an. Mit dem Islam kann nicht entlang des Zeitgeistes experimentiert werden. Aber Gelehrte müssen die Lebensrealität der Muslime von heute zur Kenntnis nehmen und einen Mittelweg zwischen zwei extremen Positionen finden: dem säkular neutralen muslimischen Leben, das den Islam auf den Glauben reduziert und privatisiert und die soziale Handlungsseite der Religion gänzlich ignoriert, und der religiösen Ghettoisierung, die bemüht ist, sich nicht mit der Gegenwart auseinanderzusetzen, sondern die in einer künstlichen religiösen Vergangenheit verbleiben will. Stattdessen sollten

---

48 Ignác Goldziher, Die Richtungen der islamischen Koranauslegung, Leiden 2005, S. 334.

49 IslamiQ, Gewalteinsatz ist die Ultima Ratio im Islam (2017), <http://www.islamiq.de/2017/01/08/gewalteinsatz-ist-die-ultima-ratio-im-islam-2/> (aufgerufen am 2.3.2018).

die Gelehrten eine positive Kraft in der *umma* sein, die das Muslimsein mit der heutigen Lebensrealität versöhnt.

Unabdingbar wird es hierbei sein, über die Bedeutung des »Weges zur Wasserquelle«, auf Arabisch *šarīʿa*, zu reflektieren. In der Vergangenheit war sie ein zentrales Element des Islam, das das Verhältnis des Muslims zu Gott (*ʿibāda*) und das Verhältnis untereinander und zu anderen (*muʿāmalāt*) regelte. Letzteres besteht zu einem Großteil aus einer Verhaltensethik (*ʿilm al-aḫlāq*) und zu einem geringen Teil auch aus strafrechtlichen Anordnungen (*al-ʿuqūbāt*).

Heute jedoch ist das Schlagwort *šarīʿa* zu einer kontroversen Kraft von zerstörerischer Macht geworden. Manche Muslime haben eine ideologische Haltung zu ihr eingenommen und sie zu einem Stein gemacht, um andere Muslime, aber auch Nichtmuslime zu erschlagen.

Notwendig wird es sein, sich von diesem legalistischen Blick auf den *muʿāmalāt*-Bereich zu lösen und sich wieder an die zwei Pole zu erinnern, um die sich die *šarīʿa* dreht:

> »Und doch gibt es Leute, die neben Gott Ihm angeblich Gleiche setzen und sie lieben, wie man Gott nur lieben soll. Aber die Gläubigen sind stärker in der Liebe zu Gott. Wenn die Frevler nur sehen würden, wenn sie die Strafe sehen, dass alle Kraft Gott gehört und dass Gott streng im Strafen ist. (2:165)
>
> Dies ist es, was Gott Seinen Dienern verheißt, die glauben und das Rechte tun.
>
> Sprich: ›Ich verlange keinen Lohn von euch. Aber liebt dafür (euere) Nächsten.‹
>
> Wer eine gute Tat begeht, dem werden Wir gewiß noch mehr an Gutem erweisen. Gott ist fürwahr verzeihend und erkenntlich.« (42:23)

Das Gebot der Gottesliebe und der Nächstenliebe machen den Kern der *šarīʿa* aus. Sie ist kein System von starren Regeln, sondern Ausdruck einer dynamischen Liebesbeziehung zwischen der *umma* und Gott. Der Islam soll uns Muslimen ein Zuhause, kein Gefängnis sein.

Ein weiterer Aspekt, den muslimische Gelehrte in den Blick nehmen müssen, ist die Tatsache, dass die meisten Muslime heute in pluralen und säkularen Gesellschaften leben, in denen der rechtliche Aspekt der *muʿāmalāt* nahezu folgenlos geworden ist. Wenn man aber ein Gesetz nicht durchsetzen kann, besitzt es auch keine Wirkung. Dieser Bereich des muslimischen Rechtsdenkens wurde an den säkularen Staat abgetreten. Daher sollte darüber nachgedacht werden, was für eine einigende Kraft der »Weg zur Wasserquelle« heute für die *umma* darstellen kann. Das Problem des ausschließlich legalistischen Denkens ist, dass es glaubt, eine islamische Situation erzwingen zu können und dabei jeglichen Kontext und Bedeutungszusammenhang ignoriert. Die Schule al-Afghanis und Abduhs betonte daher in der Moderne den Stellenwert der Ethik stärker als jenen des *fiqh* (Rechtswissenschaft).

k) Vergangenheitsbewältigung

Eine *šūrā* muss sich zum anderen aber auch mit der jüngeren muslimischen Vergangenheit und den Verfehlungen der *umma* beschäftigen.

Die Ideologen des 20. Jahrhunderts[50] Hasan al-Banna (gest. 1949), Sayyid Qutb (gest. 1966) und Abul A'la Maududi (gest. 1979) werden von vielen Muslimen gleich Helden verehrt. Dies ist nachvollziehbar, sind doch diese Namen untrennbar mit der Dekolonisation verbunden. Daher sträuben Muslime sich oftmals, sich kritisch mit dem Denken dieser Personen auseinanderzusetzen, das eine Mitschuld an der Entstehung des islamisch verbrämten Terrors trägt – auch wenn sie das selber wohl so nie beabsichtigt hatten. Wer »Helden« wie Sayyid Qutb kritisiert, dem wird oftmals aufgebracht entgegnet, dieser sei für den Islam schließlich gehängt worden, also wie könne man diesen Märtyrer (*šahīd*) kritisieren.

Vergossenes Blut sagt nichts über den Wahrheitsgehalt oder die Richtigkeit des eigenen Islamverständnisses aus. Der Versuch islamischer Ideologen, die Welt religiös zu machen, endete allzu häufig damit, dass die Religion pervertiert wurde.

Wir müssen lernen, solche »Helden« loszulassen, wenn wir aus den Fehlern der Vergangenheit lernen wollen.

l) Tischgemeinschaft mit Juden und Christen

In Sure 2, Vers 143 legt Gott der *umma* die Verantwortung auf, Zeugen für seine Wahrheit vor allen Menschen zu sein. Ein ähnliches Selbstverständnis haben Juden und Christen.

Obwohl ich mit Blick auf die gesamte Geschichte der muslimischen Gemeinschaft überzeugt bin, dass der Islam in der Welt eine große Macht für das Gute war, wie auch das Judentum und das Christentum, so ist die *umma* in ihrer Geschichte auch immer wieder gestolpert und gestürzt – eine Erfahrung, die auch Juden und Christen gemacht haben. Das entbindet uns aber nicht von unserer Verantwortung vor Gott. Zugleich sollten Juden, Christen und Muslime anerkennen, dass die abrahamischen Religionen, die den gleichen Wurzelgrund haben und die sehr viel eint und nur wenig trennt, die Aufgabe der Zeugenschaft miteinander teilen.

Im Koran entdecken wir einen Ruf, gerichtet an das Judentum und das Christentum, zu einer weltweiten Gemeinschaft:

> »O Leute der Schrift! Kommt herbei! Einigen wir uns darauf, dass wir Gott allein dienen und nichts neben Ihn stellen und dass die einen von uns die anderen nicht zu Herren neben Gott annehmen.« (3:64)

Der Vers beinhaltet eine Warnung, die leider kein Gehör fand. Gleichwohl das Judentum, das Christentum und der Islam an den gleichen Gott glauben, größtenteils der gleichen Prophetenkette folgen und in ihren Offenbarungen sich nahezu die gleichen Werte finden, eint all dies die abrahamischen Religionen nicht, sondern man hat es zum Anlass genommen, den jeweils anderen zu verdammen, zu verfolgen und zu bekämpfen, weil man einen Monopolanspruch auf Gott, die Propheten und die Offenbarung erhob.

Doch aus dem Koran entnehmen wir, dass das Judentum, das Christentum und der Islam *gemeinsam* eine größere Gemeinschaft bilden, nämlich die Gemeinschaft des einen und einzigen Gottes in der Welt. Sie selber sind wiederum

---

50 Siehe ausführlich: Muhammad Sameer Murtaza, Die ägyptische Muslimbruderschaft – Geschichte und Ideologie, Berlin 2011.

bloß ein Teil der monotheistischen Weltbewegung, die über die abrahamischen Religionen hinausgeht (siehe Sure 22, Vers 17):

»Und streitet nicht mit dem Volk der Schrift, es sei denn auf beste Art und Weise, außer mit jenen von ihnen, die unrecht handeln.

Und sprecht: ›Wir glauben an das, was zu uns herabgesandt wurde und was zu euch herabgesandt wurde. Unser Gott und euer Gott ist ein und derselbe. Und Ihm sind wir ergeben.‹« (29:46)

Unser Gott und euer Gott ist ein und derselbe: Faktisch handelt es sich hierbei um ein Glaubensbekenntnis. Trotz aller Unterschiede, trotz aller realpolitischen Konflikte zwischen jüdischen Stämmen und der muslimischen Frühgemeinde zur Zeit Muhammads, trotz eines drohenden Konfliktes mit dem christlichen Byzanz unterstreicht Sure 5, Vers 5, dass Juden und Christen aufgrund ihrer monotheistischen Ausrichtung voll akzeptiert werden sollen, indem zu einer Tischgemeinschaft aufgerufen und eine Ehegemeinschaft gestattet wird:

»Heute sind euch alle guten Dinge erlaubt.

Auch die Speise derer, denen die Schrift gegeben wurde, ist euch erlaubt, so wie eure Speisen ihnen erlaubt sind.

Und (erlaubt sind euch zu heiraten) tugendhafte Frauen, die Gläubige sind, und tugendhafte Frauen von denen, welchen die Schrift vor euch gegeben wurde, sofern ihr ihnen ihr Brautgeld gegeben habt und tugendhaft mit ihnen lebt, ohne Unzucht, und keine Geliebten nehmt. Wer den Glauben verleugnet, dessen Werk ist fruchtlos, und im Jenseits ist er einer der Verlorenen.« (5:5)

Tischgemeinschaft, so der Theologe Hans Küng (geb. 1928), »meint mehr als nur Höflichkeit und Freundlichkeit. Tischgemeinschaft bedeutet Frieden, Vertrauen, Versöhnung, Bruderschaft.«[51] Ehegemeinschaft, so der Gelehrte Abdoldjavad Falaturi (gest. 1996), bedeutete in der arabischen Gesellschaft des 7. Jahrhunderts nicht nur eine Verbindung zwischen zwei Personen, sondern zugleich einen Vergesellschaftlichungsprozess von zwei Großfamilien oder sogar zwei Stämmen.[52] Der Islamwissenschaftler Gunawan Adnan (geb. 1968) betont, dass der Koran gerade an der Ehegemeinschaft unterstreicht, dass Gott zwischen muslimischen, christlichen und jüdischen Frauen keinen Unterschied macht; sie allesamt sind Menschen, die an ihn glauben; was sie unterscheidet ist lediglich der Grad ihrer individuellen Tugendhaftigkeit, den jedoch allein Gott kennt.[53] Und Rabbi Magonet schreibt, dass es eine ganz andere Sache ist, dem Anderen »in Fleisch und Blut zu begegnen, mit Menschen aus Fleisch und Blut eine Mahlzeit zu teilen, ihr Zuhause zu besuchen, heftige Auseinandersetzungen zu führen, sich womöglich in einen von ihnen zu verlieben.«[54]

Die Uridentität des Juden, des Christen und des Muslims ist der Monotheismus. Dies darf nicht zugunsten der religionsgemeinschaftlichen Identität des Menschen aus dem Blick verloren werden. Und so plädiert der Gelehrte Muhammad Asad für

---

51 Hans Küng, Christ sein, München 1978, S. 325.

52 Vgl. Abdoldjavad Falaturi, Toleranz und Friedenstraditionen in Islam, Köln 1992, S. 16.

53 Vgl. Gunawan Adnan, Women and The Glorius Qur'ān: An Analytical Study of Women-Related Verses of Sūra An-Nisa', Göttingen 2004, S. 44.

54 Magonet, Einführung (wie Anm. 15), S. 271.

ein Zusammenleben und Zusammenarbeiten von Juden, Christen und Muslimen zur Gestaltung der gemeinsamen menschlichen Zukunft.[55]

5. Frieden gibt es nicht umsonst

Als gläubige Menschen dürfen wir uns nicht der Illusion hingeben, dass es jemals eine gewaltlose Welt geben wird oder Religion niemals wieder zu einer destruktiven Botschaft pervertiert werden kann. Der Mensch ist fehlbar. Aber zugleich sollten wir als gläubige Menschen davon überzeugt sein, dass die Menschheit das Potenzial hat, sich weiterzuentwickeln und sich über die eigenen Fehler zu erheben.

Auch wenn wir nicht in der besten aller möglichen Welten leben, so können wir sie doch durch die Ideale in der abrahamischen Religion zu einer besseren Welt machen: Liebe zu Gott, Liebe zum Nächsten und die Hoffnung, dass der Mensch den rechten Weg einschlagen kann – dies muss unser Nordstern sein, der uns als Gemeinschaften den Weg weist.

Wir können nicht wie der Priester oder der Levit in der Erzählung vom guten Samariter handeln, die an einem überfallenen und schwer verletzten Mann auf dem Weg nach Jericho einfach vorbeigingen. Gut möglich, dass sie fürchteten, dass die Gewalttäter noch in der Gegend waren. Oder vielleicht waren sie der Ansicht, der am Boden liegende Mann spiele ihnen nur etwas vor, um sie anzulocken und dann auszurauben. Der Priester und der Levit stellten sich die Frage: »Wenn ich Halt mache, um diesen Mann zu helfen, was wird dann mit *mir* geschehen?« Aber der Samariter, der dem Verletzten zur Hilfe eilte, ihn in eine Herberge brachte und für seine Genesung aufkam, fragte sich: »Wenn ich nicht Halt mache, um diesem Mann zu helfen, was wird dann mit *ihm* geschehen?«[56] Genau dies sollte unsere Einstellung als abrahamische Gemeinschaft in der Welt sein.

Frieden ist kein Geschenk, das vom Himmel fällt. Frieden erfordert ein Gefühl der Verantwortung, Hingabe, Leidenschaft und Opferbereitschaft. Abrahamische Gemeinschaft – starke Institutionen – die gute Predigt – das Beachten der Humanitätsregel – das Praktizieren der Nächstenliebe – das Beachten der Goldenen Regel: Mit alledem leisten Juden, Christen und Muslime einen Beitrag zur Entstehung einer Kultur

– der Gewaltlosigkeit und der Ehrfurcht vor allem Leben,
– der Solidarität und einer gerechten Wirtschaftsordnung,
– der Toleranz und zu einem Leben in Wahrhaftigkeit,
– der Gleichberechtigung und der Partnerschaft von Mann und Frau.[57]

Das muss unsere Aufgabe auf Erden sein: »Meide das Böse und tu das Gute; suche Frieden und jage ihm nach!« (Psalm 34,15)

---

[55] Vgl. Gerhard Szczesny, Die Antwort der Religionen auf 31 Fragen, München o.J., S. 248.

[56] Siehe Lk 10,30–37; und Martin Luther King, I've been to the Mountaintop (o.J.), <http://www.americanrhetoric.com/speeches/mlkivebeentothemountaintop.htm> (aufgerufen am 2.3.2018).

[57] Vgl. Parlament der Weltreligionen, Erklärung zum Weltethos (1993), <http://www.weltethos.org/1-pdf/10-stiftung/declaration/declaration_german.pdf> (aufgerufen am 2.3.2018).

Vierter Teil

Religion und Gewalt – ein Thema innerhalb der Bundeswehr?

Kai Rohrschneider

Religion und militärische Gewalt in Einsätzen der Bundeswehr

Die folgenden, kurzen Ausführungen erheben keinesfalls den Anspruch einer wissenschaftlichen Studie und werden sicherlich keinen akademischen Ansprüchen gerecht. Ich versuche allein, einige persönliche Beobachtungen aus der militärischen Praxis der Einsätze der Bundeswehr darzustellen und unmittelbar aus der Sicht eines Soldaten zu kommentieren. Bestenfalls kann dies zu gründlicheren, systematischeren Untersuchungen anregen. Ohnehin sei darauf hingewiesen, dass die professionelle Kernkompetenz eines Soldaten nicht vorrangig im theoretischen Verständnis des Krieges liegt, sondern in der praktischen Anwendung der militärischen Mittel, also in der Führung des Gefechts. Davon unbenommen kann man als Soldat dennoch Fragen zur Natur von Konflikten und Kriegen nicht ausweichen, da sie neben den politischen Zielen den Rahmen für militärisches Handeln wesentlich mitbestimmen.

Am Anfang soll zunächst die paradoxe Beobachtung stehen, dass Religion als Faktor in unseren militärischen Einsätzen eine große und zugleich eine sehr kleine, fast vernachlässigbare Rolle spielt. Die Frage nach der Rolle der Religion in modernen Konflikten gehört in den Kontext der stets verschiedenen, veränderlichen Natur von Kriegen. Der soldatische Aspekt dieser Frage wiederum betrifft die Eignung von militärischem Instrument und Vorgehensweise für das Erreichen der angestrebten Ziele in dem jeweils spezifischen Konflikt. Im Folgenden werde ich mich auf Einsätze der Bundeswehr beschränken und selbst hier keinen Anspruch auf Vollständigkeit erheben. Dabei werde ich drei Perspektiven auf die Fragestellung einnehmen und die Beziehung zwischen der religiösen Dimension von Konflikten und dem strategischen Kalkül, der militärischen Führung und der emotionalen Mobilisierung der Konfliktteilnehmer anhand jeweils eines kurzen Beispiels anreißen.

Die erwähnte Widersprüchlichkeit mit Blick auf die Rolle der Religion in unseren militärischen Einsätzen deutet in meinen Augen zuerst auf ein strategisches Dilemma säkularer, westlicher Staaten im Umgang mit religiöser Gewalt hin. Dabei bezieht sich dem militärischen Sprachgebrauch folgend der Begriff *strategisch* auf die von der politischen Leitung, also vor allem der Regierung gesteuerte Anwendung von Instrumenten wie beispielsweise Diplomatie, Aufbau- und Entwicklungszusammenarbeit und insbesondere militärischer Gewalt zum Erreichen ihrer politischen Ziele. Dagegen setzt sich der Begriff *taktisch* in dem Sinne ab, dass hierunter der Einsatz militärischer Mittel wie Truppen oder andere militärische Fähigkeiten für den kriegerischen Erfolg verstanden wird.

1. Religiöse Dimension und strategisches Kalkül

Ausgangspunkt für eine Betrachtung der Rolle von Religion in den Einsätzen der Bundeswehr sollen die Mandate des Deutschen Bundestages sein. Zwar vorrangig zur Legitimierung des Einsatzes präzise umrissener militärischer Fähigkeiten gedacht, sind die Mandate zugleich zentrale strategische Dokumente zur Rolle der Bundeswehr im Konfliktmanagement der Bundesregierung, wie sie so für kein anderes Ressort existieren. Die Mandate erläutern das Verständnis der Bundesregierung von Funktion und Ausmaß der Gewaltanwendung in diesen Konflikten. Die hier interessierende Rolle der Religion in den Konflikten oder zumindest ihre Einschätzung durch die Bundesregierung könnte insbesondere in der sicherheitspolitischen Begründung des Mandates ausgeführt sein. Dieser vom Verteidigungsministerium federführend, aber mit substanzieller Beteiligung des Auswärtigen Amtes erstellte Mandatsanteil erklärt über den eigentlichen Mandatstext hinaus den strategischen Rahmen eines Einsatzes.

Die sowohl großen als auch strategisch priorisierten Einsätze von Afghanistan über Nordirak bis Mali richten sich auf Konflikte, in denen eine religiöse Dimension wegen des Vorhandenseins islamistischer Terrorgruppen offenkundig ist. Dennoch findet man in den Mandaten und sicherheitspolitischen Begründungen wenige Hinweise darauf, dann aber sehr fokussiert auf den islamistischen Terror. Ob und inwiefern es eine religiöse Dimension der Konflikte gibt, bleibt unklar.

Um Missverständnisse zu vermeiden: Dies ist nach meiner Überzeugung kein Produkt bewusster Auslassung, gar wider besseren Wissens. Bis zur Flüchtlingskrise und der unmittelbaren Bedrohung durch islamistischen Terror waren bündnispolitische Erwägungen in der Regel die strategisch leitenden Gesichtspunkte. An der Erstellung der Mandate war ich selbst eine Zeitlang beteiligt; die Frage nach einer religiösen Dimension in den strategischen Diskussionen in und zwischen den Ministerien spielte in der Regel keine Rolle, auch für mich nicht. In meiner Erinnerung kam nur einmal der Gedanke auf, das Afghanistan-Engagement auch mit der strategischen Chance zu begründen, eine erfolgreiche Stabilisierung unter Einbeziehung der historisch eher liberalen Ausprägung des Islam in Afghanistan könnte das Verhältnis zwischen Westen und islamischer Welt insgesamt positiv beeinflussen. Dies wurde nicht über Gespräche auf der Arbeitsebene hinaus verfolgt.

Es ist leicht, dies alles mit einem kritischen Unterton festzustellen. Doch sollte man sich mit Blick auf unsere Einsätze in Afghanistan, Nordirak, Somalia oder Mali umgekehrt fragen, wie denn eine strategische Berücksichtigung der religiösen Dimension eines Konfliktes im militärischen Handeln ausgeführt werden sollte, selbst im Rahmen eines vernetzten Ansatzes? Der Einsatz militärischer Mittel zur Durchsetzung der eigenen Ziele gegen eine religiös motivierte Konfliktpartei führt leicht zu einer Gewalteskalation, weil die religiöse Dimension den Konflikt in eine Auseinandersetzung steigern kann, in der die eine Partei glaubt, auf Leben und Tod um die eigene Existenz zu kämpfen. Diese Steigerung in Richtung eines absoluten Krieges mobilisiert dann alle Ressourcen dieser Partei für den Kampf, was wiederum eine entsprechende Eskalation auf der Gegenseite nach sich zieht. Im Afghanistankrieg nach der sowjetischen Intervention 1979 war diese

Eskalation mit sich religiös zunehmend radikalisierenden Widerstandskämpfern zu beobachten wie auch beim Aufstand im Irak nach der Invasion von 2003, um zwei Beispiele zu nennen. Hinsichtlich der Einsätze der Bundeswehr in Afghanistan, Nordirak, Somalia und Mali bestünden zuerst schon Zweifel an der dauerhaften, konfliktbeendenden Wirksamkeit einer solchen Gewalteskalation. Zudem befände sie sich aber auch kaum in einem vertretbaren Verhältnis zu unseren strategischen Interessen. Zuletzt stünde die ethische Vertretbarkeit eines solchen Ansatzes zur Diskussion. Dennoch bleibt die Herausforderung bestehen, wie westliche Staaten mit ihrer zutiefst verankerten Säkularität strategisch auf die religiöse Dimension in Konflikten antworten sollen?

Vor dem Hintergrund dieses strategischen Kalküls, das wie dargestellt eine religiöse Dimension des Einsatzes nicht anspricht, tritt der Soldat in die militärische Durchführung seines Auftrages. Hier begegnet man religiösen Konfliktfaktoren nahezu tagtäglich und ganz praktisch. Das Verhältnis zwischen Religion, in den Einsätzen zumeist in der Form des Islam, und Gewalt entwickelt vor Ort erheblichen Einfluss auf das Umfeld und die Bedingungen, in denen das Militär operiert.

2. Religiöse Dimension und militärische Führung

Eine besondere Gewaltform in Stabilisierungseinsätzen in islamischen Ländern sind Selbstmordattentate, die die militärische Führung vor große Herausforderungen stellen. Mein eigenes Bild dazu wurde nachhaltig bereits 2006 in Kunduz geprägt, als es der afghanischen Polizei gelang, einen Selbstmordanschlag zu verhindern und den Attentäter festzunehmen. Dabei fielen uns Audiokassetten in die Hand, die offensichtlich dazu gedacht waren, den Selbstmordattentäter auf der Fahrt zum Anschlag zum Festhalten an seiner Absicht zu motivieren. Der übersetzte Inhalt wirkte auf einen westlichen Soldaten extrem befremdlich, wenn nicht verstörend.

Ganz unbestreitbar trat hier eine religiöse Dimension des Kampfes hervor, die die Bedingungen mitprägte, unter denen Operationen und Gefechte geführt wurden. In einer Stabilisierungsoperation, die nicht auf das Niederwerfen eines Gegners zielt, sondern fast gegenteilig bei minimalem militärischem Gewalteinsatz ein sicheres Umfeld für die Bevölkerung als Rahmenbedingung für eine Konfliktlösung herstellen soll, sind diese Bedingungen für die militärische Führung nur schwer zu meistern. Das eigene Streben nach Begrenzung militärischer Gewalt trifft auf einen Ansatz, der auf maximale, unterschiedslose Verluste zielt und dies religiös rechtfertigt. Für das militärische Handeln ist es dabei irrelevant, ob diese religiöse Rechtfertigung theologisch begründbar ist oder nicht. Die Praxis des Selbstmordanschlages führt zu einem militärischen Führungsdilemma, da die inhärente Logik des Kampfes eine eigene Gegeneskalation der Gewaltanwendung nahelegen würde, dies aber Auftrag und Zielsetzung grundlegend widerspräche. Dabei bringt diese Form der Gewaltanwendung eine Ungewissheit in das militärische Handeln, die von der militärischen Führung eine Risikoabwägung zum Einsatz der eigenen Kräfte und Mittel verlangt, für die ihr jedoch die strategische Vorgabe fehlt. Das Phänomen des Selbstmordanschlages macht damit deutlich, dass das Verhältnis von Religion und Gewalt für das militärische Handeln in aktuellen Konflikten erhebliche Relevanz besitzen kann und aus militärischer

Perspektive eine eskalierende Dynamik entfaltet, die sich unmittelbar auf das taktische Vorgehen und das Führen im Gefecht, also auf die praktische Anwendung militärischer Gewaltmittel durch die militärische Führung auswirkt.

Selbstmordanschläge sind allerdings eine nicht nur aus militärischer, sondern auch aus religiöser Perspektive radikale Erscheinung; sie stellen als Extrem sicherlich nicht die Norm religiös motivierter Gewaltäußerungen dar. Doch veranschaulicht gerade dieses Extrem, wie eine religiöse Dimension eines Konfliktes diesen durch Hinzufügen einer eigenen, zumindest partiellen Dynamik gestalten und so bis in die Sphäre der unmittelbaren militärischen Führung im Konflikt wirken kann.

3. Religiöse Dimension und emotionale Mobilisierung

Neben der Einwirkung auf die Sphäre der militärischen Führung in einem Konflikt legt das Phänomen von religiös motivierten Selbstmordattentätern gleichzeitig nahe, dass religiöse Faktoren ebenso auf die emotionale Beteiligung der Bevölkerung Einfluss haben und so auch auf diesem Wege die spezifische Natur eines Konfliktes mitbestimmen. Hier stellen Selbstmordattentäter aber offensichtlich nur eine auf einzelne Individuen begrenzte, äußerst extreme Erscheinung dar.

Aus eigenem Erleben wurde die Frage nach dem Zusammenhang zwischen religiöser Dimension in einem Konflikt und der Gewaltmotivation der Bevölkerung aufgeworfen, als ich 2009–2010 Kommandeur des Provincial Reconstruction Team Kunduz war. Das Provincial Reconstruction Team, kurz PRT, war eine zivil-militärische Einrichtung, ursprünglich zur Sicherung und Unterstützung des Wiederaufbaus in jeweils einer afghanischen Provinz gedacht, umfasste zu diesem Zeitpunkt jedoch etwa 1200 Soldaten und operierte faktisch als militärischer Einsatzverband. Im Februar 2010 hatte ich einen eher zufälligen Aufenthalt auf einem afghanischen Friedhof außerhalb von Kunduz. Der Friedhof war ein typisches, mit bunten Fahnen geschmücktes Gräberfeld abseits der Siedlungen und bewässerten Felder auf einer deutlich über dem Kunduzfluß liegenden Weidefläche. Frühmorgens im Februar war eine deutsche Fallschirmjägerkompanie in der Nachbarschaft dabei, sich für eine größere Operation gemeinsam mit den anderen Kompanien des PRT bereitzumachen. Natürlich war der Anblick dieser kleinen, verstreuten afghanischen Friedhöfe den Soldaten vertraut, und auch ich beachtete ihn nicht weiter. Dann wies mich mein Sprachmittler, der die Beschriftung der Gräber in Augenschein genommen hatte, darauf hin, dass einzelne der dort bestatteten Toten als Märtyrer des Dschihad bezeichnet würden, die beim Luftangriff am 4. September 2009 auf die Tanklastzüge bei Kunduz gestorben seien. Es ist hier nebensächlich, wie man diesen Luftangriff im Ganzen bewertet. Interessanter wäre schon die Frage, inwieweit diese religiöse Einordnung des Luftangriffs während des Ramadan repräsentativ für größere Teile der Bevölkerung um Kunduz war, was ich persönlich stark bezweifle. Offensichtlich und unbestreitbar ist jedoch, dass es Bevölkerungsgruppen gab, deren Motivation zu Konflikt und Kampf eine genuine religiöse Komponente hatte, die Kampf- und Durchhaltewillen gegenüber dem wahrgenommenen, hier ungläubigen Feind stärkte.

Man mag jetzt feststellen, dass diese Einsicht in eine dschihadistische Motivation von Aufständischen in Afghanistan keineswegs originell und auch im Literaturstudium zu erwerben sei. Das trifft ohne Zweifel zu, verkennt aber Bedeutung und Wirkung von unmittelbar Erlebtem für aktive Konfliktteilnehmer. Auch wenn man weiß, wie afghanische Taliban ihren Kampf mit dem Dschihad begründen, bleibt der emotionale Eindruck groß, wenn man am Morgen einer Operation, die absehbar zu Gefechten mit Aufständischen führt, am Grab eines Menschen steht, dessen Tod in diesen Dschihad und der ihm eigenen Vorstellung vom ungläubigen Feind eingeordnet wird. Denn damit wird auch das eigene, unmittelbar bevorstehende Handeln in diesen Rahmen von Feindschaft gestellt, dem man sich emotional dauerhaft kaum entziehen kann.

Für Soldaten in Stabilisierungseinsätzen ergeben sich somit besondere Herausforderungen, denn hier ist militärisches Handeln nicht auf Kampf und Sieg gegen einen Gegner fokussiert. Ziel ist vielmehr, im vernetzten zivil-militärischen Handeln Konfliktursachen zu neutralisieren und Konfliktlösungen der Parteien vor Ort zu unterstützen und zu sichern. Diese Konfliktursachen sind zumeist sehr vielfältig und zumindest nach meinem Eindruck in Afghanistan keineswegs ursächlich religiös. Religiöse Faktoren können aber eine die feindlichen Emotionen eskalierende Dynamik stärken und beschleunigen, die westliche Soldaten in das Dilemma führt, dass der Konflikt Stabilisierung nicht mehr zulässt, der Auftrag aber die Führung eines Krieges zur Durchsetzung der Ziele nicht vorsieht.

Die emotionale Mobilisierung einer Konfliktpartei führt mit hoher Wahrscheinlichkeit zu einer dynamischen Wechselwirkung mit der anderen Partei, hier den eingesetzten Soldaten. Man sollte sich bewusst machen, dass die Wahrnehmung der Konfliktrealität durch diese Soldaten, insbesondere wenn sie in Kampfhandlungen geraten, durch eine entsprechende emotionale Gegenmobilisierung beeinflusst werden dürfte. Diese Wahrnehmung entspräche dann nicht mehr der, auf der die strategischen Vorgaben für den Einsatz beruhen, und birgt das Risiko, dass militärisches Instrument und strategische Leitung sich auseinander entwickeln. Auch aus dieser Perspektive scheint es also wichtig, klare strategische Vorgaben zur religiösen Dimension des Konflikts zu formulieren, um einer derartigen Dynamik vorzubeugen und einen Ausgleich zwischen strategischem Zweck und taktischem Mitteleinsatz sicherzustellen.

4. Schlussbetrachtungen

Man kann also zunächst resümieren, dass die religiöse Dimension durchaus Relevanz für das aktuelle Einsatzprofil der Bundeswehr hat. Religion kann die emotionale Dimension eines Konfliktes äußerst tiefgreifend prägen und gerade die Dynamik gegenseitiger Feindschaft konfliktsteigernd verschärfen. In Stabilisierungsoperationen bildet dies ein mögliches Dilemma für das Auftragsverständnis der eingesetzten Soldaten: Sie kommen mit dem Auftrag in eine Konfliktregion, ein sicheres Umfeld zu schaffen, also Gewalt durch die Konfliktparteien zu minimieren, müssen dann aber tatsächlich zunehmend selbst Gewalt gegen eine Konfliktpartei anwenden, um diese zum Verzicht auf die Verfolgung ihrer

Ziele durch Gewalt zu zwingen. Religiöse Faktoren besitzen auch Bedeutung für militärische Entschlüsse, sie können eigene Unwägbarkeiten hervorrufen und so militärische Handlungsmöglichkeiten auf eigene Weise mitgestalten. Daher ist es richtig, sie in den Entscheidungsprozessen zu berücksichtigen, was auf pragmatische Weise zumeist auch geschieht. Vor diesem Hintergrund ist es überraschend, dass in unserem strategischen Kalkül Religion keine oder nur eine vernachlässigbare Rolle spielt. Die besonderen Unwägbarkeiten, mit denen militärische Entscheidungen konfrontiert werden, wie auch das emotionale Eskalationspotenzial, beides Konsequenzen der religiösen Dimension aktueller Einsätze, bedürften zweifelsohne einer Berücksichtigung in der Formulierung der entsprechenden Strategie. Man kann vielleicht mutmaßen, dass die gezeigte Vorsicht der politisch-strategischen Führung beim Einsatz der Bundeswehr in diesen Konfliktszenarien eine unausgesprochene strategische Antwort auf diese Herausforderungen ist.

Die Gretchenfrage nach dem Umgang mit einer religiösen Dimension in aktuellen Konflikten bleibt auf der strategischen Ebene allerdings bestehen. Die Frage wird umso drängender, je mehr sich aus diesen Konflikten nicht nur Risiken, sondern unmittelbare Bedrohungen gegen die Bundesrepublik Deutschland ergeben. Bei Stabilisierungseinsätzen im Rahmen eines internationalen Konfliktmanagements droht grundsätzlich das strategische Dilemma einer Lageentwicklung, in der die zur Stabilisierung eingesetzten Streitkräfte, auf einen sehr *begrenzten* Gewalteinsatz verpflichtet, mit einem Gegner konfrontiert werden, der darauf mit einem nahezu *unbegrenzten* Gewalteinsatz antwortet. Die Rechtfertigung dieser Entgrenzung erfolgt offensichtlich durchaus wirksam mit religiösen Argumenten, wie es in Afghanistan, Irak oder Mali zu beobachten ist. Wenn keine nationalen Sicherheitsinteressen direkt betroffen sind, bleibt dann immer noch der unangenehme, aber strategisch vertretbare militärische Rückzug aus dem Konflikt. Dies ändert sich, wenn eine unmittelbare Bedrohung eintritt, die einen solchen Rückzug, als dem eigenen Sicherheitsinteresse zuwiderlaufend, nicht länger erlaubt.

Ich will gar nicht vorgeben, die Antwort auf diese strategische Gretchenfrage zu wissen. Sie ist wohl auch ähnlich wie die Antwort des freien, pluralistischen Westens auf die Bedrohung durch den totalitären Sowjetkommunismus nur in einem intensiven sicherheitspolitischen Diskurs zu entwickeln, wenn man den nicht in jeder Hinsicht passenden historischen Vergleich ziehen mag. Überdies bin ich überzeugt, dass letztlich jeweils spezifische Antworten für jeden Einzelfall eines Konfliktes und sich daraus ergebender Risiken und vielleicht Bedrohungen zu formulieren sind, worin bereits ein gravierender Unterschied zur Situation des Kalten Krieges mit seiner bipolaren Weltordnung besteht. Aber im Unterschied zur bisherigen Praxis halte ich es für angeraten, die religiösen Faktoren in Konflikten auch strategisch zu adressieren und angemessene Mittel und Wege zu finden, auf sie einzuwirken, um überhaupt wirksames Konfliktmanagement betreiben zu können oder uns vor Bedrohungen zu schützen, die aus diesen Konflikten und ihrer religiösen Dimension entspringen.

Zum Abschluss möchte ich einen Gedanken vorstellen, der vielleicht aufzeigt, über welche Mittel und Wege man nachdenken könnte, um auch die religiöse Dimension eines Konfliktes zu berücksichtigen. Im Februar 2010 führten der zivile Leiter des PRT Kunduz und ich als militärischer Kommandeur eine Fahrt in den Distrikt Qual-il-Zal durch. Der dortige Distriktmanager, eine Funktion vergleichbar einem deutschen Landrat, war ein äußerst leistungsfähiger und verlässlicher Partner. Er brachte uns an verschiedene Orte, wo er gerne die Unterstützung des PRT Kunduz gesehen hätte. In einem Dorf erwartete uns eine größere Ältestenversammlung; ihr Anliegen war der Bau einer Moschee. Grundriss und erste Teile eines Fundaments waren bereits zu sehen. Das Ganze schien ein größeres, ziemlich ambitioniertes Unterfangen zu sein. Wir wurden um finanzielle Unterstützung gebeten und die gewünschte Summe war erheblich. Dies lag klar außerhalb militärischer Kompetenz für den Einsatz von Fördergeldern und so musste der zivile Leiter des PRT Kunduz dies entscheiden. In der Bewertung waren wir uns damals aber sofort einig, dass wir deutsches Geld sicher nicht zum Bau von Moscheen einsetzen würden. Das erschien uns beiden abwegig, abgesehen von der Frage, ob ein solches Projekt formal überhaupt möglich gewesen wäre. Wir waren bereit, die Instandsetzung von Bewässerungsgräben mitzufinanzieren oder eine Teppichmanufaktur, aber keine Moschee. Dies war ein uns gegenüber positiv eingestelltes Dorf, dessen Bewohner aktiv mitgearbeitet hatten, die Taliban aus diesem Bereich zu vertreiben. Dass ein von uns unterstützter Moscheebau stabilisierend wirken könnte, kam mir damals nicht in den Sinn.

Im Sommer zurück in Deutschland erfuhr ich, dass der Distriktmanager einem Anschlag zum Opfer gefallen war. Ich dachte danach wiederholt über diesen Moscheebau nach. Heute glaube ich, dass wir eine Chance vergeben haben, weil wir die religiöse Dimension des Konfliktes unterschätzt haben. Ich bin sehr vorsichtig geworden zu meinen, was diese afghanische Dorfbevölkerung tatsächlich gedacht und gewünscht hat. Aber mit dem Blick des säkularen Westens glaubten wir mit ökonomischem Wiederaufbau die Stabilisierung am wirksamsten unterstützen zu können. Vielleicht hätte aber eine Moschee, in der der traditionelle afghanische, liberale Islam vertreten worden wäre, mehr zur Stabilisierung beigetragen.

Zum Abschluss halte ich es zuerst für wichtig, nach diesen Ausführungen zur religiösen Dimension in aktuellen Konflikten deutlich zu machen, dass daneben politische, soziale, ökonomische, ethnische und weitere Faktoren stehen, die die Natur des Konfliktes bestimmen. Religion ist wahrscheinlich selten eine Ursache, birgt aber ein Potenzial zur Gewalteskalation, weil sie stärker als andere Faktoren Wahrnehmung bestimmen kann. So kann sie durch eine Konfliktpartei dazu instrumentalisiert werden, rationale, verhandelbare Fragen eines Konflikts zu überlagern und in eine existenzielle Auseinandersetzung zu verwandeln, in der die Gewaltanwendung zum Äußersten tendiert. Die Möglichkeit, die religiöse Dimension zur Mäßigung des Konflikts zu nutzen und eskalationshemmende, konfliktreduzierende religiöse Strömungen zu stärken und zu unterstützen, wäre sicherlich ein strategischer Ansatz, den zu prüfen sich lohnen würde. Dazu wäre es sehr interessant, Konfliktlagen zu untersuchen, in denen die religiöse Dimension eskalationshemmend gewirkt hat, um ein besseres Verständnis für die Wirkung religiöser Faktoren auf Konfliktursachen und -dynamik zu erhalten. Dies dürften Fälle sein, in denen militärische Gewalt von vornherein gar nicht zum Einsatz kommt und daher gar nicht in den Erfahrungshorizont von Soldaten gelangt.

Zusammengefasst kann man festhalten, dass für Soldaten die religiöse Dimension aktueller Konflikte eine erhebliche Relevanz besitzt. Sie bestimmt den strategischen Rahmen seines Handelns, selbst wenn sie nicht ausdrücklich Niederschlag in der formulierten strategischen Zielsetzung hat. Sie wirkt auf die Bedingungen des Einsatzes militärischer Gewalt und fordert eine entsprechende Berücksichtigung durch die militärische Führung. Nicht zuletzt stellt sie einen bedeutenden Faktor in der emotionalen Mobilisierung zum Kampf dar und beeinflusst so die Konfliktintensität. Da sie auch emotional demobilisierend wirken dürfte, sollte dieses Potenzial der religiösen Dimension stärker ins Augenmerk von Theorie und Praxis genommen werden. Eine Vertiefung und Präzisierung unseres strategischen Umgangs mit der religiösen Dimension wären für die eingesetzten Kontingente sicher sehr hilfreich und könnten den Einsatz militärischer Mittel womöglich besser begründen und die erwünschte Wirkung genauer definieren.

Anja Seiffert
im Gespräch mit Markus Thurau

An den Grenzen des Kulturparadigmas. Ein Dialog über die Frage, ob Religion für die Identität von Einsatzsoldaten der Bundeswehr eine Rolle spielt

Frau Seiffert, in Ihren politik- und sozialwissenschaftlichen Studien kommen Sie zu dem Schluss, dass das soldatische Selbstverständnis Ausdruck gesamtgesellschaftlicher Veränderungsprozesse und somit einem starken Wandel unterworfen ist. In Form sozialwissenschaftlicher Einsatzbegleitung nehmen Sie empirisch die Einstellungen, Orientierungen und Belastungen von Soldatinnen und Soldaten in Auslandseinsätzen der Bundeswehr in den Blick. Inwiefern spielt der Themenkomplex »Religion« in diesen Zusammenhängen eine Rolle?

Der Themenkomplex »Religion«, der eigentlich vielfältige Anknüpfungspunkte für die Frage nach soldatischer Identität bietet, wird in unseren Forschungen nur indirekt thematisiert. Das liegt nicht zuletzt auch daran, dass er sowohl in den Konzepten als auch in der Ausbildung der Bundeswehr, so meine These, durch die allgemeinere Perspektive überlagert wird, die auf das Kulturparadigma fokussiert ist. Religion wird subsumiert und nicht als eigenständige Kategorie zureichend erfasst. Die Bundeswehr folgt damit einem Trend in unserer Gesellschaft. Kritisch sei jedoch angemerkt, dass dies die Gefahr einer Relativierung von Religion nicht nur für die Lebenswirklichkeit von Soldatinnen und Soldaten, sondern auch für das Konfliktgeschehen und das Zusammenleben der Menschen in den Einsatzländern der Bundeswehr birgt. Ähnliches gilt selbstkritisch auch für die militärsoziologische Forschung: Das Thema Religion ist etwa in den Befragungen, die wir mit Einsatzsoldaten der Bundeswehr durchgeführt haben,[1]

---

[1] Es handelt sich hier um Befragungsergebnisse, die im Rahmen der ersten sozialwissenschaftlichen Langzeitbegleitung mit Soldatinnen und Soldaten des 22. Kontingents ISAF gewonnen wurden. Die Soldatinnen und Soldaten des Kontingents befanden sich überwiegend von März bis Oktober 2010 im Einsatz in Afghanistan und sind mehrfach mit unterschiedlichen Methoden befragt worden. Die Befunde dieser Studie liegen in mehreren Forschungsberichten und wissenschaftlichen Beiträgen vor. Siehe etwa: Anja Seiffert, Wofür riskieren Soldatinnen und Soldaten ihr Leben. In: Schützen, Retten, Kämpfen – Dienen für Deutschland. Hrsg. von Alois Bach und Walter Sauer, Berlin 2016, S. 213–225; Anja Seiffert, Willkommen in meiner Welt – Einsatzsoldaten und Heimatgesellschaft. In: Am Hindukusch – und weiter? Die Bundeswehr im Auslandseinsatz. Erfahrungen, Bilanzen, Ausblicke. Hrsg. von Rainer L. Glatz und Rolf Tophoven, Bonn 2015, S. 235–247; Anja Seiffert und Julius Heß, Der Einsatz, die Liebe, der Dienst und die Familie, Potsdam

nicht explizit enthalten, sondern wir haben uns mit der Fragestellung beschäftigt, wie Interkulturelle Kompetenz als Schlüsselqualifikation zur Auftragserfüllung im Auslandseinsatz verstanden und verbessert werden kann. Hierfür haben wir untersucht, inwiefern Soldatinnen und Soldaten in unterschiedlichen interkulturellen Handlungskontexten des Einsatzes kultursensibel agieren und welche Auswirkungen Einsatzerfahrungen auf interkulturelle Sensibilität von Soldatinnen und Soldaten haben. Gleichwohl spielt Religion in den Verhaltensregeln und Hintergrundinformationen, die Soldatinnen und Soldaten in der Ausbildung erhalten, eine Rolle. So wird beispielsweise über religiöse Menschenbilder aufgeklärt, indem etwa darauf hingewiesen wird, dass es in islamisch geprägten Gesellschaften unüblich ist, den direkten Blickkontakt zu Frauen zu suchen. Oder es werden Situationen beschrieben, die mit dem Einsatz zu tun haben. Muslimische Beerdigungsrituale spielen z.B. nach Anschlägen oder Gefechten mit Toten eine Rolle. Für die Bundeswehr ist es hinterher nicht immer leicht, die Orte genauer zu untersuchen, auch weil Menschen in islamisch geprägten Gesellschaften ihre Toten innerhalb von 24 Stunden bestatten. Daneben werden Soldatinnen und Soldaten zur Vorbereitung historische und politische Hintergrundinformationen zu den Einsatzländern angeboten. Hierzu tragen auch unsere »Wegweiser zur Geschichte« zu den verschiedenen Einsatzgebieten der Bundeswehr bei[2]. Man kann also sagen, dass Religion in der Einsatzausbildung zwar eine Rolle spielt, allerdings wird nicht auf die Auseinandersetzung mit Religion als solche fokussiert, sondern auf einzelne Handlungsanweisungen und stärker auf allgemein kulturspezifische Wissensbezüge.

Die sozialwissenschaftliche Erforschung von Auslandseinsätzen interessiert sich auch insofern für das Thema Religion, als sie der Frage nachgeht, wie Einsätze als »Lernorte« zur Aneignung interkultureller Sensibilität fungieren, wobei darauf hinzuweisen ist, dass interkulturelle Interaktionen ein wesentliches Moment der Einsatzwirklichkeit von Soldatinnen und Soldaten der Bundeswehr sind. Diese können für sie abhängig von der Aufgabe im Einsatz und dem jeweiligen Einsatzland aber erheblich variieren. Sie reichen etwa von regelmäßigen Kontakten zur lokalen Bevölkerung im Rahmen der Gesprächsaufklärung, Informationsgewinnung oder Kontaktpflege, der Ausbildung und Beratung von lokalen Sicherheitskräften über die Kooperation mit multinationalen Truppen bis hin zu gemeinsamen militärischen Operationen mit verschiedenen internationalen und einheimischen Sicherheitskräften. Hier kam die Forschung zu durchaus ermutigenden Ergebnissen: Wir konnten etwa empirisch bestätigen, dass die Ausbildung in interkultureller Kompetenz als durchaus wirksam verstanden

2014; Anja Seiffert, Generation Einsatz. In: Aus Politik und Zeitgeschichte, Nr. 44/2013, S. 11–17; Der Einsatz der Bundeswehr in Afghanistan. Sozial- und politikwissenschaftliche Perspektiven. Hrsg. von Anja Seiffert, Phil C. Langer und Carsten Pietsch, Wiesbaden 2012.

2 Die Reihe »Wegweiser zur Geschichte« erscheint seit 2005. Bislang liegen folgende Bände vor: Afghanistan, Auslandseinsätze der Bundeswehr, Baltikum, Bosnien-Herzegowina, Demokratische Republik Kongo, Horn von Afrika, Irak und Syrien, Kaukasus, Kosovo, Mali, Naher Osten, Nordafrika, Pakistan, Sudan, Sudan und Südsudan, Usbekistan, Zentrales Afrika. Die Bände werden in Form von Neuauflagen ständig aktualisiert. Die Inhalte der jeweils aktuellen Auflagen sind zudem im Internet abrufbar unter <http://www.zmsbw.de/html/einsatzunterstuetzung>.

werden kann. Von einem regelrechten Kulturschock etwa, den die von uns befragten Soldatinnen und Soldaten im Einsatz in Afghanistan erlitten, kann nicht gesprochen werden. Mehr noch: Soldatinnen und Soldaten mit einer ausgeprägten interkulturellen Sensibilität erlebten im Einsatz signifikant seltener verbale Auseinandersetzungen oder gewaltsame Zwischenfälle im Umgang mit der lokalen Bevölkerung. Interkulturelle Sensibilität trägt, so könnte man daraus schlussfolgern, tatsächlich zur besseren Auftragserfüllung im Einsatz bei. Zudem ließ sich ein Lernprozess durch die Erfahrungen des Einsatzes beobachten. So entwickelten Soldatinnen und Soldaten, die etwa von häufigen Kontakten zur Bevölkerung im Einsatz berichteten, über die Zeit hinweg auch eine höhere interkulturelle Sensibilität. Das hängt entscheidend aber auch von der Bewertung ab, ob die Erfahrungen rückblickend also eher positiv oder negativ eingeschätzt werden.

Wir beschäftigen uns in unseren Forschungen aber nicht nur mit interkultureller Sensibilität als Voraussetzung kulturkompetenten Handelns im Einsatz, sondern weiter gefasst mit ethischer Entscheidungskompetenz von Soldatinnen und Soldaten, die in der Realität eines Einsatzes unter erheblichen Belastungsdruck geraten kann. Das Konfliktgeschehen in den Einsätzen stellt sich für die Soldatinnen und Soldaten meist als hochgradig komplex und unübersichtlich dar; zumal sie im Kontakt mit den Menschen in den Einsatzländern mitunter mit Werten und Orientierungen konfrontiert werden, die ihnen selber fremd und problematisch erscheinen. Dafür reicht es nicht aus, allein militärisches »Handwerkszeug« zu beherrschen. Hier spielt auch ethische Orientierungskompetenz eine wichtige Rolle. Gefordert wird von Soldatinnen und Soldaten, mit möglichen Widersprüchen und Ambivalenzen umgehen zu können, die etwa entstehen, wenn sie mit Wertvorstellungen und Handlungsweisen konfrontiert werden, die gegen eigene Überzeugungen agieren. Ein Verständnis für dahinter liegende Orientierungen kann den Umgang mit diesen Spannungen zwischen den eigenen Überzeugungen und denen des Anderen erleichtern und helfen, diese im Sinne des militärischen Auftrages besser auszubalancieren. Es geht demnach auch um Verhaltenssicherheit in komplexen Einsatzsituationen. Dass dies für Soldatinnen und Soldaten keine Nebensache ist, konnten wir auch in unseren Gesprächen und Interviews beobachten, die wir im Einsatz in Afghanistan geführt haben. »Hier ist einfach eine ganz andere Welt, andere Regeln, anderes Verhalten, Religion spielt eine ganz andere Rolle, das muss ich wissen und damit muss ich auch irgendwie umgehen, sonst komme ich hier nicht klar«, hieß es etwa. In den Konfliktsituationen des Einsatzes ist Religion demnach durchaus ein relevantes Thema für Soldatinnen und Soldaten, aber es wird eher über die konkreten Erfahrungen vor Ort stimuliert und weniger über Ausbildungsinhalte.

Diese Ausführungen erinnern mich an einen Vortrag von Ihnen, in dem Sie auf die Bedeutung der »moralischen Standpunktfähigkeit« von Soldatinnen und Soldaten verwiesen haben.

Hierzu sind vorab einige Anmerkungen zum Begriff notwendig: Moralische Standpunktfähigkeit verstehe ich in freier Anknüpfung an die militärethischen Reflexionen meines Kollegen Klaus Ebeling[3] als Orientierungskompetenz von

---

[3] Siehe hierzu Klaus Ebeling, Militär und Ethik. Moral- und militärkritische Überlegungen zum Selbstverständnis der Bundeswehr, Stuttgart 2006; und Orientierung Weltreligionen.

Soldatinnen und Soldaten, die, so meine Annahme, durch die Erfahrungen in riskanten Auslandseinsätzen gleich in dreifacher Hinsicht herausgefordert wird: auf der Ebene individueller Integrität, auf der Ebene partizipativer Organisationskultur und in einem konfliktfähigen Anerkennungsverhältnis von Bundeswehr und Gesellschaft. Es geht also um die Realität und Praxis der Inneren Führung unter Einsatzbedingungen. Dahinter steht wesentlich die Überlegung, dass die Aufgaben der Bundeswehr zur globalen Sicherheitsvorsorge und internationalen Krisenbewältigung über die Jahre komplexer und riskanter geworden sind. Sie changieren zwischen Ausbildungs-, Stabilisierungs- und Kampfaufgaben. Das ist mit erheblichen Belastungen und Beanspruchungen für die Soldatinnen und Soldaten verbunden. Gerade in Ländern mit instabiler Sicherheitslage und fehlenden staatlichen Strukturen geht es um den Schutz der lokalen Bevölkerung, um ein Zusammenwirken militärischer und ziviler Maßnahmen, vor allem um die Verhältnismäßigkeit und Angemessenheit der Handlungsstrategien überhaupt. Traditionell militärische Fähigkeiten allein reichen dafür nicht aus. Einsatzsoldaten müssen längst zusätzliche Handlungs- und Kooperationsfähigkeiten entwickeln. In komplexen Einsatzszenarien werden sie mit umfassenden, teilweise auch entgegengesetzten Anforderungen an Handlungs- und Verhaltensweisen konfrontiert. Auf der einen Seite müssen sie in der Lage sein, mit ganz unterschiedlichen zivilen und militärischen Akteuren zu agieren. Das setzt interkulturelles Verhandlungsgeschick, Kooperationsbereitschaft, Offenheit und Toleranz voraus. Auf der anderen Seite müssen sie ihre militärischen Kampffähigkeiten uneingeschränkt beibehalten. Mit den Widersprüchen und Ambivalenzen umzugehen, die sich aus der faktischen Verknüpfung von militärischen und zivilen Aufgaben ergeben, ist aber keine leichte Angelegenheit. Erschwerend kommt hinzu, dass sich Soldatinnen und Soldaten in ihren Einsätzen zumeist in einer hochgradig fremden Kultur und Religion bewegen, in der sie mit Handlungs- und Verhaltensweisen konfrontiert werden können, die den eigenen Wertvorstellungen diametral entgegenstehen. In Szenarien mit asymmetrischen Kampfsituationen kann sich diese Situation für sie noch weiter komplizieren. Die grundrechtliche und menschenrechtliche Bindung des eigenen Handelns setzt ihnen enge Grenzen der Gewaltanwendung. Mit gleicher Münze wie Aufständische, die sich ihnen entgegenstellen, können sie nicht zurückzahlen. Insgesamt fordert das zumal von Vorgesetzten eine verantwortliche Abwägung der Folgen des eigenen militärischen Handelns auch in ethisch schwierigen Grenzsituationen. Moralische Standpunktfähigkeit von Soldatinnen und Soldaten ist daher nicht »nice to have« oder allenfalls für den Routinedienst am Heimatstandort geeignet, sondern eine wesentliche Voraussetzung zum Bestehen im Einsatz.

Wie herausfordernd dies für Soldatinnen und Soldaten sein kann, konnten wir im Rahmen unserer sozialwissenschaftlichen Begleitung des Afghanistaneinsatzes beobachten. Die von uns befragten Soldatinnen und Soldaten befanden sich überwiegend von März bis Oktober 2010 in einer für sie hochriskanten Phase des Einsatzes in Afghanistan. Anschläge, Gefechte und Hinterhalte bestimmten damals die Einsatzrealität. Das war besonders für die Ausbildungs- und Schutzkräfte des Kontingents, die sich meist außerhalb der militärischen Feldlager inmitten der Bevölkerung oder für gemeinsame Operationen mit afghanischen

---

Hrsg. von Klaus Ebeling, 2., durchges. Aufl., Stuttgart 2011.

Sicherheitskräften zur Aufstandsbekämpfung frei in der Fläche bewegten, mit enormen Anforderungen und Gefahren verbunden. Weder war für sie der Gegner immer klar identifizierbar, noch waren aus den afghanischen Sicherheitskräften schon vertraute Partner geworden. Selbst in vermeintlich zivilen Kontexten konnte jederzeit ein Selbstmordanschlag oder Angriff erfolgen. Die Bedrohung war für die Soldatinnen und Soldaten damit nicht allein auf die konkrete Kampfsituation beschränkt, sondern ein Anschlag konnte zu jeder Zeit und an jedem Ort stattfinden. Hier noch eine Differenzierung hinzubekommen, selbst in riskanten Situationen die Nerven zu behalten und nicht gleich mit Waffengewalt zu reagieren, weil man etwa nicht genau weiß, woher und von wem konkret die Gefahr ausgeht – das sind Spannungen und Ambivalenzen, die Soldatinnen und Soldaten nur bewältigen können, wenn sie eine moralische Standpunktfähigkeit entwickeln, die es ihnen ermöglicht, in diesen hochkomplexen und riskanten Situationen noch angemessen den Auftrag zu erfüllen.

Könnten Sie das an einem Beispiel verdeutlichen?
Im damaligen »Hot Spot« im deutschen Verantwortungsbereich in Kunduz wünschten sich nicht wenige unserer Gesprächspartner in den Interviews, die wir dort geführt haben, von ihren Vorgesetzten ein robusteres Vorgehen gegen Aufständische. Dies galt auch für Soldatinnen und Soldaten, die unter den Eindrücken der schweren »Karfreitagsgefechte«[4] mit toten und verwundeten deutschen Soldaten standen. Sie haben nicht nur enorme Risikokosten des Einsatzes getragen, sondern konnten gewaltsamen Situationen auch nicht einfach ausweichen. Aus unseren Forschungen wissen wir zudem, dass Akzeptanz und Performanz des Einsatzes in einem engen Zusammenhang stehen. Wer von den Soldatinnen und Soldaten im Einsatz etwa davon überzeugt war, dass den Menschen in Afghanistan mit dem Einsatz geholfen werde, der war im Einsatz nicht nur motivierter, sondern stand häufiger auch persönlich hinter der politischen Entscheidung, die Bundeswehr nach Afghanistan zu schicken. Es kann daher schwerlich überraschen, wenn Soldatinnen und Soldaten, die mit Beschuss, Anschlägen und Hinterhalten im Einsatz konfrontiert waren, stärker noch die Auffassung vertraten, die Bundeswehr solle ihren Auftrag in Afghanistan öfter mit Waffengewalt durchsetzen. Sie formulierten vor dem Hintergrund ihrer Erfahrungen Anforderungen an ein wirksames militärisches Vorgehen – und sie erwarteten positive Effekte ihres Handelns. Für den Kommandeur des Provincial Reconstruction Team (PRT) war das keine einfache Situation, da die politischen Vorgaben enge Grenzen für die eigene Entscheidung setzten. Das führte zu Unverständnis, und bei manchen auch zu Unmut. Der ethische Anspruch an Soldatinnen und Soldaten, diese Spannungen auszuhalten und mit ihnen umzugehen, ist in einer solchen Gemengelage extrem hoch; zumal wenn die Sinnhaftigkeit des eigenen Handelns in Frage gestellt wird.

Kann man also sagen, je besser die moralische Standpunktfähigkeit von Soldatinnen und Soldaten entwickelt ist, sei es durch die entsprechende Bildung und Ausbildung innerhalb der Bundeswehr, sei es durch Deutungs- und Sinngebungsmodelle wie etwa

---

4 Bei den sogenannten Karfreitagsgefechten mit Aufständischen in Afghanistan am 2. April 2010 fielen drei Soldaten der Bundeswehr, weitere wurden zum Teil schwer verletzt.

einen religiösen Glauben, umso besser können sie in solchen komplexen Szenarien agieren und ihren Auftrag angemessen erfüllen?

Ja, das ist ein wichtiger Aspekt, sie müssen aber natürlich auch ihr militärisches Handwerk beherrschen. Mit Blick auf den komplexen Auftrag wird aber auch das noch nicht reichen: Die Wirksamkeit eines solchen multidimensionalen Einsatzes ist nicht allein von der Angemessenheit soldatischen Handelns und der militärischen Einsatzstrategie abhängig, sondern maßgeblich vom Zusammenspiel und von ausgewogenen zivilen, diplomatischen, militärischen und polizeilichen Fähigkeiten, die zur Stabilisierung vor Ort entsprechend eingesetzt werden. In welchem Umfang diese Fähigkeiten jeweils zur Verfügung gestellt und in welcher Weise sie eingesetzt werden, sind aber politische Vorgaben, die, darauf sei zumindest hingewiesen, ja nicht zwangsläufig immer auch sinnvoll sein müssen. Die zivilen Fähigkeiten hinken beispielsweise oft genug hinterher. Hinsichtlich der konkreten Anforderungen an soldatisches Handeln in einem komplexen Einsatzumfeld aber würde ich sagen, ja, moralische Standpunktfähigkeit, verstanden als Orientierungskompetenz von Soldatinnen und Soldaten, ist neben den jeweiligen aufgabenbezogenen Fähigkeiten eine wichtige Voraussetzung, um im Einsatz bestehen zu können. Multidimensionale Einsätze verlangen Soldatinnen und Soldaten viel an sozialen, intellektuellen, physischen und psychischen Leistungen ab. Fragen nach der Sinngebung drängen sich da geradezu auf. Auch aus diesem Grund halte ich es für sinnvoll, die Frage nach Religion in diese Kontexte stärker einzubringen – und zwar nicht nur im Hinblick auf die Angemessenheit soldatischen Handelns, sondern auch in Bezug auf die Resilienz, d.h. auf die Verarbeitung und Einordnung von Einsatzerlebnissen nach der Rückkehr. Damit ich nicht missverstanden werde: Mir geht es nicht um religiöse Überzeugungen an sich, sondern um die Frage nach der Relevanz, die diese bei der Verarbeitung von Einsatzerlebnissen haben können. Andere Studien weisen etwa darauf hin, dass ein persönlich verantworteter Glaube, der auf der eigenen Intuition, Überzeugung und einem gesunden Selbstwertgefühl basiert, eine gesundheitliche Ressource darstellen kann, um schwerwiegende, potenziell traumatische Erlebnisse besser zu verarbeiten. Wir haben in unseren Erhebungen den Faktor Religion nicht konkret untersucht, sondern allgemeiner gefragt, wie Soldatinnen und Soldaten die einschneidenden Erlebnisse des Einsatzes nach der Rückkehr verarbeiten und langfristig in ihr Leben integrieren. Hier liegen Hinweise vor, dass Soldatinnen und Soldaten mit einer hohen interkulturellen Sensibilität vergleichsweise besser mit Belastungen und Beanspruchungen, die sie im Einsatz erlebt haben, umgehen können. Das ist jedoch kein Automatismus. Das hängt auch davon ab, ob mit den Erfahrungen des Einsatzes eher Positives oder Negatives verbunden wird. Die von uns befragten Soldatinnen und Soldaten berichteten in der Mehrzahl von positiven Auswirkungen ihrer Erfahrungen auf ihr weiteres Leben, etwa von einem gestiegenen Selbstbewusstsein oder einer höheren Wertschätzung des Lebens nach dem Einsatz. Das galt aber längst nicht für alle. Die Verarbeitung dieser Erfahrungen kann herausfordernd und manchmal auch überwältigend sein. Durch das Erleben von Töten, Tod und Verwundung können etwa tiefsitzende Schuldgefühle, die gegebenenfalls aus den eigenen Wertüberzeugungen resultieren, entwickelt werden, die noch lange nach dem Einsatz zu psychischen Störungen beitragen können.

Mir scheint, dass dies ein Beispiel für die Ambivalenz des Religiösen im Hinblick auf Gewalt ist, da eine religiöse Orientierung offensichtlich ganz heterogene Formen im Umgang mit Gewalterfahrungen kennt.

Wie gesagt, wir haben uns speziell mit der Frage nach der Bedeutung von religiösen Orientierungen für die Verarbeitung von Einsatzerlebnissen nicht befasst. Insgesamt aber erscheint mir die These ambivalenter Wirkungen des Religiösen im Umgang mit Gewalterfahrungen durchaus plausibel. Internationale Studien weisen zwar stärker auf den positiven Aspekt, wonach Glaubensvorstellungen eher als Schutzfaktor der psychischen Gesundheit gesehen werden, die dabei helfen können, Krisen oder schwerwiegende Ereignisse besser zu bewältigen. Diese Ergebnisse müssen jedoch insgesamt zurückhaltend bewertet werden, denn die meisten religionspsychologischen Studien wurden in den USA mit einer starken Fixierung auf dem christlichen Glauben durchgeführt. Wichtiger scheint mir auch ein anderer Aspekt: Als Menschen müssen wir uns im Leben orientieren, ob wir nun wollen oder nicht. Religionen können bei der Suche nach Antworten auf existenzielle Fragen des Lebens, gerade nach Erfahrungen mit Tod und Verwundung, eine Hilfestellung sein, sie müssen es aber nicht, das können auch andere Bezüge leisten, Menschen finden Orientierung und Halt an vielen Orten. Religionen, um mit Hans Joas zu sprechen, schaffen aber einen »Raum, der Erfahrungen der Selbsttranszendenz ermöglicht«. Diese über sich selbst hinausgehende Erfahrung kennen die meisten Menschen auch aus ihrem Alltagserleben. Das kann die Seele entlasten. Insofern ließe sich durchaus die These vertreten, dass Glaubensvorstellungen, die auf einem positiven Menschenbild und einer vertrauensvollen Gottesbeziehung basieren, eher eine Ressource darstellen, die religiös orientierten Soldatinnen und Soldaten dabei hilft, mit schwerwiegenden Einsatzerlebnissen besser umzugehen. Diese Glaubensvorstellungen können umgekehrt aber auch negative Einflüsse zeitigen, wenn man etwa aufgrund des eigenen Glaubens starke Schuldgefühle entwickelt. Dies wäre in weiteren Studien zu prüfen. Empirische Erkenntnisse hierzu liegen für den Bundeswehrkontext nicht vor. Insofern kann dies nur als Vorannahme gelten. Erste Hinweise haben wir aber auch in unseren Forschungen gefunden. In unseren Interviews mit Soldatinnen und Soldaten im Einsatz in Afghanistan ließ sich etwa eine durchaus große Offenheit im Hinblick auf religiöse Themen selbst bei denjenigen beobachten, die sich nicht als religiös gebunden bezeichneten. Dies zeigte sich beispielsweise in einer hohen Akzeptanz der Militärpfarrer vor Ort. Auch wurde in den Interviews vereinzelt darauf hingewiesen, dass der eigene Glaube im Einsatz Halt bietet. So antwortete etwa auf die Frage, was eigentlich dabei helfe, um mit der erlebten Gewalt zurechtzukommen, ein Soldat: »Mein Glaube hilft mir, auch um ein Stück mehr bei mir zu bleiben«. Diese Aussagen dürfen jedoch nicht verallgemeinert werden. Da müsste erst noch tiefer gebohrt werden. Die eigentliche Verarbeitung der Erfahrungen findet zudem meist erst nach dem Einsatz statt. Den meisten Soldatinnen und Soldaten, die wir befragt haben, gelingt diese offenbar auch. In der langfristigen Perspektive kommen sie mit den erfahrenen Belastungen und Beanspruchungen überwiegend gut zurecht. Die zur Verfügung stehenden sozialen und individuellen Ressourcen spielen dafür aber eine wesentliche Rolle. Wer etwa auf ein wohlwollendes und unterstützendes soziales Umfeld zurückgreifen konnte, der war auch besser in der Lage, mit den im Einsatz erlebten, teilweise erheblichen psychischen Beanspruchungen umzugehen. Soziale Bindungen sind demnach wichtig bei der Verarbeitung von einschneidenden

Einsatzerlebnissen; spannend wäre daher zu untersuchen, inwiefern religiöse Bindungen hier einen besonderen Faktor darstellen.

Sie verwiesen darauf, dass die Fragen, die Religion berühren – sowohl im Hinblick auf Wissensvermittlung als auch im Hinblick auf moralische Standpunktfähigkeit – von einem paradigmatischen Kulturbegriff überlagert werden, sodass in Ausbildung und Bildung von Soldatinnen und Soldaten die Vermittlung interkultureller Kompetenz zu der bestimmenden Schlüsselqualifikation geworden ist. Nun gibt es Kulturwissenschaftlerinnen und Kulturwissenschaftler, die davon ausgehen, dass Religion zwar immer Ausdruck von Kultur sei, gleichwohl nicht vollständig im Kulturbegriff aufgehe. Davon ausgehend, dass Religion eine eigene Perspektive auf die Welt bietet, die mit Kultur nicht erschöpfend beschrieben ist, plädiert man in letzter Zeit für eine interreligiöse Kompetenz, die Menschen – ähnlich wie die interkulturelle Kompetenz – befähigen soll, sensibel und reflektiert auf religiöse Fragen zu reagieren; sei es, dass man dadurch Perspektiven eines sinnvollen und gelingenden Lebens verstehen und sie sich ggf. aneignen kann; sei es, dass man in einem religionspluralistischen Umfeld angemessen handeln kann. Was halten Sie davon?

Gerade mit Blick auf die Komplexität der Einsatzaufgaben halte ich es für wichtig, sowohl situationsgerechte Normenkompetenz als auch die Entwicklung differenzierter soldatischer Selbstverständnisse zu fördern. In der Tat könnte dafür nach meiner Einschätzung eine kompetente und differenzierte Auseinandersetzung mit Religionen (im Plural!) einen Beitrag leisten, und zwar nicht nur für ein besseres Verständnis der Konfliktszenarien, in denen sich Soldatinnen und Soldaten im Einsatz bewegen, sondern auch hinsichtlich wesentlicher Fragen, die sich für sie gerade im Zusammenhang mit dem Erleben und der Anwendung von Gewalt im Einsatz stellen. Dafür ist es aus meiner Sicht auch gar nicht so entscheidend, ob man sich selbst als religiös oder eher säkular versteht. Diese Fragen nach dem Sinn und dem Wert des Lebens stellen sich grundsätzlich. Eine reine Wissensvermittlung wird dafür aber nicht reichen. Es müssen auch, um nochmals Klaus Ebeling zu zitieren, »Gelegenheitsstrukturen« im Alltag vorhanden sein, in denen Soldatinnen und Soldaten ihren moralischen Kompass im Gegenüber mit anderen schärfen können. Angesichts der insgesamt hohen Dienstbelastungen, mit denen speziell Einsatzsoldaten umgehen müssen, ist das aber gar nicht so einfach. Viele von ihnen befinden sich ohnehin schon im täglichen Hamsterrad. Der Einsatz kommt da oft noch oben drauf. Da überhaupt noch entsprechende Zeitfenster in der Ausbildung für diese Fragen zu finden, ist oft keine leichte Sache. Insofern wäre zu überlegen, wie man religiöse Themen stärker mit anderen verknüpfen kann, um sie entsprechend in Bildungs- und Ausbildungsbereiche zu integrieren. Inhaltliche Anknüpfungspunkte gibt es jedenfalls aus meiner Sicht genügend. Für Einsatzsoldaten sind es meist sogar ganz reale Fragen. Auch hier ein Beispiel: Im Afghanistaneinsatz und auch danach habe ich beobachtet, dass Bundeswehrsoldaten häufig den Ausdruck »Inschallah« benutzten, wenn sie sagen wollten, hoffentlich gelingt ihr Vorhaben. Da wird also intuitiv etwas Religiöses adaptiert. Ich habe derart oft in meinen Gesprächen und Interviews sowohl im Einsatz als auch danach von deutschen Soldatinnen und Soldaten den Ausdruck »Inschallah« – So Gott will – gehört, obwohl das keine religiös gebundenen Bundeswehrsoldaten waren, dass ich sagen würde, dies ist geradezu zu einem feststehenden Begriff unter Einsatzsoldaten geworden, zumindest bei denjenigen, die in Afghanistan eingesetzt waren.

Könnte man dieses Beispiel so verstehen: Auch sich selbst als säkular verstehende Menschen sind für die »verkapselten Sinnpotenziale« (Habermas) religiöser Rede empfänglich und adaptieren diese für die eigene Lebenssituation. Es käme dann darauf an, eine professionelle Orientierung zu bieten, die diese Sinnpotenziale aufschließt.
Ja, durchaus. Offenbar werden Religion und deren Sinnpotenziale von Soldatinnen und Soldaten auch dann sensibel wahrgenommen, wenn sie selbst von sich behaupten, nicht von einer religiösen Orientierung geleitet zu werden. Insofern hat man vielfältige Anknüpfungspunkte für eine reflektierte Auseinandersetzung mit dem Thema Religion. In diesem Zusammenhang möchte ich auf eine weitere Spezifik des Einsatzes aufmerksam machen: Die Erfahrungen, die Soldatinnen und Soldaten in ihren Einsätzen in einer fremden Kultur und mit einer anderen Religion machen, worauf auch die Adaption von »Inschallah« hindeutet, ist nicht etwas, was man hinterher einfach abhakt. Die Erfahrungen prägen und sie verändern auch, wie die Befunde unserer Afghanistanstudie zeigen; da passiert etwas, was man gerade in der Begleitung nach dem Einsatz viel stärker aufgreifen sollte. Dabei geht es mir um Fragen der Identität. Die Erfahrungen bleiben nicht äußerlich, sondern müssen nach der Rückkehr auch in das Selbstbild integriert werden. Die Einsatzerfahrungen nun auf negative psychische Folgen zu begrenzen, wie es nicht selten in der Forschung, aber vielfach dominant auch in der Öffentlichkeit wahrgenommen wird, geht an der Lebensrealität von vielen Einsatzsoldaten vorbei. Zu tief sind andere Lebensbereiche berührt. Das kann sich nach der Rückkehr für Soldatinnen und Soldaten auch in anderen Prioritäten im Leben ausdrücken. In den Interviews ließ sich beispielsweise beobachten, dass die Erfahrungen für manche Soldatinnen und Soldaten dazu beitrugen, dass sie sich nach ihrer Rückkehr ehrenamtlich oder auch kirchlich stärker engagierten. Das legt den Schluss nahe, dass nicht nur der Einsatz selbst, sondern auch die Zeit danach die Suche nach Orientierung forciert. Mit diesen Fragen sollte man die Soldatinnen und Soldaten aus meiner Sicht nicht allein lassen. Die Eindrücke und Erlebnisse wirken nach und können Lebenseinstellungen und -orientierungen nachhaltig prägen. Das kann extrem belastend, aber auch eine Bereicherung sein; sie brauchen jedoch einen Ort im Leben.

Vielleicht noch einmal zurück zum Thema »Religion und Gewalt«. Bei dem Thema begegnet uns zweierlei: Einerseits wenden Soldaten selbst Gewalt an, auf die sie durch ihre Ausbildung vorbereitet werden müssen. Gleichwohl sind sie ihrem Auftrags- und wohl auch ihrem Selbstverständnis nach dem Frieden verpflichtet. Andererseits sind sie teils massiver Gewalt ausgesetzt; etwa dann, wenn man an die Hasspropaganda islamistischer Gewalttäter denkt. Hier schlägt ihnen eine teils religiös begründete Feindschaft entgegen, die kaum mit der Kategorie »militärischer Gegner« zu erfassen ist. Wie kann man Soldatinnen und Soldaten auf solche schwierigen Gewalterfahrungen vorbereiten?
Bevor ich auf Ihre Frage konkret eingehe, scheint mir hier noch eine Präzisierung notwendig: Der mediale und öffentliche Blick auf die Auslandseinsätze der Bundeswehr ist hierzulande oft durch eine Konzentration auf das Spektakuläre, auf Gewalt und Krieg, dominiert. Das führt meist zu ganz konkreten Annahmen darüber, welche Erfahrungen Soldatinnen und Soldaten mit eigener Anwendung militärischer Gewalt in den Einsätzen machen. In der Bundeswehr verfügen tatsächlich aber nur die wenigsten Soldatinnen und Soldaten über Kampferfahrungen. Die Einsatzrealitäten sind, wie gesagt, für sie komplexer. Der politische Auftrag

kann Kampfhandlungen einschließen, die Regel für die Bundeswehr sind sie jedoch nicht. Ich will damit keineswegs die Gewalt- und Bedrohungssituationen in den Einsätzen verharmlosen, sie sind erheblich, mein Plädoyer zielt vielmehr auf einen differenzierten Blick.

Nun aber zu Ihrer Frage: Das sogenannte scharfe Ende eines Einsatzes gehört heute für Soldatinnen und Soldaten zu ihren Aufgaben dazu. Anders als noch zu Zeiten des Ost-West-Konflikts müssen sie heute auch kämpfen. Hinzu kommt, dass in der Realität heutiger Einsätze die Konfliktkonstellationen jederzeit rasch wechseln können, Grenzen lassen sich für die Soldatinnen und Soldaten nur selten ziehen. Zunächst einmal muss man daher, wie Ihre Frage ja auch andeutet, differenzieren: In Gefechtssituationen, so haben das Soldatinnen und Soldaten in den Interviews beschrieben, sind routinierte Handlungsabläufe für sie enorm wichtig, die vorher immer wieder eingeübt und trainiert werden müssen, um sie in einer hochgradigen Stresssituation auch automatisiert abrufen zu können; das andere ist eine Sensibilisierung von Soldatinnen und Soldaten für Konfliktkonstellationen in asymmetrischen Szenarien, in denen sie mit differierenden Konfliktlagen und Gewaltverhältnissen konfrontiert werden, auf die sie entsprechend unterschiedlich abgestuft etwa durch Beratung, Ausbildung, Mentoring oder auch durch die Anwendung direkter Gewalt einwirken sollen. Es geht demnach zum einen um ein differenziertes Anforderungsprofil, auf das Soldatinnen und Soldaten entsprechend vorbereitet werden müssen, und zum anderen um die Frage, wie mit diesen unterschiedlichen Anforderungen angemessen umgegangen werden kann. Dabei ist der ethische Anspruch an das Handeln besonders von Soldatinnen und Soldaten, die im Einsatz in Gefechten mit eigenen Toten und Verwundeten gestanden haben, erheblich. Ich würde sagen, dass Gefechte mit eigenen Toten und Verwundeten geradezu eine Nagelprobe für den »Staatsbürger in Uniform« sind: wenn von ihm erwartet wird, selbst mit möglichen Vergeltungs- oder Rachegefühlen professionell umzugehen und kontrolliert zu handeln. Das setzt eine ganz andere Professionalität voraus, in der moralische Standpunktfähigkeit zum Kernbestandteil gehört. Nicht zuletzt spielt in solchen Situationen der unmittelbare Vorgesetzte eine wichtige Rolle. Deswegen hat eine ethische Bildung nach meiner Einschätzung ja auch einen derart zentralen Stellenwert innerhalb der Bundeswehr, die zwischen dem eigenen und dem anderen Standpunkt vermittelt. Auch eine allein historisch-politische Bildung ist aus meiner Sicht da wenig hilfreich. Die reflektierte Auseinandersetzung mit dem Thema Religion bietet ganz andere Möglichkeiten, weil damit entscheidende Wert- und Sinnfragen, die den Menschen persönlich betreffen, gestellt werden können. Hierüber eröffnet sich vielleicht auch ein Weg, sowohl über die eigenen Gefühle als auch über die Gewalt der Anderen zu sprechen; eventuell kann man so sogar den Hass des Selbstmordattentäters erklären.

Der Stellenwert einer ethischen und kultursensiblen Bildung in der Bundeswehr ist in der Tat unumstritten. Die modernen Einsätze, so wie Sie sie beschrieben haben, machen es notwendig, dass in diesem Rahmen auch Kenntnisse religiöser Orientierungen vermittelt werden müssen. Damit begibt man sich aber in ein sensibles Feld, denn einerseits will man keine Urteile über eine Religion fällen, andererseits kommt man nicht umhin, sich zu positionieren. Wie kann eine Positionierung, die Orientierung in Fragen der Religion bietet, gelingen?

Hierzu einige lose Überlegungen: Wertefragen sind für uns Menschen ja oft sensible Frage, wir können ihnen aber nicht einfach ausweichen; entscheidend ist jedoch der Umgang mit ihnen. Im Rahmen meiner Einsatzbegleitung habe ich schon den Eindruck gewonnen, dass unter Soldatinnen und Soldaten ein eher differenzierter Blick auf die fremde Kultur und Religion vorhanden ist, denn sie bekommen gar nicht so sehr über die Ausbildung, sondern über die konkrete Begegnung mit den Menschen mit, dass nicht alles quasi über einen Kamm geschoren werden kann. Dadurch, dass sie sich in so unterschiedlichen Kontexten, mit so unterschiedlichen kulturellen und religiösen Hintergründen bewegen, kommen sie auch kaum umhin, sich dazu in irgendeiner Art und Weise zu verhalten. In den meisten Ländern, in denen sie sich im Einsatz bewegen, prägen nun religiöse Wertvorstellungen und Traditionen die Gesellschaft und den Alltag der Menschen. In gewissem Maß müssen sie daher auch ein reflektiertes Verhältnis zu diesen Kulturen und Religionen entwickeln. Das schließt Konflikte und Verhärtungen im konkreten Einzelfall nicht aus, insgesamt weisen unsere Befunde aber darauf hin, dass der wahrgenommene Zuwachs an interkulturellen Erfahrungen – die enge Kooperation mit internationalen Truppen und Einheiten im Einsatz ebenso wie die Begegnung mit anderen Kulturen und Religionen – ein eher positiver Motivationsfaktor ist, der auch dazu beitragen kann, wieder in einen Einsatz gehen zu wollen. Nicht wenige Soldatinnen und Soldaten, die im Einsatz enge Kontakte zu den Menschen hatten, fühlen sich mit dem Einsatzland auch verbunden. »Ein Teil von mir ist in Afghanistan geblieben«, hieß es etwa in den Interviews. Negative Erfahrungen müssen gleichwohl eingefangen werden. Hier muss für Religion sensibilisiert werden, d.h. gezeigt werden, dass die Gewalterfahrung, die beispielsweise mit dem Islam assoziiert wird, nicht den Islam selbst abbildet; vielleicht nicht einmal etwas, das ursächlich mit dem Islam zu tun hat. Auch von daher besteht meiner Einschätzung nach mehr Notwendigkeit für Bildung und Orientierung in Sachen Weltreligionen.

Also weg von einem paradigmatischen Kulturbegriff und hin zu einem reflektierten Religionsbegriff?
Ich halte das offener. Das ist für meine Überlegungen auch nicht so entscheidend. Ich denke, wir sollten uns nicht nur auf Kultur fokussieren, sondern auch Religion stärker in den Blick zu nehmen. Denn ich glaube, dass man am Thema Religion viele Spannungen und Ambivalenzen deutlich machen kann, mit denen wir Menschen und auch Soldatinnen und Soldaten heute zurechtkommen müssen, d.h. mit unterschiedlichen Orientierungen, Lebensvorstellungen, Lebensweisen, Traditionen und auch mit verschiedenen Formen von Gewalt. Wenn sich Soldatinnen und Soldaten in diesen Szenarien angemessen orientieren sollen, dann brauchen sie dafür auch ein gewisses Maß an Verständnis für die Kultur und Religion; das wiederum setzt gewisse Fähigkeiten der Rollendistanz, Ambiguitätstoleranz und Empathie voraus. Die reflektierte Auseinandersetzung mit verschiedenen Religionen wäre aus meiner Sicht eine gute Voraussetzung, um diese Fähigkeiten zu entwickeln. In der reflektierten Auseinandersetzung mit Religion können Unterschiede, aber auch Gemeinsamkeiten sichtbar werden, die für den eigenen wie den Standort der anderen sensibilisieren. Dafür wäre es wichtig, die Ambivalenz von Religion ernst zu nehmen – Religion bietet gleichzeitig Potenziale und Risiken. Deshalb besteht ja auch bei vielen von uns die

Tendenz, den religiösen Faktor eher auszublenden. Ich sehe aber gerade in dieser Ambivalenz Potenziale – auch mit Blick auf die Bundeswehr. Folgt man diesen Überlegungen, wäre es wichtig, dies angemessen zu kommunizieren und mit den Ausbildungs- und Bildungskonzepten in der Bundeswehr kompatibel zu halten.

Das möchte ich noch etwas genauer erläutern: Aufgrund zunehmender religiöser Pluralität in unserer Gesellschaft und auch innerhalb der Bundeswehr bei einer gleichzeitig zunehmenden Anzahl von Menschen, die gar nicht mehr religiös gebunden sind, liegt das Kulturparadigma auf den ersten Blick näher. Tendenziell wird damit nach meiner Einschätzung aber negiert, was in der Lebenswirklichkeit von Soldatinnen und Soldaten, in den Krisenregionen, in denen sie agieren und auch in unserer Gesellschaft in zunehmend ambivalenter Weise eine Rolle spielt. Wenn das so stimmt, wäre es umso wichtiger, Religion als eigenständigen Faktor zu behandeln und nicht unter das Kulturparadigma zu subsumieren. Religion gewinnt damit eine größere Relevanz auch für die Bundeswehr; nicht nur weil diese in Ländern agiert, in denen Religion eine große Bedeutung hat und oft auch Brandbeschleuniger für Konflikte ist, sondern gleichzeitig auch, weil wir eine Bundeswehr haben, die mittlerweile viel weniger als in früheren Zeiten durch die christliche Religion und künftig vielleicht sogar viel mehr durch unterschiedlich religiös gebundene Menschen geprägt wird. Diese Ungleichzeitigkeiten in der Entwicklung – eine zunehmend säkulare, plurale Gesellschaft und ein überaus religiös und durch Gewalt geprägtes Einsatzland – könnte zu der Beschäftigung mit Religion führen: und sei es auch nur, um die Konfliktdynamiken und die Kultur des Einsatzlandes besser zu verstehen.

In dieser Perspektive liegt es auf der Hand, religiöse Fragen stärker mit der interkulturellen Ausbildung und Bildung in der Bundeswehr zu verzahnen. Hier wäre beispielsweise an eine engere Kooperation der Zentralen Koordinierungsstelle Interkulturelle Kompetenz sowie der Zentralen Ansprechstelle für Soldatinnen und Soldaten anderer Glaubensrichtungen am Zentrum Innere Führung mit der evangelischen und katholischen Militärseelsorge, aber auch mit anderen Religionsgemeinschaften zu denken. Dadurch erhielte das sogenannte »Diversity Management« in der Bundeswehr auch eine ganz neue Bedeutung.

Insofern trägt eine Beschäftigung mit Religion in vielerlei Hinsicht auch zu einer Stärkung der Interkulturellen Kompetenz bei.

Ja, aber meine These ist weiter gefasst; denn diese Beschäftigung kann aus meiner Sicht auch durchaus ein Aspekt sein, der dazu beiträgt, dass Soldatinnen und Soldatinnen in einem sich dynamisch weiter wandelnden Umfeld ein ethisch reflektiertes Selbstverständnis entwickeln. Insofern halte ich es für sinnvoll nicht nur von der Kultur her auf Religion zu schauen, sondern komplementär auch von Religion her auf Kultur. Auch hier glaube ich aber, dass Wissensvermittlung allein, die etwa einige mehr oder wenige wesentliche Merkmale der Weltreligionen aufzählt, nicht ausreichend für eine Sensibilisierung ist. Das Thema Religion hat jedoch aus meiner Sicht den Vorteil, dass es für viele Menschen, selbst dann, wenn sie nicht religiös gebunden sind, ein greifbares und lebensnahes Thema ist, das an die Alltagspraxis anknüpft; mit dem man eigentlich auch unverkrampfter umgehen könnte als mit Kultur: Der Kultur entkommt man nicht, Kultur ist irgendwie alles. Religion hingegen spielt für manche im Alltagserleben eine große, für manche eine geringe, für manche gar keine Rolle. Hierin liegt aus meiner Sicht ein großes Potenzial.

Personenregister

Das Register umfasst nicht nur die Namen historischer Personen, sondern ebenso die Namen von Gottheiten und mythologischen Figuren. Zeitgenössische Personen fanden nur Aufnahme, wenn sie im Fließtext genannt werden.

Aaron 193
Abduh, Muhammad 219, 226 f.
Abdullah ibn Masud 211
Abel 214
Abraham 15, 18 f., 40, 48 .f, 189
Abu Huraira 218
Adam 212–214
Adams, Gerry 142
Adnan, Gunawan 229
Adorno, Theodor W. 33
al-Afghani, Jamal al-Din 219, 227
Akbaba, Yasemin 175
al-Assad, Baschar Hafiz 219
Albertz, Rainer 56
Albright, William Foxwell 53
Ali ibn Abi Talib 218
al-Jabri, Mohammad Abed 98
Aloni, Schulamit 199
al-Qaradawi, Yusuf 96
Alt, Albrecht 54
al-Utaibi, Dschuhaiman bin Seif 148
al-Zamachschari, Mahmud ibn Umar 93
Amos 41
Anat 38
Applebaum, Anne 120
Arjuna 39
Armstrong, Karen 215
Artaxerxes I., pers. Großkönig 75
Asad, Muhammad 88, 91, 93, 219, 229
Assmann, Jan 11 f., 20, 33–36, 40–44, 86, 100, 202
Assur 37
Atta, Mohammed 154
Augustinus von Hippo 204 f.
Avneri, Uri 199
Azzam, Abdullah Yusuf 157
Baberowski, Jörg 10
Baeck, Leo 195–197
al-Banna, Hasan 228
Bar-On, Mordechai 199
Barter, Shane 163
Basedau, Matthias 164–166, 169, 171 f., 174 f.
Bauer, Thomas 85
Becker, Carl Heinrich 84
Begin, Menachem 199
Benedikt XV., Papst 206
Berger, Klaus 62 f.
Bergmann, Samuel Hugo 197
Bohlen, Anjali 183
Bormann, Martin 122, 124
Brass, Paul 181
Brown, Davis 168 f.
Bryan, Dominic 144 f.
Buber, Martin 197
al-Buchari al-Dschufi, Muhammad ibn Ismail ibn Ibrahim ibn al-Mughira 212, 218, 222
Buc, Phillipe 12
Büchner, Georg 147, 153
Bush, George W. 150, 157
Butt, Isaac 136
Caravaggio (Michelangelo Merisi) 15, 18
Carson, Sir Edward 138, 140
Cassius Dio 64
Cohen, Hermann 195 f.
Connolly, James 138
Craig, Sir James 140
Crenshaw, Martha 12
Cromwell, Oliver 130
Danker, Frederick 65, 68
Davis, Thomas 135
Dawkins, Richard 18
Dillon, John Blake 135
Dina 189
Dion von Prusa 72–74, 76, 80
Donner, Herbert 54
Dorff, Elliott N. 198
Dscherschinski, Felix 113
Dschingis Khan 37
Duffy, Charles Gavan 135
Ḏū Nawās, jüdischer Herrscher 216, 219
Ebner, Martin 77
Ebussuud Efendi, Mehmed 222
Eisenhower, Dwight D. 150
Engels, Friedrich 110
Engineer, Asghar Ali 211, 216, 218
Esra 199
Eumaios 80
Fadlallah, Mohammed Hussein 157
Falaturi, Abdoldjavad 229
Feuerbach, Ludwig 110
Finkelstein, Israel 56
Flavius Philostratus 73
Fouché, Joseph 109
Fox, Jonathan 164, 167 f., 175
Franziskus, Papst 29
Fromm, Erich 214
Funk, Rainer 214
Gabriel 213
Gandhi, Rajiv 154
Gartzke, Erik 167

Geiger, Abraham 195
Geiser, Arthur 125
Ghaffar Khan, Khan Abdul 211
al-Ghazali, Abu Hamid Muhammad ibn Muhammad 212
Gladstone, William Ewart 137, 151
Gleditsch, Kristian 167
Goebbels, Joseph 124
Goldstein, Baruch 157
Gorki, Maxim 111
Gottwald, Karol 55
Grattan, Henry 133
Green, Joel B. 80
Gregory, Augusta 138
Griffith, Arthur 138
Gunneweg, Antonius H.J. 46
Gutzkow, Karl 147
Hafez, Kai 99
Hartmann, Martin 84
Hasenclever, Andreas 11, 166, 178
Hashim, Sohail 226
Hegel, Georg Wilhelm Friedrich 187
Henne, Peter 168
Hillel der Ältere 193
Himmler, Heinrich 123 f.
Hirsch, Samson Raphael 195 f.
Hitchens, Christopher 18
Hitler, Adolf 121–128
Hobbes, Thomas 131
Homer 38, 52, 57
Horkheimer, Max 33
Hotari, Saeed 154
Huntington, Samuel 105, 149 f., 161, 166 f., 169, 180, 184
Hussein, Saddam 150, 156 f.
Hyde, Douglas 138
Iblis 213 f.
Ibn Taimiyya, Taqi ad-Din Ahmad 211
Inglehart, Ronald 181
Iqbal, Muhammad 213
Isaacs, Matthew 174
Isaak 15, 18, 20, 40, 189
Ismael 20
Jakob 40, 51, 189
Jakob II., König von England, Schottland und Irland 129–131
James II. *siehe* Jakob II.
Janardana 39
Jawlenski, Alexander 111
Jesaja 191 f.
Jesus von Nazaret 24, 26, 47, 61–65, 74, 76, 78 f., 112, 122, 207–209
Joas, Hans 127, 247
Johannes Paul II., Papst 29
Johnson, Luke Timothy 65
Joschija siehe Josua
Josef, Sohn Jakobs 50 f.
Josua 38, 41, 45–52, 57
Joyce, James 138
Kaganowitsch, Lasar M. 118
Kain 214
Kaleb 50
Kelle, Friederike 174, 185
Khan, Maulana Wahiduddin 211, 215, 218 f.
Khorchide, Mouhanad 87
Klappert, Bertold 226
Kleinberg, Aviad 198
Knauf, Ernst Axel 47 f.
Konstantin der Große, röm. Kaiser 25
Kuehnhelt-Leddhin, Erik von 106
Küng, Hans 229
Lashofer, Clemens 107
Lazarus, Moritz 195
Lea 40
Lemche, Niels Peter 56
Lenin, Wladimir I. 111–115
Leonhard, Wolfgang 112
Lessing, Gotthold Ephraim 45, 92, 158, 194
Levi 189
Lieberman, Avigdor 199
Locke, John 133
Lohfink, Norbert 45, 51, 57
Loyola, Ignatius von 123
Ludwig XIV., König von Frankreich 131
Lukas 64, 66, 75–79, 81 f.
Luther, Martin 205, 207
McGuinness, Martin 143
Magnes, Judah 197
Magonet, Jonathan 215, 229
Maiberger, Paul 214
Malik, Ibn Anas 223
Manasse 50, 53
Mao Zedong 37
Márai, Sándor 59
Marcion von Sinope 61
Maria II., Königin von England, Schottland und Irland 130
Marshall, Ian Howard 65
Marx, Karl 110, 220
Matthäus 64
Matthews, Shelly 60
Maududi, Abul A'la 228
McCauley, John 184
Meir, Golda 199
Mendelssohn, Moses 194
Mendenhall, George E. 55
Merenptah, Pharao 52
Mitchell, Claire 142
Mohammed *siehe* Muhammad
Molotow, Wjatscheslaw M. 112
Molyneux, William 133
Moses 34, 40 f., 43, 46, 48, 86, 89
Muawiya ibn Abi Sufyan 218
Muhammad 92, 150, 155, 211, 216–218, 221–223, 229
Napoleon I., Kaiser der Franzosen 133
Nasr, Seyyed Hossein 221

Natan, Abe 199
Nehemia 199
Nero, röm. Kaiser 76
Netanjahu, Benjamin 199
Neumann, Nils 77
Neumayer, Eric 180
Nietzsche, Friedrich 43
Ninlil 37
Ninurta 37
Noetzel, Thomas 131, 135, 140
Nolan, Paul 144
Nordås, Ragnhild 181
Norris, Pippa 181
Noth, Martin 47 f., 54
O'Connell, Daniel 135
Odysseus 38, 80
Ottmann, Henning 35
Otto, Walter F. 35
Paisley, Ian 129, 140–143
Pally, Marcia 43
Paret, Rudi 88–91
Parmenides 34
Parnell, Charles Stewart 136 f.
Paulus 60 f., 122, 207–209
Pearse, Patrick 138
Peled, Matti 199
Pfeiffer, Birte 172, 174 f.
Philo von Alexandrien 64, 74
Pinker, Steven 36 f., 206
Pius XI., Papst 120 f., 127
Pius XII., Papst 206
Plümper, Thomas 180
Plutarch 74, 76, 81
Putin, Wladimir W. 202
Qutb, Sayyid 155, 211, 228
Rabin, Jitzchak 199
Rachel 40
Radek, Karl 118
Rajaratnam, Thenmozhi 154
Ramses III., Pharao 52
Rauschning, Hermann 125
Reagan, Ronald 157
Rebekka 40
Reemtsma, Jan Philipp 215
Reinhartz, Adele 62
Riccardi, Andrea 29
Rittberger, Volker 166, 178
Robespierre, Maximilien 107 f., 110
Rosenberg, Alfred 122
Said, Edward 95, 151 f.
Said, Jawdat 211, 215, 219
Saladin, Sultan 45, 158
al-Salmi, Abdullah bin Mohammed 223
Sands, Bobby 142
Sarah 40
Saramago, José 106
Sargon II., assyr. König 37 f.
Scacco, Alexandra 182
Scharon, Ariel 199
Schieder, Rolf 34
al-Schirazi, Muhammad al-Hussaini 211, 216
Schlee, Günther 10
Schliemann, Heinrich 52
Schmidt-Leukel, Perry 14
Schmitt, Carl 34, 100
Schulze, Reinhard 85, 87, 94
Seneca, Lucius Annaeus 70, 74–79, 81
Sergenti, Ernest 183
Sergi I., Metropolit von Moskau 119
Simeon 189
Simms, John Gerald 133
Simon, Ernst Akiva 197
Sinowjew, Grigori J. 118
Sloterdijk, Peter 11, 33, 83 f., 86 f., 101
Sokrates 35
Sombart, Werner 36
de Soysa, Indra 181
Stalin, Josef W. 111–113, 118 f.
Stephanus 60
Svensson, Isak 163–166, 177 f.
Synge, John Millington 138
Tacitus, Publius Cornelius 75
Talbot, Richard, 1. Earl of Tyrconnell 130
Tarabishi, Georges 95
Taydas, Zeynep 175
Telemachos 80
Thatcher, Margaret 142
Theissen, Gerd 74, 78
Tichon, Patriarch von Moskau 113–115
Toft, Monica 164–166, 173, 176, 185
Tolstoj, Lew N. 207
Tone, Theobald Wolfe 133 f.
Trotzki, Leo 112 f., 118
de Valera, Éamon 139
Varshney, Ashutosh 182
Voltaire 201, 202
Vüllers, Johannes 172, 174 f., 185
Werblowsky, Zwi 221
White, Matthew 37
Wilhelm III., König von England, Schottland und Irland 129–131, 134, 141
Wink, Walter 219
Wolfowitz, Paul 150 f.
Wolkenhauer, Jan 81
Wolter, Michael 65, 68
Xenophon 70
Yeats, William Butler 138
Yoder, John Howard 204
Zarathustra 35
Zatkin-Osburn, Ian 163
Zenger, Erich 37

Autorinnen und Autoren

Adrian, Matthias, Dr. theol. Lic. theol., Wissenschaftlicher Mitarbeiter am Seminar für Katholische Theologie der Freien Universität Berlin

Brumlik, Micha, Dr. phil., Professor em. für Allgemeine Erziehungswissenschaft mit dem Schwerpunkt »Theorien der Bildung und Erziehung« an der Goethe-Universität Frankfurt a.M., Senior Advisor am Selma Stern Zentrum für Jüdische Studien Berlin-Brandenburg

Dziri, Amir, Dr. phil., Professor für Islamische Studien am Schweizerischen Zentrum für Islam und Gesellschaft der Universität Freiburg (Schweiz)

Elßner, Thomas R., Dr. theol. habil., Professor für alttestamentliche Theologie und Exegese an der Philosophisch-Theologischen Hochschule Vallendar, Referatsleiter im Katholischen Militärbischofsamt Berlin

Hauswedell, Corinna, Dr. phil., Historikerin und Friedensforscherin, Leiterin von Conflict Analysis and Dialogue (CoAD) Bonn, 2014–2017 Wissenschaftliche Mitarbeiterin der Forschungsstätte der Evangelischen Studiengemeinschaft (FESt) Heidelberg

Homolka, Walter PhD, PhD, DHL, Landesrabbiner a.D., Professor für Jüdische Religionsphilosophie der Neuzeit an der Universität Potsdam, geschäftsführender Direktor der School of Jewish Theology und Rektor des Abraham Geiger Kollegs Potsdam

Lemke, Bernd, Dr. phil., Militärhistoriker, Wissenschaftlicher Oberrat am Zentrum für Militärgeschichte und Sozialwissenschaften der Bundeswehr Potsdam

Lohmann, Friedrich, Dr. theol. habil., Professor für Evangelische Theologie mit dem Schwerpunkt Angewandte Ethik an der Universität der Bundeswehr München

Murtaza, Muhammad Sameer, Dr. phil., Islamwissenschaftler und Philosoph, Mitarbeiter der Stiftung Weltethos und Lehrbeauftragter am Institut für Islamische Theologie Osnabrück

Overbeck, Franz-Josef, Dr. theol., Bischof von Essen und Katholischer Militärbischof für die Deutsche Bundeswehr

Rohrschneider, Kai Ronald, Brigadegeneral des Heeres der Bundeswehr, Chef des Stabes der U.S. Army Europe, 2006 Chef des Stabes PRT Kunduz und 2009/10 Kommandeur PRT Kunduz, ISAF

Seiffert, Anja, Dr. phil., Politikwissenschaftlerin, Projektleiterin Einsatzbegleitung und -dokumentation am Zentrum für Militärgeschichte und Sozialwissenschaften der Bundeswehr Potsdam

Stobbe, Heinz-Günther, Dr. theol., Professor em. für Systematische Theologie und theologische Friedensforschung an der Universität Siegen

Thurau, Markus, Dr. phil. Lic. theol., Katholischer Theologe, Wissenschaftlicher Oberrat am Zentrum für Militärgeschichte und Sozialwissenschaften der Bundeswehr Potsdam

Vüllers, Johannes, Dr., Politikwissenschaftler, Mitarbeiter im Fachbereich Politik- und Verwaltungswissenschaft der Universität Konstanz